어린 **자폐증 아동**을 위한

ESDM
Early Start
Denver Model
for Young Children
with Autism

언어, 학습, 사회성 증진시키기

Sally J. Rogers · Geraldine Dawson 공저

정경미 · 신나영 · 김민희 · 김주희 공역

학지사

역자 서문

대학원 시절 자폐증의 조기교육에 대한 근거기반치료로 개별시도훈련(Discrete Trial Training: DTT)을 배운 이후로 임상과 교육 현장에서 꾸준히 이 방법을 고수해 왔다. 간혹 아이가 향상을 보이지 않거나, DTT는 자연스럽지 못하다는 비판을 들을 때면, DTT의 제한성에 대해 의심을 하지 않았던 것은 아니다. 그럼에도 새로운 방법 찾기에 게으렀던 것은 DTT를 전달하기에도 바빴고, 주변 상황도 내게 큰 자극이 되지 못했기 때문이다.

2013년 워싱턴대학교(University of Washington)의 자폐증 센터에서의 1년은 자폐증 연구와 치료방법 모색에 새로운 방향을 제시한 해였다. 수많은 자폐증 관련 연구와 다양한 치료법에 대한 시도를 보면서 안이함을 반성하게 되었고, 보다 나은 치료법을 찾으려는 그들의 열정은 잊고 있었던 새로운 시도에 대한 관심에 다시 불을 지펴 주었다. 워싱턴대학교의 자폐증 센터장을 맡고 있었던 심리학과의 Geraldine Dawson 박사는(2017년 현재 Autism Speaks라는 단체에서 과학 분과 장을 맡고 있음), UC Davis에 근무하는 또 다른 저자인 Sally Rogers와 DTT와 발달적 접근을 도입한 ESDM(Early Start Denver Model)을 개발하였고, 몇 년간의 연구를 통해 이 방법을 경험적으로 입증하였다. 2년여에 걸친 ESDM의 효과성에 대한 연구는 2012년 발표되었고, Autism Speaks라는 미국 내 가장 큰 자폐증 옹호단체에서 뽑은 2012년 가장 중요한 10대 연구 중 하나로 선정되었다. 그 연구는 워싱턴 주변의 자폐스펙트럼장애 진단을 받은 어린 아동을 대상으로 이루어진 것으로, 주 26시간 이상의 서비스를 제공하고, 이 효과성을 보기 위해 심리검사는 물론 신경생리학적 검사까지 진행한 대대적인 연구 프로젝트였다. 그 논문의 긍정적인 결과와 함께, 현장에서 ESDM을 받으며 천천히 그리고 분명히 의미 있게 성장하고 있는 아이들을 보면서 ESDM에 대해 100% 확신은 하지 못해도 배워 보자고 마음먹었다. ESDM 훈련기관에 연락해 보니, ESDM을 사용하기 위해서는 자격증을 받아야 하는데, ESDM 교재의 번역판이 있어야 한다고 하였다. ESDM이 무엇인지 알고 싶었고, DTT로 크게 성장하지 못하는 아이들, DTT로는 한계가 있는 훈련 영역을 채워 줄 만한 효과적인 방법이 절실했다. 무작정 번역 계약서에 사인을 한 후, 4일간의 훈련을 받고, 자격증을 얻기 위한 8개월간의 실습 끝에 ESDM의 공식적인 훈련사가 되었다. 훈련자격증을 받는 데 조건이 까다롭고 비용이 많이 들기 때문에, 아직까지 우리나라에는 공식적인 훈련자가 거의 없다. 우리나라에서

ESDM 치료자 양성을 위해 훈련팀을 초청하려 했지만 비용이 너무 많이 들어 포기해야 했다. 현재 ESDM의 국내 확산을 위해서는 공식적인 ESDM 훈련자 양성을 위한 훈련자 프로그램을 밟는 방법을 모색 중이다. 쉬운 길은 아니어도 길이 없지는 않아 다행이다.

Vanderbilt 대학교의 연구지원을 받아 현재 DTT와 ESDM의 상대적 효과성에 대한 비교 연구가 진행 중이라고 한다. 연구 결과가 나오기까지 오래 걸릴 테고, 무척 기다려진다. ESDM의 개발자들은 이 방법이 모든 아동에게 효과적일 수 있다고 강조하지만, 나와 내 동료의 경험은 조금 다른 얘기를 해 준다. 지난 몇 년간의 임상 경험과 DTT 연구 결과를 참조하면, DTT는 막 진단을 받은, 그래서 배우는 것이 무엇인지 모르고, 모방도 하지 않는 아동에게 가장 좋은 방법인 반면, ESDM은 기본적인 학습능력을 습득한 상태의, 이제 막 말을 시작하는 아동들에게 의사소통을 가르치는 데 가장 좋은 방법이 아닐까 생각한다. 또한 아마도 가르치는 영역에 따라, 혹은 아이의 기능 수준에 따라 효과가 다르지 않을까 추측해 본다.

이 책은 전문가를 위한 책이지만 알기 쉽고 명료하게 기술되었다. ESDM보다 DTT는 부모가 집에서 훨씬 더 사용하기도 쉽고, 보기에도 더 자연스럽다. 그래서 이 책의 저자들은 부모가 일상에서 이런 기법을 많이 이용하는 것이 바로 적절한 치료임을 강조하고 있다. 아이 보느라 치료실을 다니느라 다른 가족들 건사하느라 바쁜 부모들에게 치료까지 하라는 말로 오해하기 쉽지만 그런 것만은 아니다. 치료를 하라는 것이 아니고 생활 속에서 이 방법을 익혀 아이를 다루는 방식을 변화시키라는 얘기다. 쉽지 않겠지만 불가능한 것도 아니다. 이미 부모들은 자녀들을 위해 엄청난 에너지와 시간을 쏟고 있다. 이 책은 효율적으로 그 에너지와 시간을 사용할 수 있는 방법에 대해 어떻게 부모를 교육할 것인지 친절히 가르쳐 준다. 부모의 역할이 중요함을 알기에 수많은 부모들에게 이론과 방법을 전달하려고 무척 애를 써 왔다. 그런데 참 아이러니컬하게도 많은 부모는 이런 방법을 배우고 싶어 하지도, 심지어 알고 싶어 하지도 않는다. 이런 부모들은 치료사에게 아이를 통째로 맡기고 매우 숙련된 치료사가 자신이 잠시 쉬는 사이에, 자신의 아이를 완벽하게 잘 치료해 주기를 바라고 있다. 단언컨대, 이런 일은 절대 일어나지 않는다. 현실적 · 실제적으로 불가능하며, 이제까지 부모가 관여하지 않는 치료가 성공한 것을 한 번도 본 적이 없다. 부모의 적극적인 치료 참여는 선택이 아니라 필수다.

이 책을 번역하는 데에 약 2년 이상이 걸렸다. 어려운 책은 아니었지만, 원서의 뜻을 그대로 적절하게 우리말로 옮기는 것이 쉬운 책은 아니었다. 특히 장난감이나 게임 등을 우리 사정에 맞게 바꾸고 찾는 일은 번역보다 더 까다로운 일이었다. 전체적으로는 말을 매끄럽게 하기 위해 많이 애썼는데, 그 노력이 잘 보이지 않아 안타깝기는 하다. 이 작업을 가능하게 해 준 번역진뿐 아니라 교정을 봐 준 많은 친구들에게 감사한다. 이 오랜 작업을 무사히 마칠 수 있게 도와준 가족. 이들이 아니면 이 책은 없었을 것이다.

2018년 1월
이 책이 필요한 모든 가족에게 활기찬 새 날이 오기를 기다리며
연세동산에서 역자 대표
정경미

6

감사의 글

이 책은 매우 오랜 기간 많은 사람들이 들인 노력의 산물이다. 지난 25년간 덴버 (Denver), 시애틀(Seattle), 새크라멘토(Sacramento)에서 우리의 연구에 참여하고 치료 서비스를 찾아온 아동들과 부모들 그리고 임상가들의 공헌이 가장 컸다. 이 책에 나오는 내용은 대학원에서 혹은 교과서로 배울 수 있는 것들이 아니다. 우리와 함께 자신들의 생활을 공유해 줌으로써 우리가 아동의 능력, 흥미, 어려움에 대해 배울 수 있도록 많은 기회를 준 아동들과 가족들로부터 얻은 것들이다. 그 부모들은 우리가 그들의 자녀의 발달을 돕는 데 함께하는 것을 기꺼이 허락해 주었다. 또한 무엇이 효과적이고 그렇지 않은지에 대해 이야기해 주었으며, 우리가 그들의 지지망의 일부가 되어 그들의 자녀와 함께할 수 있음을 믿어 주었다. 그들은 선생님이 되어 주었고, 이 책은 그 부모들과 임상가들과 아동들이 우리에게 알려 준 것을 모아 놓은 편찬물이다.

다음으로는 수년간 여러 분야에서 함께 일해 온 많은 동료들에게 감사하고 싶다. 우리는 그 동료들과 함께 자폐스펙트럼장애(이하 자폐장애, ASD)를 가진 영유아들과 그들의 가족들이 무엇을 필요로 하는지 배웠다. 또한 서로가 함께 성장하고 발전할 수 있도록 돕기 위해 계속 새로운 시도를 해 왔다. 특별히 에이미 도널드슨(Amy Donaldson), 테리 홀(Terry Hall), 장 허비슨(Jean Herbison), 다이앤 오사키(Diane Osaki), 밀라니 스미스(Milani Smith), 로리 비스마라(Laurie Vismara), 크리스 월렌 (Chris Whalen) 그리고 제이미 윈터(Jamie Winter)에게 공로를 돌리고 싶다. 이들은 이 책에 소개될 개입방법의 각 영역을 발전시키는 토대를 마련하였다. 또한 르네 칼리프 (Renee Charlifue), 메리베스 가렐(Marybeth Garel), 데보라 헤이든(Deborah Hayden), 수잔 헵번(Susan Hepburn), 테리 캐츠(Terry Katz), 할 루이스(Hal Lewis), 제프 먼슨 (Jeff Munson), 주디 리븐(Judy Reaven), 캐시 레이스(Kathy Reis) 그리고 크리스 윌콕 스(Chris Wilcox) 역시 이 책에 소개될 임상 모델과 그 모델을 이용한 연구 논문에 중요한 업적을 남겼다. 아울러 로라 슈라입먼(Laura Schreibman)이 지속적인 지지와 열정으로 중심축 반응 훈련과 덴버 모델(Denver Model)을 함께 적용하기 위한 지침을 제공해 준 데 특히 감사를 표한다.

우리는 ASD가 있는 영유아 치료를 전문으로 하는 동료들, 마리 브리스톨(Marie Bristol), 아네트 그로엔(Annette Groen), 개시 로드(Cathy Lord), 이바 로바스(Ivar Lovaas), 게일 맥기(Gail McGee), 게리 메시보브(Gary Mesibov), 샘 오덤(Sam Odom),

에릭 스코플러(Eric Schopler), 다시 한번 로라 슈라입먼(Laura Schreibman), 트리스 스미스(Tris Smith), 에이미 웨더비(Amy Wetherby) 그리고 폴 요더(Paul Yoder)가 수년간 보내 준 지지와 관대함에도 감사를 전하고 싶다. 그들은 자신의 업무와 지식을 우리와 기꺼이 공유했다.

조기 자폐증 치료 덴버 모델(The Early Start Denver Model: ESDM) 커리큘럼 체크리스트(부록 A)는 오랜 기간 임상 개발 및 적용을 위해 투자한 노력의 산물이다. 이러한 노력은 콜로라도주 덴버에 있는 콜로라도대학교의 건강 과학 센터(University of Colorado Health Sciences Center in Denver)에서 처음으로 시작되었으며, 워싱턴대학교 그리고 데이비스에 있는 캘리포니아대학교에서 그 뒤를 이었다. 이 커리큘럼 체크리스트는 위 세 지역의 전문 임상가 팀에 의해 개발되었다. 이 도구를 개발하는 데 막대한 공헌을 한 동료들, 에이미 도널드슨(S-LP, PhD), 테리 홀(MA S-LP), 장 허비슨(MA), 다이앤 오사키(OTR), 로리 비스마라(PhD), 제이미 윈터(PhD)에게 특별히 감사를 전한다. 또한 ESDM의 효과성 연구에 핵심적인 기여를 한 워싱턴대학교의 동료들, 캐시 브록(MA), 제시카 그린슨(PhD), 제프 먼슨(PhD) 그리고 밀라니 스미스(PhD)에게도 감사를 표하고 싶다.

길퍼드 출판사(Guilford Press)의 편집자 로셸 서워터(Rochelle Serwator)에게도 크나큰 감사를 전한다. 그는 이 책을 출판하는 과정에서 시들지 않는 열정을 보여 주었고, 때로는 지쳐서 더뎌진 우리 저자들에게 에너지와 격려를 불어넣어 주었다. 또한 바버라 왓킨스(Barbara Watkins)는 원고를 정리하여 의미를 명확히 하는 데 원숙한 솜씨를 보여 주었고, 저자들이 서로 의사소통을 간단명료하게 하도록 돕는 데도 능수능란하였다.

마지막으로 우리는 우리의 가족들, 자녀와 배우자에게 감사를 전하고자 한다. 그들은 우리가 시도하는 일의 가치를 인정해 주었으며, 우리가 조기 자폐증 연구에 들이는 시간과 노력을 지지해 주었다. 우리의 자녀들은, 깊이 있게 이해하기에는 아직 어릴 나이일 때부터 이미 자신들의 엄마가 자신들이 아닌 다른 아이들도 도와야 한다는 사실을 옳다고 느꼈던 것 같다. 그리고 매우 관대하게 자신들의 엄마를 다른 아이들과 공유해 주었다. 우리와 함께 오랜 시간과 공간에 걸쳐 자폐증 연구와 관련된 많은 활동에 참여하며 열정과 헌신을 보여 준 우리의 자녀와 남편에게 진심으로 감사의 마음을 전한다.

마이클 부치(Michael Bucci)와 그의 가족들에게 그리고 돕는 방법이 무엇인지를 가르쳐 준 모든 아동과 부모에게

– S. J. R.

선구자 에릭 스코플러(Eric Schopler)를 추모하며

– G. D.

아이들은 화가이자 그림 그 자체다.

– 알프레트 아들러(Alfred Adler) –

　이 책은 ASD를 가지고 있는 영유아를 대상으로 하는 개입방법을 다루고 있다. 특히 이 개입은 아동이 다른 사람에게 먼저 자발적으로 다가가서[개시(initiative)] 상호작용하는 경향성 그리고 타인과 함께 활동에 참여하는 능력을 늘려 주기 위한 것이다. 조기 자폐증 치료 덴버 모델(Early Start Denver Model: ESDM)이라고 불리는 이 개입방법은 아동의 관심과 성향을 따라간 다음, 아동의 의사소통과 상호작용에 대한 '발판'을 제공한다. ESDM은 아동 발달에 대한 '구성적(constructionist)' 및 '교류적(transactional)' 모델을 모두 수용하고 있다. 구성적 접근에서는 유아가 자신의 운동, 감각 그리고 상호적인 감정 경험을 통해 자신의 정신 및 사회적 세계를 구성하는 적극적인 주체라고 간주한다. 즉, 아동은 세상에 대해 자신만의 그림을 그리는 화가인 것이다. 반면에 교류적 접근은 양육 환경에 있는 유아와 나머지 사람들이 서로의 발달에 영향을 주고받는다고 여긴다. 유아의 기질, 행동, 기술이 양육자의 행동패턴을 바꾸는 동시에 양육자의 기질, 행동, 감정 또한 유아의 행동과 인간관 및 세계관을 형성하거나 변형되도록 만들고, 이는 전 생애의 발달 과정 내내 지속된다. 이러한 상호적인 과정을 통해 그림이 완성된다.

　ESDM은 ASD가 있는 아동이 다른 사람과의 상호작용을 먼저 시작함으로써 이 세상에 적극적으로 참여할 수 있도록 힘을 불어넣어 주고자 한다. ASD는 종종 아동의 이러한 상호작용 시작 능력에 영향을 미친다. 특히 ASD 아동은 다른 사람들과의 상호작용을 먼저 시작하지 않는 경향이 있고, 제한적인 범위의 활동에 초점을 맞추는 양상을 보인다. 이러한 성향은 매우 어렸을 때부터 나타나 일생에 걸쳐 계속된다. 즉, 이는 ASD의 전형적인 특징이다. 사회적 상호작용의 시작이 적을수록 영유아의 학습 기회가 줄어든다. 또한 제한적이고 반복적인 활동 역시 학습 기회를 부족하게 만든다. ASD의 이와 같은 특징은 아동이 생활하는 매 순간순간에 영향을 미치고, 또 시간이 흐르면서 더 많은 기회를 잃어버리게 만듦으로써 학습을 저해한다. 따라서 ASD 영유아는 자신이 속한 세상의 사람들과 사건들에 대한 이해를 구성하는 데 필요한 경험이 부족하게 된다.

그러나 ASD는 단지 이 장애를 가진 아동뿐만 아니라, 아동과 상호작용하는 모든 사람에게 영향을 미친다. 아동은 신생아 때의 첫 울음, 기침, 분노 등에서부터 이미 자신의 양육자가 돌봐 주고, 웃고, 놀아 주고, 달래 주는 방식에 따라 행동한다. 이와 같은 각각의 사회적 상호작용은 유아에게 다양한 학습 기회를 제공해 주며, 유아가 그에 반응하면 다시 양육자는 추가적인 상호작용을 하게 된다. 이러한 방식으로 유아는 태어나는 순간부터 양육자와 여러 유형의 사회적 상호작용을 만들어 가게 되고, 이처럼 아동이 먼저 시작하는 사회적 상호작용은 아동이 깨어서 활동하는 내내 지속된다. 그리고 그동안 언어, 사회, 놀이 그리고 인지 학습을 위한 수많은 기회가 생겨난다. ASD를 가지고 있는 유아는 정상 발달 유아에 비해 사회적 상호작용을 먼저 시작하는 경향성이 현저히 낮은데, 이는 학습 기회의 커다란 손실을 초래한다. 그러나 그보다 심각한 ASD의 부정적 특징은, 다른 사람이 먼저 사회적 상호작용을 시작할 때에도 그에 기뻐하거나 눈을 맞추고 웃는 등의 반응을 잘하지 않는다는 것이다. 사회적 상호작용에서는 상대방이 해석 가능한 분명한 반응을 통해 자신이 현재 이 상호작용을 즐기고, 더 하기를 원한다는 것을 표현한다. 그런데 ASD 아동은 이러한 반응이 부족하기 때문에 양육자는 반응을 덜 경험하게 되고, 양육자 자신이 시작한 상호작용에 대한 강화도 받지 못하게 된다. 만약 자기가 시작한 상호작용이 아동에게 긍정적인 영향을 주지 못한다고 느낀다면, 새로운 상호작용을 덜 시작하게 될 것이다. 행동적인 언어에 있어서도, 아동으로부터의 긍정적인 강화를 덜 받는 상대방은 언어를 덜 건네게 된다. 이에 따라 ASD 아동은 이중의 어려움에 처하게 된다. 즉, 일차적으로는 아동이 상호작용을 먼저 시작하는 것이 부족하게 되어 학습 기회가 줄어들게 되고, 상대방 역시 아동에게 상호작용을 덜 건네, 이것이 다시 학습 기회의 손실을 초래한다.

ESDM은 아동의 사회적 상호작용을 다루는 것에서 시작한다. 점화, 발판 제공, 강화 등을 통해 아동의 모방을 증가시키는 방법을 제공하며, 부모나 다른 상대방이 아동의 신호를 이해하여 상호작용을 지속하도록 돕는다. 이러한 기법의 즉각적인 효과는 아동에게 매 순간 사회적 학습의 기회를 극적으로 늘려 주는 것이다. 물론 개별시도훈련과 같은 다른 기법으로도 아동의 학습 기회를 증가시킬 수 있지만, 대개 그러한 기법들은 아동을 단지 반응하는 객체로만 간주하여 자발적인 시작을 돕지 못한다. 우리는 상호작용을 시작하지 못하는 것이 아동의 학습과 성장에 가장 해로운 요소로서 ASD의 핵심적인 특징이라는 점을 알고 있다. ESDM은 아동이 사회적 상호작용을 시작하고 사회적 활동에 참여하는 것을 증가시키는 데서부터 시작한다.

ESDM이 이러한 접근에서 유일한 기법은 아니다. 자폐스펙트럼장애에 대한 조기중재의 발달적–사회적 의사소통 모델의 많은 기법 역시 상호작용 시작 능력을 강화한다. 그 기법들의 예로, 발달–개인차–관계 기반 모델/플로어타임(Developmental, Individual difference, Relationship-based model: DIR)/Floortime, 관계–발달적 중재법(Relationship Development Intervention: RDI) 그리고 사회적 의사소통 · 감정 조절 · 교류적 지지법(Social Communication, Emotional Regulation, Transactional Support: SCERTS) 등이 있다. 그러나 ESDM은 다음과 같은 측면에서 여타 기법과 차별화된다.

1. ESDM은 ASD 아동과 양육자 간의 관계를 용이하게 돕는 다른 모델에 비해 시기적으로 앞선다. 덴버 모델에 대한 첫 논문은 1980년도로 거슬러 올라간다. 그리고 이 접근의 많은 특징—아동의 긍정적인 정서에 대한 강조, 균형적인 사회적 상호작용, '한 단어 늘리기 규칙(one-up rule)', 상호작용 개시 능력을 키우기 위해 감각을 이용한 사회적 놀이를 적용하는 것, 언어 발달을 위해 자연스러운 제스처에서 시작하는 접근 등—은 이미 1986년 첫 논문에 기술되어 있다. 이는 다른 기법들에서 출판된 것보다 훨씬 이전이다.

2. 동료 심사로 이루어져 출판된 경험적 연구로서, ESDM을 지지하는 다량의 연구가 있다. 현재로서는, 8개의 데이터 기반 논문이 출판되었거나 출판 예정이며, 이 논문들 가운데에는 단일 피험자 설계와 집단 설계, 무선 통제된 실험 연구가 포함되어 있다. 따라서 ESDM은 아마도 ASD와 관련된 발달적 기반의 조기개입 가운데 가장 잘 연구된 기법일 것이다.

3. ESDM은 개입방법을 매우 명확하게 설명한다. 가르치고자 하는 내용과 절차가 모두 철저히 기술되어 있으며, 신뢰도를 체크하는 도구나 자료 수집 체계 역시 제공된다. ESDM에 기술된 대로 이용한다면, 누구나 그리고 어디서나 이용할 수 있는 활동과 훈련 도구에 대해 매우 상세하고 통합적인 프로그램을 얻을 수 있을 것이다.

4. ESDM을 실행하기 위해서는 특정한 세팅이 필요하지 않다. 이는 부모, 선생님, 치료사 등 누구든 그리고 집, 유치원, 치료실 등 성인과 아동이 상호작용할 수 있는 장소 어디에서든 이용할 수 있도록 고안되었다.

5. ESDM은 데이터 기반 기법이며, 훈련 효과를 평가하고 진행 과정을 조정하여 최적의 결과를 내기 위해 데이터 수집의 중요성을 강조한다.

6. ESDM은 통합적이다. 이는 영유아기의 모든 발달적 기술—언어, 놀이, 사회적 상호작용, 공동주의뿐만 아니라, 모방, 운동 기술, 자조기술, 행동 등—을 다룬다.

7. ESDM은 아동이 충분한 진전을 보이지 않을 때 중재를 바꿀 수 있는 체계적인 방법—임상가가 이용할 수 있는 의사 결정 트리(decision tree)—을 제공한다. 그리고 이렇게 함으로써 경험적으로 지지되는 기법의 모든 측면을 조심스럽고 단계적으로 이용할 수 있게 해 준다.

따라서 ESDM은 다른 사회-발달적 기법들과 유사한 특징을 갖기도 하지만, 차별적인 특징 또한 갖고 있다고 할 수 있다.

ESDM은 응용행동분석(Applied Behavior Analysis: ABA)에 기반을 둔 기법들과도 공통점을 가지고 있다. 훈련 절차는 조작적 학습의 원리를 따르며, ABA에서 쓰이는 강력한 방법들(촉구, 용암법, 행동 연쇄)을 명확하게 기술하여 이용한다. 그러나 ESDM은 개별시도훈련(DTT)과 같은 ABA 접근과 다음의 측면에서 구별된다.

1. ESDM은 아동 발달에 초점을 둔 과학적 연구의 가장 최신 개념을 가져와서 이를 기반으로 한 커리큘럼을 구성한다.

2. ESDM은 관계의 질, 감정, 성인(아동의 상대)의 감각과 반응성을 강조한다.

3. 아동의 언어 발달을 돕기 위해 사용되는 전략과 커리큘럼은 스키너 이론보다는 언어 발달에 대한 가장 최근의 연구 결과에 기반한다.

ESDM은 ASD를 가지고 있는 18~48개월 영유아의 발달을 촉진하는 데 효과적인 것으로 밝혀지고 있다. 초기의 효과성 연구들은 부모가 실행하는 단기 치료와 치료사가 가정에 방문하여 실행하는 장기 집중 치료 모두에 대해서 이루어졌으며, 관련 연구는 여전히 진행 중이다. 우리는 여러 지역에 걸친 무선화 반복 연구를 실행하기 위해 현재 국립보건원에서 연구 자금을 지원받았다. 앞으로도 추가적인 연구가 필요하지만, ESDM에 대한 대중의 큰 관심, ASD를 가지고 있는 영유아 개입에 대한 많은 요구 그리고 초기 자료의 강력한 효과성은 이미 ESDM 매뉴얼의 필요성을 정당화하고 있다.

지난 수년간 덴버 모델이 변화해 온 것과 마찬가지로 ESDM 역시 시간이 지나면서 변화하게 될 것이다. 개입방법은 가장 최신의 방법을 반영할 필요가 있으며, 우리가 더 많은 지식을 얻게 될수록 그 지식을 반영하기 위해 ESDM이 바뀌게 될 것이다. 이 매뉴얼은 현시점에서 연구되고 습득된 사실에 기반을 두어 ESDM을 설명하고 있음을 밝혀 둔다. 우리는 부모와 조기개입 치료사, 조기 특수치료사, 작업치료사, 언어병리학자 그리고 심리학자가 이 책을 통해 ASD에 대한 조기중재와 관련된 도움을 얻기를 바란다.

차례

제1장 유아 학습과 자폐의 이해 현주소 _ 19

제2장 ESDM 개관 _ 39

제3장 ESDM 실시하기 _ 73

부록

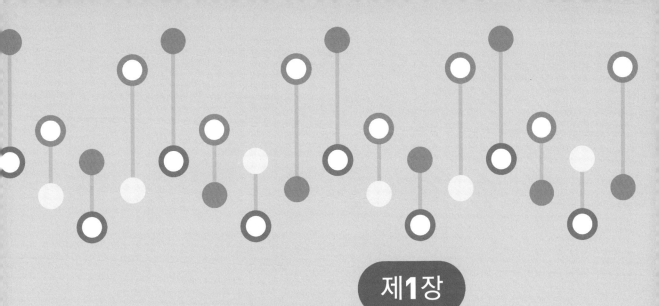

제1장

유아 학습과
자폐의 이해 현주소

최근 수십 년에 걸쳐 영유아들이 어떻게 학습을 하는지에 대한 지식이 많이 축적되었다. 자폐스펙트럼장애의 증상이 보통 첫돌 전에 나타나는 것을 고려할 때, 이러한 새로운 지식들은 우리가 자폐 성향을 보이는 영유아들에게 어떤 치료를 제공해야 하는지에 대한 정보를 제공한다. Early Start Denver Model(ESDM)은 주로 12~36개월 영유아를 대상으로 한 치료 프로그램으로 이 아동들이 48~60개월이 될 때까지 진행된다. 이 치료는 24~60개월 사이인 취학 전 아동들의 적응, 기능 향상 및 발달을 돕는다.

초기 자폐 증상은 사회성과 언어 발달을 돕는 뇌 시스템이 영향을 받는 것으로 알려져 있다. 운동성도 영향을 받을 가능성이 있다. 가정에서 촬영한 동영상을 통해 ASD 아동들의 발달 과정을 조사한 연구는(Osterling & Dawson, 1994; Palomo, Belinchon, & Ozonoff, 2006), 이 아동들이 타인과 눈맞춤 하는 시간과 호명에 대한 반응이 더 적었으며, 언어 발달에 중요한 기반이 되는 포인팅과 같은 기본적인 제스처도 보이지 않음을 보여 주었다. 유아의 빠른 학습 능력은 유아-아동기가 엄청난 가소성과 변화의 시기임을 시사한다. 실제로 뇌병변이 있는 유아들의 경우, 특히 조기 자극이 제공되었을 때 상당한 회복력을 보여 준다.

이는 자폐스펙트럼장애가 있는 유-아동을 위한 조기 치료의 도전과 기대가 가능성이 있음을 시사해 준다. 유아기의 놀라운 가소성을 활용함으로써 자폐스펙트럼장애의 특징이 되는 장애들을 최소화할 수 있는 것이다.

ESDM은 발달에 관한 연구 결과들을 커리큘럼과 기술에 통합시키고, 이를 조기에 개입하는 것을 목표로 한다. ESDM은 ① 언제든지 가르칠 수 있는 기술을 규정한 구체적인 발달 커리큘럼, 그리고 ② 교육과정을 전달하기 위한 구체적인 교육 절차로 구성된다. ESDM은 제한적인 교육 세팅에서 이루어지는 것이 아니라, 치료 팀과/혹은 부모님들이 그룹 프로그램이나 가정 프로그램으로 응용할 수 있고, 치료실이나 가정 혹은 개별 회기에서 다른 방법과 병행해서 사용할 수 있다. ESDM은 상당히 특화되어 있지만 교육 맥락, 목표 그리고 교구에 있어서는 꽤 유연한 치료 접근이다. 최근에 행해진 대규모 무선할당통제를 포함한 다양한 연구에서, ESDM이 아동의 인지와 언어 능력, 상호작용과 주도성 향상, 자폐스펙트럼장애 증상의 심각도 감소와 전체적인 행동 및 적응 기술 개선에 효과적인 것으로 나타났다.

이 책은 ESDM을 소개하고 어떻게 ESDM을 자폐스펙트럼장애 아동에게 적용할 수 있는지 알려 준다. 첫 장에서는 ESDM에 영향을 준 정상 발달 아동의 연구 결과들을 살펴본다. 제2장은 ESDM 기초와 전체적인 교육과정, 주요 교육절차 그리고 효과성에 대한 증거를 제시한다. 제3장은 세팅의 범위, 다학제적 팀원 그리고 가족과의 협업 등 ESDM의 실질적인 시행에 대해 설명하고 있다. 제4장과 제5장은 일일 교육절차를 어떻게 계획하는지, 어떻게 회기 간 그리고 회기 내에서 성과를 추적하는지 등 ESDM 평가와 치료 계획을 순서대로 자세히 설명한다. 제6장은 어떻게 아동의 놀이 파트너가 되는지를 단계별로 보여 주고, 아동과 함께 어떻게 공동 활동 놀이 일과를 개발할 수 있는지 알려 준다. 공동 활동 일과는 ESDM 교육의 기반이 된다. 나머지 3개 장은 모방과 놀이 기술(제7장), 비언어 의사소통(제8장) 그리고 언어 의사소통(제9장)을 설명하고 있다. 중요한 사회적 행동의 학습 및 커리큘럼이 이 3개 장에 소개되어 있다. 마지막 장(제10장)은 유치원 같은 그룹 세팅에서 ESDM을 시행할 때 특히 고려할 부분에 대해 설명하고 있다.

다음에서는 ① 영아는 어떻게 학습하는가, ② 뇌의 발달은 어떻게 사회적 의사소통 기술의 습득을 도와주는가, ③ 자폐는 어떻게 뇌의 발달과 학습에 영향을 미치는가, ④ 유-아동기 그리고 그 후의 뇌의 가소성, ⑤ ASD 아동의 조기 뇌 발달과 결과에 대한 조기 치료의 역할에 관한 연구 결과를 간단히 정리하였다.

영아는 어떻게 학습하는가

　많은 치료사(유아특수교사, 임상심리학자, 작업치료사, 언어치료사 등)들은 프랑스 발달심리학자인 Jean Piaget(1963)가 정립한 조기 인지적 구성주의 이론에 대해 배웠을 것이다. 구성주의의 관점에 따르면 유아는 근본적으로 자신들의 지식과 물리적 환경의 표상적 모델을 자신만의 사물과 물리적 세상에 대한 감각운동 탐색을 통해 구성한다. 이 감각운동 지식은 점차적으로 세상 속의 행동, 사물 그리고 사건의 인지적 표상으로 내면화하고 발달한다. 상위 단계의 인지 능력은 유아의 모방을 내면화하는 능력을 통해 두 돌 후반기에 발달한다. 영아기의 표상적 사고 특징은 대상영속성, 통찰력 있는 문제 해결, 상징적 놀이, 지연 모방, 상징적 표현으로 대표된다.

　하지만 지난 20년 동안, 영아기 학습에 대한 이해가 급격히 발전하면서 표상적 발달의 구성주의 모델은 사라졌다. 우리는 이제 영아들이 다양한 방법과 수준으로 학습하고 있음을 알고 있다. 영아기의 미숙한 운동동작을 영아의 수준으로 해석한 것은 영아의 사물, 사건 지식에 대한 잘못된 이해였고 과소평가였다. 좋은 예로 연구 논문에서 A-not-B 오류로 더 잘 알려진 대상영속성의 개념이 있다. 몇십 년 전, Piaget(1963)는 눈 앞에 숨긴 사물을 영아가 찾지 못한다는 것을 증거로 돌 연령의 영아는 대상영속성이 부족함을 보여 주었다. 눈앞에 숨긴 사물을 찾지 못하는 것은, "눈에서 멀어지면 마음에서 멀어진다"와 같이 사물이 눈앞에서 사라지면 그 표상을 기억하지 못하기 때문이라고 설명하였다. 하지만 후속 학자들은 영아들의 물리적 세상에 대해 알아내고자 영아들이 손으로 찾는 것보다는 어디를 보는지를 연구하였다(Baillargeon, 2004). 예를 들어, 연구자들은 평면 양 끝에서 가까운 거리에 있는 2개의 사물을 보여 주었다. 그리고 사물을 숨기고 공을 평면 한쪽 끝에 놓은 후, 스크린 뒤로 공을 굴렸다. 이 경우 스크린을 올리면, 공이 첫 번째 사물 앞에 있지 않고 2개의 사물 사이에 위치하게 된다. 연구들은 영아가 자기의 예상과 빗나갔을 때 더욱 오래 응시하고 놀라는 것을 발견하였고, 이 결과를 근거로 2~3개월 영아가 사물이 눈앞에서 사라졌을 때에도 사물의 심적 표상을 유지할 수 있다고 주장하였다.

최근 구성주의 모델에서는 예측하지 못했던, 생후 첫 1년의 영아가 갖는 학습 능력에 대한 연구가 각광을 받고 있다. 물리적 환경에서 사물이 어떻게 작동하는지에 대한 이해 능력, 자신과 타인 행동의 유사성을 인식하는 것, 정보 기억 능력, 사회적 환경의 지각과 반응 능력은 이제까지 우리가 영아의 미숙한 운동 기술을 통해 예측했던 것보다 훨씬 뛰어나다. 영아의 능력을 평가하기 위해 연구자들은 빠는 속도, 응시 패턴, 자극이 변하였을 때 뇌파 반응 변화와 같은 획기적인 방법들을 사용하였다.

뿐만 아니라, 영아는 세상에 대한 가설을 만들고 실험해 보는 것에 흥미를 보이는 능동적인 학습자다. 영아들의 지식은 사물 및 사람들과의 상호작용을 통해 발달한다. 최근의 연구는 영아들의 지식이 환경과 소통함으로써 뇌가 패턴을 파악하고 의미를 만들어 가는 '통계 학습'에 기반하고 있다고 주장한다(Saffran, Aslin, & Newport, 1996). 영아는 "지속적으로 수집한 환경에 대한 자료를 바탕으로 추론과 예측을 만드는 '직관력 있는 통계자'다. 예를 들어, Saffran 등(1996)은 유아의 언어 사용 흐름에서 통계적 정보를 이용하여 단어 사이의 경계를 발견하는 것을 알았다. 사실, 통계 학습은 정보를 나누는 방법과 정보에서 추론을 만들어 내는 능력이다. 통계 학습은 언어·인지·사회성 발달의 많은 측면에서 중요한 역할을 한다. 우리는 영아가 사람보다 사물에 더 집중하는 것처럼 일반적이지 않은 방법으로 세상과 소통할 때, 영아의 세상에 대한 지식과 구조 역시 일반적이지 않을 것이라 추측한다. 이렇게 되면 영아가 말이나 언어의 분포적 속성에 관심을 갖지 않기 때문에 정상적인 언어 발달이 어려울 수 있다. 그러므로 치료의 핵심 목표는 언어와 사람의 얼굴, 동작과 같은 핵심 정보에 관심을 가지도록 도와주고 정상 언어와 사회성 발달에 필수적인 정보를 쉽게 이해할 수 있도록 확실한 패턴이나 유형의 정보를 더욱 두드러지게 해 주는 것이다.

마지막으로, 지난 몇십 년간의 영아에 관한 연구는 비록 영아가 '통계 학습자'라고 하여도 주위에 있는 정보를 입력하기만 하는 컴퓨터는 아니라는 것을 보여 주고 있다. 추론이 만들어지고 학습이 이루어지기 위해 영아는 반드시 환경과 능동적이고 감정적으로 관계를 맺어야 한다. 정상적인 언어 인식 발달은 아동의 주의가 사회적으로 보상받을 수 있는 정보에 집중되어 있을 때 풍부한 감정이 더해진 사회적 상호작용의 맥락 안에서 일어난다. 이것은 Paul Kuhl(Kuhl, Tsao, & Liu, 2003)이 시행한 실험에서 볼 수 있는데, 단순한 언어 노출은 언어 발달에 도움을 주지 않는다. 정상적인 음성 인식의 발달을 위해서는 사회적 상호작용의 경험이 필요하다. 따라서 아동이 사회적 환경에 조금이라도 관심을 보이면 이것을 치료 전략의 첫 번째 단계로서 학습을 위한 기초적 필수 요소로 다루어야 한다.

요컨대, 영아 인지와 학습에 대한 연구는 감각운동 탐구 시기 훨씬 이전의 영아가 그들의 물리적 환경에 대한 정보 처리를 위해 시각과 청각 시스템을 이용한다는 것을 밝혔다. 영아는 패턴과 유관, 통계적 규칙성에 상당히 민감하다. 이 민감성은 영아가 불일치와 새로움을 감지할 수 있도록 해 준다. 이들의 새로운 것에 대한 선호는 예상하지 못한 상황에 집중하여 새로운 정보를 처리하도록 해 준다. 사회적으로 영아는 다른 사람의 행동, 특정 자극과 행동 간의 관계를 인지한다. 이것은 보통 인과관계를 가지는 행동과 감정적 반응 모두에 해당한다. 이를 통해 영아는 인간 행동을 예측할 수 있고 의미 있는 것으로 이해한다. 영아의 운동 시스템은 그들의 시각과 청각 시스템보다 느리게 발달한다. 영아의 사물에 대한 운동행동은 그것에 해당하는 학습 능력과 기존 지식보다는 운동 시스템을 설명한다. 뿐만 아니라 사회적 환경에서의 영아의 정서적 개입은 지각 · 인지 · 언어 · 사회성 발달을 위해 필요하다.

뇌의 발달은 어떻게 사회적 의사소통 기술의 습득을 도와주는가

자폐증의 초기 증상은 사회성과 언어 학습을 도와주는 뇌 구조가 정상적으로 발달하지 않음을 보여 준다. 일부 학자들은 이것이 복잡한 행동에 관여하는 뇌 시스

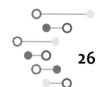

템 발달에 관한 전반적인 문제, 특히 여러 고차원적인 뇌 영역 간의 협응에 관한 문제를 반영한다고 본다(Kennedy & Courchesne, 2008; Williams & Minshew, 2007; Pinkham, Hopfinger, Pelphrey, Piven, & Penn, 2008). 자폐증이 사회성-의사소통과 관련한 뇌 회로의 고차원적 영역이 활성화되지 않아 발생한 것으로 보는 학자들도 있다(Mundy, 2003). 사회성과 언어적 행동은 뇌의 여러 영역의 협응을 필요로 하기에 이 두 견해는 상호 배타적이지 않다(Dawson, 2008). 그러므로 어떻게 '사회적 뇌의 네트워크'가 작동하는지 파악하면, 이를 통해 정상적인 발달을 촉진할 치료를 계획할 수 있다.

　동물과 인간을 대상으로 한 다양한 연구를 통해 사회적 정보처리, 감정, 사회적 행동과 밀접한 관련이 있는 사회적 뇌 네트워크의 구조가 밝혀졌다([그림 1-1]). 뇌의 활성화는 다음과 같은 영역에 사회적 자극에 대한 반응으로 일어나며, 이 영역에 손상이 생길 경우 비정상적인 사회적 행동이 나타나기도 한다. 측두엽 일부분(방추상회와 상측두회), 편도체, 전두엽 피질의 일부분은 사회적 뇌 네트워크의 핵심 영역이다. 방추상회(안면 인식에 특화되어 있음)와 상측두회(STS; '생물성 움직임'이라고도 하는 동적 움직임 인식에 특화되어 있음)는 얼굴 표정과 같은 사회적 정보를 감지하고 해석하는 데 중요하다.

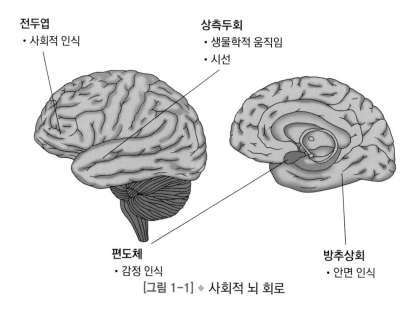

[그림 1-1] ◆ 사회적 뇌 회로

편도체는 다양한 자극에 대한 정서적 가치(보상과 같은 긍정적 가치와 두려움 혹은 처벌과 같은 부정적 가치 모두를 포함)에 관한 역할을 맡고 있다. 만약 아동이 주변의 모든 자극에 대해 같은 감정을 갖거나 일반적이지 않은 자극에 대해 특별한 감정을 가진다면, 이는 의미 있는 것(예를 들면, 사람들)보다는 의미 없는 자극(예를 들면, 배경 소음이나 카펫 보푸라기)에 집중하기 때문이다. ASD 아동들은 사회적 환경에 잘 집중하지 못한다. 자극에 대한 부정적인 가치(예: 두려움) 부여에 어려움을 겪는 것도 ASD 아동들의 위험에 대한 인식이 확연하게 떨어지는 이유를 설명해 준다.

영아가 다른 사람의 얼굴이나 목소리에 주의를 기울이거나, 기쁨이나 흥미 같은 긍정적인 감정을 느낄 때 방추상회, STS 그리고 편도체가 활성화된다. 전두엽 피질(특히 안와전두나 전전두엽피질)은 부적절한 반응 억제하기, 자신의 행동 관찰하기, 계획된 행동 실행하기와 같은 사회적 행동에 굉장히 중요한 역할을 한다. 사회적 기술이 있으면 상호작용 시 지속적으로 자신의 행동에 다른 사람들이 어떻게 반응하는지를 살피고 그 반응에 맞춰 대응한다. 이처럼 유연하게 대처하는 행동 능력은 전전두엽피질의 핵심 기능이다. 이 영역이 제대로 작동하지 않으면 타인의 요구에 둔감해지고 자신의 관심에만 갇히게 된다. 사회적으로 다른 사람에게 민감하지 않은 반응은 ASD를 가진 사람들의 공통적인 특성이다.

특정 뇌 영역을 활성화시키는 과제와 뇌 영상을 통해 사회적 자극에 뇌가 정상적으로 반응하는지를 살펴봄으로써 영아기의 사회적 뇌 활동 연구가 진행되어 왔다. 이 연구에선 유-아동들을 시각과 청각적인 사회적 자극에 노출시킨 후 뇌의 전기활동(EEG와 MEG)과 뇌 혈액의 흐름(FMRI)을 측정하였다(Cassuam, Kuefner, Weterlund, & Nelson, 2006; Rivera-Gaziola, Silva-Pereyra, & Kuhl, 2005; Kylliainen, Braeutigan, & Hietanen, 2006; Pelphrey & Carter, 2008). 다음 부분에서 사회적 뇌에 대해 좀 더 자세히 다룰 것이다.

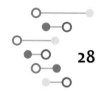

 얼굴에는 무엇이 있는가

뇌 영역의 분화와 통합은 발달 과정 동안 지속적으로 변화하지만 얼굴에서 정보를 알아내는 뇌 영역의 대부분은 생후 몇 달 안에 활성화된다. 응시의 방향과 눈맞춤, 얼굴과 목소리의 감정적 표현과 같이 특정한 뇌 영역들이 다양한 안면 자극에 반응한다.

안면 인식

인간의 뇌는 사람이 다른 사람의 얼굴을 인식하는 것부터 반응을 보이는 것까지 연결이 되어 있다. 신생아는 빠른 안면 인식이 가능하고 다른 복잡한 시각 자극보다 얼굴 자극을 선호한다. 영아는 4개월에 얼굴의 방향에 민감해지며 거꾸로 된 얼굴보다는 바로 선 얼굴에 더 많이 반응한다. 6~7개월 즈음에는 익숙함과 낯선 것을 볼 때 다른 뇌 반응을 보인다.

눈 응시

눈맞춤과 눈 응시 반향에 대한 민감한 반응은 아주 어릴 때 나타난다. 이르면 4개월부터 영아들은 눈 응시와 감정에 차별된 반응을 보인다. 이러한 민감성은 영아기 초기 방추상회의 얼굴 인식 뇌 영역과 밀접한 연관이 있으며 이후 뇌 분화가 이루어짐에 따라 나타나는 STS의 활성화와도 관련이 있다.

합동주시

이르면 3개월부터 합동주시가 나타나는데, 사물이나 사건과 협응을 이루거나 사회적 파트너를 바라보는 것으로 나타나기 시작한다. 8~9개월 즈음이 되면 응시 패턴에 대한 뇌의 반응이 STS와 등측전전두피질에서 나타나는 성인의 패턴과 같아진다.

감정 인식

7개월까지의 영아는 동일한 혹은 다른 표정을 보았을 때 지향 반응, 습관화 반응을 이용하여 얼굴 표정을 구분한다. 영아가 6~7개월이 되면 감정별로 다른 뇌파 반응을 보인다. 영아는 긍정적인 감정과 부정적인 감정에 각기 다른 구체적인 반응 패턴을 보여 준다. 얼굴 감정 자극 역시 전전두피질 영역을 활성화시킨다. 비슷하게 영아는 7개월부터 감정의 청각적 표현(긍정 및 부정적 감정 포함)도 구분할 수 있다. 이 시기에 영아들은 두 영역의 감각기관, 시각과 청각의 정보를 통합시킨다. 표정과 목소리가 일치하거나 불일치하는 데 따라 다르게 반응하는 것을 통해 영아들이 시각과 청각의 정보를 통합시킬 수 있음을 확인할 수 있다(기쁜 표정과 기쁜 목소리 vs. 기쁜 표정과 화난 목소리). 측두엽에 있는 편도체가 이러한 반응과 관련이 있으며 이러한 뇌의 활성화 패턴은 성인과 상당히 유사하다.

🩶 다른 사람의 행동 해석

영아는 몸 동작과 움직임 패턴에 대한 사회적 행동을 구별할 수 있다.

생물학적 움직임

앞서 이야기했듯이, 생물학적 움직임이란 유기체의 움직임 패턴을 말하며, 자발적인 움직임과 행동 방향의 자발적인 변화를 포함한다. 이는 외부의 힘 없이는 자발적으로, 혹은 스스로 움직임을 개시할 수 없으며, 방향을 바꾸어 주는 다른 힘 없이 정해진 방향을 유지하는 사물의 움직임과 반대되는 개념이다. 영아는 생후 몇 달 사이에 사람의 움직임 패턴과 사물은 다르다는 것을 식별할 수 있는 능력이 생긴다. 또한 영아는 성인과 비슷한 절차로 생물학적 움직임을 식별한다. 그러므로 영아는 매우 어릴 때부터 생물과 무생물 자극을 구분할 수 있다.

다른 사람의 행동에 대한 이해

영아가 8개월이 되면 다른 사람의 목표 지향적인 행동을 예상한다. 이는 사람들

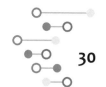

이 사물에 대해 예상 가능하게 행동하느냐, 혹은 그렇지 않느냐에 따라 영아들의 반응이 다르다는 관찰을 통해 알 수 있다. 영아는 또한 어떤 것이 일반적인 행동인지에 대해 인식하고 있다. 예를 들면, 영아들은 사람들이 사물에 대해 언급하는 것과 사람에 대해 언급하는 것에 대해 차별된 반응을 보인다. 영아는 스스로 이러한 행동들을 할 수 있기 훨씬 전부터 이런 행동이 갖는 의미를 인식하고 있다. 이러한 결과는 영아들이 자연스러운 환경에서 사람들을 관찰하면서 사람에 대해 상당히 많은 것을 배울 수 있는 능력이 있음을 보여 준다. 또한 경험을 통해 예측 가능한 패턴을 만들어 내며, 이를 토대로 새로운 경험을 해석함도 알 수 있다(통계적 학습).

따라서 영아는 태어날 때부터 사회적 그리고 감정적 자극에 민감하다. 성인에게서 관찰되는 '사회적 뇌'의 많은 부분이 첫돌 이전에 활성화된다. 사회적 자극에 반응하는 뇌 영역, 특히 전전두피질보다 하부에 존재하는 영역은 출생 시에 활성화된다. 그러나 생후 몇 개월 안에 영아는 사회적 자극에 대한 반응으로 대뇌피질을 활성화한다. 이를 통해 사회적 자극의 선호와 사회적 자극에 대한 자동적 관심이 인간 뇌의 기본적인 특징인 것을 알 수 있다. 영아의 뇌가 성인의 뇌보다 사회적 자극에 더 잘 반응할지도 모른다. Johnson과 그 동료들(Johnson et al., 2005)은 영아의 사회적 뇌가 성인보다 더 광범위하게 '조율되어' 있고, 자극에 더 민감하고 더 잘 반응하며, 반응할 준비가 더 많이 되어 있다고 보았다. 영아의 경우 사회적 자극을 비롯한 다양한 자극에 대한 뇌의 반응이 분산되어 있지만 시간이 흐르면서 점차적으로 세분화되고 특화되어 가는데, 이를 위해서는 사회적 환경과의 상호작용이 필요하다. 이를 통해 영아의 뇌는 정교하게 사회에 반응하고, 빠른 속도로 사람들이 가지고 있는 많은 면을 학습하게 된다.

자폐증이 뇌 발달과 학습에 미치는 영향

자폐증에는 유전적 · 환경적 요인을 비롯한 다른 많은 원인이 있고, 이러한 원인은 결국 사회성·의사소통 발달에 관한 뇌의 중심 영역에 영향을 미친다. ASD를 가진 사람들의 뇌에서 일반적으로 나타나는 특징이나 그들의 뇌에서만 발견되는 공통적인 특징은 없다. 다만 ASD를 가진 다수의 사람들에게 보이는 다른 점이 일부 발견되었는데, 학자들은 이 차이점이 ASD의 특이한 행동 중 일부분을 설명하는 데 도움이 될 것이라고 생각한다. 다음에서 ASD를 가진 사람들의 뇌가 어떻게 다른지에 대해 간단히 설명할 것이다(최근의 상세한 연구 결과는 Geschwind & Levitt, 2007 참고). ASD를 가진 사람들은 소뇌(주의와 운동행동), 편도체(감정), 측두엽의 일부분(언어와 사회 인식) 그리고 전두엽 피질(주의, 계획, 추상적 개념, 사회적 행동) 부분에서 영향을 받는 것으로 나타났다.

뇌는 독립적으로 작동하지 않고, 서로 복잡하게 연결되어 '팀'으로 작동하며 동작 기능, 주의, 지각, 언어 그리고 사회적 행동 같은 복잡한 행동을 하도록 도와준다. 복잡한 행동은 마치 오케스트라 음악을 연주하기 위해 여러 악기가 서로 협동하듯 뇌의 여러 영역이 서로 협력해야 한다. 이러한 행동을 하기 위해서는 뇌의 많은 영역들이 신경세포 네트워크를 통해 서로 연결되어야 하는데, ASD의 경우 다른 부분의 뇌들이 서로 협동할 수 있도록 해 주는 원거리 연결에 손상을 보인다.

🜆 자폐증에서 보이는 연결의 이상

연구들은 자폐증이 다른 신경세포들 간의 연결(시냅스)과 뇌의 다른 영역 간의 연결 형성에 영향을 준다고 주장한다(Garber, 2007). 정상 발달의 경우, 발달 초기에 연결된 신경세포들의 망을 통해 다른 뇌 영역들이 서로 소통할 수 있는 다량의 신경세포와 시냅스가 발달한다. 이후 밀집된 네트워크가 점차적으로 간소해지면서 이 네트워크는 선택적·효율적이며 빠른 '학습자'가 된다. 이 선택 프로세스는 이전 경험에 의해 유도된다. 활용되는 연결망들은 더욱 강력해지고 더 반응적으로 되며 활용되지 않는 연결망들은 점차 사라지게 된다. 결국 많이 사용되는 신경망들이 남게 되는데, 신경망 세포들을 자극하여 더 강해지고 빨라질 뿐만 아니라 개시 활동을 일으키는 자극에 더욱 잘 반응하도록 만든다.

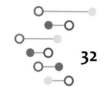

ASD는 이런 신경망 발달 프로세스에 결함이 있어 연결성이 좋지 않다. 특히 서로 멀리 떨어져 있는 뇌 영역들이 영향을 받는 것으로 보인다(Murias, Webb, Greenson, & Dawson, 2007). 유전학 연구를 보면 신경망에서 흥분과 절제의 균형을 통제하는 유전자가 ASD 가능성을 높이는 것으로 나타난다(Geschwind, 2008). 이 균형은 신경망이 정상적으로 작동하는 데 대단히 중요하다.

ASD 아동은 뇌 영역 사이의 연결성이 좋지 못하므로 뇌 영역 간 협응을 필요로 하는 복잡한 행동들을 배우는 데 어려움을 보인다. 간단한 행동의 예로 자신의 관심을 부모님과 공유하기 위해 좋아하는 장난감을 가리키는 행동이 있다. 합동주시 행동은 대부분 10~12개월 사이에 나타난다. 관심사를 공유하는 행동은 시각인식(장난감 보기), 주의(주의가 장난감에서 부모로 옮겨가기), 운동행동(눈과 손) 그리고 감정(기쁨과 흥미 표현)의 협응을 통해 이루어진다. 뇌의 연결이 정상적으로 되지 않으면 이러한 복잡한 행동 발달에 어려움이 생긴다.

🖤 평균보다 큰 머리 크기

ASD 아동들은 일반 아동들과 머리 크기의 성장이 다르다고 한다. 연구 결과 ASD 아동들의 머리 크기는 태어났을 때 정상이나, 4개월 즈음부터 머리 크기의 성장이 급속도로 빨라지는 것으로 보인다(Courchesne et al., 2007). 이 급속한 성장 패턴은 조기에 두드러지며, 그 후에는 정상 속도로 줄어든다. 큰 머리가 어떻게 아동의 발달에 영향을 줄까? 머리 크기는 그 안의 뇌의 크기 성장과 관련이 있다. 머리 사이즈는 뇌 사이즈를 반영한다. 회백질(뉴런, 신경세포), 백질(뉴런을 감싸 보호하고 있는 수초), 신경교세포(뇌 세포 구조 아랫부분의 한 부분)가 더해짐으로써 뇌가 성장한다.

언급한 것과 같이, 영아기의 세포 급증 시기 뒤에 세포 감소 혹은 '진정' 시기가 온다. 이 세포 감소 시기에는 활발한 정보 네트워크의 부분이 아닌 신경세포들이 사라지고(아포토시스/세포자살), 시스템에서 불필요한 것이 줄어들어 더욱 효과적이고 정돈된 신경조직을 만드는 것으로 추정된다. 일부 학자들은 정상적이지 않은 빠른

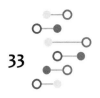

머리 크기의 성장은 세포 진정 없이 비정상적인 빠른 세포 급증을 반영한다고 본다. 그로 인해 너무 많은 신경세포들이 정돈되지 않은 상태로 남게 되므로 뇌는 학습이 어려운 '기계'가 되는 것이다(Redclay & Courchesne, 2005). ASD의 커다란 머리 크기에 대한 두 번째 가설은 뇌 염증이다. 이는 학자들이 ASD를 가진 사람들의 사후 연구에서 그들의 뇌에 염증이 있는 것을 발견함으로써 나온 가설이다(Pardo, Vargas, & Zimmerman, 2005). 머리 크기가 큰 원인과 ASD와의 관계에 대한 연구가 현재 활발히 이루어지고 있으며, 이에 대한 답은 추후 찾게 될 것이다.

소뇌의 차이

연구들은 ASD에서 소뇌의 피질에 있는 푸르키네 세포(purkenje cell)의 수가 적음을 일관적으로 보고한다(Bauman & Kemper, 1994). ASD를 가진 사람들은 정상 발달인보다 35~50% 적은 푸르키네 세포를 가진다. 부검 연구 결과 이는 세포 생산에서의 문제이며 태아기 뇌 발달 때 일어나는 것으로 간주된다. 푸르키네 뉴런은 다른 뉴런의 자극을 억제한다. 푸르키네 뉴런은 전두엽까지 연결되는 매우 긴 축색돌기를 가지고 있다. 소뇌 뉴런은 모든 뇌엽(전두엽, 두정엽, 측두엽, 후두엽)의 피질에 넓게 퍼져서 연결되어 있다. 이 뇌엽들은 변연계의 일부분인 시상을 통해 연결되어 있다. 이는 ASD의 뇌 연결성에 다른 뇌의 비정상인 구조가 영향을 미칠 수 있음을 의미한다. 비정상적인 소뇌 활동을 가진 사람들에 대한 연구를 통해 비정상적인 소뇌가 주의, 감정, 지각과 운동 기능에 영향을 미치는 것을 확인하였다. 이와 같이 푸르키네 세포 감소에 의한 비정상적인 활동은 ASD 증상을 나타나게 하는 많은 신경경로에 영향을 미친다.

사회적 뇌 네트워크의 차이

뇌 영상 연구는, ASD를 가진 사람들이 과제(예: 얼굴을 보거나 감정과 관련한 단어를 듣기)를 수행하는 동안 뇌의 다른 영역이 활동하는 것을 발견했으며 이를 통해

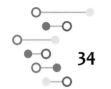

사회성 뇌가 정상적으로 작동하지 않음을 확인하였다. 가장 흔히 나타나는 결과는 사회적 수행을 하는 동안 사회성 뇌 영역의 활동이 감소하는 것이다. 예를 들면, Dawson, Carven, Meltzoff, Panagiotides와 McPartland(2002)는 ASD를 가진 취학 전 아동이 얼굴이나 사회적 자극에 대해 정상적인 수준의 뇌 반응을 보이지 않는 것을 발견하였다. 이러한 뇌 반응은 6~7개월 즈음에 정상적으로 나타나는 것이기 때문에 이는 충격적인 결과였다. 이 연구를 통해 ASD가 생후 1년 안에 발달하는 사회적 뇌 구조의 발달에 영향을 미치는 것으로 추정하였다.

또한 ASD 아동의 경우 사회적 과제에 대해 사회적 뇌(예: 편도체)의 일부가 다른 영역(예: 방추상회)과 협응을 하지 못하는 것으로 밝혀졌다. 여러 뇌 영상 연구에서 ASD의 편도체 비정상 작동을 추정했는데 편도체는 특정 자극에 대해 보상 가치를 부여하는 ASD의 두드러지는 특성과 관련이 있다. 연구들은 특히 발달 초기에 편도체는 커지지만(Sparks et al., 2002) 편도체에 있는 신경세포의 숫자와 크기는 감소하는 것을 보여 주었다(Schumann & Amaral, 2006). 이를 근거로 얼굴, 목소리, 제스처 그리고 다른 사회적 자극에 보상 가치를 부여하지 못하는 것이 ASD의 근본적인 결함이라고 주장하였다(Dawson, Webb, & Mcpartland, 2005). '사회적 보상'에 대한 민감도가 떨어지는 것은 왜 ASD 아동들이 다른 사람들을 잘 보지 않는지를 설명할 수 있다. ASD로 진단받은 아동들은 다른 사람들을 잘 보지 않음으로 인해 사회적 의사소통, 얼굴 표정 그리고 다른 넓은 범위의 의사소통을 위한 행동들을 배울 기회를 놓치고 만다. 이런 연구들은 ASD 아동들이 사회적 상황에 적절하게 반응하지 못하는 이유를 이해할 수 있도록 도와준다.

🌰 거울 신경 체계

거울 신경 체계는 열성두정엽, 전두엽 피질 아래, 측두엽 안의 브로카 영역, STS 그리고 운동 피질과 같은 여러 뇌 영역들을 포함한다. 이 시스템은 사람이나 영장류가 의도적인 행동을 하고 타인의 의도적인 행동을 관찰할 때 활성화된다. 특정한 목표에 따른 행동이 아닌 제스처와 표정을 취하거나 타인의 제스처, 표정을 관찰할 때에도 거울 신경 체계가 작동한다. 브로카 영역(언어 영역)의 거울 신경 체계는 모방과 제스처를 관찰하고 타인을 모방함으로써 활성화된다. 이는 모방 기술, 비언어 제스처 의사소통 그리고 언어적 의사소통 발달이 거울 신경 체계와 깊은 관련이 있음을 의미한다. 공감 반응과 마음이론 역시 거울 신경 체계를 활성화시킨다. 이 모든 작업은 자신의 경험과 타인의 경험을 통합하는 것을 포함한다. 그러므로 거울 신경 체계는 사회적 행동 발달, 특히 자신의 경험과 다른 사람의 경험을 통합하는 행동에 매우 중요한 역할을 하는 것으로 간주된다.

ASD는 거울 신경 체계의 기능에 장애가 있는 것으로 추정된다(Williams, Whiten, Suddendorf & Perrett, 2001). 많은 연구들이 ASD를 가진 사람들이 다른 사람의 제스처와 표정을 볼 때 거울 신경 체계가 정상적으로 반응하지 않고 모방을 하지 않음을 보여 주었다. 거울 신경 체계는 하나의 영역이나 회로로 이루어진 것이라기보다 뇌 전체에 매우 광범위하게 퍼져 있다(Iacoboni & Mazziotta, 2007). 그러므로 거울 신경 체계의 비정상적인 기능은 전반적인 뇌의 연결 문제와 관련이 있는 것으로 보인다.

🌀 신경화학적 차이

뇌의 신경세포는 화학적 신호에 반응하고 그 신호는 시냅스(신경세포를 서로 주고받을 수 있는 사이 공간)의 화학 변화를 통해 하나의 신경세포에서 다음 세포로 전달된다. 따라서 신경전달물질의 비정상적인 수준은 뇌 기능과 외현적 행동에 영향을 미칠 수 있다. ASD의 비정상적인 세로토닌 수준이 발표된 이후부터 ASD를 가진 사람들의 뇌가 가지는 신경화학적 차이가 논의되어 왔다. 여러 연구에서 ASD를 가진 사람들과 1촌 혈연관계인 사람들의 혈류 내 세로토닌 수준이 높게 나타난다는 결과가 반복적으로 밝혀졌다. 그러나 이것이 뇌 안의 세로토닌 수준의 차이를 반영하는지는 확실하지 않다. ASD의 세로토닌 수준의 변화가 미치는 영향에 대한 실험 연구에서도 이것이 ASD의 주된 원인이라고 할 만한 행동적 결과를 발견하지는 못했다(Posey, Erickson, Stigler, & McDougle, 2006). 많은 포유류의 사

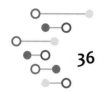

회적 행동 및 상동행동과 매우 연관이 깊은 것으로 알려진 옥시토신과 바소프레신이 비정상적인 신경화학적 문제에 영향을 준다는 이론도 있다(Insel, O'Brien, & Leckman, 1999). 자폐스펙트럼장애를 가진 사람들의 바소프레신 수준에 대한 증거는 아직 발견된 것이 없지만, 옥시토신 수준이 낮다는 증거가 있으며 바소프레신과 연관 있는 유전자에 이상이 있다는 증거도 있다. 일부 소규모 실험 연구에서는 정상 발달인 사람들과 ASD를 가진 사람들에게 옥시토신 치료를 시행했을 때 사회성이 향상되었다는 결과가 나왔다.

초기 아동기 및 그 이후의 뇌 변화

ASD를 가진 사람들의 뇌 조직에 관한 부검 연구에서, Bauman과 Kemper(1994)는 뇌 세포와 뇌 구조에서 관찰된 차이가 영아기 시기의 차이에 국한되지 않는다고 밝혔다. 뇌와 관련한 차이는 초기 아동기에서 성인이 되기까지 시간이 지남에 따라 뇌가 지속적으로 변하는 과정과도 관련 있는 것으로 나타났다. 무엇이 지속적인 뇌 변화를 일으키는 것일까? 당연히 신경독성물질에 대한 노출로 인한 비정상적인 면역이 뇌 변화에 영향을 미칠 수 있고, 이와 관련한 연구가 지속적으로 이루어지고 있다. 그러나 경험의 변화가 뇌 기능을 바꿀 수도 있다. 경험은 앞에서 설명한 것과 같이 신경학적 연결을 형성하는 데 중요하다. 경험은 특정 유전자 기능을 활성화시키는 데에도 중요한 역할을 한다. 예를 들면, 동물 연구에서 어미 개가 강아지를 핥는 것과 같은 특정한 사회성 행동이 스트레스 호르몬인 코르티솔을 조절하는 유전자에 영향을 미칠 수 있음이 밝혀졌다. 또 다른 연구는 풍부한 환경에의 노출이 뇌병변을 가지고 있거나 발작을 일으키는 유전적 경향을 가지고 있는 동물에게 도움이 된다는 결과를 보여 주었다.

지난 몇 년 동안, 우리는 인간의 뇌가 경험의 변화에 얼마나 빠르게 반응하는지에 대해 배웠다. 현악기 연주처럼 새로운 기술을 배우기 시작하면 며칠 만에 뇌 기능에 측정 가능한 효과가 나타난다. 연습을 하기 전까지는 뇌 영역들이 자극에 반응하지 않다가 이전에 다른 자극에 반응했던 뇌 영역이 새로운 자극을 만나면 이에 반응하기 시작한다. 우리가 인식은 하되 실행할 수 없는 기술보다 우리가 실행할 수 있는 기술을 관찰하는 것이 거울 반사 체계를 더욱 활발하게 반응하게 만든다. 경험은 반응 뉴런의 네트워크 및 고도로 발달되고 자동적 수행이 가능한 신경학적 영역의 형성을 자극함으로써 뇌를 완성해 간다. 뇌는 지속적인 행동에 기반하여 신경학적 네트워크를 발달시켜 가는데, 이 네트워크는 자극이 있을 때 나타나는 반응 패턴을 지원하고 발달시킨다.

이것이 ASD의 뇌 발달에 어떠한 영향을 미칠 것인지에 대해 생각해 보자. ASD 영아들은 생후 1년 때부터 환경에 다르게 반응한다. 영아들은 사회적 자극에 대한 반응이 적고 사회적 상호작용을 개시하지 않는다. 그리하여 아동은 정상 발달 아동들보다 사회적 상호작용을 적게 하게 된다. 그와 동시에 ASD 아동들은 사물에 과하게 집착하거나 사물에 관한 놀이를 반복적으로 한다. 이러한 일상 경험과 반응 패턴은 뇌를 형성하고 보상에 대한 기대감을 발달시키며 사물과 관련된 사건의 지원, 자극을 통한 신경학적 네트워크를 형성하는 반면, 사회적 상황에 초점이 맞추어져 있는 신경학적 네트워크나 주의력 시스템을 발달시키지는 않는다. 시간이 지날수록 ASD 아동과 정상 발달 아동의 차이는 커진다. 뇌의 연결과 신경학적 반응 패턴이 달라지는데 이 차이가 지속적인 뇌 차이의 근원이 될 수도 있다. 이런 뇌 변화는 ASD의 핵심이 되는 신경학적 특징이 아닌, '반응'으로 간주되지만, 이차적이며 영아기 ASD에 동반되는 생활패턴의 변화와 관련이 있고 예방 가능한 것으로 판단된다(Dawson, 2008).

 ## 자폐증의 초기 뇌 발달 및 예후에 관한 조기개입의 역할

앞에서 언급했듯 영아기는 뇌 발달과 학습 가능성의 가소성이 풍부한 시기다.

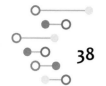

어린 뇌에 주어진 뇌 가소성과 경험은 뇌 기능과 구조를 형성해 간다. 치료 경험은 명백하게 뇌와 행동의 변화를 가져올 것이다. 아동이 하루 종일 하는 활동들은 중립적이지 않다. 각각의 활동은 사회적이고 의사소통적인 뇌를 형성하거나 사물 중심적인 뇌를 형성하게 한다. ESDM에서는 아동이 사회적인 표정과 제스처에 주의를 기울일 때, 명확한 사회적·의사소통적 행동 신호를 제공하여 상호작용을 촉진한다. 이 신호는 정교한 언어, 사회적이고 상징적인 놀이, 사회적 개시를 발달시키는 최고의 양육 기술이라 할 수 있다. 초기 자폐증의 특징인 기본적인 사회적 지향과 개시의 결함에 초점을 맞추는 것이 ESDM의 핵심이다. 다음 장에서는 ESDM의 핵심 특징과 이론적 기초를 다룰 것이다.

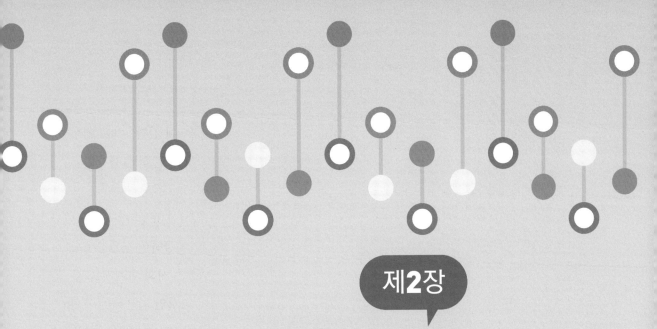

제2장

ESDM 개관

ESDM(Early Start Denver Model)은 12개월의 영아를 대상으로 한 집중적이고 포괄적인 조기개입을 위해 개발되었다. ESDM은 ASD를 가진 24~60개월의 영유아를 대상으로 하는 조기개입방법인 덴버 모델(Denver Model)을 보강한 것이다. 이 책에서 ESDM은 3세 이전의 영유아를 대상으로 하는 조기개입방법을 지칭하며 3~4세를 아우르는 취학 전 아동 전체에 적용되는 모델을 덴버 모델이라고 지칭한다.

제1장에서 살펴보았듯 ESDM은 최근 발표된 영유아의 학습과 자폐증이 발달 초기에 미치는 영향에 관한 경험적인 연구 결과들을 기초로 한다. ESDM의 목표는 ASD 증상의 심각도를 감소시키고, 모든 영역, 특히 인지, 사회성, 정서, 언어 영역에서의 발달 속도를 증가시키는 것이다. 이 장에서는 ESDM에서 어떻게 목표를 달성해 나가는지, 잘 알려진 다른 이론들과의 차이점은 무엇인지 등 ESDM의 전반적인 내용에 대해 알아볼 것이다. 우선 ESDM의 기반이 되는 중요 접근방법에 대해 알아보자.

ESDM의 이론적 기초

ESDM은 여러 상호 보완적인 이론들을 기초로 한다. 여기에는 1981년도부터 연구가 시작된 Rogers의 최초의 덴버 모델(Rogers, Herbison, Lewis, Pantone, & Reis,

1986), Rogers와 Pennington(1991)의 자폐증의 대인관계 발달 모델, Dawson 등 (2004)의 사회적 동기 결여로서의 자폐증 모델, 중심축 반응 훈련(Pivotal response training), 응용행동분석(Applied behavior analysis: ABA)을 기반으로 한 교수방법 등 이 포함되며, 이 방법들은 아동의 자발성과 적극성을 강조하고 자연스러운 맥락 에서 적용이 가능하다(Schreibman & Pierce, 1993; Koegel & Koegel, 1988).

🌢 덴버 모델

덴버 모델(The Denver Model)은 발달 수준에 따라 그룹 지어진 24~60개월의 ASD 영유아 대상의 유치원 프로그램으로서 1980년대에 처음 연구가 시작되었다 (Rogers et al., 1986; Rogers & Lewis, 1989; Rogers, Hall, Osaki, Reaven, & Herbison, 2000). 이 프로그램에서는 일차적으로 ASD를 사회적 의사소통 능력 발달의 실패 로 인한 것으로 보았기 때문에 사회적 의사소통 능력 발달의 기초로서 아동과 친 밀한 관계를 형성하는 데 초점을 두었다. 이 프로그램은 아동을 스스로 좋아하 는 활동의 참여자로 보고 사회적 파트너를 찾아 움직일 만큼의 강렬하고 긍정적 인 정동을 포함한 생동적이고 역동적인 상호작용 활동을 강조하였다. '감각을 이 용한 사회적 상호작용 놀이(Sensory social routine)' 기법은 아동이 비언어적ㆍ문자 적ㆍ언어적 의사소통을 통해 스스로 시작하고 유지하는, 매우 상호 참여적인 활 동을 강조하면서 만들어진 방법이다. 제6장에서 더 자세히 다루겠지만, 감각을 이 용한 사회적 상호작용 놀이는 ESDM의 중요 요소다. 덴버 모델에서 개입 대상이 었던 대부분의 아동들이 전 영역에 거쳐 발달 지연을 보이면서, 이와 관련한 다학 제적 팀 접근이 필요하게 되었다. 덴버 모델에서는 아동의 모든 발달적 측면이 체 계적으로 포함된 교육과정, 각 아동의 개별 커리큘럼이 정의된 단기 발달 목표들, 개인별 또는 소수 그룹 세팅에서의 집중적인 교육을 모두 중요시한다. 덴버 모델 에서는 아동의 리드를 따라가며 아동을 가르치고, 언어적ㆍ비언어적 의사소통과 인지, 놀이를 강조한다.

덴버 모델의 주요 구성요소는 ESDM에서도 유지되며, ① 발달의 모든 측면을 포

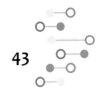

함한 교육과정을 시행할 수 있는 다학제적 치료팀, ② 타인과의 상호작용 상황에 참여, ③ 상호적이고 자발적이며 자연스러운 모방 능력의 발달(제스처, 얼굴 움직임 및 표정, 사물 활동), ④ 비언어적·언어적 의사소통 기술의 발달, ⑤ 역동적인 놀이 상황 안에서 진행되는 인지적 측면이 포함된 놀이, ⑥ 부모와의 협력 6가지를 포함한다.

 덴버 모델을 적용한 처음 10년간의 연구 자료를 통해 Rogers와 연구팀은 전형적인 ASD 아동들이 모방에 심각한 어려움이 있음을 깨달았다. 모방 능력의 손상은 그 당시 자폐증 관련 이론들에서 언급되지 않았고, ASD 아동의 모방 능력과 관련된 연구도 거의 없었다. 하지만 모방 능력의 부족은 ASD 아동의 아동기 학습에 큰 장애가 되었고, 이는 연구자들이 발달 초기 모방 능력의 역할에 대해 심도 있게 고민하게 하는 계기가 되었다. Daniel Stern(1985), Andrew Meltzoff(Meltzoff & Moore, 1977) 등의 저서에서는 영아기 사회적 의사소통 능력 발달에서 모방의 중요성에 대해 주목할 만한 논의를 보여 준다.

🜨 Rogers와 Pennington의 자폐증의 대인관계 발달 모델

 Rogers와 Pennington(1991)은 Daniel Stern(1985)과 1970년대, 1980년대의 영아 관련 연구들의 영향을 받아 자폐증에 관한 경험적인 발달 모델을 발표하였다. 이 모델에서 Rogers와 Pennington(1991)은 ASD 영아의 경우 생의 매우 초기에서부터 일반 아동들이 출생부터 갖고 있는 모방 능력의 결함을 보이며(Meltzoff & Moore, 1977), 이는 신체적 동조(synchrony)와 협응 능력의 발달에 지장을 준다. 신체의 동조는 영아와 양육자가 서로 감정과 상태를 맞추는 첫 번째 방법으로, 이에 손상이 있으면 서로 간의 감정적인 상호작용에 영향을 줄 수 있다. ASD 영아의 경우 감정적인 상호작용은 추후 비전형적인 표정에 의해 영향을 받게 되는데(Yirmiya, Kasari, Sigman, & Mundy, 1989), 이는 부모가 아동의 감정적 상태를 미러링(mirroring)하는 것을 막는다. 이 시기 부모와 영아 간의 모방과 감정 공유 능력의 결함은 서로의 기분과 정신 상태를 이해하는 데 장애물이 된다. 또한 같은 이유에서 이 문제는 영아가 의도적인 의사소통에 대해 이해하고 사용하게 하는 데 심각한 어려움을 야기한다. 이런 문제는 ASD 유아의 대인상호적인 행동적 특징에서 나타나는데, Stern은 이를 모방, 합동주시, 감정 공유, 의도적인 의사소통의 지연과 감소로 설명한다(Rogers, Hepburns, Stackhouse, & Wehner, 2003; Charman et al., 1998; Seibert, Hogan, & Mundy, 1982; Mundy, Sigman, & Kasari, 1990; Kasari, Sigman, Mundy, Yirmiya, 1990; Wetherby & Prutting, 1984; Uzgiris, 1973; Stone & Caro-Martinez, 1990; Sone, Ousley, Yoder, Hogan, & Hepburn, 1997). ESDM에서는 반응적이고 민감한 타인과 감정적으로 풍부한 관계를 맺는 데에서 나타나는 사회-정서-의사소통 영역에서의 중요한 발달 문제를 중점적으로 다룬다. Stern의 모델(1985)(그리고 그 외 Aninsworth, Blehar, Waters, & Wall, 1978; Carpenter & Tomasello, 2000)에서는 양육자가 민감하고 반응적인 관계를 형성하는 것이 이런 영역을 발달시키는 데 매우 중요하다고 말한다.

🔊 자폐증의 사회적 동기 가설

ESDM은 제1장에서 상세히 다룬 바 있는 사회적 동기의 결여와 같은 자폐증의 또 다른 주요 특징과 관련된 연구들로부터 큰 영향을 받았다. ASD를 가진 모든 연령대의 사람들은 타인과 함께 하는 활동에 참여하거나 상호작용하는 시간이 적다. 이런 행동패턴은 모방과 합동주시의 결여로 자폐증이라는 것을 식별할 수 있는 영아 시기 이전부터 나타난다. Dawson 등은 자폐증의 생물학적 구조가 사회적 동기의 근본적인 결여와 관련이 있고, 때문에 ASD 영유아가 상대적으로 사회적인 보상에 민감성이 떨어진다는 가설을 제기하였다(Dawson, Webb et al., 2002; Dawson et al., 2004, Dawson, Webb, & McPartland, 2005). 이런 문제는 ASD 영유아가 타인의 얼굴, 목소리, 제스처, 말 등을 포함한 주변 환경에 대해 일반적인 수준의 흥미를 갖고 적극적으로 주의를 기울이는 것을 방해한다. 타인을 향해 주의를 기울이거나 교류를 하지 못하는 문제는 모방, 정서 공유, 합동주시 등의 손상을 야기하고, 이는 아동의 사회-정서적 발달 및 의사소통 기술의 발달을 저해한다. 결

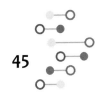

국 ASD 아동은 점차 주변 세상으로부터 고립되고, 그 안에 있는 중요한 학습 경험의 기회를 잃게 된다. 정상 발달 아동이 영아, 유아, 아동기를 거치며 사회적 학습 환경을 온전히 경험하는 반면 ASD 아동은 지속적으로 이에 접근하게 하는 상호작용 기술이 부족하기 때문에 점차적으로 더욱더 뒤처지게 된다. Dawson 등은 이렇게 초기에 나타나는 사회적 환경에 대한 참여 부족이 ASD 아동의 행동적 발달을 다르게 할 뿐만 아니라 사회적 · 언어적 정보를 지각하고 표상하는 신경학적 구조가 형성되고 조직화되는 방식에도 영향을 미친다고 주장하였다(Dawson et al., 2005; Dawson & Zanolli, 2003). 덴버 모델의 사회적 감각 놀이 기법이나 Koegel, Schreibman 등(Koegel & Koegel, 1995; Koegel, 2000; Schreibman, 1988)이 개발한 PRT 기법 등 ESDM에서 사용하는 몇몇 전략은 사회적 보상이 보다 눈에 띌 수 있도록 고안함으로써 아동이 사회적 환경에 더 많은 주의를 기울이게 하고 아동의 사회적 상호작용에 대한 동기를 증가시킨다.

♠ 중심축 반응 훈련

ABA 원리를 이용하는 ASD 아동 대상의 특정 교육방법은 Schreibman과 Koegel에 의해 개발되었고, 1980년대 처음 출판되었다(Schreibman & Pierce, 1993; Koegel & Koegel, 1988). 중심축 반응 훈련(Pivotal Response Training: PRT)은 같은 ABA 원리를 기반으로 하고 있음에도 불구하고 개별시도훈련(Discrete trial teaching; Lovaas 가 1987년 발표한 방법으로, 이 장 후반에서 다룬다.)과 매우 큰 차이를 보인다. PRT 기법은 성인과 상호작용하려는 아동의 동기를 최대로 끌어올려 반복되는 학습 기회에 참여하게 한다. 중심이 되는 동기 및 학습 전략은 다음과 같다. ① 아동의 목표와 반응에 직접적으로 연결되는 강화물 사용하기, ② 아동의 선택을 학습 장면에 포함하기, ③ 습득해야 하는 과제에 이전에 습득한(유지하는) 과제를 배치하기, ④ 아동의 수준에 맞춘 정확도를 기준으로 목표행동 강화하기 ⑤ 아동을 매우 동기화시킬 수 있는 활동하기, ⑥ 도구와 상호작용의 통제권을 공유하기. PRT는 ASD 아동의 의사소통 기술을 증가시키는 데 있어 근래 경험적으로 효과가 입증된 방법 중 하나로, 지금까지 발표된 많은 연구 결과들은 PRT가 아동의 동기, 자발성, 사회적 참여를 증가시키고, 언어 능력 향상, 유지 증가, 반응 일반화, 부수적으로 부적절한 행동의 감소에 효과적임을 보여 주었다. PRT 전략은 ESDM에서 사용하는 교육방법에 포함된다. 이는 덴버 모델과 ESDM의 차이점 중 하나다.

　지금까지 살펴본 자폐증에 대한 접근들은 초기 자폐증이 매우 이른 영아기부터 대인관계 경험에서의 지연이 있다는 공통점을 갖고 있다. 이런 지연은 사회적-의사소통의 발달을 방해하고, 이는 사회적 학습 기회를 차단하게 되어 점차적으로 아동의 장애를 악화시킨다. ESDM은 이런 악순환을 중단하고 아동의 사회적 학습 기회를 증가시키는 데 목표를 두며, 다음의 2가지 방법, ① 아동이 깨어 있는 대부분의 시간 동안 아동을 협조적이고 상호작용적인 사회관계에 참여시킴으로써 대인관계적이고 상징적인 의사소통이 이루어지고 사회적 지식과 사회적 경험이 전달되도록 하는 것, ② 아동이 세상에 접근하는 것을 막아 왔던 학습적 결손을 채워 줄 수 있는 집중적인 가르침(Rogers et al., 2000)을 사용한다. 이런 목표는 특별한 교수절차를 사용하는 ESDM 커리큘럼의 교육을 통해 달성할 수 있다.

ESDM의 커리큘럼

　ESDM은 자폐증을 거의 대부분의 영역에서 나타나는 발달 문제에 의한 것으로 본다. 이런 발달적인 관점은 우리가 가진 장애에 대한 이해, 치료 목표를 달성해 나가는 커리큘럼, 다양한 범위의 개입기법 등의 기저를 이룬다. ESDM 커리큘럼은 ESDM 커리큘럼 체크리스트와 행동 목록을 반영한다(부록 A 참고). 이 리스트는 수용 언어, 표현 언어, 합동주시, 모방, 사회기술, 놀이 기술, 인지 기술, 소근육 기술, 대근육 기술, 자조기술 등 영역에서 발달 순서에 따른 행동 목록을 보여 준다. 이 중 ESDM에서는 모방, 비언어적 의사소통(합동주시 포함), 언어적 의사소통, 사회성 발달(감정 공유 포함), 놀이의 5개 영역을 특히 중요하게 다룬다.

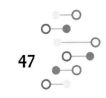

ESDM을 시작할 때, 먼저 ESDM 커리큘럼 체크리스트를 이용하여 아동의 현재 기술 습득 수준을 평가한다. 그 후 아동의 학습 목표를 세우는데, 이는 12주 기간 동안 성취 가능한 것이어야 한다. 12주가 지나면, 커리큘럼 체크리스트의 재평가 내용을 기준으로 그다음 12주를 위한 새로운 학습 목표를 세운다.

사회적 맥락 안에서의 언어 발달

ESDM에서 사용하는 언어 개입은 행동 분석보다는 의사소통 발달의 원리에 기초하며, 음성언어가 음소의 발달뿐만 아니라 비언어적인 사회적·의사소통적 행동으로부터 발달한다고 본다(Bruner, 1975; Bates & Dick, 2002; Fergus, Menn, & Stoel-Gammon, 1992; Tomasello, 1992). 언어적·비언어적 의사소통이 함께 사람의 행동들을 조정하며, 타인과 의도, 욕구, 흥미, 생각, 기분 등을 공유할 수 있도록 도와준다. ESDM에서는 다양한 방식의 의사소통 기회를 수차례 제공하며, 각각의 회기에서 아동이 언어적·비언어적 의사소통 행동을 할 수 있도록 촉진한다. 의사소통적 또는 실용적인 기능의 범위(Bates, 1976)는 아동이 활동을 요구하는 것뿐만 아니라 거부하기, 친숙한 성인에게 인사하기, 관심을 공유하기, 하고 있는 활동에 대해 언급하기 등을 할 수 있도록 설정한다. 자발적인 의사소통에 충분한 도움을 주면서 아동이 하는 의사 표현이 상호작용이나 활동을 되도록 많이 통제할 수 있게 하는데, 이로 인해 아동에게 의사소통의 영향력을 보여 주고 의사소통이 매우 강력하게 보상받음을 확신시킨다. 발달적인 측면을 중요시하는 점에 기반하여 성인이 사용하는 언어 수준은 어휘나 발음의 난이도 면에서 모두 아동의 수준에 맞춘다.

복잡한 행동의 단계적 습득

ASD 영유아가 영향을 받는 발달적 기술들은 합동주시, 모방, 언어, 상징놀이 등 보다 복잡한 기술들인데, ESDM에서는 이런 기술들이 이를 지원할 수 있는 정교한 신경망과 중요한 뇌의 연결성이 뒷받침되어야 한다고 가정한다. 또한 이런 복잡한 활동을 하는 데 필요한 뇌의 영역들 간의 연결성은 경험을 통해서 자극되어야 한다고 말한다. 따라서 ESDM에서는 아동이 매우 선호하는 활동에 이런 행동을 포함시켜서 가르치며, 아주 간단한 것부터 복잡한 것까지 단계적으로 만들어 간다. 이런 과정은 과제 분석과 같은 체계적인 절차와 더불어 정상 발달 영아가 보이는 발달 단계에 맞춰 기술을 단계적으로 나누는 절차에 의해 이루어진다. 이런 과정은 제4장에서 보다 자세하게 다룬다. 하지만 교육 시간 중에는 항상 한 개 이상의 기술 영역을 목표로 하는데, 이는 이것이 실제로 기술이 습득되는 방식이라고 보기 때문이다. 예를 들면, 어떤 교육 시간에서 블록 놀이를 할 때 아동의 목표를 눈맞춤 하나로 두기보다는 눈맞춤, 표현 언어, 운동 기술을 함께 목표로 한다.

🌢 개입의 기초가 되는 다학제적 접근

자폐증은 다양한 영역에서의 결핍을 보인다(Goodman, 1989; Happe, Ronald, & Plomin, 2006; Rogers, 1998). 커리큘럼 목록은 인지, 표현 및 수용 언어, 사회적 정서적 발달, 소근육 · 대근육 운동 발달, 자조기술, 놀이, 모방과 같은 다양한 영역에서 보이는 아동의 초기 발달과 관련된 연구 내용을 기초로 작성되었다. 커리큘럼은 발달 및 임상심리학, ABA, 초기 아동기의 특수교육, 언어병리학, 작업치료 분야의 전문가로 이루어진 팀에 의해 만들어졌다.

발달 및 임상심리학자는 상호작용, 인지 발달, 사회–정서적 발달, 놀이, 모방 영역에서의 습득 단계와 규준이 되는 전략을 세우는 데 기여한다. 응용행동분석가는 효과적인 교육을 위해 경험적으로 확립된 전략, 기능 평가(functional assessment), 부적절한 행동 접근 및 효과적인 교육 실행을 위한 행동 분석에 기여한다. 초기 아동기의 특수교육 전문가는 초기 인지 및 놀이, 초기 교육, 학업 전 기술 발달, 또래와의 상호작용, 발달적 단계와 관련된 전문 영역에 기여한다. 언어병리학자는 구강–운동, 음소, 딘어 발달, 의미론적 발달(어휘), 통사–형태론적 발달(문법과 단어 조합), 의사소통의 다양한 화용적 기능, 확대적 · 대안적 의사소통 접근방법 등

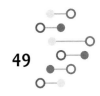

에 대해 정보를 제공한다. 작업치료사는 운동 기술, 자조기술, 개인 독립과 관련된 단계와 구성내용, 발달 기술을 훈련하기 위한 기능적 활동, 학습에 집중하고 참여하게 하기 위한 각성과 감각적 반응 정도의 최적화와 관련된 정보를 제공한다. 그리고 소아과 자문을 통해 발작, 수면 문제, 영양, 알레르기 등 아동이 개입 효과를 얻는 데 방해가 될 수 있는 개개인의 건강 문제와 관련된 도움을 받는다.

ESDM에서 이 다학제적 팀은 개별 아동의 개입 계획이나 경과에 대해 관리와 자문을 제공한다. ESDM이 부모에 의해 실행되거나 또는 1:1 교육으로 진행될 때, 직접적인 개입은 보통 한 명의 주 전문가가 부모 그리고 보조치료사와 함께하는 방식으로 진행된다. 이 '제너럴리스트 시행 모델(generalist delivery model)(Schopler, Mesibov, & Hearsey, 1995)'은 개입이 여러 회기에 걸쳐 일관적으로 진행될 수 있도록 하고 가능한 한 경제적으로 운영될 수 있도록 한다. 이 모델은 또한 부모가 어떤 역할을 해야 하는지와 관련하여 아동에게 필요한 모든 부분을 알려 준다. 전체 팀은 주 치료사나 가족이 필요할 때 자문을 제공할 수 있다. ESDM이 유치원 세팅에서 그룹으로 운영될 때에는 담임교사가 제너럴리스트의 역할을 하고 다학제적 팀으로부터 자문을 받는다. 다학제적 팀과 구성원은 제3장에서 보다 자세하게 다룰 것이다.

🌑 체계적인 개별화

ESDM에서 개별화를 구축하기 위해 크게 4가지 방법을 사용한다. 첫 번째는 발달적 커리큘럼으로, 이것은 언급한 각 영역에서 아동이 학습할 필요가 있는 부분을 목표로 한다. 두 번째는 아동의 선호와 흥미에 초점을 두는 것으로, 도구나 활동을 각 아동 개인의 요구에 맞춘다. 세 번째는 가족의 가치, 욕구, 선호를 아동의 목표와 가정 또는 지역사회에서 ESDM을 부모가 사용할 때 포함시키는 것이다. 이 3가지 방법은 교육절차에 관한 다음 장에서 다루고자 한다. 네 번째 방법은 치료사가 치료의 경과가 좋지 않을 때 체계적으로 교육절차를 변화시킬 수 있도록 의사 결정 트리를 이용하는 것인데, 이는 제6장에서 다룬다.

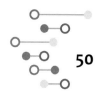

 ESDM의 교육절차

ESDM 교육은 놀이 활동을 통해서 이루어지고, 다양한 발달 영역을 포함하는 목표를 다루며, 매우 높은 비율로 실행된다. 이는 평소에 하는 놀이 활동에서 많은 교육이 이루어지도록 하여 치료사의 개입 시간과 아동의 학습 시간을 효율적으로 사용할 수 있게 한다. ESDM에서는 아동이 부족한 부분을 보완하기 위해서 배워야 하는 내용은 많으나 교육을 위한 시간은 제한되어 있기 때문에 효율적인 교육을 강조한다.

ESDM에서 사용하는 교수방법 및 절차는 ABA, PRT, 덴버 모델에서 사용하는 개입방법이 통합되어 있다. 주요 교수방법은 ESDM 교수충실도 평가 시스템(ESDM Teaching Fidelity Rating System, 〈부록 B〉 참고)에 나와 있다.

ABA의 교육전략

ABA의 기본 원리에 따르면 학습에는 3개의 구성요소가 필요하다. 첫 번째는 아동이 반응하게 하는 단서로서의 역할을 하는 어떤 자극으로, 아동은 그 자극에 반드시 주의를 기울여야 한다. 두 번째, 아동은 그 자극에 뒤따라 어떤 행동을 해야 한다. 세 번째, 아동은 옳은 행동을 한 것에 대해 어떤 종류의 결과나 피드백을 경험해야 한다(Lovaas, 2002). 시간이 흐름에 따라 우리는 아동이 자극에 반응하여 새로운 행동을 보다 빨리, 더 자주, 더 쉽게 하기를 원하고, 새로운 기술이나 행동을 더 넓은 범주의 적절한 맥락에서 사용하기를(일반화) 바란다.

학습과 관련된 학문은 Watson, Pavlov(고전적 조건형성), Thorndike(도구적 조건형성), Skinner(조작적 조건형성; Anderson, 2000 참고)에 의한 심리학적 연구와 획기적인 발견이 있었던 1900년대 초로 거슬러 올라간다. 전통적인 학습 이론으로부터의 연구들은 ABA의 기초가 되었다. 1960년대 초부터 이 연구들은 발달장애가 있는 아동 및 성인을 돕는 데 사용되기 시작하였다. 이 방법은 이전에는 학습이 불가능하다고 여겨졌던 사람들에게 효과적이었다(역사와 관련된 내용은 Gardner, 2006 참고). 처음으로 ASD 아동을 대상으로 조작적 교육절차의 성공적인 사용을 기술한 책이 1964년 발표되었고(Baer & Sherma, 1964), 이 시기 자폐증 치료에서 매우 대중적인 방법인 개별시도훈련 절차(Discrete trial teaching procedure, 이 책에서는 단일 시행massed trial 또는 Lovaas 접근법으로 언급됨)가 나왔다(Lovaas, 2002; Lovaas, Berberich, Perloff, & Schaeffer, 1966; Lovaas, Freitag, Gold, & Kassoria, 1965). (그 당시 아동들은 '자폐성' 보다는 '정신분열성'으로 표현되었는데, 이는 자폐증을 정신분열증, 즉 조현병의 한 종류로 보았던 시대를 반영한다.)

ABA에서 사용하는 효과적인 기초 교수방법이 다음에 요약되어 있다. 여기에는 주의 끌기, 선행사건−행동−결과 절차 안에서 교육을 실행하기, 결과를 조정하기, 용암법, 행동형성, 행동 연쇄, 기능 평가가 포함된다. 더 많은 정보를 원한다면 다음 서적을 참고할 것을 권한다(Cooper, Heron, & Heware, 2006; O'Neil et al., 1997; O'Neill, Horner, Albin, Storey, & Sprague, 1990; Perce & Chaney, 2008).

주의 끌기

지시를 하거나 행동 모델을 보여 주고, 행동을 하고, 보상이 주어지는 전 과정 동안 아동의 주의를 끌고 유지하는 것은 매우 중요하다.

A−B−C(선행사건−행동−결과)

선행사건(Antecedent)은 행동이 나타나기 전 발생하는 자극을 말한다. 결과(Consequence)는 행동 후 즉각적으로 주어지는 것이다. 선행사건−행동−결과는 세 단어의 유관을 정의하는 것이며, 이 순서는 특정 학습절차를 정의한다. 학습은 자극이 되는 사건(선행사건)과 행동(또는 인지) 사이에 새로운 관계를 형성하는 과정이다. 결과(Consequence)의 종류는 이 관계의 본질을 결정한다. 교육은 선행사건과 결과를 조정하여 선행사건과 행동 사이의 관계성을 강하게 하거나 약하게 만드는 것이다. 결과에는 강화, 처벌, 소거(실제 결과에 속하는 것은 아님. 이전에 강화 역할을 하던 결과의 부재나 제거)가 포함된다. 선행사건과 결과를 조정하면서 행

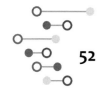

동을 증가시키거나 감소시키는 것은 조작적 행동치료의 필수요소다.

목표행동 촉구하기

교육 장면 안에서 학습자는 선행사건 다음에 어떤 방식으로든 배워야 하는 행동을 보여야 하며, 그렇게 했을 때 보상이 이루어짐으로써 자극과의 연관성이 강화될 수 있다. 어떤 행동들은 이미 아동의 행동 레퍼토리에 있는 것들이지만 적절한 자극 조건 아래에서 나타나지 않기도 한다. 어떤 행동들은 아직 아동의 행동 레퍼토리에 없기 때문에, 성인이 행동을 만들어 주어야 한다. 성인은 아동이 특정 자극 조건이 있을 때 어떤 행동을 하도록 촉구할 수 있는 방법을 찾아야 한다. 지시, 제스처 또는 자극 기능의 역할을 하는 도구, 선행사건이 되는 행동 등이 이에 해당한다.

결과 조정하기

기술적으로 결과를 조정하는 것은 아동이 초기 학습을 빠르게 성취하도록 하고, 쉽게 소거되지 않는 아동의 강한 습관을 만들고, 행동을 적절하게 일반화하며, 문제행동을 감소시킨다. 강화의 강도, 타이밍, 빈도는 행동의 질, 지속성, 속도, 빈도뿐만 아니라 학습 속도에 영향을 준다. 다양한 학습 목표에 따라 서로 다른 결과 전략이 사용된다.

용암법(Fading)

특정 자극이 있을 때 학습자가 새로운 행동을 하게 만들기 위해 촉구를 사용하는 동시에 이를 체계적으로 없애야 하는데, 이는 행동이 촉구에 의해서가 아니라 차별 자극에 대한 반응으로 나타나게 하기 위해서다. 성인이 촉구하지 않으면 아동이 목표행동을 하지 않는 등 촉구에 의존하는 현상을 막기 위해 체계적인 용암법을 사용하는 것은 매우 중요하다. 용암법은 아동이 기술을 일반화하여 다른 사람들 앞에서도 행동하도록 가르치는 방법이기도 한다.

행동형성하기(Shaping)

아동이 새로 배운 행동을 할 때에는 그 행동의 완벽한 수준에 미치지 못하는 경우가 자주 있다. 정상 발달 영유아가 초기에 보이는 언어를 생각해 보면 된다. 일단 아동이 완벽하지 않은 수준의 행동을 습득하였다면 성인은 주의 깊게 촉구와 강화 전략을 사용하여 완벽하지 않은 행동이 보다 성숙한 형태가 되도록 형성해 나가야 한다.

행동 연쇄(Chaining Behaviors)

말하기, 옷 입기, 게임하기, 책 읽기, 쓰기 등의 복잡한 행동은 개별 동작이 서로 연결되어 행동절차를 만들면서 형성된다. 개별 동작으로부터 절차를 구축하여 능숙한 행동절차를 만드는 과정을 '연쇄(Chaining)'라고 하며, 이 과정에는 주의 깊게 촉구하기, 용암법, 강화, 과제 분석 전략 등이 포함된다.

기능행동 평가, 기능행동 분석

행동주의의 주요 이론 중 하나는 모든 행동이 기능적이라는 것이다. 즉, 행동은 특정 목표를 성취하는 데 유용하며, 보상을 얻기 위한 행동적 레퍼토리 안에서 존재한다. 문제행동을 보다 적절한 행동으로 대체하기 위해서는 우선 그 행동으로 인해 얻게 되는 것이 무엇인지 파악해야 한다. 기능 평가는 행동의 기능을 파악하는 과정으로, 행동의 목적이 무엇인지, 행동을 유지하게 하는 강화물이 무엇인지를 탐색한다. 때때로 이런 기능 평가로 행동의 기능을 파악하기 어려울 때가 있는데, 그럴 경우 전체 과정의 기능 분석이 필요하다. 기능 분석은 어떤 요인이 행동을 유지시키는지 파악하기 위해 다양한 결과의 효과를 직접 시험한다. 기능 분석은 행동 기저의 원인이 되는 변인을 알아낼 수 있는 유일한 방법이지만, 매우 기술적인 절차이므로 이것을 계획하고 실행하는 데 많은 전문가가 필요하다. 또한 때때로 부적절한 행동이 자해, 공격 등을 포함할 때 윤리적 문제가 발생하기도 한다. 따라서 가능하다면 기능 분석보다는 기능 평가를 실시한다. 치료팀의 행동분석가는 기능 평가가 아니라 기능 분석이 필요한 시점을 잘 파악해야 한다.

🔷 PRT의 전략

PRT는 ABA의 이론을 기초로 하는 치료방법으로, 1980년대 Robert와 Koegel (Koegel & Williams, 1980; Koegel, O'Dell, & Koegel, 1987; Koegel & Koegel, 1988), Laura Shreibmann에 의해 발표되었다. 이들은 성인의 지시에 따르는 단일 시도 (massed trial) 형태보다 더 자연스럽게 상호작용하는 상황 속에서 행동적 개입을 했을 때 동기, 행동, 자발성, 일반화에 향상이 있음을 발견했다. 그들의 학생들과 연구팀은 몇몇 연구를 통해 앞에서 언급했던 강화, 촉구, 용암법, 행동형성, 행동 연쇄 등의 기초 원리에 몇 가지 추가적인 치료적 접근방법이 효과가 있음을 보여 주었다(자세한 내용은 Schreibman & Koegel, 2005 참고).

PRT 연구들은 '동기'와 '다양한 단서에 대한 반응'이 광범위한 행동의 호전과 추후의 적응 능력에 있어 중심이 된다고 제안하였다(Koegel, Koegel, Harrower, & Carter, 1999a; Koegel, Koegel, Shoshan, & McNerney, 1999b). 이 행동들은 다양한 영역에서 기능하는 데 중심이 되며, 이 행동들의 긍정적인 변화는 다른 행동에도 영향을 준다(Koegel & Frea, 1993; Koegel et al., 1996b).

개별시도훈련(DTT)과 비교할 때 PRT는 아동의 수행하려는 동기가 더 높고, 새로운 기술을 보다 잘 일반화하며, 보다 자발적으로 반응하고, 더 적은 문제행동을 보인다는 결과를 보여 주었다(Ingersoll & Schreibman, 2006; Losardo & Bricker, 1994). PRT는 아동이 직접 선택하게 하기, 순서 주고받기, 강화 시도, 유지 과제 배치하기 등을 통해 동기를 증가시킨다. PRT는 선행사건을 다양하게 만들기, 다양한 단서의 자극을 의도적으로 배치하기, 같은 행동을 다양한 선행사건에 대한 반응으로 이끌어 내기 등을 통해 아동이 여러 가지 단서에 반응하는 능력을 향상시킨다. PRT는 ASD 아동의 언어 기술, 놀이 기술, 모방, 제스처, 사회적 행동을 향상시키는 데 효과적이었다(Koegel & Koegel, 1995; Schreibman & Koegel, 2005). 하지만 PRT는 가르치고자 하는 기술이 직접적으로 강화물과 연결이 될 때에만 적절한 교육방법이 된다(자세한 내용은 제5장에서 설명함).

PRT 원리를 ESDM에서 사용하기

1. 아동의 시도를 강화하라. 아동이 항상 자신의 최고 수행을 보일 수 있다고 기대하지 말라. 시도 자체에 보상을 주는 것은 동기와 인내심을 향상시키고 짜증과 부적절한 행동을 감소시킨다.

2. 새로운 행동(습득하는 행동)에 대한 대안적 요구로서 이미 학습한 유지 기술을 지시하라. 어려운 행동 대신에 보다 쉬운 행동으로 대체하는 것은 동기를 증가시키고 짜증을 감소시킨다. 또한 이것은 학습한 행동을 복습함으로써 그것이 보다 잘 유지되도록 도와준다.

3. 강화물은 아동의 반응 또는 행동과 직접적으로 연관시켜라. 강화물은 아동의 처음 선택을 따르며 목표행동 후 즉각적으로 제시한다. 아동이 자동차에 손을 뻗으면 차를 얻는다. 또한 게임을 하기 위해 손을 뻗으면, 그 게임을 하게 된다. 아동이 활동을 끝내는 것을 원하면, 목표행동은 활동을 끝내는 결과를 가져온다. 강화물은 활동의 자연스러운 부분 중 하나이지 외부에서 주어지는 것이 아니다. 이것은 사회적 또는 언어적 보상과도 연결된다. 만약 아동이 말을 하면, ESDM에서는 '말을 잘했다'라고 반응해 주지 않는다. 치료사는 아동의 말을 재언급 혹은 확장해 주는 방식으로 반응하거나 원하는 사물이나 활동을 제공한다(예: 아동이 '자동차?'라고 했을 때 '자동차. 여기 자동차가 있어.'라고 반응해 주기).

4. 활동 안에서 순서를 주고받아라. 서로가 리드하거나 따를 수 있는 기회를 가짐으로써 상호작용의 주도권을 공유할 수 있도록 상호작용의 균형을 맞춰라. 순서를 주고받는 것은 활동을 사회적으로 만들고, 아동이 주의를 기울이는 것에 접근할 수 있고, 행동의 모델을 보여 줄 수 있는 기회가 되며, 아동의 차례가 되었을 때 아동이 새로운 의사소통의 기회를 갖도록 도와준다. 이것은 아동이 요청이나 모방을 할 수 있고, 성인이 자신의 행동을 재연하는 것을 볼 수 있는 기회가 된다.

5. 지시나 다른 선행자극은 명료하게 제시되어야 한다. 성인은 아동의 주의를 끌고 있어야 하며, 선행사건 또는 자극이 활동이나 과제에 적절하고 행동을 요

청하기 전에 있었다는 것을 확신해야 한다.

6. 아동에게 선택 기회를 주고 아동의 리드를 따라간다. 아동의 선택을 목표 기술을 실행할 수 있는 기회로 사용함으로써 성인은 아동의 동기를 고취시키고 선택된 강화물의 힘을 활용할 수 있게 하며, 아동이 스스로 시작한 자발적인 행동을 강화할 수 있는 기회를 갖게 된다.

이런 PRT의 이론은 ESDM의 기초가 되며, 여기에 추가되는 내용들은 2002년도까지 발표된 예전 버전의 덴버 모델과 2002년부터 개발된 ESDM 간의 차이점 중 하나다.

◆ 덴버 모델에서 개발된 교수방법

ESDM에서 사용하는 나머지 교수방법은 덴버 모델에 기초한다. 덴버 모델에서는 치료사와 아동 사이의 정서적이고 관계적인 측면에 초점을 두며, 놀이 기술의 발달을 강조하고, 커뮤니케이션학 분야의 의사소통 치료 원리를 사용한다(Rogers et al., 1986; Rogers & Lewis, 1989; Rogers et al., 2000).

1. 성인은 아동의 정서, 각성, 집중력 상태를 조절하여 최적화한다. 치료사는 활동 선택이나 목소리 톤, 성인의 활동 수준을 통해 기술적으로 아동의 정서, 각성 수준을 조절해야 한다. 이를 통해 아동은 최대한으로 학습에 참여할 수 있다. 이런 방법은 피곤하고 무기력하거나 다소 각성 수준이 저하되어 있는 아동, 수동적이고 회피적인 아동, 울고 피하고 짜증내고 다치게 하고 소리치거나 화를 내는 아동, 과잉행동적이고 에너지가 넘치는 아동에게서 나타나는 정서를 다룰 때 사용된다.

2. 성인의 긍정적인 정서를 이용한다. 성인은 아동의 긍정적인 정서에 맞춰 치료 장면 내내 명료하고 진실되며 자연스러운 긍정적인 정서를 보여 주어야 한다. 긍정적인 정서는 치료 장면에 퍼져 있어야 하며, 아동의 욕구 및 능력과 적절

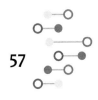

히 조화되어야 하고, 아동을 과각성시키지 않아야 하며, 학습에 도움이 되어야 한다.

3. 번갈아 가며 하기와 상대방과의 상호작용이 지속적으로 이루어진다. 아동은 장난감 주기, 성인을 바라보기, 상대의 동작을 인식하고 있음을 보여 주기 등 적극적으로 성인과의 주고받기에 참여해야 한다. 상대와의 상호성과 사회적 참여가 활동 안에 전체적으로 스며들어 있어야 한다.

4. 성인은 아동의 의사소통 단서에 민감하게 반응한다. 이것은 성인이 아동의 말, 동기, 기분에 동조하는 것을 말한다. 민감하고 반응적인 성인은 아동의 마음을 잘 읽으며, 아동이 '잘 들어 준다'고 느끼도록 아동의 의사소통 시도에 말이나 행동으로 반응해 줌으로써 아동의 언어적·비언어적 의사소통 단서에 반응을 해 준다. 또는 정서의 단서가 되는 얼굴 표정과 관련하여, 성인은 감정을 미러링하거나 그에 대한 이해를 표시함으로써 아동의 정서 상태에 공감적으로 반응한다. 성인은 부적절한 행동을 강화하지 않되 아동이 보여 주는 단서에 반응하며 주어진 상황에 적절하게 반응해 준다.

5. 다수의 다양한 의사소통 기회를 만든다. 성인은 아동의 목표에 따라 계획된 각각의 놀이 활동을 하는 동안 의사소통의 여러 기능이 포함된 다수의 의사소통 기회를 유지해야 한다. 요청, 저항, 언급하기, 도움을 청하기, 인사하기, 명칭을 말하기, 확장하기 등 여러 다른 화용적 기능이 표현되어야 한다. 화용적·의사소통적 기회의 범위는 아동의 언어 수준에 적합해야 한다. 성인은 의미 있는 활동 안에서 발생하는 아동의 말에 대해 모델링, 수정, 아동의 발화 확장하기, 아동의 말 반복하기 등의 여러 기법을 사용한다.

6. 활동을 정교화한다. 치료사는 여러 가지 도구와 다양한 틀, 테마, 변형, 이야기 등을 이용하여 유연하고 정교한 활동과 도구를 활용하도록 한다. 성인은 한 가지 활동에서도 다양한 발달적 영역의 목표를 동시에 다루어야 한다. 아동이 성인의 지시에 따르는 단일 시행 학습을 보다 필요로 한다 하더라도 아동이 도구를 받고, 치우고, 선택할 수 있도록 도와주거나 사회적·의사소통적 교환을 포함시킴으로써 활동을 정교화해야 한다.

7. 성인의 언어는 지속적으로 아동의 언어적·비언어적 의사소통 시도와 능력에 발달적·화용적으로 적합해야 한다. 성인은 일반적으로 '한 단어 늘리기' 규칙을 따르고(예: 성인 발화의 평균 길이는 대략 아동 발화의 평균 길이보다 한 단어를 길게 함), 성인의 의사소통에 적절한 언어로 반응하며, 다양한 화용적 기능, 의미적 관계, 구문적 조합을 나타내는 언어를 사용한다.

8. 효과적으로 활동이 전환되어야 한다. 성인은 한 가지 활동을 마치면 다른 것을 제시함으로써 아동의 흥미가 떠나지 않도록 하는데, 이렇게 하면 휴지시간을 최소화하면서 아동의 흥미가 한 활동에서 다른 활동으로 자연스럽게 흘러가도록 할 수 있다. 전환의 타이밍은 아동의 주의나 동기를 아주 민감하게 살피면서 정해야 한다. 전환은 아동의 독립성을 길러주고 아동이 새로운 활동에 보다 빨리 집중하고 참여할 수 있도록 한다.

🖤 ESDM의 교육 전략 종합하기

종합하면 앞에서 언급한 기법들은 아동이 타인에게 긍정적인 감정을 표현하고, 사회적 자극으로 아동의 주의를 이끌며, 그런 자극이 아동에게 보상이 되게 하고, 아동이 그런 활동을 지속할 수 있도록 동기화하도록 고안되어 있다. 치료사는 아동이 최대한 '정상'에 가까운 사회적·의사소통적 행동을 할 수 있도록 이런 기법들을 사용한다. 이런 전략들은 ESDM을 통한 경험들이 행동뿐만 아니라 뇌 영역도 조형할 수 있다는 믿음에서 비롯되며, 아동의 신경망이 사물보다는 사회적 상대에 대한 민감성과 반응성이 향상된 패턴으로 변화되도록 자극하고 조형하고자 한다.

긍정적인 정서를 이용하기

ESDM에서는 아동이 사회적 상호작용을 하는 동안 긍정적인 정서를 느끼는 데 초점을 많이 두는데, 이것은 사회적 상호작용의 보상적 가치를 확대하고 아동의 목소리, 얼굴, 눈맞춤 등에 대한 반응성을 재조정하기 위함이다. 여기에는 매우 즐거운 감각을 이용한 사회적 상호작용 놀이, 1:1의 사회적 경험에 초점을 둔 놀이, 사회적·의사소통적 행위와 통합되어 있고 매우 선호하는 사물이 포함된 놀이 활동이 포함된다. 이런 긍정적인 놀이 활동을 개발하는 것은 아동이 사회적·의사소통적 체계의 정보를 처리할 수 있도록 아동의 주의를 사로잡는다.

　제1장에서 언급했듯, 연구들은 학습, 특히 언어 및 사회적 학습이 정서적으로 풍부하고 타인과의 상호작용이 포함된 맥락 안에서 발생할 수 있음을 보여 준다. 따라서 ESDM에서는 즐겁고 매력적인 경험 안에서 사회적·언어적 기술을 가르치는 기법들을 사용한다. ESDM에서 긍정적인 정서를 강조하고 정서 및 각성 상태를 조절하는 것은 사회적 참여와 학습을 최적화할 수 있는데, 이런 과정은 사회적 뇌와 그와 관련된 신경전달물질을 직접적으로 활성화시켜 사회적 행동 및 의사소통과 관련된 행동의 발달을 증진시킬 수 있다. ESDM에서는 사회적 보상 시스템의 2가지 측면을 자극함으로써 아동의 '사회적 동기'를 고양시킬 수 있다. 바로 '좋아하기(liking)'와 '원하기(wanting)'다. 이 둘은 서로 다르다. 우리는 그것을 얻었을 때 생기는 보상이 없이도(원하기) 무언가를 좋아할 수 있다. 몇몇 ASD 아동들은 사회적 상호작용 시 긍정적으로 반응함으로써 사회적 상호작용을 좋아하는 것처럼 보이기도 하지만, 그들이 그것을 먼저 찾지는 않는다. 어떤 아동들은 그것을 좋아하지도, 얻고자 하지도 않는다. ESDM에서는 사회적 참여로 인한 보상의 가치를 증가시킴으로써 좋아하기와 원하기를 모두 다룬다. 첫 번째 상호작용 상황에서, 상대가 되는 성인은 '웃음을 만들어 줄 수 있는 것 찾기'에 초점을 두는데, 이것은 아동이 기뻐하는 것을 찾는 것이다. 목표는 사회적 참여를 보상의 근본적인 부분으로 만드는 것이다. 사회적 참여를 싫어하는 아동에게는, 관련된 학습 과정을 통해 보상의 가치를 만들어 준다. 즉, 사회적 경험을 사물과 같이 비사회적인 보상과 연결해 주고, 이를 통해 사회적 참여의 보상적 가치를 증가시킨다. 사회적 참여의 보상적 가치를 증가시키고 아동이 그것을 '좋아하도록' 만들기 위해 조작적·고전적 학습 패러다임을 사용하는데, 여기에는 좋아하는 자극으로의 근접성과 주의 주기를 내포한다.

　ESDM에서는 아동이 사회적·비사회적 보상을 얻기 위해 스스로 접근이나 요청 행동을 하도록 행동형성함으로써 '원하기(wanting)'를 만든다. 하지만 아동이 그들이 원하는 사회적 보상에 접근하는 것은 통제함으로써 보상을 실컷 만끽하지는 못하게 할 뿐만 아니라 아동이 보상을 얻기 위해서 의도적인 사회적 · 의사소통적 행위를 반드시 하도록 한다.

이런 ESDM의 교육적 접근은 단순한 새로운 습관을 요구하는 간단한 자극-반응 연결 짓기에만 초점을 두지 않는다. 오히려 이런 접근방법은 복잡한 신경연결망을 조성하기 위해 고안되어 있는데, 이때 뇌의 여러 영역을 관통하여 신경 활동을 촉진시킬 수 있는 보다 큰 범주의 기술들이 포함된다. ESDM에서 사용하는 교육기법의 종류는 하나의 '주제(theme)'를 제시하고 이것을 변형시킨다. 이것은 교육 과제 안에서 한 번에 여러 목표들을 표적으로 하고, 개념 학습 상황 중에도 정서적인 참여를 포함시킨다. 이런 모든 과정은 복잡한 신경연결망을 증가시키고, 이는 여러 대뇌 영역들 간의 연결성을 강화한다.

개입의 구조로서의 놀이

공동 활동 일과(Joint activity routines; Bruder, 1977)는 상대 2명 모두 중요한 역할을 하며 서로에게 영향을 주면서 이루어지는 놀이를 말한다. 공동 활동은 실제 그 연령대의 자연스러운 놀이 상황에서 사용하는 사물과 활동을 포함한다. ESDM에서는 공동 활동을 교육과정의 주요 수단으로 사용한다. 교육은 사물을 사용하거나 사용하지 않기도 하는데 감정적으로 풍부한 공동 활동 일과 안에 녹아 있다. 놀이 내 상호작용은 아동의 선택에 의해(아동이 좋아하는 활동 및 좋아하는 도구들) 아동 중심으로 운영되고, 활동 내내 중요시된다. 성인은 아동이 선택할 수 있는 사물로 무엇을 줄지, 어떤 행동을 시연하고 강화할지, 어떤 순서로 활동을 운영할지 등을 결정함으로써 놀이의 통제권을 공유한다. 모방, 수용 · 표현 언어, 사회적 · 인지적 기술들, 구성 놀이, 상징놀이, 소근육 · 대근육 발달 등 모든 발달적 기술을 이런 놀이 과정을 통해 가르칠 수 있다.

집중적인 교육

ESDM에서는 ASD에서 나타나는 발달 지연이 학습 기회 부족에 의한다고 보고,

이러한 학습 격차를 줄이기 위해 집중적인 교육을 한다. 교육은 매 사회적 교환 과정 안에 엮여 있고, ESDM 치료사가 10초에 한 번 비율로 학습 기회를 줌으로써 달성된다. 대부분의 ASD 영아는 가르침이 적절히 주어졌을 때 빠르게 배울 수 있으며, 집중적인 교육은 빠른 학습의 달성을 위한 수단이다.

이런 집중 교육은 정상 발달 영유아 모델을 기초로 한다. 아동 발달 연구들은 아동의 리드를 따라가며 아동의 흥미, 활동 등을 풍부한 언어로 기술해 주는, 민감하고 반응적인 양육자와 상호작용을 한 영유아일수록 언어 발달이 빨랐고, 성인 또는 또래와 보다 견고한 사회적 관계를 형성했으며, 타인과 보다 긍정적인 사회적 상호작용을 더 많이 시작하고 참여했다는 것을 보여 주었다. 우리는 또한 영유아가 깨어 있는 대부분의 시간(일주일에 70시간 이상)에 양육자와 직접 상호작용한다는 것을 알고 있다. 영유아는 타인과 이런 사회적·의사소통적 참여의 기회를 박탈당했을 때 일생에 거쳐 인지 능력, 언어 능력, 사회적 관계, 상징놀이에서 변화를 보이며, 상동행동이나 반복행동을 더 많이 보인다. 마지막으로, 발달 초기 처음 5년간 이런 양육 경험이 유의미하게 부족했을 때 이후 발달에 지속적인 영향을 미칠 수 있다. 아동은 학습을 멈추지 않으며, 초기 아동기 기간은 사회적·의사소통적 학습에 특히 민감한 시기 중 하나다. 만약 이런 상당히 사회적인 상호작용을 통해 정상 발달 영유아의 발달이 이루어지는 것이라면, ASD 영유아 또한 사회적·의사소통적·인지적 영역에서 가능한 한 많이 발달하기 위해서는 적어도 정상 발달 아동들이 경험하는 만큼의 이런 상호작용 경험이 필요하다고 논리적으로 유추할 수 있다.

부적절한 행동에 대한 긍정적 행동지원 접근

공격, 파괴, 방해 또는 과도한 상동행동과 같은 부적절한 행동은 긍정적 행동지원 접근 원리에 의해 다루어져야 한다(Duda, Dunlap, Fox, Lentini, & Clark, 2004; Powell, Dunlap, & Fox, 2006). 긍정적 행동지원 접근에서는 부적절한 행동 자체를 없애고자 하기보다 부적절한 행동을 보다 건설적인 행동으로 대체해 주는 데 초점을 둔다. 강화 전략은 대체 행동 또는 양립할 수 없는 행동을 가르치는 데 사용되는데, 대체 행동은 보통 의도적인 의사소통 행동 또는 보다 성숙한 기술 수준으로 정한다. 가장 중요시되는 목표는 행동을 감소시키기보다는 관습적이고 적절한 행동을 만들고 행동형성하고 증가시키기 위한 강화 전략을 이용하여 모든 영역에서 아동의 기술 레퍼토리를 늘려 주는 것이다.

가족의 참여

부모와 가족의 참여는 초기 자폐증 개입에 있어 가장 좋은 방법으로 여겨지며 (National Research Council, 2001), ESDM 개입에 있어서도 필수적인 요소다. ASD 아동이 그들의 최대 능력치를 발달시키고자 한다면 학습에 영향을 미치는 생리적 결함이 없는 아동이 경험하는 만큼이나 더 많은 학습 기회를 가질 필요가 있다. 이것은 우리가 ASD 아동에게 그들이 깨어 있는 동안 타인과 상호작용할 수 있는 사회적 환경을 조성해 주어야 함을 의미한다. 이것은 부모 및 양육자가 아동과 하루 종일 상호작용을 해 나가는 방법을 배웠을 때 이루어질 수 있다. 우리 또는 여러 연구진(Schreibman & Koegel, 2005; Koegel, Bimbela & Shreibman, 1996; Harris, Wolchik & Weitz, 1981)은 ASD 영유아가 최상의 결과를 얻기 위해서는 부모가 상호작용 기술을 습득하여 아동이 깨어 있는 동안 아동과의 상호작용 상황을 조성하는 과정이 필요하다고 본다. ESDM의 주요 목표 중 하나는 가정 및 다른 일상 세팅에서 이런 상호작용 환경을 만들어 주는 것이다. ESDM에서 가족과 하는 작업 중 많은 부분이 부모가 이 책에서 기술되는 상호작용 기술을 습득하고 지속적으로 사용할 수 있도록 코치하는 것이다.

하지만 이것은 일방적인 과정이 아니다. 가족의 스타일, 가치, 선호, 목표, 꿈 등은 자녀의 ESDM 치료 계획에 영향을 줄 수 있다. 부모는 모든 영유아에게 주된 선생님이다. ASD 영유아의 부모 교육은 아동의 향상 정도에 매우 중요한 부분이다. 하지만 ASD는 매우 복잡한 장애이고, 부모는 보통 매일의 일상에 치료기법을 끼워 넣기 위해 가이드와 지원, 도움을 필요로 한다. 부모는 치료의 우선순위를 조정하는 데 참여한다. 부모는 그들의 교육 계획을 세우고, 하루 중 새로운 기술을 적용(일반화)하기 위한 일과나 기회를 파악하면서 치료 과정에 참여한다. 부모는 발달 커리큘럼을 가르치고 부적절한 행동을 변화시키는 작업에 있어 공동치료사다. 그들은 행동의 기능 평가를 실행하고, 대체 행동을 가르치기 위한 계획을 세우는 데 도움을 주며, 이 계획을 아동이 깨어 있는 동안 가정에서 실행한다. 부모와 가족 구성원이 가정에서 개입을 실시하는 정도는 가정마다 매우 상이하지만, 보통 하루에 1~2시간 정도, 자연스러운 가족 활동, 예를 들면 식사, 외출, 옷 입기, 배변, 목욕, 잠들기 등에 개입을 포함시킨다.

ESDM에서의 부모-아동 개입은 특정 양육 기술이 아동의 의사소통, 놀이 그리고 사회적 발달에 미치는 강력한 영향력을 보여 주는 정상 아동 발달 대상의 연구 내용을 반영한다(Tamis-LeMonda, Bornstein, & Baumwell, 2001). 양육 기술은 아동의 언어 발달의 속도와 질에 영향을 준다. 이것은 자녀의 학업 성취 수준에도 영향을 준다. 또한 아동의 정서 발달 및 또래관계, 미래의 연인관계, 부모와의 관계 등 중요한 사회적 관계의 질에도 영향을 준다. 양육 스타일은 아동의 일생, 세대를 걸쳐 발달에 영향을 준다(Steele & Steele, 1994).

오랜 기간 동안 이런 내용이 ASD 아동에게 적용될 수 있다는 인식이 부족했고, ASD 아동이 보이는 사회적 관계에서의 생리적 결함이 양육 스타일의 개인차를 능가한다고 여겨졌다. 하지만 최근 연구 결과들은 ASD 아동의 부모에게서도 정상 발달 아동 집단에 존재하는 동일한 관계가 나타남을 보여 준다. ASD 아동은 애착 안정도에서 변동성을 보이며, 몇몇 그룹은 정상 발달 아동 그룹에서처럼 부모가 아동에 대해 민감하게 반응하는 방식이 애착 안정도와 관련이 있음을 보여 주었다(Rogers & Pennington, 1991; Rogers, Ozonoff, & Maslin-Cole, 1993; Sigman & Ungerer, 1984; Sigman & Mundy, 1989; Capps, Sigman, & Mundy, 1994; 그리고 반대의 결과를 보여 준 IJzendoorn et al., 2007 참고). 일부 증거는 이런 패턴이 보다 높은 연령대의 ASD 아동 집단에게도 나타나며(Orsmond, Seltzer, Greenburg & Krauss, 2006; 리뷰에 포함된 Bauminger et al.), 부모와의 애착 안정도는 정상 발달 아동 집단에서처럼 또래관계 패턴에 영향을 미친다는 것을 보여 주었다(Bauminger et al., 2008). 3가지 연구는 부모가 아동의 주의를 끄는 방식과 반대되는, 아동의 리드를 따라가는 의사소통 스타일이 ASD 아동의 언어 발달에 오랜 기간 긍정적인 영향을 준다는 것을 보여 주었고(Siller & Sigman, 2002; Mahoney, Wheeden, & Perales, 2004), 이는 정상 발달 아동 집단에서도 동일하게 나타난 결과다.

부모가 아동의 의사소통이나 흥미에 더 잘 대응하고 더 민감하게 반응할수록 언어·인지·사회적 발달에서의 아동의 발달 속도가 증가한다는 새로운 증거들이 있다(Mahoney & Perales, 2005; Drew et al., 2002; Vismara & Rogers, 2008). 그렇다면 이는 ASD 아동의 부모가 덜 민감하고 덜 반응적이라는 의미일까? 그렇지 않다. 많은 연구들이 이런 의문을 제기하였지만, 모든 연구에서 ADS 자녀를 둔 부모가 다른 집단과 비슷한 방식으로 상호작용한다는 것이 밝혀졌다(van IJzendoorn et al., 2007; Capps et al., 1994; Kasari, Sigman, & Yirmiya, 1993). 하지만 집단을 살펴보면 ASD 아동 집단은 다른 집단과 비교 시 그들의 부모와 상호작용하는 방식에서 차이를 보인다. ASD 영유아는 일반적으로 부모와의 상호작용을 먼저 시작하는 일이 많지 않다. 그들은 보통 직접적인 의사소통을 하지 않고, 감정을 공유하지 않는다. 그들은 대개 자신의 감정을 표정과 몸을 통해 표현하지 못한다. 그들은 종종 발화와 제스처에서 발달지연을 보이며, 이런 방식을 이용하여 의사소통을 할 수 있더라도 그들의 부모와 자신의 경험을 공유하는 데 이를 사용하는 빈도가 아주 낮다(Kasari, Sigman, Yirmiya, & Mundy, 1994). 그러므로 부모가 자녀와의 상호작용에서 자신의 역할을 한다고 하더라도 아동은 부모와의 상호작용을 시작하고 지속하기 위한 자신의 역할을 하지 못한다. 이에 따라 아동과 부모 사이의 상호작용의 수와 상호작용 안에서 발생하는 의사소통적 내용이 크게 감소하게 되는데, 이것은 아동의 학습 기회를 제한하고, 부모가 아동에게 민감하고 반응적으로 반응하는 기회를 제한하며, 그들의 상호작용을 성공적으로 이끄는 부모로부터의 긍정적인 피드백(강화)을 제한한다.

ESDM 방식의 개입방법은 이 모든 이슈를 다룬다. 여기에서는 아동이 상호작용을 시작하고 반응하는—아동 단서—빈도의 수를 상당히 증가시키고, 이런 단서를 보다 쉽게 인식될 수 있는 관습적인 의사소통 방식으로 행동형성한다. 이것은 부모가 보다 미묘한 단서를 끌어내고 읽어 내도록 도와줌으로써 부모가 더욱 민감하게 반응하여 아동의 의사소통을 강화할 수 있도록 해 준다. 결국 이것은 부모가

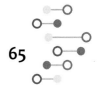

상호작용을 성공적으로 만들 수 있는 미묘한 신호를 탐지할 수 있게 도와주고, 부모가 그들의 상호작용하려는 노력에 강화를 받을 수 있도록 해 준다.

효과성의 증거

현 시점에서 원조 덴버 모델과 ESDM의 효과성에 관한 8개의 연구가 상호심사 저널에서 출판되었거나 출판 예정이다. 우선 4개의 논문에서 덴버 모델이 적용된 교실 환경에서 대규모 그룹의 ASD 아동이 발달상의 증진을 보였다는 일관적인 결과가 나왔다. Rogers와 연구진(Rogers et al., 1986)은 이 모델의 첫 번째 판의 효과를 기술하였는데, 여기서는 발달적인 관점의, 센터 중심의, 아동:성인 2:1 비율의 소그룹 유치원 세팅을 제시하며, 놀이, 언어, 인지, 사회적 관계를 강조하였다. Rogers와 Lewis(1989)는 이 분석을 보다 규모가 큰 그룹에서 검토했고, 상징놀이, 사회적 의사소통에서의 향상을 보여 주었다. Rogers와 DiLalla(1991)는 ASD를 가진 49명의 아동의 성취 수준에서의 덴버 모델의 효과성을 ASD 증상이 없으나 다른 행동 또는 발달장애가 있는 27명의 아동 그룹과 비교하였다. 네 번째 연구(Rogers, Lewis & Reis, 1987)는 5개의 독립 기관에 의한 덴버 모델 연구의 반복연구였는데, 4개의 기관은 콜로라도 지역의 지방에 위치해 있었고, 한 기관은 도시에 위치한 곳이었다.

하지만 이 연구에서 덴버 모델의 효과성을 검증하기 위해 사용된 집단 내 사전-사후 설계 방식이 당시에는 조기개입의 효과성을 증명하는 데 받아들여졌으나(Fewell & Sandall, 1986), 이제는 더 이상 효과성을 결정하는 데 적합한 방식으로 여겨지지 않는다(Kasari, 2002; Lord, Risi & Pickles, 2005; Charman & Howlin, 2003). 조기개입의 효과성을 평가하기 위한 최근의 연구 설계는 사전-사후 설계에서 나타난 유의미한 선행 연구 결과 이후 방법론적으로 철저하게 통제된 설계의 연구가 뒷받침되어야 한다고 제안한다.

다음 3개의 연구는 개입 효과를 증명하기 위한 보다 철저한 형태의 준실험 및 실험 설계 연구다. 최근의 두 가지 연구는 ASD를 가진 무발화의 영유아를 대상으로 덴버 모델 또는 ESDM의 언어 습득의 효과성을 증명하기 위한 단일 피험자 설계 연구다(Rogers et al., 2006; Vismara, Colombi & Rogers, 2009). 두 연구는 모두 12주 동안 일주일에 한 시간씩 1:1의 치료 회기 및 부모 교육을 진행하였다. 두 연구는 모두 이와 같이 덜 집중적인 치료에 참여했던 대부분의 아동이 한 단어 수준의 발화를 습득하였다고 보여 주었다. 2006년 연구는 덴버 모델과 다른 치료방법을 비교하는 유일한 연구다. 이 연구에서는 아동이 무선적으로 덴버 모델 치료 또는 말 실행증 아동 치료에 사용하는 PROMPT 치료(Prompts for restructuring oral phonetic targets; Hayden, 2004)에 할당되었다. 대부분의 아동(80%)이 두 접근 모두에서 치료 과정 중 의도적 · 자발적 · 의사소통적 어휘를 습득했고, 직접 치료가 최소한으로 주어졌을 때 부모 훈련 요인이 아동의 향상에 핵심 역할을 하는 것을 시사하였다. 이 연구에 참여했던 많은 아동은 이전에 다른 종류의 언어치료를 수년간 받았음에도 이 치료를 받기 전까지 발화를 하지 못했다.

Vismara 등(2009)의 연구에서는 ESDM 부모 교육 내용과 과정을 검증하면서 부모가 모델을 실행했을 때의 성취도 및 아동의 사회적 · 의사소통적 발달에서의 효과성을 평가했다. 다양한 평가적 접근을 사용하고 타당도를 감소시키는 요인을 주의 깊게 통제하면서 12주 동안 부모 교육에 초점을 둔 주 1시간의 치료 회기를 진행한 결과 아동의 자발어, 사회적 개시, 모방 기술 및 부모의 치료 기술 습득에서 유의미한 향상을 보여 주었다. 이 연구는 또한 부모 및 아동 모두에게서 치료 효과 유지와 일반화를 보여 주었다. 아울러 치료 종료 12주 후의 추적 연구에서 아동의 의사소통 및 사회적 기술상의 치료 효과가 지속됨을 보여 주었다. 평가는 부모 및 훈련받지 않고, 친숙하지 않은 성인과의 상호작용 상황에서 진행되었다. 부모 또한 추적 연구에서 ESDM을 할 때 안정적이고, 오히려 향상된 기술을 보여 주었다.

가장 최근 발표된 미국국립정신보건원(National Institute of Mental Health: NIMH)의 지원을 받아 진행한 ESDM의 무작위대조군 연구(Randomized controlled trial)는

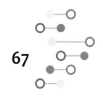

워싱턴대학교의 연구팀에 의해 진행되었다(연구책임자: Dawson). Dawson과 연구 진(2010)은 지능에 따라 두 그룹으로 나누어진(IQ 55이상 및 이하) 특발성 ASD를 가진 18~30개월 영아 48명을 모집하였고, 두 집단 중 하나에 무선할당하였다. 첫 번째는 ESDM 집단(평균 주당 25시간씩 2년 동안, 부모와 훈련된 가정 방문 치료사로부 터 1:1 ESDM 진행, 치료사 치료는 주당 평균 15시간)이고, 두 번째는 평가 및 관찰 집 단(평가 및 지속적인 관찰을 진행하며 지역 중심의 표준 치료에 의뢰함)으로 다음에서 AM 집 단으로 기술한다. 이 두 집단은 기초선 평가 시 ASD의 증상 정도, 성별, IQ, 사회경 제적 지위에서 차이가 없었다. 2년간의 추적을 통해 일반 치료 아동 21명과 ESDM 치료 아동 23명의 데이터가 수집되었다.

　기초선 평가 후 2년이 지났을 때, ESDM 집단은 AM 집단에 비해 뮬렌 조기 학습 검사(Mullen Early Learning Composite)의 표준점수에서 유의미한 향상을 보였다. 평균적으로, AM 집단이 7.0점 향상된 것에 비해 ESDM 집단은 19.1점의 향상을 보였다. 이런 향상의 많은 부분은 수용 및 표현 언어의 향상에 의한 것이었는데, AM 집단이 각각 10.6점, 9.2점 향상된 것에 비해 ESDM 집단은 19.7점, 12.7점이 향 상되었다. ESDM 집단은 또한 바인랜드 적응행동 검사(Vineland Adaptive Behavior Composite)의 표준점수에서 AM 집단에 비해 평균 10점의 차이를 보였다(다음 [그 림 2-1] 참고). 다만 이 적응행동 점수의 경우, AM 집단이 11.2점의 점수 하락을 보 인 반면 ESDM 집단은 오직 0.5점을 보였다. 따라서 전체적으로 ESDM 집단이 정 상 발달 아동 샘플과 비교했을 때 적응행동에서 표준적인 속도를 유지했다고 볼 수 있다. 평균적으로 그들은 동일 연령대의 언어 발달 수준에 비해 더 많이 뒤쳐 지지도, 더 많이 앞서지도 못하였다. 반대로, AM 그룹은 정상 집단과 비교하였을 때 2년 동안 평균적으로 적응 행동에서 더 큰 지연을 보였다. 바인랜드 검사의 하 위 척도를 더 자세히 살펴보면, 보다 상세한 내용을 알 수 있다. ESDM 집단의 아 동은 AM 집단에 비해 의사소통 및 운동 하위 영역에서 더 나은 수행을 보였다. 사 전 점수와 비교하였을 때, ESDM 집단은 의사소통 영역에서 상당한 향상을 보였 음에 반해, 사회성, 일상 자조기술, 운동 기술 영역에서의 그룹 평균은 하락을 보 였다. AM 집단은 의사소통 영역에서 변화를 보이지 않았고, 사회성, 일상 자조기술, 운동 기술 영역의 그룹 평균에서 ESDM 집단보다 2배 이상의 하락을 보였다.

마지막으로, 추적 연구 시 ASD의 정도를 평가하기 위해 두 시점에서의 임상적 진단 내용을 비교하였는데, 이때 경험 있는 임상가는 참가자가 할당된 그룹을 맹검한 상태로 DSM-IV 진단기준에 해당하는 모든 내용을 파악하였다. 모든 집단의 아동은 Time 2에서도 ASD 진단기준에 맞는 증상이 유지되었다. 진단적 안정성을 살펴보았을 때, 15명(71.4%)의 AM 집단의 아동이 기초선과 Time 2에서 모두 자폐증으로 진단되었다. ESDM 집단에서는, 23명 중 13명(56.5%)의 아동이 기초선에서 2년 후까지 자폐증 진단이 유지되었고, 한 명(4.3%)이 두 시점에서 모두 PDD-NOS로 진단을 받았다. 증상의 증가적인 면을 보았을 때, AM 집단의 5명(23.8%)의 아동이 기초선에서 PDD-NOS로 진단을 받았다가 Time 2에서 자폐증으로 진단이 바뀌었다. 이와 같은 패턴은 ESDM 집단 중 오직 2명(8.7%)에게 해당하였다. 증상의 감소적인 면을 살펴보면, AM 집단의 한 명(4.8%)이 기초선에서 자폐증 진단을 받았다가 Time 2에서 PDD-NOS로 진단이 바뀌었고, ESDM 집단에서 7명(30.4%)의 아동이 진단상 같은 변화가 있었다. 이런 양상의 향상은 ESDM 집단의 대체적인 진단을 2(처치 집단) X 4(진단 그룹; 자폐증/자폐증; PDD/PDD, 자폐증/PDD, PDD/자폐증) 분할표의 피셔 정확 검정(Fisher's exact test)을 통해 살펴보았을 때 통계적으로 유의미한 결과를 보여 주었다($p = .032$). 그러므로 ESDM 치료를 받은 아동은 AM 집단과 비교하여 2년 후 결과를 살펴보았을 때 진단 상태와 관련하여 보다 향상이 있었다고 할 수 있다.

따라서 가정에서 시행한 집중적인 ESDM의 효과를 검증했던 이번 2년 동안의 철저한 무작위 대조군 연구(Randomized controlled trial: RCT)에서, 우리는 두 집단 간의 유의미한 IQ와 언어 차이를 보여 주었고, 이는 Lovaas의 연구(1987) 결과보다 나은 것이며, Lovaas의 접근방식을 사용한 RCT 연구(Smith, Groen, & Wynn, 2000)보다 더 크고 확장된 변화를 보여 준 것이다. 또한 2년 후의 임상적 진단에서 ASD의 주요 증상이 감소하는 것을 보여 주었고, 이는 이전 연구보다 더 치료 시간이 적었음에도 나타난 결과다. 비록 ESDM이 조기 ASD의 치료방법으로서 경험적으로 지지되려면 독립적인 반복 연구가 더 필요하지만, 이런 연구 결과들은 이전

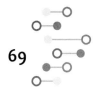

덴버 모델 연구에서 나타났던 유의미한 결과와 분명히 일치한다.

그리하여, RCT를 포함한 다양한 연구들은 ESDM이 아동의 인지 및 언어 능력, 사회적 상호작용, 주도성을 증가시키고 ASD 증상의 심각도를 감소시키며, 그들의 전반적인 행동 및 적응 기술을 향상시키는 데 효과가 있음을 보여 주었다. 이 치료적 접근의 장기 효과를 보여 주기 위해 장기간의 추적 연구 및 반복 연구가 필요하지만, 여러 다른 방식의 실행(교실, 부모에 의한 시행, 집중적인 가정 방문 시행)을 통한 증거들은 ESDM이 여러 범주의 ASD의 초기 증상을 다룰 뿐 아니라 적어도 미취학 기간 동안의 향상된 결과를 가져오는 데 효과적임을 시사한다.

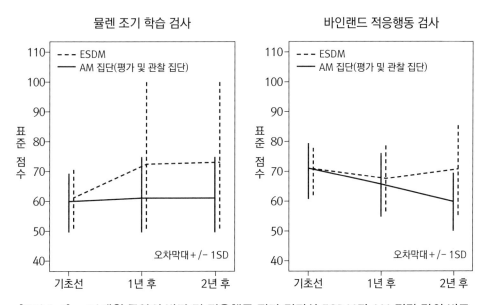

[그림 2-1] ◆ 24개월 동안의 발달 및 적응행동 평가 결과상 ESDM과 AM 집단 간의 비교

 ESDM과 다른 영유아 자폐증 개입방법 간의 공통점과 차이점

초기 ASD 대상의 개입 모델들을 보면, ESDM과 잘 알려진 다른 모델들 간의 공통점과 차이점이 명확해진다. ESDM은 Mahoney와 Perales의 반응적 상호작용 작

업(Mahoney & Perales, 2003, 2005; Mahoney et al., 2004), DIR/플로어타임(Floortime) (Wieder & Greenspan, 2005), 관계 발달 개입(Relationship Development Intervention: RDI; Gustein, 2005), SCERTS(Prizant, Wetherby, Rubin, Laurent, & Rydell, 2006), 하넨 센터 프로그램(Hanen Centre programs)(Coulter & Gllagher, 2001) 등 반응적인 상호 작용과 발달적인 관점을 강조하는 접근방법들과 가장 유사하다. 이런 개입적 접 근들은 모두 전형적인 사회적·의사소통적 발달패턴을 고려한 경험적인 증거를 토대로 만들어진 것이다. ESDM은 언급한 다른 접근들보다 외현적이고 행동적인 교육 패러다임을 사용하고, 보다 데이터 중심적이며, 다른 모델들이 사회적·의 사소통적 발달에 초점을 둔 것에 반해 교육과정 안에서 모든 발달 영역을 명확하 게 다룬다.

   ESDM은 또한 PRT, 우발적 교수(incidental teaching; McGee, Morrier, & Daly, 1999), 환경 교수(milieu teaching; Yoder & Warren, 2001; Warren & Yoder, 2003; Kaiser, Yoder, & Keetz, 1992)와 같이 자연주의적인 행동 개입방법들과도 분명한 연 관성이 있다. ESDM처럼 다른 개입방법들도 행동적 교육 전략을 통해 아동 중심 적이고 자연스러운 언어를 사용하는 틀을 사용한다. ESDM은 보다 상세한 발달적 커리큘럼을 사용하고 정서와 관계의 질을 분명하게 강조하며, 포괄적인 발달적 체계를 사용한다는 점에서 다른 방법들과 차이가 있다.

   마지막으로, ESDM은 Lovaas의 접근방법(1987)과 모든 발달 영역을 다루는 커리 큘럼, 집중적인 교육, 행동적 교육절차를 사용한다는 것, 의사결정 과정에서 데이 터 중심의 접근을 한다는 면에서 공통점을 갖는다. 반면 ESDM은 성인 중심이 아 닌 아동 중심적인 교육 접근을 사용하고, 아동의 긍정적인 정서에 초점을 두며, 진 행 중인 사회적 상호작용 안에 녹아 있는 의사소통 교육 및 구두 의사소통의 전조 로서의 비언어적 의사소통을 중시하고, 커리큘럼과 접근방법에서 경험적인 토대 (예: 조작적 행동 모델보다는 발달학)를 기초로 한다는 점에서 차이가 있다.

   어떤 사람이 다른 접근방법보다 ESDM을 선택하게 되는 이유는 무엇일까? 첫 번째로, 이것은 대부분의 접근방법보다 강력한 경험적인 증거를 토대로 한다. 오 직 PRT와 Lovaas의 접근방법만이 ESDM처럼 과학적 근간을 가지고 있다. 두 번째

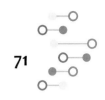

로, 이것은 발달의 모든 영역에 초점을 둔 유일한 자폐증 개입방법이며, 커리큘럼과 상호작용적인 교육방식에서 특별히 영유아를 위해 구성되어 있다. 세 번째로, 이것은 영유아가 속해 있는 모든 자연스러운 환경에 적용이 가능하다. 이것은 교육을 위한 작은 규모의 분리된 방이나 특별히 준비된 교실, 특수한 도구나 시각 자료를 필요로 하지 않는다. 이것은 자연스러운 환경을 교육 환경으로 사용한다. 마지막으로 이것은 재미있다! 긍정적인 상호작용에 초점을 둔다는 점은 부모, 아동, 치료사에게 엄청난 강화를 제공하며, 다양한 원칙을 가진 부모와 치료사들에게 매우 친숙한 교육 스타일을 사용한다.

ESDM이 다른 접근방법들보다 좋은 방법일까? 아직 이 질문에 대답할 수 있는 포괄적인 연구 결과는 없다. 하지만 아동, 가족, 치료사에게 유일한 최고의 접근방법은 없다고 생각한다. 개입적 접근은 가정 내에서 아동과 상호작용할 때 선호하는 방식, 치료사가 타인과 상호작용하는 가장 성공적인 방식 및 아동의 성향과 어울려야 한다. ESDM은 ASD가 있는 영유아의 발달에 필요한 영역과 그들의 가족들에게 필요한 것을 발달적 · 관계 중심적 · 데이터 중심적인 접근방법을 사용하여 다루는, 엄격하고 경험적으로 뒷받침되는 개입방법에 대한 최근의 필요를 채워 줄 수 있다.

결론

ESDM의 주요 이론적 기반은 자폐증에 대한 초기 연구들, 정상 발달 영유아에 관한 연구 그리고 학습과 관련된 연구들로부터 밝혀진 경험적인 증거의 종합이라고 할 수 있다. ESDM은 이론적 기초가 실제 치료를 시행하는 장면과 잘 연결되어 있으며, 이는 치료의 내용과 방식의 기반이 된다. 여기에는 대인관계에서의 상호작용과 긍정적인 정서, 실제 환경에서 도구와 활동을 공유하는 놀이에 참여하기, 지속적인 언어적 · 비언어적 의사소통, 모든 발달 영역을 아우르는 교육과정, 학

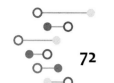

습 이론과 긍정행동 증가에 초점을 둔 치료적 개입, 다학제적인 관점 그리고 각 아동의 개별화된 프로그램이 포함된다. 이 모델은 오랜 역사를 거쳐 오면서 초기 자폐증에 대한 새로운 정보와 이론이 발표될 때마다 꾸준히 변화되고 개선되어 왔다. 현재의 모델은 캘리포니아주립대학교 데이비스 캠퍼스(University of California Davis)와 워싱턴대학교(University of Washington)의 임상적 전문가와 연구자들의 다학제적 팀에 의해 정립된 최신 결과로, 연구자들은 이 모델을 실제 적용하고 실험하면서 매우 오랜 시간 동안 초기 자폐증의 신경심리학적 프로파일에 대한 연구를 진행해 왔다. 다음 장에서는 실제 ESDM의 실행에 대해 살펴본다.

제3장

ESDM 실시하기

실시 환경

ESDM는 자연주의적인(naturalistic) 교육절차를 이용하기 때문에 센터 중심의 유치원, 통합 유치원, 부모에 의한 치료 중재, 가정 중심 중재 등 다양한 개입 환경에서 사용될 수 있다. ESDM을 발달시킨 덴버 모델은 매일 진행되는 주당 25시간의 유치원 그룹 프로그램으로 시작되었는데, 이는 성인과 아동의 비율이 1:1, 1:2 정도의 개별 또는 소그룹으로 치료가 진행되는 프로그램이었다. 제2장에서 언급한 바 있는 효과성에 대한 첫 번째 연구는 이 유치원 세팅의 연구였다. 이 모델은 추후 덴버, 콜로라도 지역의 몇몇 통합 유치원에서 성공적으로 사용되었고, 여기에는 한 반에 15명 정도의 아동이 있었는데 1~2명의 ASD 아동과 대부분의 정상 발달 아동이 포함되었다. 활동에는 1:1 교육, 소그룹 교육 그리고 대그룹 교육이 포함되었다. 특수 또는 통합 그룹 세팅에서 ESDM을 진행하기 위한 기법은 제10장에 자세하게 기술하였다.

ESDM은 충실도가 높은 수준의 슈퍼비전을 받으면서 ESDM을 진행하는 치료사가 집중적, 가정 기반, 주당 20시간 이상으로 1:1로 치료할 때 성공적이었다(Dawson et al., 2010). 이 실행 방식은 유치원이나 진행 중인 다른 추가적인 치료를 방해하지 않는다. 전형적으로 2시간 동안의 집중적인 1:1 회기로 진행되는 ESDM을 시행하는 기법은 차후 자세하게 설명할 것이다.

부모가 시행하는 ESDM 역시 성공적이었다(Vismara et al., 2009). 임상적인 형태에서, 부모와 아동이 주당 1~2시간 치료 시간에 참여하며, 그 시간 동안 치료사는 ESDM 치료를 직접 시행하고, 이와 함께 가정에서 자연스러운 가정 일과와 부모-자녀 놀이 활동에 ESDM을 실행할 수 있도록 부모를 교육한다. 이런 시행 형식은 임상가가 ESDM 접근을 완벽하게 습득하고, 아동의 단기 목표와 매일의 교육 일지를 작성하며, 매주 진행하는 회기의 기술과 내용을 부모에게 전달해 준다. 많은 부모는 높은 수준의 충실도로 ESDM을 실행할 수 있을 만큼 습득하였고, 아동은 사회적 · 언어적 능력에서 주목할 만한 변화를 보였다(Rogers et al., 2006; Vismara et al., 2009). 부모 훈련과 실습은 그룹 세팅 및 집중적인 가정 기반 치료에서 진행하는 치료의 부분이다. 부모 훈련 요소 없이 주당 1~2시간 임상 치료를 진행한 ESDM 접근이 효과적이라는 증거는 아직 없다.

누구에게 실시하나

ESDM은 ASD 영유아를 대상으로 1~3세경 시작하여 4~5세까지 진행하도록 개발되었다. 커리큘럼에서는 대략 7~9개월에서 48개월 연령대의 발달적 기술을 다룬다. 커리큘럼 내용과 교육절차는 서구의 중산층 문화의 부모-자녀 상호작용에 관한 연구들에서 비롯되었다. 그러므로 상호작용은 아동과 상호작용하는 특정 문화적 양식을 포함한다. 우리는 다양한 인종적 · 사회경제적 지위를 가진 미국 가정을 대상으로 결과를 검증하였다(Rogers & Lewis, 1989; Vismara et al., 2009). 우리는 아동 및 부모에게서 인종적 · 사회경제적 지위와 관련한 결과의 차이점을 발견하지 못하였지만, 이와 관련된 연구는 아직 시작 단계다. 비서구 문화적 관습을 가진 가정에서는 내용 및 절차상의 부적절한 부분이 발견될 수도 있으므로 치료사가 가정의 관습이나 가치에 내용 및 절차가 맞도록 조정하기를 권한다.

ESDM의 발달적인 기술은 12~60개월을 포함하며, 생물학적 연령이 60개월 이

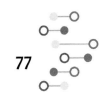

상인 아동에게 사용하도록 개발되지는 않았다. 우리는 이것이 더 높은 연령대의 아동에게 적절한 커리큘럼과 상호작용 양식이라고 여기지 않는다. 또한 사물 사용 및 비언어적 의사소통에 초점을 둔 커리큘럼은 7~9개월 미만의 아동에게 적합하지 않다. 중요하게도, 우리는 아동이 ESDM에서 사용하는 많은 교육 기법이나 목표에 적절하게 반응하기 위해서는 최소 수준의 사물 조작 기술이 있어야 한다는 것을 관찰해 왔다. 그러므로 우리는 경험을 토대로 사물에 흥미를 보이고, 넣기 또는 빼기와 몇몇 간단한 수단-목표행위를 할 수 있어 2개의 사물을 조합하여 놀이가 가능한 아동에게 ESDM을 사용하기를 권한다. 교육절차가 여전히 효과적이라 하더라도 모든 영역에서 48개월 이상의 기능 수준을 가진 ASD 아동은 보다 상위의 커리큘럼이 필요하다.

누가 실시하나

    ESDM은 특수교육, 교육, 임상심리학, 발달심리학, 언어병리학, 작업치료 그리고 ABA 영역의 영유아 전문가 그리고 직접 훈련받고 이들 전문가에 의해 슈퍼비전을 받는 사람에 의해 시행되고 감독되도록 개발되었다. 커리큘럼과 시행은 발달 및 아동 임상심리, 영유아 교육, 언어병리학, 작업치료, ABA와 직접적인 연관을 두고 개발되었다. ESDM을 사용하는 어떤 개인이든 지식적 기반, 개념 그리고 해당 이론의 임상 경험이 있어야 한다. 이것은 ESDM 기저의 개념 및 시행과 관련하여 서로 훈련을 주고받을 수 있는 조기 치료사들의 팀 안에서 쉽게 얻을 수 있다. 이런 다학제적인 투입 없이는 하나의 이론으로 매우 정확하게 ESDM 모델을 시행하기란 어려운 일이다. 다행스럽게도, 미국의 조기개입에서는 이러한 팀이 일반적으로 공립학교 및 서비스 시행 체계, 자폐증 및 다른 건강 관련 클리닉에서 조직화되어 있다. 다른 이론가가 당신의 치료 회기를 관찰하고 다학제적인 전문성을 얻는 방향으로 치료 목표를 리뷰해 주는 것보다 좋은 방법은 없다. 이것이

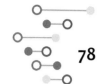

ESDM이 개발된 방식이고, 지난 20년 이상 개선되어 온 방식이다. 이 장의 후반에서 다학제적 팀과 구성원들에 대해 다시 다룰 것이다.

ESDM 모델을 교육받은 치료사는 보통 둘 중 하나의 배경을 갖는다. 몇몇은 잘 훈련된 행동분석가로, DTT에 오랜 경험을 가진 사람들이다. 이런 치료사들은 새로운 기술을 가르치고 부적절한 행동을 대체하기 위한 선행사건-행동-결과 관계 및 촉구, 행동형성, 용암법, 행동 연쇄와 같은 기본 행동 교육 전략에 숙달되어 있다. 이들은 ESDM을 배울 때 두 사람 간의 상호작용이 요구되는 놀이 기반의 활동, 아동에게서 긍정적인 정서를 이끌어 내기, 아동의 리드에 따라가기, 아동이 선택한 활동에 여러 가지의 교육 목표를 끼워 맞추기 등이 쉽지 않다.

특수교육, 언어병리학, 작업치료 그리고 임상 및 발달심리학을 기반으로 하는 치료사들은 보통 발달적 배경에서 강점을 지닌다. 그들은 아동의 선택에 따라가는 놀이 기반의 개입방법에서 사용하는 기술을 가지고 있고, 모델의 정서적인 측면에 능숙하다. 반면 놀이를 하면서 특정한 기술을 높은 빈도로 가르쳐야 하는 신중함이 요구되는 교육적 접근, 강화, 촉구, 용암법, 행동형성 그리고 연쇄 이론 등의 주의 깊은 적용이 쉽지 않다. 그러므로 각 분야의 치료사들은 ESDM 접근에 매우 잘 발달된 기술을 이미 갖고 있지만, 새로운 기술 역시 배워야 한다.

ESDM 절차

🔶 치료 목표 세우기

치료를 시작하기 전 모든 아동은 커리큘럼 체크리스트(〈부록 A〉 참고)를 이용하여 평가를 받는다. 그리고 나서 팀 리더는 체크리스트의 각 발달 영역에서 2~3개의 단기 교육 목표를 세운다. 이 목표들은 12주 안에 달성될 수 있도록 계획되며, 12주 동안 아동이 배워야 하는 기술을 정의한다. 교육 목표는 회기 중 수집되는 데이터

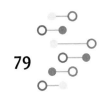

에 기초하여 조정되며, 12주 후에 커리큘럼 체크리스트 평가를 다시 진행하여 수정한다. 이후에도 새로운 목표들을 세우거나 이전 것을 수정한다. 이 단기 교육 목표를 세우는 과정은 제4장에서 설명하고 있다.

과제 분석과 교육 단계

각 목표는 발달적 과제 분석을 통해 연속되는 단계로 나누어 세워진다. 이 단계들은 목표 전체의 완수에 이르는 중간 단계에 해당하는 교육 목표 역할을 한다. 이 단계는 각 회기에서 가르쳐야 하는 내용의 지표가 된다. 각 회기는 매 목표의 '습득' 단계를 가르치는 데 초점을 두는데, 이것은 아동이 현재 배워야 할 필요가 있는 단계다. 또한 이는 '유지' 단계의 연습을 포함하는데, 이것은 아동이 완수 직전의 단계를 말한다. 회기 동안 치료사는 주기적으로 활동을 잠시 멈추고(예: 매 15분마다) 일일 데이터 기록지(제5장에서 보다 더 자세하게 설명할 것이다.)에 아동의 수행을 기록한다. 데이터 기록지는 12주 목표, 교육할 과제 분석 그리고 아동의 개별 수행을 포함하고 있다. 이를 통해 아동이 무엇을 학습했고, 아동이 무엇을 배우고 있는지를 추적할 수 있다.

치료 노트

아동의 교육 계획은 목표, 과제 분석, 일일 데이터 기록지 그리고 그 외 관련되는 정보를 포함하는 치료 노트에 정리한다. 예를 들면, 여기에는 스케줄도 포함될 수 있는데, 이를 통해 치료 시간들을 쉽게 추적할 수 있다. 또한 여기에는 다른 치료사들이 회기의 내용—중요한 새로운 단계 또는 문제, 질문 또는 특별히 주의를 기울여야 하는 기술 등—에 대해 적어 두는 공간이 있다. 예를 들어, 의사의 전화번호와 이름이 기록되어 있으면 종종 유용하다. 더불어 교육 도구 또한 포함될 수 있다. 자세한 내용은 추후 더 자세하게 설명할 것이다. 노트는 보통 대부분의 치료가 이루어지는 장소에 보관한다. 만약 치료가 센터에서 진행되면, 노트는 그곳에 보관한다. 치료사들은 치료 회기 중 접근 가능한 곳에 노트를 놓아두어야 한다.

윤리적 이슈

집중적인 가정 기반의 치료 세팅에서, 가정에 투입되기 전 스태프들이 보육과 전문성에 관한 윤리에 대해 적절히 훈련 받는 것은 매우 중요하다. 또한 중요한 문제가 발생했을 때 이를 파악하고, 그들의 감정과 반응에 대해 다른 스태프 멤버 들이 인식할 수 있도록 도와주며, 윤리적 규준을 살펴보고, 적절하게 대처할 수 있 도록 가족의 역동에 대해 전문가에게 지속적으로 슈퍼비전을 받는 것이 매우 중 요하다.

개입이 진행됨에 따라 부모와 치료사들은 서로에 대해 잘 알게 된다. 관계가 발 전함에 따라 많은 윤리적 이슈가 발생할 수 있으며, 스태프 멤버들이 이런 이슈들 을 인식하게 하기 위해 지속적인 슈퍼비전이 필요하다(Fuenetes & Martin-Arribas, 2007). 매일 가정에 방문하는 어떤 스태프 멤버는 점차 가족 구성원의 일원인 것 처럼 가까워지기 시작한다. 부모가 스태프 멤버와 공유하는 것이 많아지고 스태 프 멤버가 가족의 일상의 모든 측면을 보게 되면서 부모-전문가의 경계가 쉽게 무너질 수 있다. 부모는 아동 돌보기와 같은 추가적인 도움을 요청할 수 있고, 스 태프 멤버를 가족행사, 생일파티 등과 같은 일에 초대하는 등 사회적인 접촉을 제 안할지도 모른다. 스태프 멤버는 가족 구성원의 삶에 감정적으로 엮이고, 부부싸 움에 휘말리거나 사적인 대화나 양육습관을 공유하게 될 수도 있다. 스태프 멤버 들은 가족의 양육, 상호작용, 집안일, 일상 습관 그리고 재정 운영 등에 강한 감정 을 갖게 될 가능성이 있고, 이런 감정으로 인해 가족, 아동과 스태프 멤버 사이의 상호작용에 영향을 미치고 전문가로서 경계나 거리를 유지하는 것이 어려워질 수 있다.

부모의 정신건강, 양육의 적절성, 아동의 학대 및 방임 위험을 알릴 책임, 배우 자 학대에 대한 질문들, 부모가 요구할 때 어디까지 편의를 제공해야 하는지, 진전 이 없거나 상태가 더 나빠진 아동의 치료를 계속해야 하는지 그리고 가족을 다른 곳에 의뢰하거나 의사결정에서 가족의 독립성 및 자발성을 지지하는 문제, 생활 방식, 문화 그리고 가치관 차이 등 여러 가지로 자주 발생할 수 있는 윤리적 이슈는 슈퍼비전 회기를 통해 논의되고 주의 깊게 다루어져야 한다.

제너럴리스트 모델 사용하기

다학제적 ESDM 팀은 아동과 가족에 개입하는 데 제너럴리스트 모델(generalist model)을 사용한다(Schooler et al., 1995). 이것은 ESDM에서 모든 이론들 중 목표를 아우르는 단 하나의 치료 계획이 있다는 것을 의미하며(예: 발달적 과제 분석이 이루어진 교육 목표들), 이 계획은 아동의 전체 기능을 통합하는 데 초점을 둔다. 아동의 치료 계획은 가정에서 부모에 의해 시행되거나, 개별 언어치료나 작업치료 회기, 집중적인 가정 기반 치료 또는 유치원 그룹 세팅에서 시행된다. 한 명의 전문가(팀 리더)가 전체 치료 계획을 감독하는데, 여기에는 치료 목표 설정 및 데이터 수집 시스템 만들기, 치료 시행을 지도하기, 경과 데이터를 검토하기, 계획의 변경을 결정하기 등이 포함된다. ESDM 치료는 언어치료와 같이 치료사가 부모 및 아동과 작업하고 부모가 가정에서 개입을 이어서 하는 단일 치료 모델로 진행될 수도 있다. 하지만 그런 경우에도 우리는 치료사가 다른 이론들에 기초한 평가 내용 및 필요한 경우 함께 논의할 수 있는 다른 이론의 전문가들에 대한 접근 통로가 있어야 하며 ESDM을 수행할 수 있을 만큼 충분히 다학제적 훈련을 받아야 한다고 생각한다. 다음의 이유 때문에 제너럴리스트 모델을 사용하는 것이 중요하다.

🌑 아동은 전 영역에서 발달한다

한 영역에서의 개입은 필연적으로 다른 영역에 영향을 미친다. 아동의 모든 학습 활동은 발달상 여러 영역에 영향을 미친다. 예를 들면, 운동 활동에서도 성인

은 아동과 의사소통을 하고, 인지 활동에서도 아동은 도구를 특정 방식으로 조작하기 위해 소근육 운동 시스템을 사용한다. 제너럴리스트 모델에서는 아동과 작업하는 치료사가 매 영역과 관련하여 시행되는 개입들에 대해 알고 있고, 여러 영역에 해당되는 특정 기술을 목표로 하도록 활동을 계획할 수 있다. 이것은 치료사로 하여금 각 활동이 동시에 여러 영역에서 아동에게 필요한 부분을 다룰 수 있는 정확한 개입을 하도록 해 준다. 뿐만 아니라 여러 목표와 영역을 학습하면서 주어진 활동에서 교육의 양을 최대화할 수 있게 한다.

🖤 경제적이다

아동의 완전한 치료 계획은 부모와 스태프 멤버 중 한 명에 의해 시행되는데, 그렇기 때문에 매주 목표 및 치료가 중복되는 고비용의 치료사가 여러 명 필요하지 않다. 지방이나 전문적 자원이 부족한 지역에서도 불필요한 중복 없이 최대 인원의 아동을 담당할 수 있는 전문가 스태프를 갖출 수 있다.

🖤 교육의 일관성과 반복을 최대화한다

각자 독립적으로 활동하는 여러 전문가들은 언어, 기대, 일과, 치료 시행에서 우리가 ASD 아동의 교육을 증진시키는 요인으로 알고 있는 일관성을 지키기 어렵다. 반대로, ASD 아동은 여러 세팅과 인물에게 일반화하는 데 어려움이 있으며, 서로 다른 형식의 매주 1~2회 한 시간의 치료에서 일반화된 교육 원리를 학습하기 힘들다(Plaisted, 2001). 모든 성인에 의해 또는 모든 세팅에서 하나의 치료 계획을 사용하면 교육 빈도와 일관성을 최대화하여 아동의 학습을 극대화할 수 있다.

🖤 부모에게 통일된 개입을 제공할 수 있다

한 명의 팀 리더와 통일된 치료 계획을 갖는 것은 부모가 그들이 만나는 모든 치

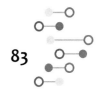

료사로부터 각기 다른 조언을 받는 상황을 방지할 수 있다. 부모와 팀 리더 간의 상호작용이 강조되는데, 이는 가족을 위한 의사소통을 단순화할 수 있다. 또한 부모가 놀이 및 일상 활동에서 아동의 발달에 필요한 부분을 어떻게 다루어야 하는지 알 수 있게 하는데, 이것은 부모가 배울 수 있도록 도와주고자 하는 것이며, 비록 아동과 유일한 관계를 형성하고 있다 할지라도 몇몇 다른 사람이 같은 치료 계획을 시행할 수 있는지와 관련한 모델을 가족에게 보여 줄 수 있다.

이제 우리는 다학제적 팀, 그것의 조직, 구성원에 대해 보다 자세하게 알아볼 것이다.

다학제적 치료팀

자폐증은 중요한 3가지 증상의 영역으로 정의되지만(의사소통, 사회적 행동 그리고 반복적이고 제한된 행동 레퍼토리), 운동 기능, 감각적 반응성, 감각 처리 과정, 지적 발달, 학습 장애, 집중력 문제, 불안 및 정서장애와 같은 정신과적 문제, 떼쓰기와 같은 행동 문제, 섭식·수면·알레르기와 같은 건강 관련 문제 등 다른 영역도 빈번하게 영향을 미친다(Hansen & Hagerman, 2003). 연관되는 많은 문제들은 영유아 시기부터 나타나며(Zwaigenbaum et al., 2005), 많은 경우 관련 문제는 취학 전 시기에 증가한다. 그러므로 ASD 영유아를 대상으로 조기개입을 하다 보면 유아 및 취학 전 시기에 이런 문제들을 마주하게 된다.

비일반적인 걸음걸이나 움직임, 과민한 감각 반응, 의도적인 발화나 소리 내기의 어려움 등 많은 ASD 증상의 기저에는 비정상적인 신경 구조망이 있다. 보다 전형적인 발달적 패턴의 자극을 추구하는 ESDM과 같은 ASD 개입은 개입의 목표가 되는 다양한 기술의 신경학적·신경심리학적·발달적 기반에 대한 높은 수준의 이해를 필요로 한다. 그러므로 ASD 영유아 대상의 포괄적인 개입을 실시하는 것은 장애의 영향을 받은 발달적 영역과 관련한 아동 초기 발달 영역의 전문가를 필요로 하고, 다학제적 팀이 이에 적합하다.

팀의 정의

ESDM은 영유아 특수교육, 아동 임상 및 발달심리학, 언어병리학, 작업치료, 소아과학 그리고 행동 분석이 치료 계획을 세우고 그것의 시행을 지도하는 것을 함께 작업하는 다학제적 모델이다. 아동의 건강상 필요한 점이 아동의 계획에 포함되어 있는지를 확인하기 위해 아동의 소아과의가 팀의 일원으로 있어야 한다. 일부 경우, 아동의 진단 평가를 함께했던 발달 행동적 소아과의가 이 역할을 하게 된다. 몇몇 아동에게는 소아정신과의가 포함되기도 한다. 준전문가들은 그룹 프로그램과 집중적인 가정 기반 개입에서 보살핌을 담당하는 데 주요한 역할을 한다. 그들은 팀 내에서도 중요한 역할을 맡는다. 어떤 ESDM 형식을 사용하더라도(센터 기반, 통합 유치원, 부모 코칭 또는 집중적인 가정 기반 치료) 다학제적 치료팀은 적절히 ESDM을 시행하기 위한 계획 및 감독을 하는 데 필수적이다.

또한 부모는 치료팀에서 중요한 구성원이다. 영유아와 작업하는 것은 영아-부모 3인조의 맥락 안에서 작업해야 한다는 것을 의미한다(Macollum & Yates, 1994). 더 높은 연령의 아동을 위한 개입보다 영유아 치료는 가족과의 작업이 요구되는데, 이것은 영아 정신건강 분야에 잘 설명되어 있다(Gilkerson & Stott, 2005). 자폐증 개입 팀에 있는 사람은 영아 정신건강과 관련된 정식 훈련이 부족할지 모르지만, 그 개념들은 중요하고, 가족 중심의 접근은 성공적인 영유아 개입의 결정 요인으로 여겨진다(Shonkoff & Phippips, 2000). 가족 중심의 필요성은 미국장애인교육법(Individuals with Disabilities Act: IDEA, 1991)에 잘 반영되어 있는데, 여기에서는 3세 이하의 아동을 대상으로 하는 교육의 경우 아동을 대상으로 하는 직접적인 서비스와 함께 가족 대상의 가정 방문, 훈련 그리고 자문 서비스가 포함된 개별화된 가족 서비스 계획(Individualized family service plan: IFSP)에 따라 조직화되고 시행되어야 하는 상태를 요구한다.

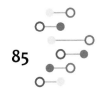

🌰 팀의 조직

팀 리더와 부모는 [그림 3–1]에 나타나 있듯 치료 팀의 중심 허브 역할을 한다. 팀의 다른 전문가 구성원은 팀 리더 및 부모에게 자문, 감독, 지원 및 지지를 제공한다. 다음에서는 팀의 전문가 구성원 및 그들의 역할을 설명하고, 그다음 부분에서 부모에 대한 논의를 다룬다.

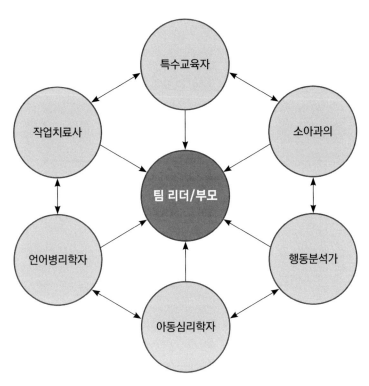

[그림 3-1] ◆ 다학제적 팀의 구성

팀 리더

세팅이나 아동의 필요에 따라 다양한 이론의 전문가 중 한 명이 팀 리더가 될 수 있다. 치료가 시작할 때 보통 팀 리더가 커리큘럼 체크리스트(〈부록 A〉 참고)를 사용하여 평가를 진행한다. 평가 결과를 기초로, 팀 리더는 아동의 4분기 목표를 세우고, 각 목표에 대한 발달적 과제 분석, 교육 활동과 프로그램 그리고 데이터 수

집 시스템을 만든다. 그리고 이런 내용이 정리된 치료 노트를 준비한다. 팀 리더는 부모가 가정 및 지역사회에서 일어나는 자연스러운 보살핌과 놀이 일과에서 치료 계획을 시행할 수 있도록 부모와 직접 작업하면서 그들을 지원한다. 팀 리더는 또한 클리닉 기반 치료에서 아동이 클리닉을 방문했을 때, 가정에 있는 부모와 함께 또는 교실에서 아동과 직접 작업하며, 목표를 실행하는 준전문가들과 직접적으로 함께 일한다. 또한 필요할 경우 준전문가들을 훈련하고, 지속적으로 교실을 방문하면서 아동의 경과를 감독하거나, 2주에 한 번 센터나 가정에 있는 부모, 아동 그리고 개입 제공자를 방문한다(주: 만약 부모가 시행하는 단일 이론 치료일 경우, 개별 치료사가 팀 리더가 되어 이런 단계들을 수행한다.).

치료가 진행됨에 따라 팀 리더는 치료가 성공적으로 진행되며 아동이 가능한 빠르게 성장할 수 있도록 한다. 팀 리더는 치료가 진행되는 상황을 관찰하면서 미세한 부분을 조정하고, 매주 데이터를 확인하며, 교육 방향의 모든 변화를 지시하고, 긍정적 행동지원 전략을 계획하고 시행하며, 필요할 경우 다른 전문가들에게 자문을 받아 이론적 조언을 얻는다. 팀 리더는 부모가 주로 접촉하는 사람으로서, 적어도 2주에 한 번 부모를 만나며, 가정 및 교실에서 정규적으로 치료를 진행하는 준전문가를 관찰하고, 그들의 기술을 평가하며, 치료 충실도를 보장할 필요가 있을 때 치료를 제공한다.

다른 팀 구성원의 역할과 책임

다른 팀 구성원은 그들의 다학제적 전문성으로 팀 리더를 지원한다. 각 분기마다 다른 전문가 팀 구성원은 팀 리더를 도와 치료 목표와 치료 계획을 업데이트하고, 치료 경과를 평가한다. 다른 구성원들은 자문가, 평가자 또는 이따금씩 아동이 관련 영역에 심각한 장애가 있을 경우 추가적인 치료사 역할을 한다. 어떤 이론의 치료사라도 팀 리더가 될 수 있다는 것을 기억해야 한다.

영유아 특수교육자

영유아 특수교육자는 커리큘럼 개발과 개별화, 교실의 물리적 구조화, 스케줄 관리 및 종결 계획 그리고 교실 내의 성인 배치 등에서 특별히 전문성이 있다. 또한 영유아 특수교육자는 다양한 영역에서의 아동 발달 및 특정 발달 영역을 다룰 수 있는 교육 활동을 만들어 내는 데 전문성을 가진다. 그들은 모든 발달 영역에서 훈련을 받고 어떻게 영유아가 학습을 하는지 심도 있는 이해를 바탕으로 훌륭한 제너럴리스트가 될 수 있다. 많은 학교 중심 세팅에서 영유아 특수교육자는 아동을 평가하고, 교육 목표를 결정하며, 팀을 슈퍼비전하고, 개입 내용을 부모에게 가르치며, 데이터를 수집하고, 프로그램을 업데이트한다. ESDM을 유치원 교실 기반으로 시행할 때, 영유아 특수교육자는 전체 그룹의 책임교사가 되거나 책임교사에게 자문과 지원을 제공할 수 있다. 영유아 특수교육자는 보통 커리큘럼과 교실에서 교육을 도와주는 사람을 슈퍼비전하는 역할을 한다. ESDM이 가정 기반 또는 부모에 의한 시행으로 진행될 때, 영유아 특수교육자는 종종 팀 리더가 되어 아동의 개입 계획을 세우고, ESDM을 어떻게 시행해야 하는지 부모를 교육하며, 준전문가 및 치료 계획을 시행하는 다른 사람들에게 슈퍼비전을 제공한다. 아동이 새로운 그룹 프로그램으로 전환할 시점이 되었을 때 ESDM 팀의 영유아 특수교육자는 새로운 그룹 세팅의 특수교사와 협력하여 아동의 치료 계획에 잘 조율된 접근을 할 수 있도록 한다. 다만 임상 세팅에서는, 특수교육자가 없는 경우도 있다.

아동 임상 및 발달심리학자

아동 임상심리학자는 진단 팀의 핵심 구성원이며, 보통 행동 및 정신건강 문제에 관해 지속적인 모니터링을 하는 역할을 하고 가족의 적응이나 가족의 정신건강 문제에 대해 다른 팀 구성원들에게 자문을 제공한다. 심리학자는 일반적으로 아동의 기능 수준에 대한 구조화된 평가를 진행하는데, 여기에는 지능 및 발달, 행동 문제 그리고 적응 행동에 대한 평가가 포함된다. 심리학자는 종종 아동의 인지, 사회−정서적·행동적 목표를 세우는 데 기여한다. 심리학자는 특히 사회 및 정신건강 서비스에 의뢰할 필요가 있거나 치료 계획에 지속적인 정신건강 프로그램을 통합할 필요가 있는 등 가족의 요구가 분명히 있는 경우에 팀 리더의 역할

을 맡기도 한다. 심리학자는 또한 다양한 임상적 문제나 가족과 작업하면서 발생
하는 어려움과 관련하여 팀 리더들과 준전문가들에게 주기적으로(종종 일주일에
한 번) 지속적인 임상적 그룹 슈퍼비전을 제공한다. 마지막으로 심리학자는 아동
이 학대되거나 방임되고 있을 가능성에 대해 보고할 필요가 있을 때 관련된 문제
들에 대해 스태프 구성원들에게 도움을 제공하고 지원할 수 있다. 몇몇 팀에서는,
앞에 기술한 정신건강 관련 역할이 공인된 사회복지사에 의해 수행될 수 있다.

언어병리학자

ESDM을 시행하다 보면 언어병리학자의 지속적인 조언이 필요한데, 이는 ESDM
이 초기 ASD의 의사소통 발달에 집중적인 초점을 두고 있기 때문이다. 모든
ESDM 시행 양식에서는 언어병리학자가 아동의 발화와 언어에 대해 초기 평가를
진행하고, 구강-운동 기능의 잠재적인 장애 가능성을 평가하며, 각 아동의 의사
소통 관련 목표에 관해 조언한다. 언어병리학자는 치료팀이 아동의 언어 발달을
최대화할 수 있도록 돕고 주기적으로 아동의 의사소통 경과 수준을 재평가하면서
각 아동의 의사소통 발달을 자문하고 감독한다. 언어병리학자는 아동을 위해 보
완대체 의사소통 시스템을 사용해야 할지를 결정하는 데 주된 역할을 한다(이것
은 특별한 의사결정 과정으로, 더 자세한 내용은 제9장에서 다루어진다.). 심한 말실행
증과 같이 특정 언어장애가 있어 직접 치료가 필요한 아동의 경우, 언어병리학자
가 직접 치료를 제공하거나 아동을 치료받을 수 있는 다른 치료사에게 의뢰한다.
PROMPT(Hayden, 2004)와 같이 말실행증을 위한 특정 치료적인 접근을 훈련 받은
언어병리학자가 있으면 매우 도움이 된다. PROMPT는 ESDM의 치료 방향 및 시
행과 양립할 수 있으며, 우리는 언어 발달을 위해 이것이 몇몇 아동들에게 필수적
이라는 것을 발견하였다.

언어병리학자의 역할은 치료 세팅에 따라 달라진다. 몇몇 세팅에서 언어병리학
자는 개별 또는 클리닉 기반 치료를 할 때, 가정에서 부모가 ESDM을 할 수 있도
록 교육할 때 ESDM 모델을 사용할 수 있다(Rogers et al., 2006). 그룹 유치원 세팅
에서는, 언어병리학자가 아동의 분기별 목표에 맞춰 정기적으로 매주 ESDM을 이

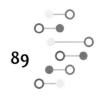

용한 언어치료를 실시할 수 있으며, 이때 의사소통 및 사회적 목표에 보다 초점을 두게 된다. 집중적인 가정 프로그램에서 언어병리학자는 치료팀을 이끌 수도 있으며, 조력자들에게 슈퍼비전을 제공하며 주치료사 역할을 할 수 있고, 다른 팀 구성원과 교차 훈련을 받으면서 ABA나 다른 영역에서의 전문성을 계발할 수도 있다. 모든 형식에서, 언어병리학자는 직접적인 역할을 하기보다는 자문하는 역할을 할 수 있으며, 아동을 평가하고, 치료 목표를 추가하고, 경과를 감독하고, 문제를 해결하고, 팀 리더를 지원한다. 개인적으로 또는 유치원 세팅에서 다른 전문가에게 언어치료를 받고 있는 아동의 경우, 아동과 가족에게 통합된 접근하기 위해 ESDM 언어병리학자와 언제든지 의사소통을 할 수 있다.

작업치료사

팀의 작업치료사는 언어병리학자와 같이 중요한 역할을 하는데, 이는 그들이 영유아기 운동 및 감각 발달에 대한 전문성 및 적응 행동 발달과 관련된 지식을 가지고 있기 때문이다. 팀의 중심 구성원인 작업치료사의 조언은 모델을 최대한으로 실현하는 데 필수적이다. 모든 대상 아동과 관련하여, 작업치료사는 팀 리더에게 운동 관련 목표와 치료 계획이 적절한지 확인해 주고, 감각 및 운동과 관련한 분명한 장애가 있는 아동의 진전에 도움을 주며, 필요할 경우 팀이 계획을 변경하는 것을 도와준다.

작업치료사는 어떤 ESDM 시행 양식을 사용하는가에 따라 1:1 임상 치료 및 부모 교육에서부터 평가 및 자문까지 많은 역할을 맡는다. 작업치료사는 초기 선별 검사, 필요할 경우 평가, 목표 및 치료 시행의 감독 그리고 감각 및 운동 기능에서 분명한 장애가 있는 아동을 위한 해당 영역에 대한 자문을 맡아서 할 수 있다. 운동 기능에 심각한 장애가 있는 아동의 경우 직접적인 치료가 필요하며, 작업치료사는 치료를 제공하거나 필요한 치료를 제공할 수 있는 치료사에게 아동을 의뢰해 줄 수 있다. 개별치료 또는 유치원 세팅에서 다른 전문가에게 작업치료를 받고 있는 아동의 경우, 작업치료사는 다른 치료사들과 ESDM에서 하고 있는 목표 및 아동의 현재 프로그램에 대해 의사소통하면서 아동 및 가족에게 통합된 접근이

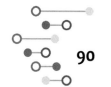

가능하도록 할 것이다.

행동분석가

행동분석가들의 전문성은 모델을 완벽하게 실현하는 데 매우 중요하다. 국제 공인 행동분석가(BCBA)는 행동의 기능 평가, 행동 교육 원리의 적용, 데이터 수 집 전략의 실행 그리고 학습 및 변화를 관찰하기 위해 데이터를 사용하는 것 등 에서 특별히 전문성을 가진다. 그러므로 BCBA는 팀의 주요 구성원이며, 자주 팀 리더의 역할을 하면서 커리큘럼 체크리스트를 통한 아동 평가, 개인의 목표 세우 기 그리고 계획이 적절히 실행되고 있는지를 확인하기 위해 다른 치료사들을 감 독하기 등을 수행한다. 분명한 행동 문제가 있는 아동의 경우, BCBA는 행동에 대 해 기능 평가를 하며(O'Neil et al., 1990), 긍정적 행동지원 계획을 수립하고(Carr et al., 2002), 계획을 실행하는 방법을 부모와 다른 팀 구성원들에게 교육하며, 데이 터의 효율성을 검증한다. BCBA는 또한 학습 이론 원리를 적용하는 것에 대해 다 른 팀 구성원에게 도움을 준다. 특수교육자, 심리학자, 언어병리학자는 ABA 원리 안에서 이를 사용하는 방법에 대한 교육을 종종 받는다. 하지만 ASD의 복잡성과 행동 교육 전략, 기능 평가, 긍정적 행동지원 계획의 수립을 정확하게 사용해야 하 는 중요성, 지속적인 데이터 수집 및 데이터에 기초한 의사결정의 필요성 때문에, BCBA가 ESDM에서 팀 구성에 있어 중심 역할을 하게 된다.

의사

팀의 다른 중요한 구성원은 아동의 소아과의 또는 1차 케어를 담당하는 의사 그 리고 몇몇 경우 아동의 진단을 담당했던 소아과의다. ASD 아동은 자주 섭식 문제, 수면 문제, 알레르기, 소화기 문제, 경련 등 여러 종류의 의학적 문제를 보인다. 이 런 의학적 상태는 개입 프로그램의 성공에 유의미한 영향을 미친다. 통증, 배고 픔, 피곤을 경험하는 아동은 매우 짜증이 난 모습을 보일 것이고, 교육 장면에 집 중하는 데 어려움이 있을 것이다. ASD로 새로 진단을 받은 아동이 다른 의학적 상태가 있는지, 있다면 그것을 어떻게 다룰지 결정하기 위해 의학적 검사를 받게

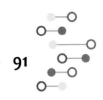

될 것이고, 또 부모가 종종 의학적 질문을 갖게 될 경우가 있는데, 예를 들면 책에서 읽은 생물의학적 치료에 대한 걱정 등을 가장 잘 다루어 줄 수 있는 사람이 의사다. 아동의 주치의가 ASD에 대해 잘 알고 있거나 ASD를 전문 분야로 하는 다른 의사와 긴밀한 연결을 갖고 있어 대부분의 아동을 위한 의학적 개입이 주치의와 의학적 전문가의 자문이 함께 제공되는 것이 가장 이상적이다. 부모의 동의하에 의사는 팀 리더에 의해 아동이 ESDM에 참여하고 있다고 공지를 받을 수 있으며, 팀 리더의 이름과 전화번호, 아동의 진단 및 경과에 대한 보고서, 개입 목표들을 제공받아야 한다.

준전문가들

준전문가들은 ESDM이 유치원 교실에서 그룹으로 진행되거나 가정에서 집중적으로 진행될 때 아동 개별 치료의 많은 시간에 이를 시행한다. 그들의 치료 계획은 팀 리더에 의해 세워지고, 진행 상황에 대한 데이터가 정확하게 수집되며, 아동의 다른 치료팀과 습득되고 완수된 과제에 대해 의사 교환을 하고, 예상하지 못했던 상황이나 행동에 대해 팀 리더에게 알리며, 가족과 상호작용하는 데 있어 전문가적이고 윤리적인 경계를 지킨다. 그들은 주기적으로 팀 리더와 임상심리학자를 만나 아동 및 가족 구성원과 상호작용하는 내용을 논의하며, 주기적으로 그들이 하는 치료에 대해 직접 관찰을 통해 피드백을 받는다.

준전문가들은 부모와 가장 자주 접촉하고 가장 많은 시간의 치료를 진행하지만 팀 구성 시 전문가보다 권위를 덜 갖는다는 점에서 종종 복잡한 역할을 맡는다. 가정에서, 준전문가들은 가족의 공간과 생활에 들어가 전문가적 영역, 가족의 사생활, 아동에 대한 부모의 염려 그리고 가족의 일상생활에서 나타나는 역동적인 관계 등과 관련된 윤리적 이슈를 마주한다. 그들은 매시간 감정적인 요구가 있는 치료 회기에서 아동 및 가족과 상호작용해야 한다. 이것은 매우 힘들고 부담이 된다. 게다가 ESDM 중 활동들은 각본이 없어, 개입의 결과가 치료사의 치료 계획 및 아동에 대한 이해 정도, 매일 다른 도구와 상황에서 교육 활동을 만들 수 있는 자신의 창의성에 따라 달라진다.

준전문가들은 이런 요구사항들을 책임감 있고 윤리적으로 다루기 위해 지속적인 전문가 슈퍼비전과 지원을 필요로 하며, 아울러 전문가 팀 구성원으로부터 지속적으로 정서적인 지지와 지도를 제공받아야 한다. 팀 리더로부터 주별 슈퍼비전을 받는 것은 아동과 함께하는 작업 및 부모, 다른 가족 구성원과의 상호작용을 지원받는 데 있어 매우 중요하다. 여기에는 그들의 교육에 대한 직접 관찰 및 맡은 아동과 함께한 작업에 대한 논의가 포함되어야 한다. 임상심리학자로부터의 정기적인 슈퍼비전은 ESDM이 집중적인 1:1 치료 모델을 사용할 때 매우 유용하다. 모든 학제들은 준전문가 스태프에게 지속적인 훈련과 자문을 제공해야 하는데, 그들은 몇몇 세팅에서 아동 치료의 가장 큰 몫을 차지하기 때문에 ESDM이 가장 효과적으로 이루어지기 위해서 상당한 지식과 기술이 필요하다.

기타 전문가들

개별 아동의 치료팀에 참여하는 기타 전문가에는 영양, 물리치료, 음악치료, 청각학 관련 전문가와 알레르기, 안과, 소화기, 정신과 및 신경과 전문의 등이 있다. 다른 학제에서 아동 치료에 참여할 때, 부모 동의, 교육 목표 및 계획의 공유 그리고 개입적 접근에서 일관성 있는 작업을 진행하기 등과 같은 동일한 의사소통 절차가 적용된다.

우리가 제너럴리스트 모델을 적용하지만, ESDM 안에서 개별 원리(특정적인 치료)를 적용해야 할 장애 프로파일을 가진 아동들도 있다. 이것은 초기 3~6개월의 집중적인 치료 후 다른 영역에서는 진전을 보이지만 자음 소리와 음절 모방을 하지 못하는 아동에게 해당한다. 우리는 이 경우 보통 1시간의 언어병리학자가 진행하는 PROMPT 접근식의 언어치료 회기를 추가한다(주: 워싱턴대학교에서 진행한 집중적인 가정 기반의 치료에 이렇게 추가 치료를 했을 경우 90%의 아동이 2년 안에 의미 있는 발화를 하게 되었음). 또한 아동이 발화뿐만 아니라 식이에도 영향을 주는 구강-운동 문제가 있는 경우에도 언어병리학으로부터의 타 학제의 치료를 적용한다.

때때로 작업치료의 도움이 필요하기도 한데, 특히 아동이 근긴장이나 다른 운동 기능에 심각한 문제가 있을 때, 앉기나 다른 자세의 조절, 자세 조정과 유지, 긴장

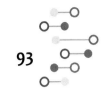

상태를 정상화시키는 데 명확한 도움이 필요한 경우 등이 이에 해당한다. 이런 경우 추가적인 개별 치료가 필요하며, ESDM 개입 계획은 그대로 진행하고, 전문치료사가 다른 팀 구성원에게 자문을 제공하며, 그들의 치료 회기에 참여하여 아동에게 필요한 치료 기법이나 조절 방법을 교육한다.

아동을 ESDM 이외의 전문가에게 의뢰하는 것보다 이런 추가적인 치료 시간을 제공하는 것은 ESDM 전문가 스태프에게 매우 도움이 되는데, 이는 ESDM 스태프가 공통된 접근방법과 목표를 사용하며, ESDM 전문가들이 추가적인 치료 기법을 다른 ESDM 스태프 구성원(예: 준전문가들)의 치료 시간에 전달할 수 있기 때문이다. 하지만 아동이 ESDM 스태프가 제공할 수 없는 추가적인 건강 관련 개입을 필요로 할 경우에는 적절한 곳으로 의뢰를 해야 하고, 양방향의 의사소통과 정보 교류가 진행되어야 한다.

팀원들 간의 의사소통 발전시키기

팀의 모든 구성원과 그들의 다양한 역할을 살펴보았을 때, 아동 및 가족에 대해 일정 책임 영역을 갖고 있는 각 구성원이 아동의 진도 상황과 치료 구조에 직접적인 조언을 주기 위해서는 의사소통 시스템과 절차가 철저하게 계획되어야 할 필요가 있다. 원활한 의사소통을 보장하기 위한 2가지 중요한 방법은 이 장의 앞부분에서 기술했던 치료 노트 그리고 팀 미팅이다.

아동의 치료 노트는 다양한 사람이 아동의 치료를 진행할 때 가장 주된 의사소통 수단이 된다. 각 구성원은 다음 사람을 위해 그들의 일일 데이터 기록지와 경과 노트를 남겨 놓음으로써 아동의 목표가 아동이 치료 회기 동안에 모두 다루어지도록 하고 특별한 변경 사항이나 다른 예외적인 상황을 모두가 알 수 있도록 한다. 이것은 또한 아동의 프로그램에서 보다 어려운 부분을 팀 전체가 최대한으로 교육할 수 있도록 조정해 주는 역할을 한다. 치료 노트는 주별로 팀 리더가 감독하고 검토하여, 돌아오는 주 동안의 아동의 프로그램을 업데이트한다.

일주일에 한 번, 2주에 한 번 진행하는 팀 미팅 또는 준전문가들이 참여하는 그룹 슈퍼비전은 다양한 구성원이 진행하는 치료의 일관성을 유지하는 데 필수적이며, 가족 구성원과의 어려운 상황이나 피할 수 없는 윤리적 딜레마를 다루기 위한 논의를 할 수 있다. 팀 리더는 이 회의를 이끌어야 하며, 가정에서 일어나는 일을 임상적인 관점에서 슈퍼비전하기 위해 임상심리학자 또한 참여할 수 있다. 이 미팅은 현장, 센터에서 하거나 전화회의로 진행할 수 있는데, 이것은 아동의 수행을 최적으로 끌어올리기 위함이다.

어떤 세팅에서는 한 명의 팀 리더와 함께 특정 수의 아동과 가족을 맡은 여러 명의 준전문가들로 팀이 구성되며, 그들이 모든 케이스를 한 번에 공유하며 리뷰가 이루어진다. 이런 상황에서는 팀 리더와 준전문가들이 케이스 리뷰 날짜를 잡고, 다른 팀 구성원들이 아동에 대한 자신의 이론적 조언을 하기 위해 참여할 수 있다. 그룹 치료에 참여하는 아동의 경우, 여러 명의 아이들이 다른 팀에 의해 한 꺼번에 리뷰를 받을 수 있다. 팀이 팀 리더와 준전문가로 보다 유연하게 구성되는 경우, 특정 아동에 대한 전화 회의가 보다 효율적인 방법이 되며, 현장에 나가 있는 사람들이 통화에 참여할 수 있다. 특별한 이슈가 없을 때에는 일주일 또는 2주일에 한 번 한 아동에 대해 리뷰하고 다음 프로그램을 업데이트하는 데에 15~20분 정도면 충분하다.

또한 치료팀 전문가들의 전체 미팅이 정기적으로 진행되어 팀 구성원들이 아동의 수행의 경과나 우려 사항을 업데이트하고 이에 대한 자문을 받도록 해야 한다. 분기별 평가 시점에 맞춰 분기당 한 번 각 아동에 대한 경과 리뷰 미팅을 진행하는 것은 아동의 프로그램에 지속적으로 다학제적인 조언을 제공할 수 있다.

🖤 스태프 훈련

ESDM 교수충실도 평가 시스템(ESDM Teaching Fidelity Rating System, 〈부록 B〉 참고)은 ESDM의 중심이 되는 교수방법에 대한 치료사의 완수 수준을 평가하기 위해 개발되었다. 충실도 평가 척도는 특정 놀이 활동에서 사용된 각 주요 치료 시행의 질을 평가한다. 각 치료 시행은 매우 능숙하지 못함에 해당하는 1점에서 최적화된 치료 예시에 해당하는 5점까지 총 5점 리커트 척도로 측정한다. 우리는 ESDM 치료 시행 능력을 ① 각 놀이 활동에서 가능한 점수의 85% 이상을 성취하고, ② 각 시행에서 4~5점의 일관적인 점수를 나타내고, ③ 3점 이하의 점수가 없는 것으로 정의한다.

전문가들 및 준전문가들이 ESDM에서 사용하는 기술들을 완수하기 위해서는 경험 많은 전문가와 함께 하는 훈련, 강의와 견습이 모두 필요하다. 훈련이 종료되면 각 전문가 스태프 멤버는 커리큘럼 체크리스트 전체를 사용하여 목표를 세우고, 과제를 분석하고, 치료실을 세팅하고 데이터 시스템을 사용하면서 80~85%의 충실도로 치료 회기를 진행하는 능력을 보여 주어야 한다. 이것이 가능할 때 그들은 충분히 이 모델에 대해 훈련을 받은 것이며, 풍부한 지식을 기반으로 다른 사람들을 슈퍼비전할 수 있다.

팀 리더는 평가와 치료 설계 절차에 대한 보다 상세한 내용—커리큘럼 사용하기, 목표를 분석하고 세우기, 데이터와 프로그램 기록지를 사용하고 만들기, 경과를 감독하고 업데이트하기, 최상의 치료 진행을 보장하기 위해 준전문가들과 작업하기 등—을 습득하기 위해 추가적인 훈련을 받아야 한다. 이런 것들은 경험 많은 팀 리더와의 견습을 통해 진행된다.

ESDM을 배우고 싶은 사람들에게 충실도 평가 시스템은 자신의 기술과 더 향상시킬 필요가 있는 영역을 파악하는 데 좋은 방법이다. 치료 시행이 간단해 보일지라도 어린 ASD 아동과의 작업 경험이 있는 교사 및 치료사조차 앞에서 다룬 각 교육기법을 완수하지 못하여 자동적이고 똑같은 기술만을 사용하는 경우도 있다.

자신의 교육 기술을 평가하고 비일관적이거나 정확하지 않은 교육 행동을 파악하는 것은 매우 도움이 된다. 우리는 교육 장면을 비디오로 촬영하고 이후 비디오를 보며 ESDM 교수충실도 평가 시스템을 이용하여 교육에서 나타나는 부정확한 부분을 찾아보기를 권고한다. 교육에서의 문제가 보이면, 비디오를 잠시 멈추고 어떤 것을 하고자 했었는지 생각해 본다. 앞에서 나온 목표로 하는 개념에 초점을 두고 문제를 분석하라. 교육이 보다 최상으로 실행되는 모습을 상상해 본다. 다음 치료 시간에 어려움이 발생하면, 이것을 적용해 본다. 다른 팀 구성원이나 동료와

도 이 과정을 함께 진행해 보고, 서로의 동영상이나 치료 회기를 보면서 충실도 평
가 도구를 사용해서 교육 내용을 평가해 본다. 시간이 지날수록 당신의 ESDM 시
행 능력에 상당한 발전이 있을 것이다.

다음은 교육 상황에서 매우 흔히 발생하는 문제점들이다.

1. 선행사건이 불분명하다.
2. 강화물이 즉각적이고 충분하게 제시되지 않는다.
3. 목표행동이 아닌 다른 행동(선행사건이 되는 행동이나 부적절한 행동)이 강화되
   었다.
4. 강화물이 강화가 될 만한 가치나 힘이 부족하다.
5. 적절한 행동이 강화되지 못하였다.
6. 기술의 최소 수준에서 점차 성숙하고, 독립적이고, 자발적인 수준의 형태로
   조형되어 가지 못하였다.
7. 강화 계획이 체계적으로 감소되거나 내적 강화로 전환되지 못하였다.
8. 완수된 기술에 너무 많은 시간을 보내고, 새로운 기술에 너무 적은 시간을 들
   였다.
9. 새로운 기술에 너무 많은 시간을 보내어, 아동의 집중 및 동기에 문제가 발생
   하였다.
10. 촉구가 빠르게 제거되지 않아 아동이 촉구에 의존하게 되거나, 촉구가 선행
    사건과 혼동되었다.
11. 연속되는 행동을 교육할 때, 아동에게 모든 단계를 가르치지 않았다.
12. 언어가 필요하지 않은 행동 연쇄(옷 입기, 손 씻기)에서 각 행동이 다음 단계
    의 행동의 선행사건이 되도록 교육하기보다는 언어적 선행자극이나 다른
    사회적 행동을 단계 사이를 연결하는 지시로 사용하였다.
13. 활동 내에서 교육 시도(A-B-C 체인)를 매우 적게 시행하였다. 치료사는 교
    육을 했다기보다는 아동을 즐겁게 하기 위한 활동만 진행한 셈이다.
14. 기술을 가르칠 때 매우 인위적이거나 엄격한 구조하에서 성인이 지시하는

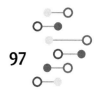

세팅을 사용함으로써 자연스러운 상황에서 일반화가 되지 않거나 자발적인 행동으로 발전하지 못하였다.

15. 데이터를 수집하지 않거나, 수집했더라도 다음 치료 회기를 위한 계획에 반영하지 않았다.

16. 치료사가 아동이 가지고 놀고 있는 것 또는 아동이 도구를 어떻게 사용하며 놀이하고 있는지에 집중하지 않아 교육 기회를 놓쳤다.

우리는 ESDM 모델을 교육하기 위해 서적, 논의, 동영상 그리고 직접 관찰 및 실습이 포함된 훈련 커리큘럼을 개발했다. 새로운 스태프 멤버가 참여하면, 그들은 여기에 나와 있는 것보다 훨씬 많은 인쇄물 또는 동영상으로 된 커리큘럼을 통해 모델을 배우게 된다. 교육은 매주 1.5시간 동안 진행되는 세미나, 내용에 대한 주간 사전, 사후 평가 그리고 경험이 많은 스태프 멤버와의 견습을 통해 이루어진다. 주별 훈련 주제는 다음을 포함한다.

- 윤리규정과 가족 역동
- 자폐증의 소개
- 정상 발달 영유아의 사회적 · 의사소통적 발달
- 인지, 모방, 놀이
- 운동과 적응행동, 자조기술
- 덴버 모델, 공동 활동 일과와 감각 활동이 포함된 사회적 상호작용 일과
- ABA 이론과 행동 문제
- 자연주의적 ABA와 PRT

훈련 기간에는 강의로 진행되는 커리큘럼뿐만 아니라 관찰, 슈퍼비전하에서의 교육 진행 등 가장 경험이 많고 능력이 있는 스태프와의 실습 활동을 한다. 새로운 스태프 멤버는 가장 경험 많은 스태프 멤버와 치료 회기에 동행하고 팀 리더가 진행하는 치료 회기도 관찰한다. 이런 실습 경험을 통해 새로운 스태프 멤버들은

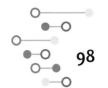

ASD 아동과 작업하는 ESDM 방법을 배워간다.

새로운 사람이 슈퍼비전을 받으며 아동을 치료하기 시작하면 팀 리더는 교수충실도 평가 시스템을 이용한다. 초보 치료사는 2~3번 연속 회기에서 이 척도에서 평균 80~85%의 점수를 받은 이후에 독립적으로 아동과 ESDM을 진행할 수 있다. 또한 스태프 멤버들은 치료 회기에서 아동의 데이터를 수집할 때 적어도 3회의 훈련 검증 시간에 팀 리더와 80% 이상의 신뢰도를 얻어야만 한다.

ASD 영유아에 대한 교육 경험이 있는 사람들에게 이런 훈련은 보통 4~6주가 걸린다(주: 인쇄물 또는 동영상 교재가 포함된 훈련의 전체 수업계획서는 저자에게 복제 및 배송에 대한 비용을 지불하고 이용할 수 있다.).

 ## 가족과 협력하기

ESDM의 첫 번째 목표는 아동이 보다 사회적으로 관계를 맺는 것인데, 이는 치료사에게만 국한된 것이 아니라, 특히 가족 구성원이나 중요한 타인과 이루어지도록 하는 것이다. 그런 능력을 촉진하기 위해서는 부모를 치료 시행에 참여시키는 것이 가장 좋다. 하지만 이러한 가정들은 ASD를 가진 가족 구성원이 있다는 공통점을 가질 뿐, 다른 모든 특성은 지역사회에서 무선적으로 선택된 가족 수만큼이나 서로 차이가 있다. ESDM 치료를 시작한 각 가족과 협력하는 방법을 찾기 위해서는 가족과의 대화, 훌륭한 경청 기술, 문화적 인식, 유연성, 창의성 그리고 스태프의 자기인식이 요구된다. 가족들 사이의 문화적 차이에 대한 민감성은 견고한 협력관계를 구축하고 그들의 문화적 생활과 가치를 인식하고 존중하는 치료적 접근을 설계하는 데 매우 중요하다(Lynch & Hanson, 1992). 대상 가정과 치료사 자신의 문화적 차이가 클수록 가족의 강점과 요구를 파악하는 데 어려움이 있다. 하지만 개별 치료에서처럼 치료사와 부모 사이의 관계의 질은 치료의 성공을 결정하는 중요한 요인이다(Zeanah & McDonough, 1989). 부모는 치료사로부터 부모로서의 그들 자신과 그들의 자녀와의 관계에 대해 무조건적인 긍정적인 배려를 느껴야 하는데, 이는 치료사를 신뢰하고 치료에 전념하기 위함이다. 이는 12주 목표에 부모 목표가 포함되어 있는 이유이며 아동이 배워야 하는 것을 결정하는 데 있어 가족의 생각과 목표, 가족이 가진 권리의 중요성을 반영하는 것이다.

🩶 자폐증이 가족에게 주는 영향

ASD 영아가 있는 가족은 치료를 시작하면서 스트레스를 받게 되는데, 이는 시간이 갈수록 증가한다(Dale, Johoda, & Knott, 2006). 다른 발달장애에 비해 ASD는 가족에게 더 큰 스트레스를 준다(Schieve, Blumberg, Rice, Visser, & Boyle, 2007). 매우 느리고 일관적이지 않은 진단 과정, 아동이 보여 주는 일정하지 않고 비정상적인 발달 경과, 점차적인 희망의 감소 및 회의주의, 아동의 비일관성을 능력의 문제가 아닌 거부로 해석하는 것, 아동과의 의사소통 및 정서 공유 부족, 아동의 정상적인 외모와 비전형적인 행동 사이의 괴리, 공공장소에서 그들을 당황하게 만드는 아동의 행동, 부모의 정신건강 문제 증가, 부모가 관계를 유지해야 하는 전문가의 수, 끊임없이 새로 나오고 유행을 타는 치료법의 공세, 다른 치료를 받는 다른 부모로부터의 압박 등이 스트레스를 준다(Marcus, Kunce, & Schopler, 2005).

ASD와 관련된 부정적인 예후와 높은 공격성 및 자해행동과 같은 대중적인 선입견은 가족이 자녀의 미래를 더 걱정하도록 만든다. 수십만 달러의 치료비를 투자하고 회복된 아동에 대한 서적들은 그런 치료에 접근하거나 그럴 여유가 없는 부모에게 죄책감과 부적절감을 유발한다. ASD 아동에게 필요한 수많은 양육 시간 및 부모가 부부, 다른 자녀들, 자기 자신을 돌보는 데 사용하는 한정된 시간의 고갈은 부모에게 죄책감과 부담감을 야기한다. 아동의 식사 거부, 수면 문제, 자조 기술의 부족은 부모에게 양육과 관련하여 보다 많은 일과 부담을 준다. ASD 아동의 다른 가족들 또한 자녀에게 도움이 될 것 같아 보이는 어떤 치료라도 시도해 보라며 가족을 격려하면서 죄책감을 더해 주는데, 이들은 부모가 모든 치료를 시도하지 않으면 그들이 자녀의 치료나 개선에 대한 희망을 부인하는 것이라는 무언의 압박을 주기도 한다.

　Seligman과 Darling(1997)에 따르면, ASD 아동이 있는 가정에서는 아버지에 비해 어머니가 더 많은 영향을 받으며, 부부 사이의 애정 또한 약화될 수 있다. 긍정적인 면으로는, Baron-Cohen과 Bolton(1994)의 연구에서 통계적으로, 장애가 없는 아동의 부모와 비교했을 때 ASD 자녀가 있는 부모의 별거나 이혼율이 높지 않다고 한 것을 들 수 있다. 하지만 조기개입은 많은 가족의 구조에 영향을 미칠 수 있으며, 부모 중 한쪽 또는 양쪽 모두가 ASD 아동에게 매우 얽매이게 된다(부모는 그들의 부부 및 다른 자녀와의 관계에 도움을 받을 필요가 있다.). ASD 아동의 가족은 다른 장애나 만성적인 건강 문제가 있는 자녀를 둔 가족에 비해 가족 기능에서 보다 큰 어려움이 있다고 보고하였다. ASD 자녀가 있는 가족은 부모가 가정 내에서 보살핌을 더 많이 주어야 하는 다른 질병에 비해 가족 수입에서의 손실이 더 크다(Montes & Halterman, 2008). 또한 가족의 야외 활동이 보다 제한되고, 가족 지원망이 더 적다(Higgins, Bailey & Pierce, 2005). ASD 자녀를 둔 가정은 다른 장애를 가진 가족이 사회적 지원이나 문제 해결과 관련하여 훨씬 많은 대처 전략을 사용하는 데 반해 스트레스가 되는 부분에 대해 거리를 두거나 회피하는 식의 대처 전략을 더 많이 사용한다(Sivberg, 2002).

　가정 내 ASD 아동이 있을 경우 형제와 자매들 또한 영향을 받게 되는데, 부모처럼 그들의 발달 과정상에 긍정적인 측면과 부정적인 측면이 모두 존재한다. 경우에 따라서, ASD 형제나 자매가 있으면 아동의 심리사회적 및 정서적인 발달을 증진시킬 수 있다. 형제·자매가 스스로의 지능, 학업, 성격을 평가했을 때 자기 개념이 높게 나타났다(Macks & Reeve, 2007)는 것은 ASD 형제나 자매와의 비교 결과이기도 하지만, 보다 높은 성숙도를 반영한 것이기도 하다(Gray, 1998). 흥미롭게도 연구에 참여한 부모는 형제·자매에 대해 이런 긍정적인 관점을 가지지 않았고, 형제·자매의 적응 수준을 비장애 형제·자매의 부모들에 비해 부정적으로 평가했다. 무엇보다 ASD 자녀가 있는 가정의 형제·자매의 안녕감이 가정의 사회경제적 수준에 의해 영향을 받는다는 것이 중요하다. 형제 또는 자매가 ASD를 가진 경우 이것은 아이에게 스트레스 요소가 될 수 있으며(Macks & Reeve, 2007),

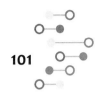

더 적은 수입, 더 낮은 부모의 학력 수준, 다른 가족 구성원과 관련된 스트레스와 같은 스트레스원이 축적되면 형제 · 자매들은 적응에 더 큰 어려움을 겪을 수 있다(Orsmond & Seltzer, 2007). 관계에 미치는 영향은 일생에 걸쳐 나타난다. ASD 형제 · 자매를 둔 성인이 된 형제 · 자매는 다운 증후군 형제 · 자매가 있는 집단보다 장애가 있는 형제 · 자매를 보살피는 데 덜 참여하고, 회의를 더 많이 느낀다고 보고되었다(Orsmond & Seltzer, 2007; Hodapp & Urbano, 2007).

치료가 가족에게 주는 영향

가족은 회복력이 있으며, ASD 진단과 개입에 대한 지속적인 부모 교육은 부모의 정신건강을 증진시키는 데 도움이 될 수 있다(Tonge et al., 2006). 부모를 자녀의 개입에 참여시키는 것은 참여하는 아동뿐만 아니라 부모에게도 긍정적인 영향을 준다. Marcus 등(2005)의 리뷰에 따르면, 개입에 참여하는 부모의 경우 자신감과 자기효능감을 더 높게 보고하며, 아동은 배운 내용을 더 오래 유지하고, 가정 내 다른 자녀들 또한 긍정적인 영향을 보인다. ESDM에서 가족에 초점을 두고 가족 참여를 강조하는 부분은 모든 가족 구성원에게 긍정적인 영향을 줄 것이라고 기대할 수 있다.

몇몇 이유로 아직은 충분한 이해가 부족하지만, 양질의 집중적인 조기개입을 받은 아동의 결과에 대한 연구는 매우 다양하게 나타난다(Sallow & Graupner, 2005). 어떤 연구는 취학 전 기간 동안 측정될 수 있는 뇌 발달상의 차이점이 자폐증 치료 결과의 변동성을 부분적으로 설명할 수 있음을 보여 주었다(Elder, Dawson, Toth, Fein, & Munson, 2007; Courchesne, Redcay, & Kennedy, 2004). 매우 빠르게 반응하며 향상되는 아동이 있는 반면 느린 속도로 꾸준히 진전을 보이는 아동도 있다. 어떤 아동은 부모나 전문가가 가능한 최선의 개입을 제공했음에도 매우 낮은 향상을 보이기도 한다. 그러므로 부모가 기대했던 것보다 아동이 느린 경과를 보인다고 해도 죄책감을 갖지 않는 것이 매우 중요하다. 중요한 것은 아동이 기대보다 느린 경과를 보인다고 하더라도 양질의 개입이 아동의 삶의 질과 발달에 있어 분명한 효과가 있음을 확신할 수 있다는 것이다(Eldevik & Gaarnder, 2006; Smith, Eikeseth, Klevstrand, & Lovaas, 1997). 조기의 집중적인 개입은 잠정적으로 ASD 아동 모두에게 향상된 결과를 가져온다. 예를 들면, 이전에는 자폐증의 많은 경우에 지적장애를 동반하고 50%의 아동만이 말을 배울 수 있었지만, 현재 우리는 ASD를 가진 많은 개인이 지적장애를 보이지 않으며 ASD를 가진 다수가 적어도 약간의 음성언어를 발달시킬 수 있었다는 것을 발견하였다(Chakrabarti & Fombonne, 2005).

가족 구조 이론(Family systems theory)의 개념은 가족의 기능을 이해하는 데 중요한 시각을 제공한다(Mashal, Feldman, & Sigal, 1989). 각 가족 구조는 가족 구성원들 사이의 정서적 균형 상태를 유지하려고 노력하기 때문에 부모와 ASD 자녀 사이의 행동의 본질과 기대를 변화시키는 것은 모든 가족 구성원에게 영향을 줄 수 있다. 가족 구조는 발생하는 변화로 인한 긍정적인 효과를 갖지 못하는 반응을 보일 수 있는데, 왜냐하면 이를 통해 가족의 균형이 흔들리고 다른 가족의 역할수행이나 강화에 대한 접근이 어려워지기 때문이다. 예를 들어, 만약 부모가 얼마 전부터 ASD 영아와 놀이, 식사, 목욕 등의 활동을 하며 매일 집중된 시간을 보내기 시작했다면, 부모가 다른 형제와 보내는 시간을 줄이지 않으려 애썼다고 하더라도 그들은 엄마 아빠가 ASD를 가진 동생에게 너무 많은 시간을 쓴다고 말할 것이다. 손위 자녀의 불만은 ASD 자녀가 이전보다 더 많은 관심(더 많은 가족 자원)을 받고 있다는 지각을 반영한다. 집중적인 치료 동안 부모와 자녀 사이에 만들어지는 밀집성은 다른 가족 구성원에게 소외감을 느끼게 할 수 있으며(예: 배우자, 형제, 자매 등), 가족 기능에 평생 동안 영향을 줄 수 있는 구조적 변화를 초래한다.

치료사들은 가족 구성원들이 개입이 진행되면서 발생할 수 있는 가족 구조의 변화와 ASD 자녀에 관한 역할과 기대가 바뀔 수 있음을 예측하거나 이를 인식할 수 있도록 도와줄 수 있다. 같은 맥락에서, 치료사들은 치료가 다양한 가족 구성원에게 미칠 영향을 고려할 필요가 있고, ASD 아동을 돕는 노력을 기울임으로써 각 구성원이 어떤 '이득'을 얻을 수 있다고 확신해야 한다(예: 그들의 기여에 의해 가족 놀이 또는 다른 활동 시간이 증가된다, 형제·자매들과 보다 즐거운 시간을 보내게 되거나 부모의 자유 시간이 조금이라도 생긴다.). 가족 구조에서 가족 구성원들의 행동적 변

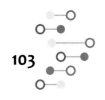

화를 이해하고 반영하는 것은 보다 넓은 관점에서 보았을 때 새로운 균형 상태가 나타나도록 돕는 것이다. 가족의 역동에 대해 임상적 훈련을 받은 ESDM 스태프 멤버는 다른 구성원들에게 ESDM 치료의 이런 측면에 대해 자문을 제공할 수 있다.

가족과 밀접하게 작업하는 치료사들은 각 가족이 아동에 대해 갖는 희망 및 꿈뿐만 아니라 스트레스원도 알고 있다. 이들은 각 가족이 자녀의 삶에 가져다줄 수 있는 강점을 인식할 수 있도록 도와주고, 부모의 죄책감을 일부 덜어 준다. 경제력, 교육 기술, 장난감 그리고 놀이를 위한 공간뿐만 아니라 가족이 1:1 상호작용을 위해 보낼 수 있는 시간은 강점이 될 수 있다. 또한 놀이와 모델링을 보여 줄 수 있는 형제·자매의 수, 다수의 지지적인 대가족, 부모의 상호적이고 창의적인 재능, 아동으로부터 느끼는 부모의 즐거움(또는 그 반대), 잘 성립되어 있는 가족의 일상 일과 또는 반대로, 느긋하고 허용적인 양육 스타일 그리고 부모가 현재의 순간에 초점을 맞추는 능력, 부모의 강한 신념, 부모의 강한 직업윤리 그리고 그들이 자녀와 가족에 대해 갖는 결의 등도 강점이다. 치료사들은 가족으로 하여금 그들이 자녀의 ASD를 유발한 것이 아니고, 그들이 자녀를 지속적으로 도와줄 수 있는 자원이라는 것을 마음속 깊이 받아들이도록 도와준다. 마지막으로, 치료사들은 가족의 사회적 지지원이 되며, 가족이 부모 그룹에서 다른 지지 체계를 찾을 수 있도록 도와준다. ASD 자녀를 둔 다른 부모와 연계를 갖도록 하며 가족 구성원이 지역사회 내에서 자녀를 성공적으로 양육하는 방법을 찾게 도와줄 수 있으며, 이를 통해 지역사회 활동에 보다 많이 참여할 수 있도록 할 수 있다. 이 모든 것은 가족의 지지망에 추가되며, 삶의 질과 안녕감을 증진시키고 스트레스를 감소시킨다.

🔹 자녀의 강력한 대변자로서의 부모

ASD 아동이 필요로 하는 부분은 많으나, 자원은 매우 한정적이며, 비용이 상당히 많이 든다. 실제로 ASD 아동이 필요한 부분을 모두 충족할 수 있는 서비스는 물론 기금 또한 충분하지 않다. 뿐만 아니라 많은 공공 시스템에서 각 아동이 필요한 부분을 이해하고 도움을 줄 수 있는 전문가도 충분하지 않다. 부모는 그들의

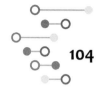

자녀에게 강력한 대변자가 될 수 있도록 교육을 받아 아동이 그에게 필요한 자원에 접근할 수 있도록 해 주어야 한다. 최대한으로 지지를 하기 위해서는,

1. 부모는 아동이 다양한 영역에서 필요한 부분이 있다는 것을 이해할 수 있도록 학습해야 한다.
2. 그들은 다양한 사람들에게 이런 필요한 부분을 설명할 수 있어야 한다.
3. 그들은 공공 또는 사립 보육 시스템을 이해하고 자녀에게 필요한 부분을 충족할 수 있는 곳이 어디인지를 알아야 한다.
4. 그들은 자녀의 법적인 권리와 상소의 경로를 이해해야 한다.
5. 마지막으로, 부모는 지역사회 및 국가에서 그들이 이용할 수 있는 다양한 종류의 서비스와 보육기관에 대해 정보에 근거한 현명한 의사결정을 해야 한다.

ESDM은 ESDM에 참여하는 가족이 대개 처음으로 경험하는 치료 시스템이기에, 가족 구성원들이 아동에게 일생에 걸친 좋은 대변자가 될 수 있도록 준비시킬 책임이 있다. 부모는 추후 오랜 기간 동안, 보통은 일생 동안 아동을 위해 팀 리더 역할을 해야 한다. 그러므로 ESDM에서는 부모와 팀 리더들 간의 협력관계를 통해 부모가 실제 보고 배울 수 있는 기회를 가질 수 있도록 한다. ESDM에서는 부모와의 동반자 관계, 협력, 책임감 공유를 강조하며, 부모가 대변자로서의 역할을 수행하는 데 필요한 요소를 배울 수 있도록 한다. ESDM 팀 리더는 권위를 내세우지 말아야 한다. 대신에 팀 리더와 부모 사이의 동반자 관계의 협력을 통해 부모가 가족-친화적인 접근에서 대변자 역할을 연습해 볼 수 있는 기회를 제공하며, 그들이 직면하게 될 다음 보육 시스템을 준비시킨다.

IFSP/IEP 미팅을 준비하기

개별화 교육 계획안(IEP) 미팅은 가족 구성원에게 매우 힘들고 어려운 과정일 수 있다. 하지만 ESDM 스태프 구성원은 부모가 미팅을 준비하고 절차에 일부 통제권과 소유권을 가지며, 그들의 대변자로서의 역할에 효능감을 느낄 수 있도록 도와야 한다. 부모의 IEP 절차를 위한 준비는 다음을 포함한다.

- IDEA에 기술되어 있는 요건 및 보장 내용에 대한 지식
- IEP 과정의 목적, 목표, 단계에 대한 이해
- 미팅 전 IEP 팀과의 사전 미팅
- 미팅 중 논의되어야 하는 평가 데이터의 수집과 이해(그리고 가능하다면 사전에 평가자로부터 결과 내용을 들어둘 것)
- 어떤 사람을 부모와 아동의 '팀'으로 구성할지에 대한 고려
- 연간 IEP 목표 설정에 참여할 수 있도록 아동을 위한 부모의 전체 목표 및 세부 목표에 대한 생각
- 아동의 강점, 욕구, 필요한 지원 사항, 조절할 부분에 대한 부모의 기술
- 최소한으로 제한적인 환경에 대한 개념
- 현재의 세팅이나 서비스가 아니라 아동에게 필요한 부분을 기반으로 한 의사 결정에 대한 개념

IEP 절차에 필요한 법규나 요건이 부모들에게 추천할 만큼 잘 설명되어 있는 좋은 책자들도 있다(Siegel, 2007). 어떤 부모들은 자녀의 강점, 필요한 부분, 성격 그리고 그들의 자녀에 대해 가진 목표에 관한 부모보고서를 작성하기를 원할 수도 있다. 어떤 부모들은 절차를 시각화할 수 있도록 IEP 절차를 역할극으로 해 보거나 각 절차를 함께 훑어봄으로써 도움을 받을 수 있다. 마지막으로, 부모들은 다음 치료팀을 위한 지속적인 경과 미팅을 수립하기 위한 절차로 IEP를 사용해야 하는데, 이를 통해 부모는 경과를 모니터하고 새로운 프로그램 스태프와 가까운 관계를 유지할 수 있는 형식을 갖출 수 있다.

보통 ESDM 팀 리더가 IFSP/IEP 미팅에 참여하며, 아동의 현재 커리큘럼 및 ESDM에서 담당하는 부분을 보고한다. ESDM 팀 리더가 할 수 있는 가장 중요한 부분은 미팅에서 부모의 적극적인 역할을 장려하고 아동에 대한 부모의 지지를 지원하는 것이다. 첫 번째 IEP 미팅은 다른 미팅들의 본보기가 되며, 부모는 평생

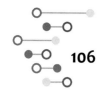

그런 미팅을 마주하게 될지 모른다. 이를 통해 부모 지지, 준비, 지식의 중요성, 아동의 교육적 권리 및 필요성에 대한 확실한 이해 그리고 아동이 필요로 하는 부분을 보장할 수 있는 지원의 안전망 등을 확보할 수 있다.

◈ 부모가 ESDM의 철학이나 절차에 불편함을 느낄 때

ESDM의 핵심이 되는 상호작용의 방식이 부자연스럽거나 부적절하다고 생각하는 부모도 있다. 그들은 보다 구조적이고 성인 주도의 지시적인 학습 환경이 자녀에게 더 효과적일 것이라고 생각한다. 이런 경우, 해당 가족을 전통적인 DTT와 같이 보다 성인 지시적인 접근법을 사용하는 다른 개입방법에 의뢰해야 한다. 아직 아동 중심적인 접근이 성인 지시적인 접근에 비해 전반적으로 보다 좋은 결과를 보였다는 비교 연구 결과는 없다. 각 방법에는 장단점이 있으므로, 경험적으로 뒷받침되는 개입방법 중 부모가 자신의 자녀와 가족들에게 보다 효과적이라고 믿는 방법을 선택하도록 격려해야 한다. 치료의 효과성에 대한 믿음은 치료 반응에서 매우 중요한 부분 중 하나다(Beecher, 1955).

ESDM 개입 종결을 향해 가기

시간이 지나면서 부모는 ESDM 개입의 과정과 절차에 대해 상당한 지식을 갖게 되고, 팀 리더와 부모 사이의 관계는 변한다. 부모는 그들이 작업하고 싶은 목표, 그들이 함께 일하고 싶은 스태프 멤버 그리고 도움이 된다고 생각하거나 그렇지 않은 활동 등을 결정하는 데 적극적으로 참여하게 된다. 이것은 부모가 자녀의 욕구·성향·교육 반응에 관해 전문성을 갖게 되었다는 증거이고, 그들이 미래의 치료 세팅을 지원할 준비가 되어 있다는 것을 보여 준다. 아동의 프로그램에 대해 많은 권위를 갖고 있었던 팀 리더와 스태프 멤버들에게 이것은 다소 불편하게 느

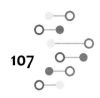

껴지는 일일 수 있으며, 스태프 멤버는 그들의 지식, 기술 또는 역할이 도전 받는다고 느낄 수도 있다. 하지만 이런 수준의 부모 참여는 다른 세팅에서 아동에게 좋은 방향으로 작용할 것이다. 만약 부모가 스태프 멤버를 하찮게 여기고, 불만을 표현하거나 공유할 수 있는 것 이상의 통제를 요구한다면(스태프 배정 등), 이 문제는 갈등의 본질을 파악하고 가장 좋은 해결책을 찾기 위해 반드시 다루어져야 한다. 또한 임상적 슈퍼비전은 스태프 멤버들과 가족이 필요한 대화를 하는 데 도움이 될 수 있다.

아동과 가족이 현재의 개입방법에서 얻을 수 있는 것을 모두 얻게 되는 시점이 바로 변화의 시점이다. 부모로부터의 지속적인 도전은 종결의 시간이 왔다는 신호가 될 수 있다. 또한 아동이 유치원에 가야 하는 나이가 되거나 아동이 더 이상 진전을 보이지 않아 개입으로부터 더 이상 이득을 얻지 못하는 것도 프로그램 종결이 필요하다는 다른 신호가 된다. ESDM에서 하는 다른 결정과 마찬가지로, 종결 결정은 팀에서 내리는데, 여기에는 부모가 포함된다. 부모는 스태프와의 관계나 그동안 제공받아 온 서비스를 잃는다는 것 때문에 종결에 대해 불안을 느낄 수 있다. 그들은 아이가 지금까지 잘해 왔고, 앞으로 발달이 지속되지 않을 것에 대한 걱정으로 인해 종결을 원하지 않을 수도 있다. 또는 아동이 지금까지 수행이 좋지 않아 종결할 경우 앞으로 더 나빠질지 모른다고 느낄 수도 있다. 종결을 앞두고 충분한 시간을 갖는 것은 부모와 아동이 새로운 스태프 멤버를 구하는 데 도움을 주고, 새로운 세팅에 충분히 정보를 인계해 줌으로써 지금까지 배워 온 내용이 잘 이어질 수 있도록 주며, 아이가 현재 갖고 있는 기술들이 지속적으로 발달할 수 있도록 도와준다.

스태프는 치료가 아동에게 도움이 된다고 생각하더라도 부모가 종결을 원할 수 있는데, 이것은 주변에 부정적인 영향을 준다. 부모가 제시하는 이유를 주의 깊게 듣고 그들이 생각하는 치료의 목표를 고려하는 것은 매우 중요하다. 이것은 부모가 그들의 자녀와 아동이 양육되는 방식의 전문가이기 때문이다. 스태프 멤버들은 예상하지 못한 종결에 의한 부정적인 감정을 다루기 위해 도움이 필요할지도 모른다. 왜냐하면 스태프 멤버들은 이미 아동과 깊은 애착관계를 형성했을 것이고, 그만두겠다는 부모의 결정이 그들에게는 상실감뿐만 아니라 거절·실패로 느껴질 수도 있기 때문이다. 임상적인 슈퍼비전은 이런 기분을 다루어 줌으로써 부모로 인해 종결할 때 관계가 무너지지 않도록 도와준다.

종결 준비는 프로그램의 준비, IEP 미팅, 종결 계획, 종결 활동 그리고 새 스태프 멤버와의 연계 등 실용적인 준비 과정을 포함한다. 부모가 아동이 ESDM 세팅에서 배운 모든 것을 기억하도록 함으로써 아동이 다음 세팅으로 전환할 준비가 되어 있음을 알도록 하는 것이 도움이 될 수 있다. 아동의 발달적 성과는 바람직한 양육을 반영하며, 아동의 발달적 준비도는 부모의 성취로 여겨진다. 아동이 더 큰 독립성이 요구되는 일생의 단계로 전환을 하는 것을 지켜보는 것은 대부분의 부모에게 괴로우면서도 즐거운 경험이 되는데, ASD 자녀를 둔 부모에게는 이런 부모 반응이 정상이라는 것을 강조하는 것이 좋다. 부모는 종결을 매우 불안해하고, 지원과 전문성을 잃는다는 것을 크게 염려할지도 모른다. 따라서 그들에게 지원 체계가 필요할 때 지속적으로 이용이 가능함을 알게 해 주는 것이 도움이 된다. 만약 부모가 ESDM 스태프 외에 도움을 받을 수 있는 사람이 없다면, 종결 후에도 다른 지역의 스태프가 아동과 가족을 지원할 수 있다. 만약 부모가 지역사회 가족 지원 프로그램이나 지지 그룹에 속해 있지 않다면, 참여를 격려하여 종결 후에도 지속할 수 있는 관계를 만들도록 한다. ESDM 스태프가 종결 후 일정 기간 동안 아동과 부모에게 컨설턴트로서 지속적으로 도움을 주고, 이를 통해 새로운 세팅을 도와줄 뿐만 아니라 초기 종결 기간 동안 지원을 받을 수 있다고 알려 부모를 안심시켜 주는 것이 좋다.

 ## 결론

ESDM에서는 개입 모델에 다학제직 전문가 집단을 포함하는데, 이는 다양한 영역, 즉 운동 기능·감각 기능·의사소통 발달·지적 발달 및 학습 장애·행동 기능·건강 관련 문제·가족 구성원에게 미치는 영향 등이 ASD와 연관되어 있기 때문이다. 다학제적 팀은 다른 분야의 전문가에게 다학제적 훈련을 제공할 수 있으며, ASD와 함께 다른 특정 문제를 갖고 있는 아동에게 다학제적 전문가의 도움을 제공할 수 있다. 다학제적 팀에서 지지하는 제너럴리스트 모델을 사용하는 것은 여러 영역에서 필요로 하는 아동 치료에 통합된 접근을 할 수 있고, 가족에게 단일화된 의사소통 창구를 제공하며, 한 명의 전문가가 개별 아동과 가족의 필요와 성장에 대해 큰 그림을 가질 수 있게 한다. 이것은 ASD 영유아와 가족에게 전문적인 도움을 줄 수 있는 경제적이고 효율적인 접근방법이다. 하지만 ESDM의 이런 측면의 잠재력을 실현하기 위해서는 팀 내 상당한 학제 간의 훈련과 학제 간 '역할 이양(Role release)'이 필요하다. 이것이 적절히 실행되었을 경우, 이것은 스태프 멤버들과 가족들이 좋아할 만한 즐거운 환경, 다른 팀 멤버들로부터의 지속적인 교육을 받을 수 있는 환경 그리고 신체적·감정적으로 부담이 생겼을 때 팀의 결속과 응집성을 조성하는 상호 간의 공유와 지원을 창출한다.

부모와 가족은 다학제적 팀에서 중심 구성원이다. ESDM에서 아동과 함께하는 작업은 가족 시스템 내에서 이루어진다. 성공 여부는 부모-자녀의 관계, 아동의 성취와 ESDM 서비스에 대한 부모의 만족도, 부모와 ESDM 스태프 간의 협력관계, 부모의 아동에 대한 욕구, 서비스 구조에 대한 지식 그리고 부모의 옹호(advocacy) 기술에 따라 달라진다. ESDM의 직접적인 서비스를 종결하는 것은 스태프, 부모, 아동에 의해 성취된 모든 것을 축하하는 과정이 되어야 하며, 아동의 발달 과정상 다음 단계에 대한 사려 깊은 계획과 함께 긍정적으로 여겨질 수 있다.

다음 장부터는 ESDM을 이용하여 아동을 어떻게 교육할지에 대한 보다 자세한 논의를 시작한다. 절차는 단기 교육 목표를 세우는 것부터 시작한다.

제**4**장

단기 학습 목표
세우기

ESDM의 개입 과정에서 가장 중요한 부분 중 하나는 아동의 단기(12주) 학습 목표를 세우는 것이다. 목표는 여행자를 안내하는 지도처럼 모든 교육과정을 아우르면서 개입을 이끈다. ASD 영유아에게는 가르쳐야 하는 것이 매우 많기 때문에 놀이 기반의 치료 회기 동안 교육의 목표 방향을 잃기가 쉽다. 목표는 치료사가 초보자든 경력자든 특정 기술과 행동에 초점을 맞출 수 있도록 도와줌으로써 아동에게 목표가 되는 행동을 습득할 수 있는 충분한 학습 기회를 제공한다.

단기 목표를 구성하는 작업은 ESDM 커리큘럼 체크리스트(〈부록 A〉)를 이용하여 아동의 현재 기술 수준을 평가하는 것에서부터 시작한다. 이후 각각의 발달 영역과 관련된 2~3개의 목표 기술을 설정하고, 12주 이상 교육을 진행한다. 각 기술은 선행사건(변별자극), 행동 반응, 일반화된 숙달-수준 범주에 기준하여 측정 가능한 학습 목표로 표현한다. 이 장에서는 평가와 측정 가능한 형태의 12주 목표를 세우는 과정에 대해 설명한다.

ESDM 커리큘럼 체크리스트를 이용한 평가

ESDM 커리큘럼 체크리스트는 수용 언어, 표현 언어, 사회기술, 놀이 기술, 인지 기술, 소근육 운동, 대근육 운동 그리고 적응 행동 기술 등 다양한 발달 영역에 포

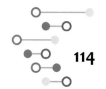

함되는 기술의 발달 순서의 기준을 참조할 수 있는 도구다. 체크리스트는 4단계의 레벨로 구성되어 있는데, 각각은 대략 12~18개월, 18~24개월, 24~36개월, 36~48개월에 해당한다. 커리큘럼 체크리스트는 ASD 영유아를 위해 특별히 개발되었고, 그들의 전형적인 발달 프로파일을 반영하므로 여기에는 동일 연령대의 다른 아동들에 비해 상대적으로 높은 수준의 시각 운동 기술과 상대적으로 낮은 수준의 사회적 · 의사소통적 기술 수준이 포함된다. 따라서 비교 시점에서의 전형적인 발달 기준을 사용하였을 때 각각의 레벨에서 의사소통 및 사회적 항목은 소근육 · 대근육 운동 목록에 비해 더 미성숙한 형태다. 각 영역의 기술들은 아동의 정상 발달에 관한 광범위한 문헌 리뷰를 통해 구성하였다. 특정 레벨에 배치되어 있는 목록들은 정상 발달 관련 연구와 25년 이상 수백 명의 ASD 영유아와 작업해 온 여러 ESDM 전문가 다학제적 팀의 임상적 경험을 반영한 것이다.

🍂 평가자

커리큘럼 체크리스트는 조기개입 전문가가 실시하도록 개발하였다. 이것은 팀의 구성이나 개입 프로그램에 따라 여러 다른 형식으로 실시될 수 있지만 다양한 영역에서 다학제적인 지식을 갖추고 있고 검사 실시 및 채점에 대해 훈련받은 한 명의 조기개입 전문가가 시행한다. 이런 평가 형식은 ESDM이 유일한 치료 원칙이거나 제너럴리스트 모델을 사용하는 집중적인 1:1 치료 세팅일 때 사용되며, 팀의 리더가 체크리스트를 실시한다. 만약 한 가지 치료적 접근을 사용하는 치료사가 이것을 사용할 때에는 자신의 지식 기반 이외의 다른 치료적 원리에 대해 훈련을 받아야 한다. 다학제적 팀을 갖추고 있는 그룹 프로그램일 경우, 각 영역은 가장 관련 있는 기술을 가진 이론가가 실시를 하는 방식으로 여러 명의 전문가 구성원이 시행할 수 있다.

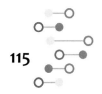

🍂 평가 실시

다양한 범주의 기술을 포함하는 다른 평가 도구들과 마찬가지로, 평가의 목적은 도구 전체의 시행이 아니라 아동의 현재 능력 수준을 평가하는 것이다. 평가가 끝난 후 평가자는 가장 익숙하게 사용하는 기술, 최근 습득하고 있는 기술, 아직 아동의 레퍼토리 안에 없는 기술을 정의하며 각 영역에서의 아동이 가진 기술을 파악한다. 대부분 아동의 경우 기술들이 각 영역의 네 단계 레벨 중 하나에 집중할 것이다. 하지만 할 수 있는 기술들이 특정 레벨의 앞쪽 목록에 모여 있을 경우, 이전 레벨의 마지막 항목을 할 수 있는지 검토하여 아동이 혹시 이전 레벨에서 중요한 항목을 수행하지 못하는 게 아닌지 파악해야 한다. 마찬가지로, 만약 아동이 어떤 레벨의 대부분의 항목을 수행하고 몇몇 항목만을 실패한다면, 특정 시점의 아동의 실제 수행 수준에 대한 타당한 정보를 파악하기 위해 다음 레벨로 이동하여 적어도 앞쪽 절반의 항목 정도는 평가를 해 본다. 다른 발달 검사들처럼 평가의 목적은 아동의 기저 및 천정 수준을 결정하고, 특히 각 영역에서 통과와 실패 사이의 범위를 파악하는 것이다. 이것은 교육의 목표가 되는 영역이 된다.

커리큘럼 체크리스트는 개입이 진행되는 것과 같은 방식, 즉 공동 활동의 틀 안에서 놀이 기반의 상호작용 양식으로 실시한다. 놀이 활동은 한 가지 활동에서도 다양한 영역을 평가할 수 있게 해 주는데, 이것은 성인과 아동이 함께하는 장난감을 이용한 상호작용 대부분에서 운동 기술, 인지 기술, 의사소통 기술 그리고 사회 기술이 필요하기 때문이다. 놀이 기반의 평가는 또한 영유아의 전형적인 사회적 상호작용 속에서 나타나는 사회적·의사소통적 요소를 평가할 수 있다. 평가자는 목록을 평가할 수 있는 교구들이 포함된 놀이 활동을 조직화하면서 아동과 함께하는 놀이 활동을 개발한다. 평가자는 아동의 흥미를 끄는 놀이 활동에 아동이 참여할 수 있도록 하고, 자연스러운 종료 시점이나 더 이상 새로운 행동이 발생하지 않는 시점까지 활동을 진행하며, 그 후 잠시 멈추고 커리큘럼 체크리스트 항목 중 관찰된 내용 및 시도는 했으나 발생하지 않은 내용을 기록한다. 평가자는 그 후 다른 놀이 활동을 시작하고 이전과 같은 과정을 실시한다. 각각의 놀이 활동이 끝난 후에는 잠시 멈추어 기록을 하고, 추가로 평가가 필요한 항목을 확인한다. 그러고 나서 평가자는 남아 있는 행동 목록을 끌어낼 수 있는 사물이나 놀이 활동을 선택한다. 평가 중 관찰이 어려운 항목에 대해서는 부모와 인터뷰를 진행한다. 혹시 다른 치료사가 수집한 정보가 있다면, 그것 또한 포함한다. 기록지에는 각 정보원(관찰자, 부모님 보고, 기타/선생님 보고)을 위한 난이 있다. 부모는 평가 내내 함께 하며, 부모가 참여하는 정도는 평가자가 결정한다.

커리큘럼 체크리스트는 일반적으로 1~1.5시간의 하나의 놀이 회기 안에서 진행한다. 가장 좋은 세팅은 치료실 내에 작은 테이블과 의자, 빈백, 마루 놀이 영역, 부모를 위한 편안한 의자 그리고 커리큘럼 체크리스트에 있는 기술들을 이끌어 내는 데 필요한 도구를 갖추어 두는 것이다. 필요한 도구 목록은 커리큘럼 체크리스트의 앞부분에 제시되어 있다. 평가 시 필요 없는 사물을 치료실 밖으로 치우면 아동의 주의가 다른 사물에 분산되고 시간이 낭비되는 것을 막을 수 있다. 평가 과정 녹화가 필수는 아니지만, 추후 참고할 수 있는 정보가 되고 치료의 시작 시점을 기록해 놓을 수 있다는 점에서 유용하다.

채점

P(Pass, 통과) 또는 +(일관적인 수행 또는 통달한 수준), P/F(Pass-Fail, 통과-실패) 또는 ±(비일관적인 수행), F(Fail, 실패) 또는 -(행동이 관찰되지 않았거나 이끌어 내기 어려울 때)의 3가지 채점 관례가 체크리스트에서 사용된다.

커리큘럼 체크리스트 항목 설명에는 해당 항목을 통과하기 위해서 어떤 수준의 반응이 필요한가를 기술해 놓았다. 평가자는 부모 보고와 직접 관찰을 통한 평가 점수를 해당 칸에 기록하며, 팀 내 다른 구성원이 제공한 정보가 있다면 함께 기록한다. 통과 및 실패한 항목에 대해서는 아동이 그 행동을 가정 그리고/또는 다른 세팅에서도 하는지, 얼마나 일관적으로 하는지 파악할 필요가 있다. 자조기술과 같이 평가 상황에서 관찰하기 어려운 행동의 경우에는 부모로부터 정보를 얻는다. 평가가 완료된 후 평가자는 정보를 모두 통합하고 최종 채점을 하여, 통과

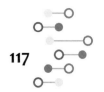

와 실패가 모두 있는 특정 레벨 내의 각 항목에 대한 아동의 숙달 수준을 표시한다(주: 숙달된 또는 통과된 것으로 간주되는 항목은 교육 목표로 삼지 않는다.). 따라서 아동 수행의 최대치로 평가를 하지 않는 것이 매우 중요하다. '통과'는 항목 설명에서 기술된 대로 일관되고 확실하게 나타나며 다양한 세팅, 사람, 사물에 대해 적절히 일반화된 기술에만 사용한다. 평가자가 아동의 기술 레퍼토리에 대해 파악하고 커리큘럼 체크리스트가 각 영역에서 P로 평가된 것, P/F로 평가된 것, F로 평가된 것들의 그룹을 통해 아동의 현재 기술 수준을 분명하게 반영할 때, 평가가 완료된다. 다음은 ESDM 커리큘럼 체크리스트의 실시 과정에 대해 기술한 것이다.

🌢 사례: 아이작의 ESDM 평가

아이작(Isaac)은 히스패닉계 26개월 남아로, 지난주에 ASD로 진단받았다. 아이작은 젊은 고졸 부부의 셋째 아이였다. 이 평가는 클리닉에서 75분간 진행되었다. 평가자는 ESDM에서 부모 교육을 제공할 치료사였다. 앞에서 기술한 대로 평가에 필요한 장난감들을 가까운 캐비닛과 높은 선반에 두어 치료실을 세팅하였다. 다음의 설명은 대략 5분 간격으로 기술되어 있는데, 이것은 아이작이 한 가지 활동을 지속하는 시간을 반영한다. 치료사는 활동을 진행하며 활동의 종료 시점, 즉 새로운 활동을 시작하기 전에 커리큘럼 체크리스트를 기록한다.

0~5분: 입실

아이작은 가족과 함께 대기실에서 평가실로 걸어오며 크게 저항하여 평가자에 의해 점프하듯 입실한 후 주변을 둘러보고 열려 있는 장난감 선반으로 접근하였다. 검사자가 어머니와 이모에게 다음에 할 활동들을 설명해 주는 동안 아이작은 장난감을 둘러보고, 2개의 트럭이 있는 투명한 상자를 골라 그 상자를 바닥에 내려놓고 트럭을 모두 꺼냈다. 그는 선반으로 다시 가서 팝업 장난감을 조작했는데, 5개의 작은 상자를 열기 위해 각각 다른 방식으로 손을 움직였고, 모든 뚜껑을 다시 닫아 놓았다. 그는 미술 도구가 들어 있는 상자를 꺼내 바닥에 내려놓았고, 마

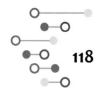

커를 꺼내 뚜껑을 열고는 종이를 찾아 두리번거리다가 마커를 오른손으로 움켜쥐고 낙서하듯 큰 원을 마구 그리기 시작했다. 다른 ESDM 스태프가 관찰을 하기 위해 방으로 들어왔고, 아이작은 그녀를 올려다 보기는 했지만 그녀의 인사에 반응은 하지 않았다. 그러고는 선반에서 바람개비를 찾아 꺼내 들었고, 막대를 쥐고 흔들어 날개를 돌아가게 하다가 결국 손으로 날개를 돌렸다.

ESDM 커리큘럼 체크리스트 레벨 1의 항목 관찰 내용

손을 잡고 협조적으로 걷는 것을 거부하는 행동은 담아 주는 자-담기는 자 관계로 여겨짐. 수단과 목적을 이해하고 사용하는 도구에는 마커, 크레용, 버튼을 누르는 장난감, 바람개비가 있었음. 다양한 버튼 누르는 동작이 포함된 조작 활동. 바람개비, 미술 도구를 이용한 관습적 놀이. 움켜쥐기, 원 형태의 낙서, 인사에 대한 반응 부족. 독립 놀이는 매우 짧음—60초 이하. 꽤 조직화된 탐색 활동.

5~15분: 어머니와 아동의 놀이

(주: 일정 시간 부모-자녀 놀이 및 상호작용을 관찰하는 것은 중요하다. 만약 평가 초반에 이를 관찰한다면, 아동의 기술 수준을 파악해 볼 수 있는 기회가 되는 동시에 아동이 낯선 상황에 보다 편안해지도록 도와줄 수 있다. 어떤 부모들은 아동과의 놀이를 요청했을 때 기꺼이 응하지만, 어떤 부모는 처음에는 놀이를 시작하는 것을 매우 망설이다가 이후 점차 편안해할 것이다.) 아이작의 어머니는 바닥에 앉아 아이의 놀이에 참여했고, 작은 자석 기차 부품이 있는 상자를 선택하여 그에게 박스를 주며 "아이작, 기차 가지고 놀래?"라고 물었다. 그는 그중 하나를 집었고, 둘은 함께 앉았다. 어머니는 기차 조각을 카펫 위에서 앞뒤로 밀며 운전하는 것을 보여 주었고, 아이는 그것을 모방했다. 아이작은 그의 앞에 위치한 캐비닛 안에 있는 장난감 전화기에 접근했고, 어머니가 그것을 꺼내도록 도와준 뒤 다이얼을 돌리자 아이작도 다이얼을 돌리고 수화기를 들어 귀에 대고 옹알이를 하였다. 어머니가 "여보세요, 아이작."이라고 하자 이에 반응하여 여러 가지 소리의 옹알이를 노래하는 듯한 음률을 길게 만들어 냈다. 어머니가 전화 거는 활동을 반복하자 아이작은 이것을 끝내고

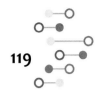

다시 바람개비로 돌아가기 전까지 다이얼 돌리기, 수화기 들기, 소리 내기 그리고 끊기를 차례대로 다시 한번 시행하였다.

어머니가 찰흙놀이 도구가 있는 상자를 찾아 아이작에게 건네주었다. 아이작이 어머니를 바라보자 어머니는 "앉아."라고 말했고, 바닥을 가리켰다. 그는 바닥에 앉았고, 그들은 함께 도구를 꺼내기 시작하였다. 그는 무릎을 꿇고 앉아 어머니와 90도를 향해 있었고, 이번 에피소드가 끝날 때까지 같은 자세를 유지하였다. 그는 뚜껑이 잘 열리지 않자 잡아당기거나 치아를 사용하기도 했으나, 어머니가 도움을 주려고 캔에 손을 뻗자 몸을 돌려버렸다. 어머니가 캔을 열어 주고, 언어와 제스처로 달라는 요청을 했으나 그는 이를 무시하였다. 아이작과 어머니는 찰흙을 꺼내 기차 위에 쌓는 놀이를 함께 했는데, 그들은 자동차 위에 조각을 올리며 순서를 주고받기 시작했고, 이를 3번 반복하였다. 아이작은 어머니가 자동차에 찰흙을 싣고 움직이는 것을 모방했다. 어머니가 '빵빵' 하고 효과음을 내자 아이작은 서툴게 이를 모방한 후 몇몇 소리를 더 냈다. 그는 의도를 가지고 소리를 내는 것으로 보였지만 이것이 어머니를 향하거나 눈맞춤을 동반하지는 않았다. 아이작은 어머니가 갖고 있는 조각을 가져가려 했고, 어머니는 이를 밀어냈다. 그는 화난 듯 "아니, 아니."라고 말하며 저항했고 무릎으로 튀어 올랐다. 어머니는 "양보하면서 같이 놀아야지."라고 말하며 아이가 그의 찰흙을 향하도록 했다. 어머니는 아이작에게 어떻게 찰흙에 모양을 찍는지 보여 주었고, 그는 이를 보고 어머니의 동작을 따라 하였다. 둘은 함께 찰흙을 찍으며 놀다 납작하게 눌린 조작을 가지고 기차로 돌아갔다. 어머니가 기차를 운전하는 것을 보여 주자 아이작은 효과음을 냈다. 어머니가 기차에 붙은 자석을 보여 주며 자동차가 어떻게 서로 달라붙는지를 보여 주었다. 아이작은 자석이 달라붙는 것을 계속 보여달라며 다시 조각을 그녀에게 주었다. 그리고 그들은 다시 기차를 이용한 병렬놀이를 했고, 아이작은 미소를 보이며 웃었으며, 눈맞춤과 함께 자신의 즐거움을 공유하면서 길게 이어지는 다양한 소리의 발성을 하였다. 방에 있던 다른 사람이 말을 하자 그는 시선을 주었고, 그러고 난 후 기차 조각을 이어 길게 만든 기차를 운전하였다.

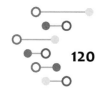

ESDM 커리큘럼 체크리스트 레벨 1의 항목 관찰 내용

효과음의 음성 모방, '아니, 아니'라는 한 단어 발화, 다양한 소리의 억양이 있는 옹알이, 의도적인 발성, 눈맞춤과 협응된 발성. 그는 앉기 제스처와 지시를 따랐고, 사물을 이용한 몇몇 행위를 모방했는데, 여기에는 새로운 행동, 전화기, 기차, 찰흙을 이용한 기능적 놀이가 포함됨. 몇몇 제스처를 이용한 비언어적인 요청과 음성을 통한 저항을 보였으나 도움을 요청하기 위한 수단은 없었음. 시선 교차를 통해 즐거움을 공유하였음. 제스처를 이용한 요청에 반응하여 사물을 건네주지 않았음. 목소리에 주의를 주었고, 놀이 상대의 행동을 주시하였음. 순서 주고받기는 반복적으로 일어났으나, 지속시간이 짧았음.

15~20분

평가자가 바닥에서 하는 기차놀이에 참여하기 시작했고 어머니는 점차 주변으로 물러났다. 평가자가 "올려."라고 말하며 찰흙을 기차 위에 올리는 동작을 보여주자 그가 따라 하였다. 평가자가 색칠하기 활동을 제시하고 모델을 보여 주었을 때 그는 몸을 돌려 이를 거절하였다. 평가자가 "정리할 시간이야."라고 말하며 찰흙을 캔에 넣었다. 평가자가 "정리해."라고 말하며 손가락으로 가리키며 캔을 제시하자, 그는 갖고 있던 찰흙 조각을 넣었다. 평가자가 고맙다고 말하고 나머지를 치우면서 요청을 반복하자 그는 2번 이상 요청을 무시하였다. 이에 평가자가 그를 도와 찰흙을 정리하게 했고, 고맙다고 말한 후 나머지 모든 찰흙놀이 도구를 정리하였다. 그는 자리를 떠나 돌아다녔다.

관찰된 기술

이따금씩 제스처와 함께 제시되는 지시를 따름. 정리를 도와주었음. 그는 가리키는 곳을 따라갈 수 있으며 사물을 이용한 동작을 모방할 수 있음.

20~25분

아이작은 장난감 캐비닛으로 가서 팝비즈(구슬을 연결하는 장난감)가 들어 있는

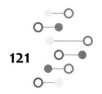

가방에 손을 뻗었다. 평가자가 그것을 열어 3종류의 구슬을 연결해 꿈틀꿈틀 움직이게 만들었다. 아이작도 그렇게 해 보려고 시도했으나 하지 못했고, 구슬을 바닥에 던졌다. 평가자가 자신의 것을 그에게 주자 그는 구슬을 하나씩 떼어 바닥에 던졌다. 그리고는 슬링키(플라스틱 스프링)에 접근하였다. 평가자가 그것을 집어 들어 이름을 붙이고 그에게 제시하자 그는 화난 듯 칭얼대며 "아니, 아니, 아니." 라고 말하면서 그것에 손을 뻗었다. 평가자가 한쪽 끝을 잡고 있는 동안 그도 다른 한쪽 끝을 잡았고, 멀리 걸어갔다. 그녀가 한쪽을 잡고 꿈틀꿈틀 움직이게 하자 아이작은 그쪽을 바라보았고, 그도 따라 슬링키를 꿈틀꿈틀 움직이면서 평가자를 향해 웃었다. 아이작이 슬링키를 놓자 평가자는 빠르게 그것을 주워 들고 아이작에게 제시하며 "슬링키 원하니?"라고 물었다. 아이작이 평가자에게 다가오자 "슬링키 더 할래?"라고 말했고, 그는 그에 반응하여 슬링키에 손을 뻗는 제스처를 보였다. 평가자가 이전처럼 한쪽 끝을 그에게 주자 그는 멀리 걸어갔고, 웃음을 보이면서 이전에 했던 꿈틀꿈틀 움직이기 놀이를 반복하다 자리를 떠났다.

ESDM 커리큘럼 체크리스트 레벨 1의 항목 관찰 내용

적절한 언어적 요청의 부족, 눈맞춤을 통한 즐거움 공유, 새로운 동작 모방하기, 요청을 위한 제스처의 사용 그리고 두 사람이 함께 하는 놀이에 즐겁게 참여함.

25~30분

평가자가 파티 나팔을 보여 주고, 그것을 불었다. 그는 미소를 지으며 쳐다보았고, 흥분해서 손뼉을 쳤고, 계속 기대하며 기다렸다. 평가자가 반복하자 그는 웃음을 지었고, 그것을 가지고 어머니에게로 가서 건네주었다. 어머니가 그것을 불자 그는 보면서 미소 지으며 웃었고, 그것을 다시 이모에게 주었다. 이모는 나팔을 불고 그것을 아이작의 입에 대줬다. 아이작은 나팔을 불었으나 적절히 조작하지 못했고, 그것을 다시 이모가 불도록 건네주면서, 미소 지으며 소리 내어 웃었다.

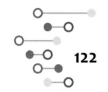

30~35분

아이작은 방안을 돌아다니면서 지나가는 대로 큰 공을 두드렸다. 평가자도 공을 두드렸고, 벽을 향해 공을 발로 차는 행동을 보여 주었다. 그는 이것을 바라보았으나 평가자가 공을 제시했을 때 모방하지는 않았다. 그녀는 반복해서 보여 주었으나, 아이작은 그녀의 행동에 반응하거나 모방을 하지 않았다. 그녀는 아이작을 들어 올려 공에 앉힌 다음 "하나, 둘, 셋, 멈춰."라고 숫자를 세며 공 위에서 몸을 튕겨 주었다. 그녀는 이것을 2번 반복하였다. 그는 미소를 보였으나 얼굴을 피하며 자리를 떠났다. 평가자는 그를 따라가 다른 놀이를 제시했는데, 그것은 그녀가 아이작을 방으로 데려올 때 사용했던 것과 비슷한 점프 놀이였다. 그녀는 그를 위 아래로 점프시키며 다섯까지 세었다. 그는 다시 미소 지었으나, 그녀가 멈추었을 때 얼굴을 돌리고 떠났다. 아이작은 빈백 위를 돌아다니다 그림책을 하나 집어 빈백 위에 누웠다. 그는 한 번에 한 장씩 페이지를 넘겼고, 그림을 바라보았다. 평가자가 병아리를 가리키며 "병아리를 봐―삐약 삐약 삐약."이라고 말하자, 아이작은 그곳을 보며 "삐약 삐약."이라고 말했다. 그는 페이지를 넘겼고, 그들은 소를 보며 같은 활동을 반복하였다. 그러고 나서 평가자가 어머니를 가리키며 "엄마에게 책을 갖다 줘."라고 말했지만 그는 평가자의 포인팅을 따라가지 않고 요청을 무시하였다. 평가자가 한 번 더 반복했으나 반응을 보이지 않았다.

ESDM 커리큘럼 체크리스트 레벨 1의 항목 관찰 내용

다른 사람에게 어떤 행동을 요청하기 위해 눈맞춤과 사물 건네주기를 함, 평가자보다 부모 및 조부모를 좋아함, 상대를 향한 미소 짓기와 웃기를 통해 즐거움을 공유함, 불기를 모방함. 책의 페이지를 넘기고, 그림을 보며, 그림을 가리켰을 때 시선이 따라 왔고, 동물 소리를 모방함. 부모와 상호작용할 때보다 평가자와 있을 때 훨씬 소리를 적게 냄. 처음 15분보다 놀이가 훨씬 덜 조직화되고 미성숙한 형태로 나타남. 사물이 포함된 지시를 따르지 않았고, 어머니가 언급되었을 때 어머니를 바라보지 않음.

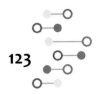

35~45분

아이작은 감각 자극이 수반된 사회적 장난감(풍선, 공, 비눗방울, 소리 나는 장난감 등)이 들어 있는 상자를 내려놓았고, 평가자는 그에게 작은 공과 양동이를 제시하였다. 그녀는 공을 양동이 안으로 던져 넣었고 그에게 공을 제시하며 똑같이 하도록 격려하였다. 아이작은 양동이를 향해 공을 던졌다. 그녀는 칭찬하며 다른 공을 또 주었고, 아이작이 던지는 공을 받기 위해 양동이를 잡아 주었다. 그가 던져서 성공하자 모든 사람이 박수를 쳤다. 그는 미소를 지으며 박수를 보내는 주변을 둘러보았다. 평가자가 공을 굴려 그에게 보냈을 때, 그는 그 공과 그다음에 보낸 공을 모두 무시했는데, 평가자는 이에 비눗방울을 제시하였다. 그는 웃으며 그쪽으로 손을 뻗으면서 "아니, 아니, 아니."라고 말했고, 평가자가 '하나, 둘, 셋, 간다.'라고 말하며 비눗방울 총을 조작하자, 그는 "하나, 간다."라고 모방하였다. 그는 평가자를 향해 웃으면서 손뼉을 쳤고, 비눗방울을 바라보고 있었지만 더 해달라는 요청은 하지 않은 채 자리를 떠났다. 평가자가 풍선을 조작하자 아이작은 바닥에 있는 도구들 사이를 비켜 잘 협응된 방식으로 움직이며 다시 그녀에게 다가왔다. 그는 웃으면서 풍선에 손을 뻗었고, 평가자가 풍선을 부는 동안 박수를 쳤으며, 평가자가 부드럽게 바람을 빼자, 다른 풍선을 집어 그의 어머니에게 가져다주었다. 그의 어머니가 "더 해 줘?"라고 묻자 그는 그녀가 풍선을 불어 주기를 기다리면서 화난 듯 칭얼대며 "아니, 아니, 아니."라고 말하였다.

ESDM 커리큘럼 체크리스트 레벨 1의 항목 관찰 내용

'하나, 간다'라는 음성 모방. 요청 시 '달라'는 제스처와 화난 칭얼거림, '아니, 아니, 아니'라는 말을 함께 사용하여 혼란스러운 양상임. 흥분될 때 박수를 침. 평가자와 함께 활동을 지속하는 것은 부족함. 균형 감각이 좋고, 사물 위를 지나가거나 발에 걸려 넘어지지 않고 사물 주변을 돌아 걸어가며, 환경을 인식하고 있고, 앉거나 일어설 때 근긴장 상태가 양호함(곧게 편 허리, 좋은 자세, 척추전만이나 굽은 어깨가 보이지 않음, 앉아 있을 때 다리를 벌리지 않음).

45~55분

평가자는 그리기 도구가 들어 있는 상자를 작은 테이블 위에 올려놓았고, 아이작을 데리고 작은 의자로 가서 앉으라고 하자, 그가 앉았다. 평가자가 아이작이 고를 수 있도록 마커 2개를 들어서 보여 주자 그중 하나에 손을 뻗었다. 평가자는 그것을 아이작에게 주고 자신도 하나를 가진 다음 같이 그림을 그렸다. 평가자가 원을 그리는 것을 보여 주자("동그라미, 동그라미, 동그라미.") 아이작이 이를 모방하였다. 평가자가 선긋기로 바꾸자("선, 선, 선.") 그는 다시 따라 그렸다. 평가자가 보다 빠르게 왔다갔다 하자 아이작은 이것을 모방했고, 양손 모두로 그녀의 움직임을 따라 할 수 있었다. 그는 의자에서 일어나 새로운 마커를 찾았고, 그것을 입으로 열었다. 그의 어머니가 "안 돼."라고 말했지만 그는 그것을 무시했고, 어머니가 그의 입에서 마커 뚜껑을 뺏자 그는 매우 화를 내며 소리를 지르고 저항하였다. 하지만 그는 다시 마커를 양손 전체를 이용해 움켜쥐고 손목을 움직여 원을 그리면서 색칠하였다. 평가자가 '거미가 줄을 타고 올라갑니다' 노래를 부르며 손을 움직이기 시작하였다. 그는 그녀를 쳐다보았고, 미소를 지으며 노래를 듣다가 다시 색칠하기를 하였다. 평가자가 노래를 멈추자, 아이작은 그녀를 바라보며 기다렸다. 그녀는 다시 노래를 부르기 시작했고 아이작의 손을 모아 율동을 할 수 있도록 격려했다. 그러자 그는 "아니, 아니, 아니."라고 말하며 테이블을 떠났다. 그는 다양한 소리의 음성을 매우 적게 냈고, 장난감 캐비닛으로 다시 걸어가서 잠시 서 있었다. 이때 그는 작은 손과 몸의 움직임을 보이며 소리를 내고 있었는데, 그는 드럼을 치는 것처럼 손을 위아래로 리드미컬하게 움직였고, 무릎을 굽혔다 폈다 했으며, 마치 율동을 따라 하는 것처럼 소리를 냈다. 치료사가 그의 움직임을 따라 하자 그는 그녀를 쳐다보았고 마치 둘이 함께 춤을 추는 것처럼 움직임을 반복하였다.

그러고 나서 치료사는 나무 막대 블록 2개의 끝에 있는 손잡이를 잡고 바닥에 있는 박스를 북처럼 두드렸고, 아이작에게 막대를 건네주었다. 아이작은 북 치는 행동을 모방했는데, 그녀가 가장자리를 두드리자 아이작은 이를 모방했고, 그녀가 2개의 막대를 서로 맞부딪자, 이것 역시 모방하였다. 또한 "짝, 짝, 짝." 하고 소리를 내자 이를 모방하였다. 그러나 치료사가 박수 치는 것을 보여 주었을 때, 그는 이것을 모방하지 않았다. 그는 다시 막대 2개를 들고 박스를 두드렸고, 그녀가 같이 참여하자 그녀를 보면서 웃었다. 그는 웃음을 공유하기 위해 두드리는 막대로부터 시선을 옮겼다. 그녀는 어떻게 북채를 만드는지를 보여 주고 조각 2개를 그에게 건넸고, 그는 그것을 조립하였다. 그녀가 블록 조각으로 별 모양을 만들기 시작했고, 막대의 튀어나온 쪽을 그에게 제시하자, 그는 구멍이 있는 곳에 막대를 끼웠다.

ESDM 커리큘럼 체크리스트 레벨 1의 항목 관찰 내용

그는 사물을 이용한 동작, 블록 조립, 친숙한 신체 움직임, 새로운 말, 선 긋기, 낙서하기, 원 그리듯 낙서하기를 모방하였음. 그는 동작과 동작의 빠르기를 모두 따라 했음. 그는 매우 쉽게 화를 냈고, "안 돼."를 무시했으며, 치료사가 자신을 모방할 때 이를 인식하며 그것을 즐겼음. 그는 모방 놀이를 좋아했고, 정서 공유를 위해 사물로부터 시선을 옮겨 상대에게 웃음을 보였음. 그는 노래 듣는 것을 좋아했으나 함께 부르지는 않았음. 그는 제시된 2개의 사물에 대해 손을 뻗는 방식으로 선택하였음.

50~60분

그는 12조각짜리 퍼즐판을 집어 들었고, 평가자는 퍼즐 조각이 들어 있는 박스를 주면서 그에게 앉으라고 지시하였다. 그는 "아니, 아니, 아니."라고 하였고, 이에 평가자는 그가 앉도록 도와준 뒤 퍼즐 조각을 하나 주었다. 아이작은 퍼즐을 맞췄다. 평가자가 다른 조각을 주었을 때 아이작은 퍼즐을 맞춰야 할 곳을 찾지 못했고, 이에 평가자가 올바른 위치를 가리키자 그는 그 자리에 퍼즐을 맞췄다. 그녀가 세 번째 조각을 주자 그것을 맞추고는 자리에서 일어났다. 이에 평가자가 "그만해요."라고 말하자 그는 "그만해요."라고 따라 말하고 문 쪽으로 갔다. 그녀가 페그보드 조각과 6개의 1"×6"의 패드가 들어 있는 주머니를 제시하자 아이작은 흥미를 보였다. 그의 어머니가 "앉아"라고 말하자 그는 바닥에 털썩 주저앉았

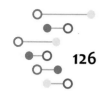

고, 주머니를 열어 조각들을 꺼내고 페그보드를 조립하기 시작하였다. 그는 모든 조각을 제대로 배치하기보다는 몇몇 조각 위에 다른 조각을 쌓았고, 균형을 잘 맞췄다. 하지만 그는 끝까지 완성하지 않은 채 그것을 내던져 버렸다. 세 번째로는 모양 맞추기에 흥미를 보이며 조각 배치하기를 시도했는데, 동그라미와 네모를 제외하고는 맞추는 데 도움이 필요해 보였다. 그는 이것 역시 완료하지 못하였다. 그는 이제 자유로운 발성이 가능하다.

ESDM 커리큘럼 체크리스트 레벨 1의 항목 관찰 내용

그는 장난감을 이용한 일과를 완료하지 못했고, 다만 2~3개 조각을 맞추다 다른 것으로 주의를 돌렸음. 그는 단순한 도형 짝 맞추기를 할 수 있었고, 도식(schema)에 변화를 줄 수 있었음. 그는 처음 접하는 사물에 호기심과 흥미를 보였음.

65~75분

평가는 가족 구성원과 간단한 인터뷰를 하며 마무리되었다. 그들은 아이작의 부족한 언어와 다루기 힘든 행동에 걱정을 많이 하고 있었다. 다른 사람 물기, 수면, 떼쓰기가 가장 큰 문제였다. 그는 상대를 가리지 않고 물었고, 이 때문에 주변의 아동들이 위험했다. 낮 시간 동안 그를 돌보는 이모가 팔 위아래에 있는 물린 자국을 보여 주었다. 그는 하루에도 수차례 물기를 시도하고, 매 시간 떼쓰기를 한다. 매일 밤 잠자리에 들려 하지 않고, 침대에 머물지 못하며, 몇 시간 동안 깨어 있는다. 하지만 잘 먹는 편으로, 숟가락, 포크, 컵을 적절히 사용할 수 있다. 그는 다양한 종류의 음식을 먹고, 가족이 먹는 음식을 함께 먹지만, 의자에 가만히 앉아 있지 못한 채 기어오르거나 조금 먹고 자리를 떠났다가 다시 돌아오는 모습을 보인다. 음식을 들고 집안을 돌아다니지는 않는데, 물컵을 제외하고는 테이블 밖으로 들고 나가는 것이 허락되지 않는다. 빨대를 사용할 수 있고, 새로운 음식도 먹을 수 있으며, 다른 사람이 숟가락으로 음식을 먹여 주지 않는다. 젖병을 사용하지 않는다. 옷을 벗을 때와 셔츠를 입을 때에 도움이 필요하다. 젖은 상태를 싫

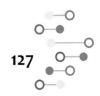

어하기 때문에 기저귀 갈기는 문제가 되지 않는다. 물을 좋아하고, 손 씻는 일과와 목욕을 즐긴다. 수건으로 그의 몸을 문지를 수 있고, 칫솔을 입에 넣을 수 있으나, 누군가 그의 이를 닦으려 할 때에는 가만히 있지 않는다. 그의 머리카락은 매우 짧기 때문에 머리 감기나 머리 빗기는 문제없다. 가정에서 일관되게 지시를 따르지 않고, 옷을 빨래바구니에 넣거나 컵을 선반 위에 올려두는 등의 집안일을 전혀 하지 않는다. 그는 장난감을 정리하는 것을 돕지 않는다. 심하게 떼를 쓰기 때문에 집안에서 누구도 그에게 거의 요구를 하지 않는다. 강점 측면에서, 그들은 아이작이 사물을 어떻게 조작하는지, 어떻게 자기 생각대로 할 수 있는지 알아낼 수 있는 매우 똑똑한 아동이라고 생각한다. 그들은 그가 몸이 탄탄하고 겁이 없다고 보는데, 그는 놀이터에 있는 놀이구조물에 오르거나 내리기, 달리기, 점프하기를 할 수 있고, 자신보다 덩치가 큰 아이와 몸싸움도 할 수 있다. 그들은 그가 협응이 잘된 동작으로 세발자전거 타기, 공 던지기, 놀이구조물에 오르기와 더불어 블록 쌓기, 색칠하기, 숟가락이나 포크 사용하기 등을 할 수 있다고 설명한다. 그의 부모는 매우 젊고, 히스패닉계이며, 모두 장시간 일을 한다. 그들의 주 언어는 영어지만, 서로 또는 아이작과 이야기할 때 스페인어도 꽤 많이 사용한다. 아이작은 낮 시간 동안 그의 이모, 이모부와 함께 지내는데, 그들은 아이작이나 다른 사람과 이야기할 때 스페인어를 주 언어로 사용한다.

이제 아이작은 몹시 나가고 싶어 한다. 그는 일어나서 문 쪽으로 갔다. 끝나는 시간이었기 때문에 평가자는 그에게 "그래, 이제 집에 갈 시간이야."라고 말하였다. 평가자는 무릎을 꿇고 그의 키에 맞춰서 그를 향해 분명하게 "안녕."이라고 인사하였다. 그는 이를 모방하며 인사에 답했고, 어머니와 이모가 짐을 정리하고 나오는 동안 평가자가 아이작을 방 밖으로 데리고 나왔다. 가족들은 아이작이 이번 회기 동안 매우 수행을 잘했다고 느꼈고, 그가 했던 말, 그의 협조적인 태도, 문제행동이 적게 발생했던 것을 기쁘게 여겼다.

아이작의 ESDM 평가 프로파일

아이작은 소근육 및 대근육 운동 기술에서 분명한 강점이 있다. 그의 사물에 대

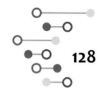

한 관심과 사물조작에 대한 지식은 치료 과정에서 매우 유용할 것이다. 사물과 관련된 활동에 동기가 높고, 타인을 모방하면서 이루어지는 사회적 놀이를 즐기는 것으로 보인다. 적당한 시간 동안 주의를 기울일 수 있고, 타인을 피하지 않으며, 몇몇 상호적인 놀이를 할 수 있다. 사물 활동 모방을 쉽게 하며, 이따금씩 음성을 모방한다. 그의 발화는 다양한 자음소리, 언어와 비슷한 억양 그리고 음소적 구조를 포함하고 있다. 그는 몇몇 단어를 모방하고 적어도 하나를 스스로 말할 수 있다. 그는 관련된 행동들이 짧은 순서를 이루고 있는 활동 및 몇몇 관습적인 놀이를 할 수 있다. 그의 기술은 대근육을 제외하고는 레벨 1의 모든 영역에 속하며, 대근육 기술의 경우 한 개 항목(공차기)을 제외하고 모두 통과하여 레벨 2 항목을 위한 준비가 되어 있다고도 볼 수 있다.

수용 언어

그는 P 또는 P/F 점수를 초반 6개의 항목에서 받았는데, 여기에는 소리 및 목소리를 향해 쳐다보기, 가리키기를 따라 시선 주기가 포함된다. 그는 지시가 있든 없든 "앉아."라는 지시에 일관적으로 반응하였다.

표현 언어

그의 표현 언어에서의 강점은 음소 및 의도가 있는 발성이 발달되어 있다는 것이다. 그는 실용적인 기능이 있는 어떤 관습적인 제스처도 사용하지 않으며, 다른 사람의 의사소통 의미가 있는 제스처도 이해하지 못하는 것처럼 보인다.

사회기술

사회기술을 살펴보았을 때, 그는 병렬놀이를 할 때 그의 놀이 상대를 바라보고, 상대를 모방할 것이며, 상호적인 교환을 몇 차례 주고받을 것이다. 그는 신체 접촉을 받아들이지만, 매우 이따금씩 미소를 공유하며 의사소통적인 눈맞춤을 사용한다. 그는 사물 활동 모방, 구강 모방, 음성 모방을 포함한 새로 접하는 동작을 모방하는데, 이 가운데 일관되게 하는 것은 사물 활동 모방뿐이다. 그의 현재 기

술 수준을 고려할 때 모방이 빠르게 발전할 것으로 예상한다. 그는 놀이에서 사물들(기차, 미술 도구)을 같은 종류끼리 모으는 것을 보여 주었으나 짝 맞추기 기술은 보여 주지 않았다. 그러나 이 영역 또한 매우 빠르게 진도가 나갈 것으로 기대한다. 1, 2, 4, 5, 7번 항목을 포함한 초기 놀이 항목을 통과하였다. 그는 양호한 범위의 놀이 체계를 가지고 있으나, 지속 시간이 짧으며 아직 과제의 목표를 완수하는 것이 관찰되지 않았다. 이것은 그의 목표들 중 우선적인 목표가 될 것이다. 즉, 보다 많은 도구와 단계가 필요한 순서가 있는 활동을 배우는 작업이 놀이 활동의 주요 초점이 될 것이며, 여기에는 정리하기가 포함되어 있다.

소근육 운동 기술

그의 소근육 운동 기술은 양호하게 발달되어 있으며, 그가 점수를 얻지 못한 항목은 대부분 고리 끼우기, 레고, 퍼내기 등 관찰 중 평가가 이루어지지 않아 '기회 없음'으로 채점된 것이었다. 손끝 잡기는 관찰되지 않았고, 시리얼을 이용해 간식 일과에서 평가를 할 필요가 있다.

대근육 운동 기술

대근육 기술 영역에서 유일하게 실패한 항목은 공차기였다. 나머지 항목은 부모 보고에 의해 완료되었다.

식사, 의생활, 위생, 집안일

그의 자조기술은 양호하게 발달된 편이지만, 다만 식사 시간에 테이블에 앉아 식사하는 것을 배워야 한다. 수면 문제를 다루어야 하는데, 그의 심각한 떼쓰기, 자해행동, 공격행동으로 인해 그의 가족들이 그를 어떻게 가르쳐야 하는지를 배우는 데 어려움이 있다. 그의 문제행동에 대해 기능적 평가를 시행하는 것이 필수적이며, 긍정적 행동지원 계획을 빠르게 진행하여야 그의 발달적·행동적 문제를 모두 다룰 수 있다.

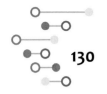

 학습 목표 세우기

　아동의 팀 리더와 아동의 부모가 12주 동안 아이에게 가르칠 목표를 체계적으로 세운다. 목표는 부모의 목표, ESDM 커리큘럼 체크리스트의 평가 결과, 아동과 가족을 지원하는 다른 전문가의 소견을 포함하여 구성한다. 우리는 아동이 3개월 안에 완벽히 숙달할 수 있다고 기대되는 목표를 세우는데, 이것은 충분히 도전적이기에 교육의 강도가 어떻게 이루어지느냐에 따라 아동을 가르치는 데 2개월에서 3개월이 걸린다.

 각 영역의 목표들 간의 균형 맞추기

　ESDM에서는 나머지 영역을 배제한 채 한 가지 영역을 강조하기보다는 각각의 영역에서 목표의 수를 균형 있게 선택하는 것을 지지하는데, 여기에는 2가지 이유가 있다. 첫 번째, 아동이 약점을 가진 영역들을 강조하는 자연스러운 경향에 대항하는 것이다. 가장 약점이 되는 영역에 초점을 둔 목표를 세우는 것은 치료사와 아동에게 짜증을 유발할 수 있는데, 이는 수행 속도가 매우 느릴 가능성이 있고, 약한 영역을 가르치는 것이 가장 어렵기 때문이다. 두 번째, 아동의 강점에만 초점을 두어서는 안 된다. 물론 아이가 자신이 강한 영역에서 쉽게 성공을 이루어 나가는 것을 보는 것은 매우 신나는 일일 것이다. 그러나 강점에만 초점을 두면 사회적 상호성과 같이 ASD에서 가장 약점이 되는 주요 영역이 무시되는 문제가 있다. 그런 불균형한 교육은 ASD의 특징인 강점과 약점 사이의 균등하지 않은 패턴을 두드러지게 만들 뿐이다. ESDM에서 우리는 가장 강점이 되는 영역에서부터 약점이 되는 영역까지 모든 영역의 목표를 기술하며, 이 과정에서 약점뿐만 아니라 강점이 되는 분야의 발달을 지원한다. 이것은 아동과 치료사에게 매우 동기화

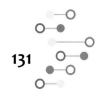

된 활동을 보장할 수 있을 것으로 보인다.

 ## 얼마나 많은 목표를 세우나

 각 영역에서 2~3개의 목표를 세운다. 이것은 20개 이상의 목표로 해석되지만, 12주간의 집중적인 치료 프로그램에서는 충분히 다룰 수 있는 양이라고 본다. 만약 한 영역에서 12주 내에 충분히 통과할 수 있을 것으로 여겨지는 2~3개의 커리큘럼 체크리스트 항목이 없다면 어떻게 해야 할까? 이럴 경우 그 영역에서 더 적은 수의 목표를 세우거나, 아니면 특정 목표를 더 작은 단계로 쪼개서 적용하는 것이 가능하다. 더 많은 목표를 가질수록 치료사가 활동 안에서 교육 목적을 생각해 내는 데 도움이 된다. 같은 기저의 기술이 논리적으로 2개의 다른 영역의 발달에 영향을 줄 수 있음을 주의하라. 이 경우 두 영역 모두에 관련되는 목표들을 기술할 수 있다. 예를 들어, 만약 당신이 표현 언어 발달과 관련한 10개 이상의 특정 동사를 사용하는 것으로 목표를 구체화했다면, 동일한 10개의 동사를 목표로 하는 수용 언어 목표를 함께 세워야 타당하다.

 ## 기술 내용 선택하기

 이제 과제는 12주 동안 배우게 될 각 영역의 2~3개의 기술들을 찾아보는 것이다. 커리큘럼 체크리스트 평가 정보는 목표들을 구성하는 데 2가지 다른 방식으로 이용된다. 첫째, 각 영역에서 아동이 처음 P/F와 F를 받은 항목의 기술을 찾아내는 것이다. 우리는 아동이 12주 안에 이 기술들을 배우기를 기대한다. 둘째, 팀 리더는 반드시 아동의 학습 속도를 다음의 3개월 기간에 맞추어 예상해 보아야 하

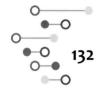

고, 아동이 부모 및 치료진으로부터의 매일 지속되는 교육에 의해 어떤 것을 합당하게 완수할 수 있는가를 고려해야 한다. 보통 동일 연령대보다 언어, 인지 그리고 소근육 운동 영역에서 보다 많은 기술을 가진 ASD 아동들이 빠르게 배운다. 이런 아동들의 경우 전체 목표 중 실패한 첫 번째 기술을 강조할 필요가 없으며, 처음 실패한 기술을 다루면서 같은 레벨의 목록에서 후반의 기술들에 초점을 두는 편이 낫다.

　예를 들면, 24개월인 네이선(Nathan)의 초기 평가에서, 그는 레벨 2의 수용 언어 항목 2번(신체 동작과 사물 활동이 포함된 8~10개의 한 단계 언어 지시에 따른다.)을 실패했다. 그는 오직 "줘." "이리와." "앉아." "호명에 쳐다보기." "하이파이브." "안녕(바이 바이)."의 6개 지시에만 따랐다. 하지만 아직 치료 경험이 없는 24개월의 ASD 아동에게 이것은 인상적인 수용 언어 레퍼토리였고, 매일의 교육을 통해 12주 안에 나머지 2개의 지시를 습득할 것이 분명해 보였다. 따라서 그의 12주 목표에서 커리큘럼 체크리스트에 기술된 항목을 사용하는 것은 부적절했으며 레벨 2 항목 후반의 수용 언어 목표를 세우며 기준점을 더 높게 잡는 것이 더 적절했다. 해당 기술에는 사물을 장소에 놓기, 다양한 사람 및 사물의 그림과 실제 대상을 가리키기, 사물 활동이 포함된 다양한 지시에 따르기가 포함되었다. 이런 학습 목표와 함께 치료사는 12주가 끝날 때까지 레벨 2의 거의 모든 수용 언어 기술들을 가르치게 된다.

　어떤 아동들은 특정 영역에서 배우는 속도가 느리다. 조슈아(Joshua)는 항목 2에서 네이선과 같은 수준의 수행을 보였다. 하지만 조슈아는 38개월 아동이었고, ESDM 개입을 12개월부터 받아 왔으며, 매일의 집중 교육을 받고 있다. 의사소통은 그에게 매우 어려운 것이었다. 지난 12개월 동안 그는 레벨 1의 수용 언어 항목을 모두 완수했고 6개의 지시를 따를 수 있었다. 조슈아의 학습 속도를 보았을 때, 그의 목표는 네이선의 것과 달라진다. 조슈아에게는 12주 동안의 레벨 2 수용 언어의 목표로 항목 2, 10개의 지시 따르기 완수하기에 목표를 두는 것이 더 적절해 보인다.

　따라서 평가를 통해 파악된 아동의 학습 속도에 관한 정보는 어떤 기술이 12주 교

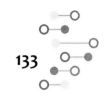

육하는 동안 완수될 수 있다고 기대될지를 결정하는 데 활용된다. 도전적이면도 완수 가능한 목표를 세우는 것은 아동, 팀, 부모를 동기화하는 데 매우 중요하며, 치료사가 회기 안에서 진행할 것들을 충분히 제공할 수 있다.

요약하면 다음과 같다. 가르칠 기술들을 찾기 위해서는 특정 발달 영역에서의 통과되거나 실패한 기술들의 패턴을 파악한다. 아동이 가장 높은 단계의 기술을 일관적으로 통과한 영역의 커리큘럼 체크리스트 레벨을 찾아본다. 당신의 목표는 이 레벨의 항목을 완수하는 데 초점을 두는 것이며 모든 아동들이 12주 동안의 질 좋은, 일관적인, 매일의 교육에서 어떤 레벨의 P/F 항목을 숙달할 수 있다고 가정할 수 있다. 이 기술들은 당연히 목표로 다루어야 한다. 그리고 나서 P/F로 채점된 항목 이후 처음 F를 받은 항목들을 살펴본다. 평가를 통해 얻은 아동에 대한 정보를 이용하여 아직 습득하지 못한 행동을 얼마나 많이 목표에 포함할지를 판단해야 한다. 아동의 성취는 아동, 치료사, 부모가 지속적으로 교육에 높은 동기를 유지할 수 있도록 해 주며, 아동의 성취는 적절한 학습 목표 및 교육적 접근방법을 선택하게 하고 매일 꾸준히 개입을 시행하도록 한다.

🌳 목표의 구성요소

이 책을 읽는 모든 전문가는 이전에 교육이나 치료를 위한 목표를 세워 본 경험이 있을 것으로 생각된다. 하지만 우리는 ESDM에서 목표를 세울 때 성인의 교육과 아동의 학습에 매우 도움이 되는 방향으로 지원하기 위해 매우 특정한 형식을 사용한다. 앞에서 설명했듯 커리큘럼 체크리스트에서 목표 기술을 선택한 후에는 각각의 기술들이 측정 가능한 행동적인 용어로 기술되어야 한다. 즉, 각 ESDM 목표들은 다음 4가지 특징을 갖는다. ① 행동(기술)을 유발하는 선행자극 또는 선행사건에 대한 문장, ② 관찰 가능하고 측정 가능한 행동(배워야 하는 기술)에 대한 설명, ③ 목표의 성취 수준을 정의하는 기준, ④ 목표행동의 기능적이고 일반화된 수

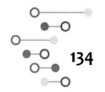

행에 대한 기준이 그것이다. 다음은 이 4가지 요소를 포함하여 목표를 기술하기 위한 가이드라인이다.

🌢 선행자극을 기술하기

기술이나 행동이 무언가에 대한 반응으로 발생했다면, 그 무언가가 바로 행동에 대한 선행자극 또는 변별자극(Sd)이 된다. 어떤 행동은 다른 사람의 행동에 대한 반응으로 나타난다(예: 성인이 이름을 부르면서 다가오는 것, 다른 아동이 장난감을 건네주는 것). 어떤 행동은 환경적 단서에 대한 반응으로 나타난다(예: 많은 유치원에서의 전환 시간에는 빛, 종소리, 노래 그리고 추가적인 언어 지시가 단서가 됨). 어떤 행동은 내적 단서에 대한 반응으로 나타난다(예: 목이 마를 때 물을 찾음, 자유 놀이 시간에 장난감 및 놀이를 선택함, 배고플 때 먹을 것을 요청함). 마지막으로, 몇몇 행동은 어떤 연쇄나 순서 배열의 일부가 되며, 앞선 행동을 단서로 하여 발생한다(예: 손 씻기를 다한 후 수도꼭지 잠그기, 화장실을 나올 때 불 끄기, 옷을 벗은 후 옷걸이에 걸기).

목표를 세울 때 선행사건이나 자극 조건을 설명하는 데는 2가지 이유가 있다. 첫째, ASD 아동이 정상 발달 아동들에게 행동의 단서가 되는 동일한 자극에 반응하도록 가르치는 데 도움이 된다. 둘째, 이것은 치료사가 목표를 가르칠 때 어떤 선행자극을 사용해야 하는지를 알려 주며, 이것은 교육의 일관성과 아동의 수행 속도를 향상시킬 수 있다. 이것이 우리가 그것을 강조하는 이유다.

목표에서 설명할 선행사건과 변별자극(Sd)을 어떻게 선택해야 할까? 여기에서 몇 가지 고려해야 하는 사항이 있다. 가장 중요하게는, 동일 연령대의 정상 발달 아동들의 행동을 유발하는 자연스러운 환경(가정, 유치원, 어린이집)에서의 변별자극을 생각해 본다. 이것이 사용하기에 가장 좋은 변별자극이다. 만약 아동에게 부적절하다고 여겨진다면, 자연스러운 환경에서 그 행동을 하게 하기 위해 그 연령대의 보통 아동들에게 성인이 어떻게 '지시' 하는가를 생각해 본다. 어떤 언어와 제스처를 사용하는가? 이것을 변별자극 목표로 정한다(주: 당신이 이를 설명할 때 아동이 선행사건이나 변별자극을 이해할 필요는 없다. 이것은 앞으로 가르치기 위한 것이다.).

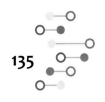

다음은 선행사건을 기술하는 예시다. '성인이 눈맞춤을 하고 손을 흔들면서 "안녕"이라고 인사했을 때'(아동은 손흔들기를 모방한다…), '다른 아동이 다가와 ○○가 들고 있는 사물에 손을 뻗으며 돌아가면서 사용하기, 함께하기, 주기를 요청했을 때'(○○는 장난감을 양보한다…), '아동이 변기에 가서 변기로부터 30~45cm 안의 거리에 섰을 때'(그는 자발적으로 바지를 내리고…). (참조: 마지막 예시는 자발적인 행동을 위해 쓰인 것이다. 자발적인 행동 또한 변별자극 또는 연쇄를 발생시키는 환경적·내적·선행사건 등을 가진다.)

목표행동이 자발적인 사회적 행동이라면, 선행사건을 구체화하는 것이 보다 어려워진다. 자발적인 인사하기의 선행사건은 무엇이 될까? 친숙한 사람을 처음으로 만난 하루, 시간 등이 선행사건일까? 친숙한 사람은 아마 당신을 보며 미소를 지을 것이다. 여기에 자발적인 인사를 위한 선행사건 예시가 있다. '제이슨(Jason)이 처음 치료실에 들어와서 치료사가 눈맞춤을 하고 웃으며 아동에게 다가갔을 때, 제이슨은 "안녕."이라고 하며 손을 흔든다.' 다음은 자발적인 요청을 위한 선행사건 예시다. '제이슨이 부엌에 들어와 눈에 잘 띄지만 손이 닿지 않는 음료 용기에 다가갔을 때, 그는 성인을 보며 "음료수 주세요."라고 말한다.' 이 2가지 상황에서는 요청 이전에 발생하는 환경적 자극이 있었고, 이것이 자발어를 위한 목표의 선행사건 또는 변별자극이다.

주의!

사람들은 종종 세팅을 선행사건으로 잘못 사용한다. 세팅은 행동이 발생하는 상황이나 환경을 말한다. '교실에서' '1:1 치료 시간에' '그룹활동 시간에' 등이 그 예다. 이것은 세팅이지 선행사건이 아니다. 이것은 행동이 발생할 수 있는 상황을 구체화하는 데 도움을 주지만, 그것이 선행사건은 아니다—이것 자체가 특정 행동이 일어나게 하지는 않기 때문이다.

행동이 여러 개의 다양한 자극 조건 아래에서 발생하는 경우, 목표에 해당되는 몇몇 조건을 구체화할 수 있다(예: '세라는 다음 3가지 조건에서 상대에게 사물을 제시하며 눈맞춤과 함께 "도와줘."라고 말할 수 있다. 열지 못하는 상자가 있을 때, 옷을 잠그지 못할 때, 퍼즐 조각의 맞는 위치를 찾지 못할 때').

🖤 볼 수 있는 행동으로 기술하기

아동이 학습했다는 근거로 삼을 수 있는 것은 오직 관찰 가능한 아동의 행동이다. 색깔 개념에 대한 아동의 지식을 관찰할 수는 없지만, 아동이 색깔을 짝 맞추거나 분류하는 것, 색깔의 이름을 말하는 것, 색깔 이름을 듣고 고르는 것은 관찰할 수 있다. 우리는 종종 아동의 발달을 추상적으로 생각하기 때문에 '～에 대한 지식', '～에 대한 개념을 가지고 있는' 또는 '～에 관여하는'과 같은 발달적 개념을 분명하게 관찰 가능한 행동으로 바꾸는 데 어려움을 느낀다.

각 목표는 구체적인 아동의 행동을 묘사해야 한다. 아동은 주고, 가리키고, 말하고, 말로 하고, 짝 맞추기를 하고, 분류하고, 페달을 구르고, 이름을 말하고, 점프를 한다. 그들은 주기, 보여 주기, 바라보기, 가리키기 그리고 가리키는 것에 따라가기를 통해 합동주시 행동을 보여 준다. 그들은 관찰 가능한 행동으로 타인에게 반응한다. 즉, 그들은 머리나 몸을 상대 쪽을 향하게 하고, 눈맞춤을 하고, 말을 하고, 제스처를 보여 준다. 목표를 세울 때 아동의 동작을 시각화하라. 아동이 실제로 무엇을 하는가? 어떤 근육을 움직이는가? 어떤 동작이 발생하였나? 그 동작들이 당신이 목표나 표적으로 삼는 행동이다.

하나의 목표가 한 개 이상의 행동을 포함할 수도 있다. 여기에는 2가지 이유가 있다. 첫째, 일반적으로 행동은 연속적인 운동(motor sequence)으로 이루어져 있다. 예를 들면, 정리하기는 사물을 용기에 넣거나 분류하기(짝 맞추기), 용기를 선반이나 서랍에 넣기를 포함한다. 보다 상위 수준의 합동주시 기술에는 가리키기, 가리키기를 따라가기 또는 보여 주기, 이와 함께 일어나는 눈맞춤과 사물과 상대 사이의 시선 이동하기 그리고 이와 동반되는 발성 등이 포함된다. 옷 입기와 배변에는 매우 긴 행동 연쇄가 포함된다. 이렇게 연속적인 순서를 따라 발생하는 행동들을 종종 한꺼번에 가르치기 때문에 그런 순차적인 행동을 포함하는 목표는 한 개의 목표 안에 여러 개의 행동을 구체화한다. 예를 들면, 다음의 목표는 2개의 합

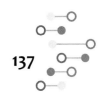

동주시 행동, 시선 옮기기 그리고 가리키는 것 따라가기를 목표로 한다.

성인이 최대 10피트 거리의 선반이나 바닥에 있는 사물을 바라보고 가리키면서 '조니(Johnny), 저기 봐."라고 하는 말에 조니가 반응하여, 한 번에 가리키기를 시각적으로 따라가고, 사물을 바라보며 성인과 눈맞춤을 한다. 20분 동안 3번, 3회기 연속으로, 2~3명의 다른 성인과.

이 목표에서는 조니가 순차적으로 보여 주어야 하는 3개의 행동이 포함되어 있다. 시선과 고개 돌리기로 가리키기를 따라가기, 대상을 바라보기, 그러고 나서 상대에게 시선을 옮겨 눈맞춤하기. 이것은 몸 돌리기, 가리키기, 말하기가 포함된 성인의 행동에 대한 반응으로 발생한다. 아동은 20분 동안 이 행동의 조합을 개별로 3번 보여 주어야 하며, 이 목표를 통과하기 위해서는 자극이 주어지는 최초 시기에 수행해야 한다.

한 개의 목표에 여러 개의 행동이 포함되는 두 번째 상황은 명명하기, 가리키기, 모방하기와 같이 다양한 모델에 대해 같은 종류의 행동들이 사용될 때다. 동사의 사용이 좋은 예다: 상대의 예시에 대한 반응이나 하고 있는 활동에 대한 자발적인 언급으로, 섀넌(Shannon)은 자신, 타인, 사물의 동작을 묘사하기 위해 두 사람이 함께하는 1시간의 놀이 시간 동안 10개의 다른 동작 단어(동사)를 적절하게 사용한다.

이 목표는 사용해야 하는 특정 동사의 리스트 없이도 측정할 수 있다. 이미 기술했듯, 아동이 어떤 것이든 10개의 동사를 사용하면 이 목표를 통과할 수 있다. 하지만 만약 아동이 어떤 동사를 사용하는지가 중점이 된다면, 특정 동사는 아동이 사용하기 너무 어렵거나 어떤 동사는 의사소통에서 매우 필요하기 때문에 목표에서 동사 목록을 언급할 수 있다. 예를 들면, "섀넌은 다음의 5개의 동사 '주다, 도와주다, 올라가다, 내려가다, 끝나다'를 사용한다. 모방해서 또는 자발적으로, 간식 일과 중 요청하기 위해 2회, 매일, 3일 연속으로.

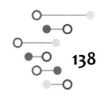

🖤 완수 수준을 정의하는 기준을 설명하기

각 목표는 성공적인 학습과 목표의 완수를 설명해야 한다. 여기에는 2가지 실용적인 목적이 있다. 첫째, 이것은 목표가 특정 성취 수준에 초점을 둘 수 있도록 도와주며, 둘째, 이것은 아동의 통과 및 실패 여부를 분명하게 하여 치료사가 아동에게 가르치려고 한 것을 학습하였는지에 대해 분명한 피드백을 줄 수 있다.

적절한 수준의 난이도로 완수 기준을 세우는 것은 아동의 발달 속도에 대한 치료팀의 지식을 필요로 한다. 앞에서 언급했듯, 우리는 기술의 완수를 반영하는 기준을 세우면서 아동이 12주 안에 완수를 성취할 것이라고 기대되는 수준 또한 고려해야 한다. 기준을 세우는 작업은 아동의 학습 속도에 대한 이해, 앞으로 진행할 교육의 양 그리고 적절한 수준의 낙관주의를 포함한다. 앞에서 말했듯 아동이 12주 동안 충분히 배울 수 있다는 것이 확실하지 않을 때에는, 기준을 낮게 잡아라. 실패는 모든 사람(아동, 부모, 치료사들 그리고 치료 팀)에게 부정적으로 작용할 수 있기 때문에 너무 어려운 것보다는 너무 쉬워 실수를 하는 것이 차라리 낫다. 완수 수준을 성취하여 모든 사람을 기쁘게 하는 것이 낫기 때문이다.

성공의 기준은 학습한 기술의 수(예: 8개의 색깔 이름을 말할 수 있다.) 또는 수행의 대기 시간(예: 친구가 인사를 하면 얼굴 향하기, 바라보기, "안녕."이라고 말하기로 1초 안에 반응한다.)으로 구체화할 수 있다. 기준은 연속적인 기술에서 특정 독립성의 수준을 포함할 수 있다(예: 아동은 손 씻기를 할 때 도움 없이, 독립적으로 단계의 70%를 완수한다.). 이것은 지속시간(예: 장난감을 갖고 독립적으로 적절하게 논다, 성인의 촉구 없이, 10분 동안)을 포함할 수 있다. 목표에 나타나는 행동의 특성은 적절한 측정 단위가 무엇인지 알려 준다.

백분율 기술 시 주의할 점!

자주 발생하는 실수 중 하나는 완수 기준을 설명할 때 백분율을 과도하게 사용하는 것이다. 백분율은 많은 경우 행동의 완수를 잘 나타내지 못한다. 백분율은 '상호작용 놀이를 하는 1시간 동안 성인의 질문에 반응하여 10개의 동작 단어를

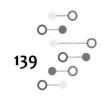

사용한다'와 같이 시간에 대한 백분율보다는 행동의 빈도를 포함할 때 효과적이다. 예를 들면, 목표는 이런 식으로 세운다. 15분 동안의 탈것, 캐릭터 인형, 소품들이 사용되는 연극놀이 활동 시, 맥스(Max)는 상대의 질문이나 코멘트에 반응하여 또는 그의 놀이에 대한 자발적으로 이야기할 때, 10개의 다른 동작 단어를 사용한다. 놀이 회기들 중 80% 이상, 5회기 연속으로.

앞에 기술한 목표에서, 맥스는 5일 중 4일 연속으로 10개의 다른 동작 단어를 말해야 한다. 하지만 눈맞춤, 언어와 협응된 눈맞춤 등 많은 중요한 기술들의 경우 백분율은 준거 기준으로 적절치 않다. 눈맞춤은 연속적으로 발생하는 것이 아니라 매우 분명하기 때문에 '맥스가 1시간의 언어치료 회기 중 80% 눈맞춤한다.'라는 문장은 좋은 준거 기술이 아니다. 이때에는 정확한 측정을 위해 회기 전체에 걸쳐 한 사람이 눈맞춤을 계속 관찰해야 하는데, 이것은 시행하기가 매우 어렵다. 눈맞춤은 상호작용 중 특정 횟수로 발생한다. 예를 들면, 새로운 대화를 시작할 때. 그러므로 다음의 문장은 일반적인 대화 상황에서 어떻게 눈맞춤이 사용되는가에 대한 완수 기준을 잘 나타낸다. "맥스는 언어 또는 제스처와 협응된 눈맞춤을 5번의 요청 중 적어도 3번 사용한다"

자발적 또는 독립적인 순차적 행동의 완수 기준에서도 백분율의 사용을 피하라. 만약 놀이 활동 후 정리하기를 목표로 했을 때 85%를 완수 기준으로 세웠다면, 아동은 측정된 기회 중 85%에서 완벽한 정리를 완수해야 한다. 완벽하게 독립적으로 정리하기는 아동들에게 일반적으로 기대되는 행동이 아니다. 정리하기를 배우는 아동의 경우, 교육이나 수행 경과 측정을 위해 다른 아동들에게 일반적으로 기대되는 수준을 구체화하는 것이 도움이 된다. 예를 들면, 활동의 종료 시점에서 성인이 '정리하자'라고 말했을 때, 조니는 자발적 또는 성인의 모델에 반응하여 4개 이상의 조각을 주워 용기에 넣는다, 개입 시간 중 4개 이상의 활동에서, 4회기 연속으로.

아동의 현재 기술 레퍼토리를 측정하는 또 다른 방법은 선행사건에 대한 첫 번째 반응을 포함하는 것이다. 첫 번째 반응은 행동의 안정성에 대한 좋은 지표가 된다. 만약 아동이 여러 날, 여러 회기 연속으로 회기 중에 선행사건이 첫 번째로

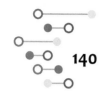

발생했을 때 기술을 수행했다면, 그 기술은 아동에게 안정적으로 유지되고 있는 것으로 볼 수 있다. 그러므로 첫 번째 시도에서의 반응은 완수 기준이 될 수 있다. 예를 들면, 베시(Becci)는 그녀에게 다가오거나, 그녀를 바라보며 "안녕."이라고 말하는 또래에 반응하여 눈맞춤을 하며 안녕이라고 인사한다. 첫 번째 기회에서 1초 이내, 5일 연속으로 매일.

완수 기준은 수행의 양, 정확도, 유창함 또는 대기 시간을 구체화하는 것과 함께 아동이 보여 주어야 하는 독립성의 수준을 설명해야 한다. 많은 기술들의 경우, 완벽하게 독립적으로 수행하기를 기대하는 것은 아동들에게 적절하지 않다. 정상 발달 영유아도 많은 상황에서 도움, 촉구 그리고 반복적인 상기를 필요로 한다. 그러므로 많은 목표는 다음과 같이 성인이 도움을 주는 정도를 정의하는 구문을 포함해야 한다. 2번 이상의 재지시 없이 10분 동안의 장난감 놀이를 할 수 있다, 2번 이상의 신체 또는 언어적 촉구 없이 손 씻기의 모든 단계를 완수할 수 있다, 독서 시간 동안 책에 나온 10개 이상의 서로 다른 친숙한 사물 그림을 가리키라는 첫 번째 요청에 반응한다(성인의 반복 지시나 도움 없이 수행해야 한다.), 어린이집에서 친숙한 성인의 인사에 반응하여 눈맞춤하고 "안녕."이라고 인사한다, 3일 동안의 기회 중 80%에서.

(주: 구체화해야 하는 지원의 수준을 찾기 위해 또래의 전형적인 행동을 기준으로 측정해야 연령에 적합한 교육을 할 수 있다. 잘 모르겠을 경우, 대상 아동과 동일 연령대의 정상 발달 아동을 관찰해 보아야 한다.)

하지만 완수의 정의가 기술의 일반화된 수행을 설명하지 않으면 완벽하지 않다. 이것은 아동의 학습 목표의 네 번째이자 마지막 요소다.

🔵 일반화의 기준을 설명하기

우리는 새로운 기술이 매우 컨디션이 좋은 날에만, 좋아하는 사람과 있을 때, 오직 하나의 세팅에서만 나타나기보다는 레퍼토리 안에서 인정적으로 유지되는 것을 원한다. 일반화는 보통 한 개 이상의 일반 환경에서 기술을 수행하기, 몇몇 다

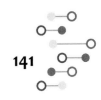

른 사물과 교구를 이용하여 수행하기 그리고 여러 사람을 상대로 수행하기를 포함한다. 측정 가능한 일반화 기준은 우리가 관찰하는 내용이 선행사건에 대한 아동의 현재 반응 비율의 실제를 반영하는가를 알 수 있게 한다. 타인의 인사에 반응하기 등 하루 중 자주 발생하지 않는 행동의 경우, 3~4일 연속되는 대부분의 기회에서 행동이 나타나는 것을 완수되었다고 볼 수 있다. 또한 손 씻기와 같이 자주 발생하는 복잡한 행동의 경우, 하루 또는 이틀 연속 동안 아동의 행동을 잘 반영할 수 있는 샘플을 얻을 수 있다. 예를 들면, 다음에 기술한 일반화 기준은 좋은 예시다. "도움이나 촉구 없이 손 씻기 단계 중 90%를 수행한다, 2일 동안 발생한 각각의 기회에서."

마지막으로, 우리는 행동이 다양한 세팅, 도구 그리고 사람에 대해 발생했을 때 그 행동이 일반화되었다고 본다. 만약 행동이나 기술이 특정 환경, 대상, 사람에게만 특화되어 있다면, 각각의 12주 목표에는 행동이 2개 이상의 환경, 2개 이상의 도구 그리고 2명 이상의 다른 사람에 대해 발생한다는 문장이 포함되어야 한다.

여기에는 강점과 약점이 모두 존재한다. 치료사와 아동이 목표를 완수하기 위해 다양한 환경, 다양한 사람과 기술을 연습해야 한다는 것은 강점이 되며 보다 더 안정적이고 영구적으로 행동을 유지시킬 수 있다. 또한 이것은 기술을 사용해 볼 수 있는 다양한 환경의 사람들을 필요로 하며, 이로 인해 교육을 다양한 사람, 아동의 생활환경 그리고 다른 강점으로 확장시킬 수 있다. 반면 측정이 어렵다는 것은 약점이다. 다른 세팅으로부터 정보와 신뢰할 수 있는 보고를 필요로 하며 목표를 완수하기 위해 보다 많은 교육이 필요하기 때문에 완수를 하기까지 시간이 오래 걸릴 것이다. 하지만 강점은 일반적으로 약점보다 중요시되며, 그렇기 때문에, 기술 레퍼토리가 치료실 밖에서 전혀 나타나지 않거나 기능적으로 사용되는 것과 같이 자주 발생하는 좌절스러운 상황을 방지할 수 있다.

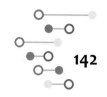

 기능적 목표 기술하기

기술을 가르치는 것은 아동이나 성인에게 시간이 걸리는 일이며, 우리는 그 시간을 알차게 보내면서 아동이 다양한 환경 안에서 사용할 수 있는 적응 기술을 배우기를 바란다. 선행사건에 대한 문장은 행동의 기능적 · 적응적 활용을 목적으로 할 수 있으며, 그래야만 한다.

표현 언어의 발달을 예로 들어 보자. 아동은 보통 방안을 걸어 다니며 사물의 이름을 말하지 않는다. 우리는 원하는 사물을 요청할 때, 타인이 요청한 것을 줄 때, 저항할 때, 상호작용을 시작하거나 끝낼 때, 흥미, 경험, 기분, 생각을 타인과 공유할 때, 자신의 욕구를 알아차리고 도움을 청할 때 언어를 사용한다. 아동은 그들이 가진 기술을 적응적이고 관습적인 상황에서 사용할 수 있도록 학습해야 한다. 이것을 구체화한 목표는 교육이 지속적으로 기능적이 될 수 있도록 도와준다. 치료실에 있는 단어 카드 25개의 명칭을 말할 수 있다는 목표는 초기 언어를 기능적으로 사용하는 것이 아니다. 보다 기능적이고 표현적인 언어 목표는 책을 보는 동안 책에 있는 그림의 이름을 말하기 또는 식사 중 원하는 몇몇 다른 종류의 음식 이름을 말하기 또는 주제가 있는 놀이 시간에 선호하는 놀이 주제를 요청하기 또는 자유 놀이 시간에 친구에게 원하는 장난감을 요청하기 등일 것이다. 이보다 기능적인 목표들은 아동이 실제 생활환경에 잘 적응하는 데 교육과 학습이 도움을 줄 수 있도록 해 준다. 또한 이것은 교육이 실제의 생활환경, 가정, 어린이집, 지역사회 등에서 부모, 친구, 교사와 함께하는 상호작용 안에서 발생할 수 있도록 도와준다.

훈련을 통해, 목표를 세우는 것은 보다 빠르고 쉽게 이루어질 수 있다. 목표는 커리큘럼 체크리스트 평가가 끝난 후 되도록 빠른 시간 내에 세우는 것이 좋다. 목표행동이 마음속에서 보다 분명해질 것이고 목표들이 보다 쉽게 이어질 것이다. 각 목표에서 4가지 구성요소(선행시건, 행동, 기준 그리고 일반화)를 확인하라. 〈표 4-1〉은 이 장에서 다룬 목표를 세우는 방법에 대한 가이드라인을 요약하고

〈표 4-1〉 학습 목표 기술에 관한 가이드라인

배워야 할 기술을 선택한다.
- 현재 P/F로 평가된 항목을 포함한다.
- 일관되게 P가 나타나는 가장 수행이 좋은 레벨의 영역을 완수하는 데 초점을 둔다.
- P/F를 받은 항목 이후 처음으로 F가 거의 나타나지 않는 구간을 살펴보고, 아동의 학습 속도를 판단한다.
- 의심스러울 경우, 실제보다 낮게 평가한다.

선행사건을 선택한다.
- 행동을 자연스럽게 유발하는 단서를 사용한다(다른 행동, 환경적 단서, 내적 단서, 뒤따라오는 행동)
- 적절한 경우, 행동에 대한 한 가지 이상의 선행사건이 구체화될 수 있다.
- 세팅이 선행사건으로 사용되는 것을 주의하라.

행동(배워야 하는 목표 기술)을 설명한다.
- 구체적이고, 관찰 가능하며, 측정 가능해야 한다.
- 한 가지 이상의 행동이어야 한다.

완수 기준을 설명한다.
- 양
- 정확도
- 유창성
- 수행의 대기 시간
- 첫 번째 반응
- 독립성 정도
- 지속 시간

일반화 기준을 설명한다.
- 여러 다른 세팅에서 그리고/또는
- 여러 다른 사물 및 재료를 이용하여 그리고/또는
- 여러 다른 사람과

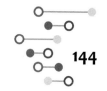

있다. 교육 목표를 세우는 데 있어 보다 자세한 정보는 교육자를 위한 다양한 서적에서 찾아볼 수 있다. Cipani와 Spooner(1994)의 저서는 유용한 서적 중 하나다.

 아이작의 12주 학습 목표

이 장의 앞부분에서 26개월 된 아이작의 평가와 ESDM 평가 프로파일을 살펴보았다. 다음 목록은 아이작을 위한 12주 학습 목표다. 모든 부분은 레벨 1에 해당하며, 7개 영역 중 6개, 표현 언어, 수용 언어, 사회기술, 모방, 인지 기술, 놀이 기술을 다루고 있다. 이것은 가족 구성원에 의해 진행된 짧은 개입이었고 아이작은 운동 영역에서는 지연이 없었기 때문에 운동 영역의 목표는 포함하지 않았다. 다음의 목표 목록과 함께 떼쓰기, 물기에 대한 행동 계획이 추가되었다. 커리큘럼 체크리스트의 레벨 1의 영역 이니셜과 항목 번호는 각 목표의 마지막 괄호 안에 삽입되어 있다. 처음 3개의 목표에 대해서는 4개의 구성요소를 나열하였다.

♠ 표현 언어

1. [선행사건:] 가정이나 치료실에서 소리 내기 놀이 또는 의도적인 소리 내기를 할 때, [행동:] 아이작은 자발적으로 2~3개의 모음-자음 조합을 사용하여 5회 이상 발화한다. [숙달 기준:] 10분 동안 [일반화:] 3회기 연속. (표현 언어 항목 12)

2. [선행사건:] 원하는 활동이나 사물이 제시되었을 때, [행동:] 아이작은 상대에게 직접적인 제스처, 발화, 눈맞춤을 사용하여 그것을 요구한다. [숙달 기준:] 주어진 기회의 90% 이상 [일반화:] 3번 연속의 10분 단위, 적어도 2개의 환경, 3명 이상의 사람과. (표현 언어 항목 1, 2, 3, 10)

3. [선행사건:] 가정이나 치료실에서 사회적 상호작용을 하는 동안 성인이 원하

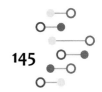

는 사물, 원하지 않는 사물, 도움이 필요한 사물을 제시했을 때 [행동:] 아이작은 저항, 거부, 요청, 도움 요청을 표현하기 위해 사물 밀어내기(저항, 거부), 요청을 위한 유도된 손 뻗기, 사물을 건네주기(도움 요청)와 같은 제스처를 눈맞춤과 함께 사용한다. [숙달 기준:] 45분의 놀이 중 3번 이상, 3일 연속 [일반화:] 2명 이상의 사람 및 세팅. (표현 언어 항목 5, 7, 8, 9)

🫐 수용 언어

4. 교실을 가로질러 또는 그의 시선 밖에서 성인이 아이작의 이름을 불렀을 때, 아이작은 성인을 향해 쳐다보고 눈맞춤한다. 20분 안에 3번, 3회기 연속, 가정과 치료실에서. (수용 언어 항목 3, 7)

5. 성인이 90cm 이상 떨어져 있는 장소, 그림, 사물을 가리켰을 때, 아이작은 가리키는 방향을 따라가며 적절한 행동 반응을 보인다. 3번의 연속된 10분 기간 동안 3번 이상의 기회, 가정과 치료실에서. (수용 언어 항목 5, 8, 9)

6. 성인이 제스처와 함께 또는 없이 말로 요청을 했을 때 이에 반응하여 아이작은 몸 움직임이 포함된 5개의 다른 지시를 수행한다. 앉아, 일어나, 정리해, (사물)을 받아, (사물)을 줘. 2번의 다른 1시간의 치료실 회기 중 그리고 가정에서 부모 또는 할머니와 2번의 다른 놀이 시간 동안, 주어진 기회의 90% 이상. (수용 언어 항목 13, 14, 15)

🫐 사회기술

7. 가정 및 치료실에서 노래하기, 책 읽기, 감각을 이용한 사회적 상호작용 놀이를 하는 동안 성인이 일과를 제시하거나 멈추었을 때, 아이작은 눈맞춤과 함께 제스처를 사용하여 일관적으로 요청하거나 5개의 다른 일과를 지속한다 (예: 노래하기, 신체 놀이). 3명 이상의 다른 사람과. (사회기술 항목 2, 3, 4, 5, 6; 수용 언어 항목 10, 11; 표현 언어 항목 1, 9)

8. 다양한 상황에서, 성인이 가까이에서 손을 흔들며 "안녕."이라고 인사했을 때, 아이작은 이에 반응하여 같이 인사한다. 주어진 기회의 90% 이상, 2일 이상 연속으로, 2명 이상의 다른 사람 및 세팅에서. (사회기술 항목 8, 9; 모방 항목 2)

🖤 모방

9. 치료실 및 집에서 사물 놀이를 하는 동안 성인이 사물을 이용한 다양한 동작을 보여 주었을 때, 아이작은 자발적으로 80% 이상, 10개 이상의 동작을 자발적으로 모방한다. 친숙한 것 또는 새로운 것 모두 포함, 3회기 이상 연속으로. (모방 항목 1, 2; 사회기술 항목 7)

10. 가정 및 치료실, 언어치료실에서 노래, 손가락 놀이, 감각을 이용한 사회적 상호작용 놀이를 하는 동안, 아이작은 자발적으로 사물이 포함되지 않은 5개 이상의 신체 움직임 모델을 보고 1초 안에 모방한다. 3회기 이상 연속으로. (완벽한 모방보다는 비슷하게 하는 것이 해당됨). (모방 항목 2, 3; 사회기술 항목 7)

11. 아이작이 자음-모음-자음-모음(CVCV) 조합을 말하고 성인이 그것을 모방하였을 때, 아이작은 자음-모음-자음-모음 소리 내기를 반복한다. 3번의 10분에서 주어진 기회의 80%, 가정, 치료실, 언어치료실에서. (모방 항목 4; 레벨 2 모방 항목 1)

🖤 인지 기술

12. 어린이집, 가정, 치료실에서 정리, 블록 놀이 그리고 다른 적절한 활동을 하는 동안 아이작은 성인의 모델을 따라 최대 8가지 도구에 대해 본질에 따라 짝 짓기, 모으기, 분류하기를 할 수 있다. 90% 정확하게, 3빈 이상 연속된 기회에서. (인지 항목 1; 모방 항목 1; 수용 언어 항목 10, 14; 놀이 항목 8)

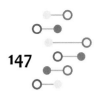

🌰 놀이 기술

13. 공이나 빈백을 이용한 활동 동안 상대의 언어 및 제스처를 통한 요청과 주
도에 반응하여 아이작은 물체를 되받아 던지거나 굴리며 상대와 3~5회 주
고받는다. 3회 이상 연속, 2개 이상의 상황, 2명 이상의 사람과. (놀이 항목 1;
모방 항목 1; 사회기술 항목 3, 5, 7; 수용 언어 항목 10, 14; 대근육 항목 7, 8)

14. 식사, 목욕, 양치질, 수면과 같이 이미 하고 있는 일과에서 사용하는 5가지
이상의 실제 사물을 이용한 놀이를 할 때, 아이작은 5개 이상의 적절한 동작
을 모방하거나 스스로 시작한다. 3회기 이상 연속으로, 가정 및 치료실에서.
(놀이 항목 1, 4, 7; 모방 항목 1)

15. 어린이집, 치료실, 가정에서 구성놀이, 미술놀이를 하는 동안 아이작은 5분
의 활동 안에 5개 이상의 상호적인 행동을 한다(순서 주고받기, 같이 만들기,
공유된 활동에서 서로 모방하기 등). 각 회기에서 2회 이상, 3회기 연속으로.
(놀이 항목 1, 4; 모방 항목 1, 12; 사회기술 항목 3, 5, 7, 11)

아이작과 그의 가족 구성원들은 주 1회 부모–자녀 회기에 12주 동안 참여했고,
이후 공립유치원 프로그램에 입학하였다. 그는 부모–자녀 클리닉에서 성취 속도
가 좋은 편이었고, 매우 일관적으로 사용하는 한 단어 수준의 발화 능력 및 몇몇
두 단어 조합 언어를 습득했으며, 사회기술, 놀이, 모방 및 행동적으로도 양호한
발전을 보였다. 그는 이제 네 살이 되었고, 일관되게 사용하는 보다 정교한 형태
의 발화, 또래 사회기술을 갖고 있으며, 두드러진 문제행동이 없다. 그는 새로 태
어난 남동생과 사랑이 넘치고 즐거운 관계를 맺고 있다. 그는 헤드스타트 유치원
(Head Start preschool)에서 잘 적응하고 있으며, ASD 아동들에게서 나타나는 사회
적 문제를 보이지 않는다.

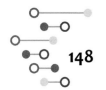

🜂 결론

잘 기술된 목표는 교육의 내용을 정의해 주고 교육의 효과성을 판단하는 기준을 제공한다. 목표를 잘 기술하기 위해서는 많은 시간이 소모되지만, 그렇게 표현되었다는 것은 시간을 잘 보냈다는 뜻이다. 목표가 아동이 배워야 하는 행동과 어떤 조건 아래에서 교육이 이루어져야 하는지를 잘 나타낼 경우, 교육과정은 이를 따라 보다 빠르고 신중하게 진행될 수 있다. ESDM 커리큘럼 체크리스트는 교육 목표가 될 수 있는 포괄적인 행동 목록을 제공하고, 목표는 ESDM에서 이루어지는 교육의 초석이 된다.

아동과 시간을 보내는 모든 사람과 목표를 공유하는 것이 좋다. 아동에게 보다 많은 시행이 이루어질수록 아동은 빨리 배울 수 있다. 목표가 치료팀에 의해서만 실행되는 것이 아니라 아동과 상호작용하는 모든 사람에 의해 실행되는 것이 이상적이다. 부모는 이것을 아동과 상호작용하는 모든 일상생활에 통합시킬 수 있다. 다른 개입자들(유치원 선생님, 언어치료사, 작업치료사, 음악치료사, 주일학교 선생님, 보모 등) 또한 그들이 하는 상호작용에 관련된 목표를 포함시킴으로써 아동을 도와줄 수 있다. ESDM 치료사가 그들이 하는 내용을 다른 사람들과 공유하고 다른 사람들이 그들의 상호작용에서 교육 내용을 포함시킬수록 아동은 더 빠른 향상을 보일 수 있다.

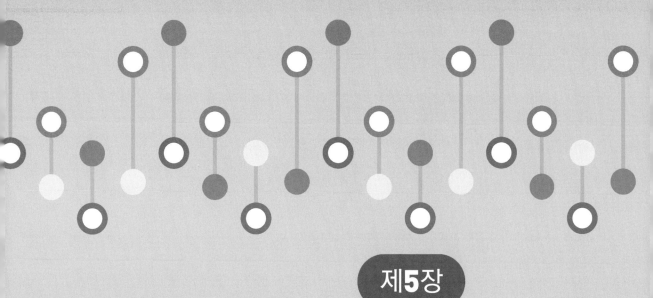

제5장

일일 학습 목표 만들기와 치료 경과 추적하기

앞 장에서 ESDM의 단기 학습 목표를 세우는 방법에 대해 설명하였다. 여기에서의 목표는 12주 동안의 커리큘럼을 의미한다. 이 장에서는 모든 목표를 숙달할 수 있도록 각 목표를 작은 단계로 나누어 가르치는 방법을 설명한다. 이 과정은 각 목표별로 아동의 현재 기초선에서부터 완벽히 습득되어 일반화되었을 때까지 목표의 과제 분석을 포함한다. 이 과제 분석에서의 학습 단계들은 회기 내 일일 데이터 측정을 위한 일일 학습과 목표행동으로 이어진다. 회기에서 수집된 자료를 통해 각 아동의 경과를 추적할 수 있다.

🌳 각 목표별 학습 단계 계획하기

목표를 학습 단계로 만드는 과정은 과제 분석과 함께 여러 영역의 발달 순서에 관한 지식의 조합을 필요로 한다. 대부분 조기 치료 전문가들은 과제 분석과 함께 이에 익숙할 것이다. 셔츠 입기나 구슬 꿰기와 같은 운동 기술의 과제 분석은 운동행동을 나누는 작업을 포함한다. 각 행동은 연속된 순서로 가르친다(연쇄). 촉구는 각 행동이 다음 행동의 선행사건이 될 수 있도록 행동 사이에서 서서히 제거해야 한다. 학습이 되고 나면 행동의 연쇄는 선행사건과 함께 시작되고 전체 연쇄의 완성으로 끝나는 동작 연쇄 순서와는 독립적으로 발생한다. 과제 분석의 과정을 복습해야 한다면, 특수교육이나 행동 분석 교재를 참조하기 바란다(Cipani & Spooner, 1994; Cooper et al., 2006).

기본 과제 분석은 다른 사람이 각 단계를 수행하는 것을 보고 각 행동을 묘사하는 것으로 완료된다. 그러나 ESDM 학습 목표의 과제 분석은 좀 더 확장된 과정이다. 학습 목표를 과제 분석할 때 반드시 기술이 학습 기간 동안 어떻게 발전되어야 하는지를 아동과의 경험과 발달 지식을 바탕으로 머릿속에서 그려 보거나 예상해 보아야 한다. 이것은 발달 과제 분석이므로 이것들을 정상 발달 능력과 학습 이론 지식에 통합시켜야 한다. 목표의 발달 과제 분석을 통해 아동의 학습 단계를 계획할 수 있다. 이 단계들은 독립 수행의 순차적인 단계, 모방하려는 행동에 더 정교화된 기준, 더욱 다양한 상황에서의 기술 수행 혹은 사람 및 환경 간의 일반화의 증진을 포함한다. 감정을 공유하기 위한 합동주시 개시 기술을 예로 들어 보자. 28개월 된 조슈아(Joshua)는 최근 사물을 요구할 때, 사회적 상호작용을 할 때, 흥미를 공유할 때 가끔 눈맞춤을 한다. 조슈아의 과제 분석을 통해 학습 단계를 기술한 표현 언어 목표는 다음과 같다.

표현 언어 목표: 사물(예: 비눗방울, 딸랑이 등)을 이용한 사회적 놀이를 하는 동안, 조슈아는 10분 안에 3회기 연속으로 두 사람 이상의 파트너와 사물에 대해 쳐다 보기와 미소를 번갈아 동반하는 눈맞춤을 함으로써 감정 공유를 위한 합동주시를 보여 준다.

(자발적이고 독립적인 사회적 행동을 목표로 하기 때문에 여기에서는 파트너로 인한 사회적 선행사건은 없다.) 이 목표는 다음과 같이 6단계로 과제 분석을 하였다.

학습 단계
1. 상호작용을 지속하기 위한 눈맞춤을 가끔 한다.
2. 상호작용을 지속하기 위한 눈맞춤을 반복적이고 지속적으로 한다.
3. 상호작용을 지속하기 위한 미소를 가끔 보여 준다.
4. 상호작용을 지속하기 위한 미소를 지속적으로 보여 준다.
5. 활동 중에 3회 이상 쳐다보기와 미소를 번갈아 가며 파트너와 사물에 대해 보

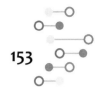

여 준다.

6. 활동 중에 3회 이상의 처다보기와 미소를 2명 이상의 파트너와 2~3가지 사물 관련한 게임에 대해 보여 준다.

첫 번째 단계에는 조슈아의 현 기초선과 조슈아가 합격한 ESDM 체크리스트를 기술하며 마지막 단계는 완벽히 습득하고 일반화가 되었을 때를 나타낸다. 학습 단계를 계획하는 것은 기초선에서부터 습득까지의 기술의 단계적인 진행을 보여 주는 것이다. 보통 4에서 6단계를 쓰기는 하지만 단계 수에 제한을 두지는 않는다. 기술을 지속적으로 가르친다는 가정하에, 매주 경과를 기록할 수 있도록 충분한 단계를 만든다.

🍂 마지막 단계에서 시작하기

새크라멘토 ESDM 센터에서 목표의 과제 분석 시 '끝에서부터 중간으로'의 접근을 가장 선호하는데 이는 아동의 수행 기술의 현재 기초선에서 시작하는 것이다. 첫 단계는 아동에게 자극이 주어지는 그 순간 보이는 행동에 대한 것을 설명한다. 아동의 행동이 드물게 나타나면 그 단계는 행동이 드물거나 자주 발생하지 않는다고 적는다. 아동이 신체 촉구 없이는 행동을 나타내지 않는다면 기초선 레벨 단계에 신체 촉구를 포함해야 한다. 첫 번째 단계의 행동은 아동이 자극에 대해 현재 수행하고 있는 행동으로서 향후 목표로 삼고 있는 행동과 관련이 있어야 한다. 목표와 관련된 조슈아의 현재 상태의 행동 수준은 "종종 사회적 상호작용을 위해 눈맞춤을 한다."다. 그리고 이것이 과제 분석의 첫 단계가 된다.

다음으로는 마지막 단계, 즉 목표 완료 기준이 구체화되어 있는, 완전히 습득한 목표를 적는다. 이 마지막 단계의 목표는 일반적으로 여러 교구, 환경과 사람에 대한 일반화를 포함한다. 조슈아의 예시에서처럼 마지막 전 단계의 목표는 종종 일반화되지 않은 기술에 대해 숫자를 이용하여 완료 기준을 서술한다. 끝에서 두 번째 단계는 수행의 일관성을 구체화하거나(예: 세 회기 연속 회기의 85%), 행동의

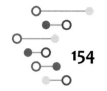

빈도(예: 15분 안에 2~3번), 선행사건에 대한 반응의 일관성 증가(예: 3번 중 한 번, 2번 중 한 번, 3번 중 3번으로 서술). 그러나 이는 목표의 완수 기준을 양적으로 설명하는 것이다.

❤ 중간 학습 단계

중간 단계는 기술에 의존적이다. 대부분의 아동의 목표는 다음 4가지 중 하나의 유형에 해당한다. '① 발달 순서, ② 행동 연쇄와 행동묶음, ③ 행동 빈도 증가와 내용 추가, ④ 기존 행동을 새로운 선행사건에 연결하기'가 그 4가지다.

발달 순서

어떤 측면에서 아동의 학습은 사실상 정상 발달 아동의 순서를 따라간다. ASD 아동들이 어려움을 겪는 언어나 상징놀이 영역에서조차 정상 발달의 순서를 따라가는 경향이 있다(Tager-Flusberg et al., 1990; Lifter, Sulzer-Azaroff, Anderson, Coyle, & Cowdery, 1993; McCleery, Tully, Slevc, & Schreibman, 2006). 다학제 간 팀원들은 정상 발달 아동의 발달 단계에 관한 좋은 정보를 제공해 준다. 언어치료사들은 정상 발달 언어 순서에 대한 전문가이며 작업치료사는 소근육 통제의 발달에 대한 전문가다. 유아 특수교사들과 아동 심리학자들은 여러 발달 영역에 대한 전문가다. 따라서 필요할 시에는 이러한 전문가들에게 도움을 요청하는 것이 좋다.

두 번째 자원은 ESDM 커리큘럼 체크리스트의 발달 순서다. 이 체크리스트는 발달 순서를 전 레벨에 걸쳐 반영하였다. 다른 유아 커리큘럼들에 나타난 발달 순서도 도움이 된다.

행동 연쇄와 행동묶음

많은 기술은 각 행동들이 다음 행동의 자극이 됨으로써 서로 연쇄적으로 연결이 되어 있다. 목표가 자조기술과 같은 행동 연쇄를 포함할 때, 학습 단계는 개별 행동의 완료 기준과 수행의 순서나 연쇄를 포함한다. 중간 단계의 과제 분석은 가르

치러는 기술의 순서를 따르거나(예: 머리에서부터, 목에서부터, 한쪽 팔에서부터, 양쪽 팔에서부터, 배에서부터 셔츠 벗기). 독립적으로 완료된 단계의 수를 나타낼 수도 있다. 특히 이것은 서로 연관성이 없는 행동 연쇄(예: 상 차리기−한 단계를 독립적으로 완료, 두 단계를 독립적으로 완료 …… 다섯 단계를 독립적으로 완료)에 사용하기 좋다. 다음에 나타난 목표와 학습 단계는 재킷 벗기를 후진 행동 연쇄로 가르친 예시다.

자조기술 목표: 조슈아가 유치원에서 사물함과 옷걸이 가까이에 서 있는 동안 지퍼가 채워지지 않은 재킷을 벗으라는 지시를 받았을 때, 기회의 90%는 재킷을 벗고 옷걸이에 걸 수 있다.

학습 단계

1. 독립적으로 재킷을 옷걸이에 건다.
2. 두 번째 손목에서부터 재킷을 벗고 옷걸이에 건다.
3. 두 번째 팔에서부터 독립적으로 재킷을 벗고 옷걸이에 건다.
4. 두 번째 어깨에서부터 재킷을 벗고 옷걸이에 건다.
5. 첫 번째 손목에서부터 재킷을 벗고 옷걸이에 건다.
6. 첫 번째 팔꿈치로부터 재킷을 벗고 옷걸이에 건다.
7. 첫 번째 어깨로부터 재킷을 벗고 옷걸이에 건다.
8. 기회의 90%는 지퍼가 채워지지 않은 재킷을 벗고 옷걸이에 건다.
9. 한 장소 이상에서 기회의 90%는 지퍼가 채워지지 않은 재킷을 벗고 옷걸이에 건다.

다른 방법으로 이 과제를 작성하는 방법은 다음과 같다.

학습 단계

1. 한두 단계를 부분 촉구만으로 수행한다.
2. 한두 단계를 독립적으로 수행한다.
3. 서너 단계를 부분 신체 촉구와 함께 수행한다.

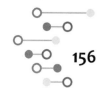

4. 서너 단계를 독립적으로 수행한다.

5. 대여섯 단계를 부분 촉구와 함께 수행한다.

6. 대여섯 단계를 독립적으로 수행한다.

7. 모든 과제를 1~2번 이하의 부분 촉구와 함께 수행한다.

8. 기회의 90%를 한 장소에서 독립적으로 수행한다.

9. 기회의 90%를 두 장소 이상에서 독립적으로 수행한다.

'행동묶음'이란 주어진 상황에서 일반적으로 함께 일어나는 여러 행동의 연관된 기술들이다. 정상 발달에서는 이러한 행동묶음을 초기 의사소통 행동에서 쉽게 볼 수 있는데, 눈맞춤, 제스처, 발성 또는 음성이 일반적으로 하나의 의사소통 행동으로 통합된다. 손이 닿지 않는 물병에 들어 있는 주스를 요구하는 유아를 상상해 보자. 그 아이는 칭얼거리며 상대를 쳐다보고 손으로 가리키거나 손을 뻗어서 물병을 가리킬 것이다. 이를 통해 자신의 요구를 명확히 전달한다. 여러 의사소통 행동은 패키지로 묶여 있다. 다음은 묶여 있는 행동의 발달적 행동 분석의 예시다.

28개월 된 조슈아는 요구 표현으로 원하는 사물에 다가가는 제스처를 보이며 가끔 쳐다보거나 소리를 낸다. 조슈아의 제스처, 성인을 쳐다보기 그리고 발성은 동시에 발생하지 않는다.

표현 언어 목표: 원하는 활동이나 사물이 있을 때, 조슈아는 제스처, 발성, 눈맞춤을 조합하여 요구를 한다. 기회의 80% 3번 연속 회기에서 10분 안에

학습 단계
1. 지속적으로 대상이나 사물을 향해 뻗거나 가리키는 제스처를 보여 준다.
2. 가끔 발성과 함께 제스처를 보여 준다.
3. 지속적으로 요구 표현을 발성을 동반한 제스처로 한다.

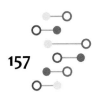

4. 가끔 요구 표현을 눈맞춤을 동반한 음성 및 제스처로 한다.

5. 지속적으로 요구 표현을 눈맞춤을 동반한 음성 및 제스처로 한다.

6. 일관되지는 않으나 요구 표현으로 세 행동을 같이 한다.

7. 요구의 80%는 요구 표현으로 세 행동을 같이 한다.

8. 요구의 80%는 요구 표현으로 2명 이상의 상대에게 세 행동을 같이 한다.

(주: 눈맞춤과 음성은 성인을 향한 것이고 제스처는 원하는 사물을 향한 것이다.)

행동 빈도 증가와 내용 추가

여기서 설명할 목표들은 기존의 행동 빈도를 증가시키거나 아동의 지식 베이스 및/또는 특정 기술(예: 9가지 색 말하기, 10가지 신체 부위 식별하기, 5가지 도형 그리기)에 대한 행동 레퍼토리를 다듬는 것이다. 이는 커리큘럼의 언어 및 인지 영역에 포함되어 있다. 이때 사물 이름 말하기, 요청하는 사물 건네주기, 블록 도안이나 간단한 선 그리기 모방하기와 같이 전제가 되는 기본 행동은 이미 가지고 있어야 하며 다만 내용이나 가짓수의 확장이 필요하다.

이러한 목표를 작성할 때에는 학습 단계를 수적으로 나누는 것이 때로 효율적이다. 예를 들면, 완료 기준이 8가지 이상의 색깔을 말하는 것이라면 단계를 다음과 같이 나눈다. 1~2가지 색깔 말하기, 3~4가지 색깔 말하기, 5~6가지 색깔 말하기, 7~8가지 색깔 말하기. 새로운 색깔 추가로 말하기를 다른 단계에서 이용하는 것도 좋은 방법이다(예: 빨강, 파랑, 초록, 노랑, 하양, 검정, 갈색, 보라). 새로운 색 말하기는 ESDM같이 유연한 스타일보다는 직접적으로 가르치는 스타일에 적합하다. 그러나 옳고 그른 방법은 없다. 아동이 쉽고 빠르게 배우는 방식으로 결정하면 된다. 학습 내용은 목표나 학습 단계 혹은 기록지상에 자세히 기술해야 하며 학습에 가장 적합한 방식을 선택해야 한다.

다시 특정 행동의 빈도 증가를 중점으로 한 28개월 조슈아의 학습 단계 예시를 살펴보자. 우리는 조슈아의 발성 증가를 원한다. 현재 조슈아는 10분 혹은 10분보다 짧은 단위로 모음 발성을 한다.

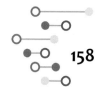

표현 언어 목표: 감각을 이용한 사회적 일과 시, 조슈아는 자발적으로 5번 이상 모음과 여러 자음을 이용하여 발성한다. 3번 연속 회기에서 10분 안에, 여러 장소에서 여러 명의 사람들에게

학습 단계

1. 10분마다 모음 발성을 한 번 한다.
2. 10분마다 모음 발성을 2~3번 한다.
3. 10분마다 1~2개의 자음을 포함한 발성을 2~3번 한다.
4. 10분마다 3개 이상의 자음을 포함한 2~3번의 발성을 한다.
5. 10분마다 3개 이상의 자음을 포함한 5번의 발성을 한다.
6. 10분마다 3개 이상의 자음을 포함한 5번의 발성을 2명 이상의 파트너와 두 곳 이상의 세팅에서 한다.

기존 행동을 새로운 선행사건에 연결하기

이 학습 상황에서의 목표행동은 이미 아동의 레퍼토리에 있는 것(예: 앉고, 다가가고, 보고, 웃고, 미소 짓고, 소리를 내고, 잡고, 또 사물을 다루는 행동 등)이다. 그러나 행동이 특정한 선행사건(자극)에서 지속적으로 나타나지는 않는다(대부분의 레벨 1 기술이 이 카테고리에 해당한다.). 학습 단계에서는 원하는 선행자극에 촉구를 하여 반응을 얻어내는 방법으로 기존 행동을 끌어낸 후, 행동이 자극 통제가 될수록 촉구를 점차적으로 줄인다. 학습 기술은 대부분 촉구와 용암으로 이루어져 있다. 하지만 아동의 학습 목표는 독립 수행이 중점이 되어야 한다. 학습 단계를 촉구 단계들과 함께 서술하는 경향이 있지만, 촉구는 최대한 빨리 줄여 나가야 한다. 같은 단계가 완료되고 연속된 며칠에 걸쳐 행동이 나타날 때까지 같은 단계의 학습이 이루어져야 한다. 그러므로 목표가 촉구 단계로 세워질 경우에는 목표가 완료될 때까지 단계를 반복한다는 규칙을 지키다 보면 촉구를 빠르게 줄일 수 없다. 반면 독립 수행의 정도에 중점을 두면, 촉구를 빠르게 줄여 갈 수 있다.

다음 예시를 보면, 조슈아는 숟가락이나 포크를 들고, 음식을 담은 후 입에 넣는 기술이 있지만 이를 자주 하지는 않는다. 대신에 음식을 손으로 먹거나 다른 사람이 먹여 준다.

자조기술 목표: 식사 동안, 조슈아는 어린이집과 집에서 세 끼 연속 거의 모든 식사 시 식사도구를 사용하며 스스로 한다(28개월 된 아동이 손으로 음식을 먹거나 부모가 한두 입을 먹여 주는 것은 흔한 일이므로 완료 기준이 100%가 아님에 주의한다.).

학습 단계

1. 5~10입을 도움과 함께 숟가락과/또는 포크를 사용하여 먹는다.
2. 5~10입을 도움 없이 식사도구를 사용하여 먹는다.
3. 식사의 25%는 자발적으로 도움 없이 식사도구를 사용한다.
4. 식사의 50%는 자발적으로 도움 없이 식사도구를 사용한다.
5. 식사의 75%는 자발적으로 도움 없이 식사도구를 사용한다.
6. 식사의 90%는 2명 이상의 사람과 두 곳 이상의 장소에서 자발적으로 도움 없이 식사도구를 사용한다.

이 목표와 계획에서는 아동이 드물지만 숟가락과 포크 모두 어려움 없이 사용할 수 있으므로 구체적인 식사도구를 서술하지 않았다. 숟가락과 포크 사용을 어려워하는 아동의 경우에는 두 식사도구 모두를 목표로 하기보다는 한 가지 식사도구를 목표로 하는 것이 좋다.

새로운 기술 구축

공차기, 가리키며 요구하기, 율동 따라 하기와 같이 새로운 기술을 가르칠 때에는 촉구, 용암, 행동형성, 행동 연쇄와 같은 다양한 학습 기술을 포함한다. 이번에 세울 학습 단계에는 행동의 정확성 증가와 촉구 및 다른 도움 감소가 포함되어 있다.

28개월 된 조슈아는 친숙한 사물에 대한 자발적인 기능놀이를 목표로 한다. 조슈아는 최근 자발적인 기능놀이가 없었으며, 가끔 친숙한 사물과 함께 행동을 모방한다. 우리는 모방 기술을 바탕으로 한 기능놀이를 계획하였다.

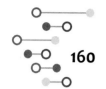

놀이 목표: 조슈아는 소꿉놀이, 침대 놀이 그리고 목욕 놀이를 3가지 이상의 소품을 적절히 사용하여 하며 스스로에게, 파트너 또는 인형에게 자발적으로 3가지 이상 기능놀이를 3회기 연속해서 한다.

학습 단계

1. 지속적이지 않지만 한 가지 사물로 기능놀이를 모방한다.

2. 지속적으로 한 가지 사물로 1~2가지 놀이를 모방한다.

3. 지속적으로 2~3가지 사물로 1~2가지 기능놀이를 모방한다.

4. 자발적으로 한 가지 사물로 1~2가지 기능놀이를 모방한다.

5. 2가지 사물로 1~2가지 기능놀이를 모방한다.

6. 3~4가지 사물로 1~2가지 기능놀이를 모방한다.

(힌트: 특정 기술에 대해 단계를 어떻게 계획해야 할지 모르겠다면 그것에 대해 너무 고민하지 말자. 최선을 다해 계획하고 가르쳐라. 단계가 맞지 않으면 시작하자마자 잘못되었음을 알게 될 것이고 그때 다시 교육 경험에 기반하여 수정하면 된다. 가르치면서 그 학생의 학습 과정에 대해 배워 가는 것이 교육의 본질이다.)

이 학습 단계들은 12주 안에 배워야 할 목표들의 체계적인 계획을 작은 학습 목표들로 나누어서 치료사들에게 제공하고 있다. 이 장 끝에 여러 개의 예시를 소개하였다.

경과 추적

[그림 5-1]에서 보듯이 단계의 목록에 시작일과 완료일의 2개의 열을 추가하여 아동의 학습 단계에 대한 경과를 볼 수 있다. 이 자료는 제4장에서 다룬 아이작의 학습 목표와 학습 단계 중 하나다. 아이작의 완성된 학습 목표와 학습 단계는 〈부

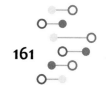

록 5-1〉에 있다. 새크라멘토 ESDM 홈페이지에 있는 시작일과 완료일 포맷의 기록지가 아동의 경과를 보는 데 도움이 될 것이다. '시작일'은 기술의 단계를 교육하기 시작한 날이다. '완료일'은 아동이 목표 완료 기준의 행동을 보여 준 날이다. 이 행을 보면 아동이 시간 순으로 무엇을 학습했는지 알 수 있다. 회기별 자세한 학습 진행 내용은 일일 데이터 기록지를 사용하여 기록한다.

일일 데이터 기록지

일일 데이터 기록지(〈표 5-2〉 참조)는 아동의 수행을 부분동간기록법으로 작성 시 사용되며 아동에게 가르칠 기술과 단계에 대한 지침을 제공하기도 한다. 일일 데이터 기록지는 학습 단계와 목표를 간단명료하게 작성한 것이다. 보통 사용하기 편하고 빠르게 볼 수 있도록 두 쪽을 한 페이지에 넣고 펜과 함께 클립보드에 끼워 사용한다.

[그림 5-2]는 브리타니(Brittany)의 2007년 3월 8일 학습 일일 데이터 기록지를 예시로 보여 주고 있다. 각 목표는 서너 단어로 간단명료하게 작성되어 있다. 각 목표 다음은 목표에 해당하는 각 학습 단계의 설명과 데이터를 입력할 행으로 이루어져 있다. 열의 수는 주어진 회기 안에서의 코딩 간격 숫자를 반영한다. 브리타니의 경우에는 1시간 동안 15분마다 데이터를 기록하였다. 기록지는 12주 목표, 학습 단계 행동 분석, 아동의 수행에 관한 것인데 이를 통해 치료 시간 동안 무엇을 가르쳤는지, 아동이 어떻게 수행했는지를 추적할 수 있다.

언제 데이터를 기록해야 할까

ESDM 치료는 시도 대 시도 기록을 하기에는 너무 많은 아동과의 상호작용이 필요하다. 대신 ESDM은 시간동간기록법을 사용한다. 치료사들은 15분마다 기록하는데, 이렇게 하면 1시간 동안 4번의 기록이 나온다. 시간을 확인하기 위해서는 시계나 타이머가 필요하다. 15분 간격이 다가올 때에 치료사는 아동이 흥미 있어 하고 2분 정도 혼자 가지고 놀 수 있는 장난감을 준다. 만일 치료사가 사물을 이용한 공동 활동 중이었다면, 치료사는 자연스럽게 놀이를 멈출 수 있는 시점을 찾고, 클립보드에 기록을 한다. 만일 치료사가 감각 활동이 포함된 사회적 상호작용 일과 중이었다면, 일과 마지막에 아동이 혼자 몇 분 정도 가지고 놀 수 있는 퍼즐, 자동차, 블록과 같은 장난감을 준 후, 기록지에 기록한다. 데이터 기록은 몇 분 안에 마친다.

어떻게 데이터를 측정해야 할까

치료 전에 일일 데이터 기록지에 각 목표의 현재 습득 중인 단계를 음영으로 표시해 놓는 것이 도움이 된다. 이것은 치료사가 현재 가르쳐야 하는 단계를 쉽게 볼 수 있게 해 주고 어떤 행동을 기록해야 하는지 알려 준다. 치료사는 음영으로 표시한 단계(습득 단계)와 그 전 단계(유지 단계)를 기록하면 된다. [그림 5-2]를 보면 브리타니의 각 목표의 습득 단계가 회색으로 음영처리된 것을 볼 수 있다. 15분 동안 적어도 각 목표의 2개의 학습 단계에 아동 수행을 기록해야 한다. 하나는 지금 가르치고 있는 단계, 또 하나는 바로 앞 단계(가장 최근 완료한 단계) 혹은 유지해야 할 단계로 한다. 추가로 다른 단계를 기록해도 되지만 반드시 이를 포함할 필요는 없다. 치료사들은 모든 목표를 다시 보고 현행 레벨과 유지 단계를 다음과 같이 표시한다. 아동이 15분 동안 기회가 있을 시 지속적으로 수행할 경우, 치료사는 '+'나 'P'로 기록한다. 치료사가 아동의 반응을 이끌어 내기 위해 노력했으나 아동이 수행을 하지 않았거나 지속적으로 수행하지 않았을 경우에는 '-'나 'F'로 기록한다. 빈도수가 높으나 지속적으로 나타나지는 않는 행동은 '+'이나 'P/F'로 기록한다. 만약 한 번만 확인한 행동이라면 '+'나 '-'로 표기한다. 만일 상위 단계를 수행하였다면 그것도 기록해야 한다. 유지 단계 기술을 수행하지 못했다면, 현재 유지 단계 이전의 단계에서 관찰된 행동을 기록한다(특정한 기록 간격 내에 모든 목표를 기록할 수는 없다. 15분 안에 20개의 목표를 가르치는 것을 어려운 일이다.). 15분 동안 시행하지 못한 목표는 비워 두거나 'N/O(기회 없었음)' 혹은 'N/A(시행하지 않음)'로 기록한다. 치료사는 치료를 진행하면서 모든 목표를 시행하고 기록하도록 한다.

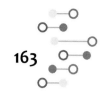

간혹 그 전 단계의 목표가 현재 목표의 기초 기술로 연결이 되어 있는 경우가 있다. 예를 들면, 아이작의 놀이 목표(앞서 말한 바와 같이 〈부록 5-1〉 참조)는 목표 9인 사물 모방 기술을 배우기 전까지는 완료될 수 없다. 목표 13의 단계, 기능놀이 역시 사물 모방을 포함하고 있다. 치료사는 같은 활동 내에 2가지 기술, 즉 모방 기술과 기능놀이를 넣어 계획하여 동일한 활동 내에서 2가지 기술을 모두 기록할 수 있다. 기능놀이가 사물 모방과 차별될 시기까지 기다릴 필요가 없다. 새로운 12주 교육을 시작할 때 새로운 목표가 많으면 어떤 치료사는 모든 목표를 한 번에 가르치기보다는 몇 개를 먼저 가르친 후, 하나씩 목표를 추가해 가며 가르친다. 가르치는 순서는 아동에게 필요한 것 혹은 스타일을 고려하여 치료사가 결정한다.

아동 행동 비율측정

일일 데이터 기록지의 마지막 부분에 '행동측정'이라는 부분이 있다. 아동의 각 15분 활동 시간과 전체 회기의 행동을 숫자(1~6)로 측정하여 이곳에 기록한다. 기록할 때 필요한 정보들은 기록지의 마지막 부분에 설명되어 있다.

🖤 회기 내 활동 시 데이터 이용하기

회기를 하는 동안 각 유지 단계의 행동을 확인하고 가르치고 있는 습득 단계의 학습 기회를 여러 번 제공해야 한다. 15분마다 일일 데이터 기록지를 리뷰하면 치료사가 어떤 것을 수행하였고 하지 않았는지를 확인할 수 있다. 기록이 없는 목표는 해당 회기에 다루지 않은 것이다. 회기에서의 수행을 바탕으로 조정이 이루어지기도 한다. 만일 아동이 유지 단계를 수행하지 못했다면, 현재 회기에서 그 단계를 다시 확인해 보아야 한다. 지속적으로 수행하지 못하는 유지 단계는 다음 회기에서 자세히 확인해 보아야 한다. 만약 다음 회기에서도 아동이 그 단계들을 수행하지 못한다면, 그 목표들은 습득 단계로 재분류하여 다시 가르친다. 마지막으로는 습득 단계의 목표 중 수행에 실패한 것을 확인한다. 아동이 해당 기술을 연습할 기회를 5번에서 10번 정도로 가지지 못했다면 현재 회기에서 추가로 기회를

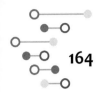

제공하여야 한다. 치료사는 15분마다 기록지를 리뷰함으로써 현재 회기에서 다루어야 할 목표가 무엇인지 상기한다.

🌢 회기 종결 시의 기록

회기가 끝났을 때에는 회기 동안 가르친 유지 단계 및 습득 단계 목표에 아동의 수행이 기록되어 있어야 한다. 만일 회기에서 가르치지 못한 목표들이 있다면 다음 회기에서는 가장 먼저 가르치도록 한다. 가르치지 못한 목표들은 계획서에 적어 두거나 기록지에 동그라미 표시를 하여 다음 회기에서 첫 순서로 가르친다. 일일 데이터 기록지의 기록이 끝난 후에는 요약 기록지에 일일 데이터 기록지에 있는 정보들을 요약하여 적는다. 이 기록지는 여러 회기 동안 수행한 한 가지 목표의 데이터를 포함한다. 이를 통해 습득에 관한 데이터를 살펴볼 수 있으며 다음 습득 단계를 언제 진행할지를 결정할 수 있다. [그림 5-3]은 4회기에 걸친 30개월 대니얼의 표현 언어 목표에 관한 요약 기록지다. 각 행은 하나의 치료 회기를 의미한다. 이 양식은 12주에 걸친 모든 회기를 포함하도록 수정될 수 있다. 각 행의 상단부에는 습득 단계의 숫자가 적혀 있으며 다음 열에는 메모할 수 있는 공간이 있다. 세 번째 열은 요약 기록지 밑 부분에 있는 코드를 이용하여 아동의 습득 단계에 대한 수행을 기록하는 곳이다. 요약 기록지 밑에 있는 5가지 코드는 다음과 같다. 거부(R), 습득(A, 기회의 80%에서 정반응), P1(전체 촉구), P2(부분 촉구) 그리고 P3(최소 촉구). 거부(R)는 치료사가 촉구를 시도했음에도 아동이 습득 단계를 수행하지 않거나 못했을 때다. 습득(A)은 아동이 습득 단계에서 적힌 그대로 지속적으로 80%를 수행하거나 첫 시행(마칠 때 '안녕' 인사하는 것과 같은 낮은 빈도의 행동)에 정반응으로 수행했을 때다. 촉구는 P1, P2, P3의 3단계로 되어 있다. 이 단계들은 습득 단계를 수행하기 위해 어느 단계의 촉구가 필요했는지를 알려 준다. 그리고 회기를 마쳤을 때, 치료사는 아동의 해당 회기 내 전체적인 각 목표의 수행을 목표 코드에 맞춰 평가한다. 아동이 2가지 다른 단계를 똑같은 횟수로 수행하여 한 가지 코드로 기록하기가 어렵다면 2가지 모두를 기록한다. P2/P3. 요약 기록지는 아

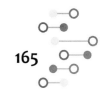

동의 특정 목표 진도의 요약을 빠르게 볼 수 있게 해 준다. 또한 진도가 나가지 않는 목표도 치료사가 쉽게 볼 수 있게 해 준다.

　일반적으로 3회기 연속 A 코드를 받으면 습득 단계를 완료하고 유지 단계로 넘어간다. 습득 단계가 유지 단계로 넘어가면 그다음 단계가 습득 단계가 된다. 그것에 맞추어서 다음 일일 데이터 기록지를 음영으로 표시한다.

🌳 요약

　ESDM은 아동의 분기별 목표의 일일 학습 계획을 세우기에 굉장히 구조적이고 실질적인 방법이다. 발달 과제 분석을 통해 학습 단계에 대한 윤곽을 그릴 수 있고 이는 일일 데이터 기록지를 구성하는 데 기초가 된다. 일일 데이터 기록지는 치료사가 무엇을 가르치고 아동이 어떻게 학습에 반응하는지에 대한 데이터 모음 장치로서의 역할을 한다. 치료사는 가르칠 때와 데이터를 기록할 때 ① 각 목표의 '습득 단계', ② 아동이 이미 숙달한 '유지 단계'에 집중한다. 진도를 쉽게 확인할 수 있도록 데이터를 요약함으로써 팀 리더가 학습이 잘 이루어지지 않아 계획을 수정해야 할 때를 알도록 한다. 아동의 수행이 빠르게 진전을 보이지 않으면 교육 방법을 수정해야 한다. 이 프로세스에 대해서는 다음 장에서 논의할 것이다.

　ESDM은 개별화를 최대화하여 아동의 학습 계획을 세우는 방법이다. ESDM 계획은 ESDM 커리큘럼 체크리스트와 부모의 의견을 기반으로 개인 학습 프로파일에 부합하는 목표를 만드는 것에서 시작한다. 프로파일은 목표를 가르치기 위해 아동이 선호하는 도구와 활동을 이용한다. 또한 시도한 학습방법으로 진도가 잘 나가지 않을 때에는 체계적인 계획을 통해 다양한 교육 방법을 이용한다. ESDM은 전체적으로 개별 학습 스타일, 발달적 강점과 필요점 그리고 개별 선호도, 가족 가치와 우선순위를 가르칠 수 있도록 해 준다. ESDM은 일괄적으로 적용되는 방법이라기보다는 아동과 가족 모두에게 심도 깊게 개별화되어 있는 방법이다. 이

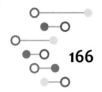

장과 제4장은 아동을 위한 치료 목표 세우기와 경과 추적을 집중적으로 말한다. 다음 장에서 공동 활동 일과를 시작으로 실제적으로 사용할 학습 전략을 설명할 것이다.

표현 언어

1. 집과 치료실에서 음성 게임이나 의도된 발성을 하는 동안, 아이작은 자발적으로 2~3가지 다른 자음–모음 조합을 하고 10분 안에 3번 연속 회기에서 5번 이상 발성한다.

시작일	완료일	단계
		1. 30분 안에 여러 모음을 자발적으로 발성한다.
		2. 30분 안에 여러 자음을 자발적으로 발성한다.
		3. 30분 안에 2~3가지 자음–모음 조합 소리를 발성한다.
		4. 15분 안에 2~3가지 자음–모음 조합 소리를 발성한다.
		5. 10분 안에 5가지 이상 자음–모음 조합 소리를 발성한다.

[그림 5-1] ◆ 학습 단계의 시작일/완료일 형식의 예시

기록자: 브리타니　날짜: 3/8/07　제공자: ＿＿＿＿＿

행동 코드				최종 코드
15분	30분	45분	1시간	

1. 신각한 문제행동의 예: 공격행동, 자해행동, 방해하고 강도 높은 상동행동(예: 물건을 떼쓰기)
2. 경미한 문제행동의 예: 불순응, 경미한 정도의 울화, 가벼운 정도의 유화(예: 신경질적임, 저항함)
3. 몇몇 문제행동이 나타남(예: 신경질적임, 저항함)
4. 문제행동으로 없으나 집중하는 데 어려움이 있음
5. 순응하고 집중하며 참여함
6. 평균 이상의 수행을 보임; 활동을 즐거워함

1. 의도적으로 5가지 자음을 사용한다.

P1	P2	P3	P4	단계
				1. 1~2가지 자음을 자발적으로 사용한다.
				2. 1~2가지 자음을 반응적으로 사용한다.
				3. 1~2가지 자음을 10분 안에 사용한다.
				4. 3~4가지 자음을 반응적으로 사용한다.
				5. 3가지 자음을 10분 안에 사용한다.
				6. 5가지 자음을 반응적으로 사용한다.

2. 자발적인 요구를 하며 응시를 한다.

P1	P2	P3	P4	단계
				1. 눈맞춤 없이 손을 뻗는다.
				2. 전체 촉구를 하면 20분 안에 3번 응시한다.
				3. 부분 촉구를 하면 요구 시 응시한다.
				4. 음성 촉구를 하면 요구 시 응시한다.
				5. 손이 닿지 않는 사물을 요구하며 자발적으로 응시한다.
				6. 한 가지 활동 중 3번은 요구하며 자발적으로 응시한다.

3. 의도를 가지고 목소리로 대화한다.

P1	P2	P3	P4	단계
				1. 의도적이지 않고 목표가 불분명한 발성을 한다.
				2. 가끔 의도적으로 발성을 한다.
				3. 의도적으로 몇몇 활동에서 발성을 한다.
				4. 의도적으로 많은 활동에서 발성을 한다.
				5. 의도적으로 모든 활동에서 발성을 한다.

4. 3가지 이상의 일반적인 제스처를 사용한다.

P1	P2	P3	P4	단계
				1. 사물을 잡기 위해 손을 뻗는다.
				2. 2가지 제스처를 한다.
				3. 한 가지 제스처를 눈맞춤을 동반하여 한다.
				4. 3가지 제스처를 한다.
				5. 2가지 제스처를 눈맞춤을 동반하여 한다.
				6. 일반적인 3가지 제스처를 눈맞춤을 동반하여 20분 안에 한다.

5. 사람의 소리에 일관되게 쳐다본다.

P1	P2	P3	P4	단계
				1. 사람 소리에 비일관적으로 쳐다본다.
				2. 1m 안에서 사람 소리에 가끔 쳐다본다.
				3. 1m 안에서 사람 소리에 종종 쳐다본다.
				4. 3m 안에서 사람 소리에 가끔 쳐다본다.
				5. 3m 안에서 사람 소리에 종종 쳐다본다.
				6. 1분에 한 번서 사람 소리에 지속적으로 쳐다본다.

6. 호명 시 일관되게 쳐다본다.

P1	P2	P3	P4	단계
				1. 호명 시 거의 쳐다보지 않는다.
				2. 1m 안에서 호명 시 가끔 쳐다본다.
				3. 1m 안에서 호명 시 종종 쳐다본다.
				4. 3m 안에서 호명 시 가끔 쳐다본다.
				5. 3m 안에서 호명 시 종종 쳐다본다.
				6. 1분에 한 번씩 호명 시 지속적으로 쳐다본다.

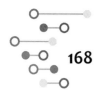

7. 제스처와 음성으로 된 여러 지시에 따른다.

P1	P2	P3	P4	단계
				1. 지시에 거의 따르지 않는다.
				2. 부분적 촉구와 함께 한 가지 지시에 따른다.
				3. 부분적 촉구와 함께 2~3가지 지시에 따른다.
				4. 80%의 촉구 없이 한 가지 지시에 따른다.
				5. 부분적 촉구와 함께 3~4가지 지시에 따른다.
				6. 80%의 촉구 없이 2~3가지 지시에 따른다.

8. 가까운 곳을 가리키면 쳐다본다.

P1	P2	P3	P4	단계
				1. 가까운 곳을 가리키면 거의 쳐다보지 않는다.
				2. 가까운 곳을 가리키면 30분에 한 번씩 쳐다본다.
				3. 가까운 곳을 가리키면 30분에 2번씩 쳐다본다.
				4. 가까운 곳을 가리키면 30분에 3번씩 쳐다본다.
				5. 10cm 떨어진 곳을 가리키면 30분에 한두 번씩 쳐다본다.
				6. 10cm 떨어진 곳을 가리키면 30분에 3번에 쳐다본다.

9. 눈맞춤에 제스처나 음성을 동반하여 인사에 응한다.

P1	P2	P3	P4	단계
				1. 눈맞춤을 하며 가끔 인사에 응한다.
				2. 기회 중 50%를 눈맞춤, 제스처나 음성을 동반하여 인사에 응한다.
				3. 기회 중 70%를 눈맞춤, 제스처나 음성을 동반하여 인사에 응한다.
				4. 눈맞춤에 제스처나 음성을 동반하여 종종 인사에 응한다.
				5. 기회 중 50%를 눈맞춤에 제스처나 음성을 동반하여 인사에 응한다.
				6. 기회 중 70%를 눈맞춤에 제스처나 음성을 동반하여 인사에 응한다.

10. 눈맞춤에 제스처나 목소리를 동반하여 사물과 사회적인 일과에 반응한다.

P1	P2	P3	P4	단계
				1. 사회적 일과에만 눈맞춤을 하며 반응한다.
				2. 사회적 그리고 사물 일과에 눈맞춤을 하며 반응한다.
				3. 사회적이나 사물 일과에 눈맞춤을 하며 제스처나 목소리를 동반하여 반응한다.
				4. 1~2가지 사물과 사회적 일과에 눈맞춤을 하며 제스처나 목소리를 동반하여 반응한다.
				5. 3가지 사물과 사회적 일과에 눈맞춤을 하며 제스처나 목소리를 동반하여 반응한다.
				6. 10가지 일과에 눈맞춤을 하며 제스처나 목소리를 동반하여 반응한다.

11. 친숙한 사물에 관한 동작 10가지를 모방한다.

P1	P2	P3	P4	단계
				1. 1~2가지 익숙한 동작을 모방한다.
				2. 3~4가지 익숙한 동작을 모방한다.
				3. 5~6가지 익숙한 동작을 모방한다.
				4. 7~8가지 익숙한 동작을 모방한다.
				5. 9가지에서 10가지 익숙한 동작을 모방한다.

12. 사회적 일과 안에서 3가지 몸동작을 모방한다.

P1	P2	P3	P4	단계
				1. 감각 사회적 일과에서 몸동작을 관찰한다.
				2. 부분적 촉구와 함께 한 가지 몸동작을 모방한다.
				3. 촉구 없이 한 가지 몸동작을 모방한다.
				4. 부분적 촉구와 함께 2가지 몸동작을 모방한다.
				5. 촉구 없이 2가지 몸동작을 모방한다.
				6. 부분적 촉구와 함께 3가지 몸동작을 모방한다.

13. 3~5가지 음성 패턴을 모방한다.

P1	P2	P3	P4	단계
				1. 소리를 모방한다.
				2. 1~2가지 모음을 모방한다.
				3. 한 가지 익숙한 자음을 모방한다.
				4. 2가지 자음을 모방한다.
				5. 1~2가지 동물 소리를 모방한다.
				6. 1~2가지에서 3가지까지 다른 소리를 모방한다.

14. 3가지 얼굴 동작을 모방한다.

P1	P2	P3	P4	단계
				1. 거울로 혼자 혀 움직임을 본다.
				2. 파트너가 아동의 혀 움직임을 모방하면 이를 모방한다.
				3. 파트너의 혀 움직임을 모방한다.
				4. 종종 두 번째 얼굴 모방을 한다.
				5. 종종 세 번째 얼굴 모방을 한다.
				6. 30분 안에 3가지 얼굴 모방을 한다.

15. 여러 사물을 적절하게 사용한다.

P1	P2	P3	P4	단계
				1. 한가지 사물을 불규칙적으로 사용한다.
				2. 부분적 촉구와 함께 한 가지 사물을 지속적으로 사용한다.
				3. 부분적 촉구와 함께 2~3가지 사물을 사용한다.
				4. 독립적으로 2~3가지 사물을 사용한다.
				5. 부분적 촉구와 함께 4가지 이상 사물을 자신과 다른 사람에게 사용한다.
				6. 촉구 없이 4가지 이상 사물을 자신과 다른 사람에게 사용한다.

16. 장난감을 완성하기 위해 동작을 반복한다.

P1	P2	P3	P4	단계
				1. 1~2가지 장난감의 두 조각을 독립적으로 완성한다.
				2. 3~4가지 장난감의 두 조각을 독립적으로 완성한다.
				3. 1~2가지 장난감의 서너 조각을 독립적으로 완성한다.
				4. 3~4가지 장난감의 서너 조각을 독립적으로 완성한다.
				5. 3~4가지 장난감의 대여섯 조각을 독립적으로 완성한다.
				6. 5가지에서 6가지 장난감의 대여섯 조각을 장난감 독립적으로 완성한다.

17. 놀이 동작을 순서대로 결합한다.

P1	P2	P3	P4	단계
				1. 한 가지 놀이 동작을 사물에 이용한다.
				2. 2가지 놀이 동작을 여러 사물에 이용한다.
				3. 2가지 놀이 동작 일과를 이용한다.
				4. 종종 3~4가지 놀이 동작을 결합한다.
				5. 3~4가지 놀이 동작을 지속적으로 1~2가지 장난감에 결합한다.
				6. 3~4가지 놀이 동작을 3~4가지 다른 장난감에 결합한다.

18. 모델링을 따라 짝 맞추기를 한다.

P1	P2	P3	P4	단계
				1. 전체 신체 촉구와 함께 똑같은 사물 2개를 짝 맞춘다.
				2. 부분적 신체 촉구와 함께 똑같은 두 사물을 짝 맞춘다.
				3. 독립적으로 한 세트의 똑같은 사물을 짝 맞춘다.
				4. 오류와 함께 한 세트의 똑같은 사물을 분류한다.
				5. 적은 오류와 함께 세 세트에서 다섯 세트의 똑같은 사물을 분류한다.

[그림 5-2] ◆ 브리타니의 기록지 예시

표현 언어
아동: 매니얼
"저게 뭐예요?"라고 묻기(3번 이상)

목표: 매니얼에게 흥미로운 새로운 사물을 보여 줬을 때 매니얼은 "저게 뭐예요?"하고 묻고 사물을 향해 제스처를 취하기 적어도 3번, 그리고 5번의 회기 중에 4번 연속 보여 준다. 두 곳 이상에서 2명 이상과 함께.

사물/활동 관련 아이디어: 무기가 들어 있는 불투명한 가방, 장난감이 들어 있는 선물 상자, 작은 담요 밑에서 장난감 작동하기, 시선이 닿지 않는 곳에서 소리 나는 사물 작동하기

습득 단계	시작일	완료일
1. "저게 뭐예요?" 한 번		
2. "저게 뭐예요?" 2번 + 제스처		
3. "저게 뭐예요?" 3번 + 제스처		

습득 단계 #	3	3	3	3
메모	7회 시도, 후속구 후 모방 4회 가부	6회 시도, 최소한의 언어적 후속구 후 4회 수행	3회 시도, 후속구 후 모방 모두 가부	7회 시행, P3 4회, P2 3회
목표 코드	R	P3	R	P3
날짜	2/17	2/18	2/22	2/24
이니셜	SR	MR	mom	SR

습득 단계 #				
메모				
목표 코드				
날짜				
이니셜				

수행 코드 요약: 회기 내 5번 이상 시행에 관한 목표 코드의 전반적인 요약
R=가부 P1=전체 촉구 P2=부분 촉구 P3=최소 촉구 A=습득: 일관되게 수행(기회의 80% 이상)

[그림 5-3] ◆ 매니얼의 요약 기록지 예시

〈부록 5-1〉

아이작의 학습 목표와 학습 단계

 표현 언어

1. 집과 치료실에서 음성 게임이나 의도된 발성을 하는 동안, 아이작은 자발적으로 2~3가지 다른 자음-모음을 조합하여 10분 안에 3번 연속 회기에서 5번 이상 발성한다.

시작일	완료일	단계
		1. 30분 안에 여러 모음을 자발적으로 발성한다.
		2. 30분 안에 여러 자음을 자발적으로 발성한다.
		3. 30분 안에 2~3가지 자음-모음 조합 소리를 발성한다.
		4. 15분 안에 2~3가지 자음-모음 조합 소리를 발성한다.
		5. 10분 안에 5가지 이상 자음-모음 조합 소리를 발성한다.

2. 원하는 활동이나 사물이 있을 때, 아이작은 제스처, 발성 과/혹은 눈맞춤을 이용하여 파트너에게 요구한다. 기회의 90% 3번 연속 회기에서 10분 안에 적어도 두 곳, 3명 이상의 사람들에게

시작일	완료일	단계
		1. 제스처를 사용하여 요구한다.
		2. 눈맞춤을 사용하여 요구한다.
		3. 의도적인 요구 표현을 위해 발성한다.
		4. 2가지를 함께 사용한다(눈맞춤, 제스처, 발성).
		5. 눈맞춤, 제스처 그리고 발성을 함께 사용하여 요구한다.

3. 집과 치료실에서 사회적 상호작용 시, 성인이 원하는 사물, 원하지 않는 사물과 도움이 필요한 사물을 제시할 때 아이작은 응시와 함께 제스처를 사용하여 거부, 요청 그리고

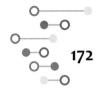

도움 요청을 표현한다. 45분의 3번 연속 이상 놀이 안에 3번 이상 사물을 밀어내거나(거부), 요구를 위한 뻗기, 사물 다른 사람에게 주기(도움)

시작일	완료일	단계
		1. 손바닥 보여 주며 도움 요청하기
		2. 거부 표현으로 밀어내기
		3. 손 제스처 없이 도움 요청하기
		4. 칭얼거림 없이 거부 표현으로 밀어내기
		5. 손 제스처 없이 응시와 함께 도움 요청하기

🫟 수용 언어

4. 아이작 시선에서 벗어나 방 건너에서 성인이 호명했을 때 아이작이 눈맞춤과 함께 성인이 있는 방향을 본다. 20분 안에 3번, 3번 이상 연속 회기에서, 집과 치료실에서

시작일	완료일	단계
		1. 호명 시 눈맞춤과 함께 쳐다본다(파트너는 가까이에 있고 다른 방해 없이).
		2. 호명 시 돌아서며 쳐다본다(다른 방해 없이).
		3. 놀면서 호명에 쳐다본다.
		4. 놀면서 호명에 돌아서며 쳐다본다.
		5. 1.5m 거리에서 놀면서도 호명에 돌아서며 쳐다본다.
		6. 방 건너에서 호명에 돌아서며 쳐다본다.

5. 성인이 1m 이상 떨어진 장소, 그림 및 사물을 가리킬 때 아이작은 가리키는 방향을 따라가고 관련된 행동과 함께 적절한 반응을 한다. 3번 이상 기회, 10분 내 3번 연속으로, 집과 치료실에서

시작일	완료일	단계
		1. 사물을 가리키는 가까운 곳(1m 이내)을 따라간다.
		2. 그림을 가리키는 가까운 곳을 따라간다.
		3. 사물을 가리키는 멀리 떨어진 곳(1m 이상)을 따라간다.
		4. 장소를 가리키는 멀리 떨어진 곳을 따라간다.

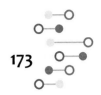

6. 성인이 사회적 제스처와 함께 지시를 하였을 때, 아이작은 5가지 한 단계 지시를 따를 수 있다: 앉아, 일어나, 정리해, (사물) 받아, (사물) 줘. 기회의 90%

시작일	완료일	단계
		1. 전체 촉구와 함께 1~2가지 한 단계 지시를 따른다.
		2. 부분 촉구와 함께 1~2가지 한 단계 지시를 따른다.
		3. 부분 촉구와 함께 3~4가지 한 단계 지시를 따른다.
		4. 제스처 촉구만으로 1~2가지 한 단계 지시를 따른다.
		5. 제스처 촉구만으로 3~4가지 한 단계 지시를 따른다.
		6. 제스처 촉구만으로 5~6가지 한 단계 지시를 따른다.

🍃 사회기술

7. 치료실과 집에서 노래, 책 및 감각을 이용한 사회적 일과 시, 성인이 일과를 제시하거나 멈추었을 때, 아이작이 눈맞춤과 제스처로 이를 요구하거나 이어서 한다. 5가지의 일과 (예: 노래, 비눗방울, 신체 놀이)를 3명 이상의 다른 성인과.

시작일	완료일	단계
		1. 요구 및 이어가기를 위해 눈맞춤을 한다.
		2. 요구 및 이어가기를 위해 제스처를 사용한다.
		3. 요구 시 눈맞춤과 제스처를 함께 10분 안에 1~2번 사용한다.
		4. 눈맞춤과 제스처를 함께 15분 안에 3~4번 사용한다.
		5. 요구 시 눈맞춤과 제스처를 지속적으로 사용한다.

8. 성인이 가까운 거리에서 아이작에게 손을 흔들며 '안녕' 혹은 '잘 가'라고 인사할 때, 아이작은 눈맞춤과 함께 손을 흔들며 응답한다. 90%의 기회 중 2일 이상 연속으로 2명과 두 곳 이상의 장소에서.

시작일	완료일	단계
		1. 성인이 손 흔들며 인사할 때 눈맞춤을 한다.
		2. 성인이 손 흔들 때 부분 촉구를 하면 모방한다.
		3. 가까운 거리에서 인사할 때, 손 흔드는 것을 모방한다.

		4. 가까운 거리에서 인사할 때, 눈맞춤과 함께 손 흔드는 것을 모방한다.
		5. 자발적으로 1~3m 떨어진 거리에서 인사하면 손을 흔들며 눈맞춤과 함께 응해 준다.

 모방

9. 집과 치료실에서 사물 놀이 중, 성인이 하는 다양한 사물 활동 놀이를 보고 아이작이 자발적으로 80% 이상 혹은 10가지 이상의 친숙하거나 새로운 행동을 3회기 연속 모방한다.

시작일	완료일	단계
		1. 부분 촉구와 함께 1~2가지의 사물 활동 모방을 한다.
		2. 자발적으로 1~2가지의 사물 활동 모방을 한다.
		3. 자발적으로 3~4가지 사물 활동 모방을 한다.
		4. 자발적으로 3~4가지 사물 활동 모방을 한다.
		5. 자발적으로 7~8가지 사물 활동 모방을 한다.
		6. 자발적으로 9~10가지 사물 활동 모방을 한다.

10. 노래, 손가락 놀이 그리고 사회적 일과를 집, 언어치료 그리고 치료실에서 하는 동안 아이작이 자발적으로 사물을 이용하지 않은 5가지 이상의 동작을 모델링한 후 1초 안에 3회기 이상 모방한다(완벽한 모방이 아니더라도 비슷하면 된다.).

시작일	완료일	단계
		1. 부분 촉구와 함께 한 가지 동작을 모방한다.
		2. 자발적으로 한 가지 동작을 모방한다.
		3. 자발적으로 2가지 동작을 모방한다.
		4. 자발적으로 3가지 동작을 모방한다.
		5. 자발적으로 4가지 동작을 모방한다.
		6. 자발적으로 5가지 동작을 모방한다.

11. 아이작이 자음-모음-자음-모음(CVCV) 조합으로 발성했을 때 성인이 이것을 모방하고 아이작은 다시 자음-모음 자음-모음 조합을 반복한다. 10분 내에 기회 중 80%,

집, 치료실, 언어 치료에서

시작일	완료일	단계
		1. 모음을 가끔 반복한다.
		2. 모음을 지속적으로 반복한다.
		3. 자음을 가끔 반복한다.
		4. 모음을 지속적으로 반복한다.
		5. 자음-모음-자음-모음 조합을 가끔 반복한다.
		6. 자음-모음-자음-모음 조합을 지속적으로 반복한다.

🌢 인지 기술

12. 어린이집, 집 그리고 치료실에서 블록, 다른 적절한 활동을 할 때, 정리할 때 아이작은 성인을 따라 3회 연속 90% 정확하게 식별하여 짝 맞추고 분류하는 사물이 8가지 있다.

시작일	완료일	단계
		1. 모델을 보여 준 후 1~2가지 동일한 사물을 짝 맞추기 및 분류한다.
		2. 모델을 보여 준 후 3~4가지 동일한 사물을 짝 맞추기 및 분류한다.
		3. 모델을 보여 준 후 5~6가지 동일한 사물을 짝 맞추기 및 분류한다.
		4. 모델을 보여 준 후 7~8가지 동일한 사물을 짝 맞추기 및 분류한다.

🌢 놀이 기술

13. 파트너가 언어 및 제스처로 공놀이를 요구하거나 시작할 때, 아이작은 공을 던지거나 굴려서 파트너와 주고받기를 3~5회 이상 3번 연속 2가지 이상의 장소와 2명 이상의 사람과 한다.

시작일	완료일	단계
		1. 1회 반응한다.

		2. 2회 주고받기를 유지한다.
		3. 3회 주고받기를 유지한다.
		4. 4회 주고받기를 유지한다.
		5. 5회 주고받기를 유지한다.

14. 소꿉, 목욕, 양치, 및 잠자리처럼 일과가 명확한 활동놀이에서 5가지 이상의 실제 사물을 이용하여 3회 연속 집과 치료실에서 5가지 이상의 적절한 행동을 자기 자신과 파트너에게 모방하거나 시작한다.

시작일	완료일	단계
		1. 자기 자신이나 파트너에게 1~2가지 행동을 자발적으로 모방한다.
		2. 자기 자신이나 파트너에게 3~4가지 행동을 자발적으로 모방한다.
		3. 자기 자신이나 파트너에게 5~6가지 행동을 자발적으로 모방한다.
		4. 자기 자신이나 파트너에게 1~2가지 행동을 자발적으로 시작한다.
		5. 자기 자신이나 파트너에게 3~4가지 행동을 자발적으로 시작한다.
		6. 자기 자신이나 파트너에게 5~6가지 행동을 자발적으로 시작한다.

15. 집, 어린이 집 그리고 치료실에서 5분의 조작 및 미술놀이를 할 때, 아이작은 주고받기, 같이 만들기 및 함께하는 활동 안에서 모방과 같은 상호작용 행동을 5가지 이상 3회기 연속 각 회기에서 2회 한다.

시작일	완료일	단계
		1. 한 가지 활동에서 1~2가지 상호적 행동을 한다.
		2. 한 가지 활동에서 3~4가지 상호적 행동을 한다.
		3. 한 가지 활동 중 5~6가지 상호적 행동을 한다.
		4. 2가지 활동 중 5~6가지 상호적 행동을 한다.

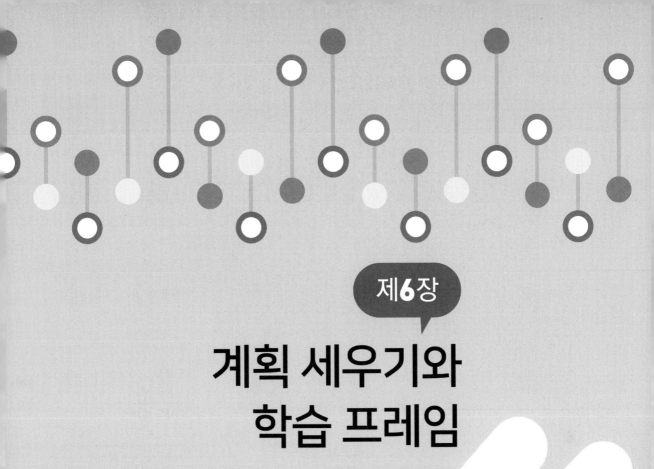

제**6**장

계획 세우기와
학습 프레임

두 살인 도미니크(Dominique)와 아빠 제임스(James)는 바닥에서 장난감을 가지고 놀고 있다. 그들 앞에는 블록이 담긴 가방이 있다. 그들은 블록으로 탑을 쌓고, 장난감 트럭으로 탑을 무너뜨렸다가 다시 탑을 쌓아 올린다. 제임스는 탑을 향해 트럭을 굴리는 시늉을 하며 "트럭이 어디 있지? 무너뜨려 볼까?"라고 말하면서 도미니크에게 넌지시 탑을 무너뜨리라는 신호를 준다. 그러고 나서 제임스는 트럭을 도미니크에게 굴려 주고 '1, 2, 3' 숫자를 세면 도미니크가 탑을 무너뜨린다. 두 사람은 '쾅!' 하고 큰 소리로 말하며 서로를 바라보고, 미소를 지으며 웃는다. 도미니크는 다시 탑을 쌓기 시작하며 이 놀이를 반복한다. 제임스는 탑을 다리로 바꾸어, 도미니크와 트럭을 다리 '밑으로' 통과시키며 놀이를 정교화한다. 도미니크가 블록을 일렬로 놓으면 제임스는 그것을 길이라 부르고, 각자 이 '길'을 따라 차를 움직인다. '빨리' 운전하다가 '천천히' 운전하기도 하고, 재미로 서로 부딪혀도 본다. 도미니크의 관심이 시들해지자 아빠는 도미니크가 바닥에 있는 동물책을 보고 있는 것을 알아채고 딸에게 그 책을 읽고 싶은지 묻는다. 도미니크는 일어나 책을 집어와 아빠 무릎에 앉는다. 그러자 아빠는 도미니크가 책을 펴 보도록 쥐어 주며 표지에 있는 동물이 '말'이라고 알려 준다. 도미니크가 말을 가리키며, '말'이라고 따라 하자 제임스는 "맞아, 말이야."라고 답하며 말 울음소리를 낸다. 도미니크가 말 울음소리를 따라 하면 제임스는 웃으며 아동을 따라 하고, 두 사람은 함께 웃으며 서로를 바라보면서 미소를 짓는다. 아빠는 도미니크를 가볍게 안아 주고 도미니크는 다른 동물 그림이 있는 다음 쪽으로 책장을 넘긴다.

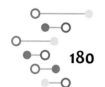

이들은 블록과 책으로 2가지 공동 활동 일과를 보여 주었다. 이것이 바로 ESDM이 만들어 내려는 상호작용 교육이다.

중요한 8가지 요소는 다음과 같다.

1. 아동이 관심 있어 하는 것에서 활동을 시작한다.
2. 성인은 중요한 점을 언어 및 긍정적 정서로 표현하고 아동의 리드를 따른다.
3. 성인은 아동의 흥미와 동기를 유지하기 위해 번갈아 가며 하기, 아동의 행동 모방하기, 재미있는 효과 덧붙이기 등을 활용해 흥미롭고 상호적인 방식을 사용한다.
4. 놀이 '주제'는 파트너와 함께 공동 활동을 구성하며 만들어 나간다.
5. 아동이 주의를 집중하고 추가적인 기술을 사용할 수 있도록 성인은 주제 및 변형을 통해 활동을 한층 정교화시킨다.
6. 성인은 목표 어휘, 명사, 동사, 및 전치사를 이용하여 아동이 이를 모방하도록 하고, 놀이의 상징적인 면을 발전시키며, 사회적 활동으로서 양자적이고 상호적인 측면을 유지한다.
7. 성인과 아동은 주로 긍정적 감정을 갖는다.
8. 아동은 다양한 기능(요구, 언급, 상호작용 유지, 항의, 감정 표현)의 언어적 및 비언어적 소통을 자주 하며 성인과 이를 균형 있게 주고받는다.

이 장은 ASD 아동과 이와 같은 풍부한 학습 활동을 만드는 방법에 중점을 두고 있다. 학습 절차는 두 단계로 나뉜다. 첫 번째는 놀이 파트너가 되는 것이다. 아동에게 도움이 되고 강화물을 주는 존재로 인식되면 아동이 놀이에 더 적극적으로 참여한다. 두 번째는 사물을 이용하거나 하지 않는 정교한 공동 활동 일과로 발전시키는 것이다. 마지막으로 ESDM을 진행하기 위한 준비 활동으로 이 장을 마무리한다.

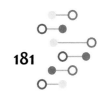

 ## 놀이 파트너가 되는 과정

🌰 아동의 동기부여

아동의 관심은 활동에서부터 시작한다

아동은 무엇에 굉장히 흥미를 느낄 때, 그것을 가지고, 관찰하고, 주고받고 싶어한다. 이를 '접근 상태'에 있다고 하는데 원하는 사물이나 활동에 대한 에너지와 긍정적인 감정은 학습 동기를 만든다. 동기부여는 모든 아동의 학습과 소통에 매우 중요한 요소이나 ASD 아동과 소통할 때에 특히나 중요하다. 정상 발달 아동과는 동기부여의 패턴이 다를 수 있음을 고려해야 한다. 여기에서 동기부여는 흥미를 보이고 접근하는 행동을 말한다. 말하자면(경계가 아닌) 긍정적 감정 혹은 흥미를 보이거나, 가까이 다가가거나 기대거나, 혹은 무언가를 가지려 하는 것이다.

ASD 아동은 무엇에 동기부여될까

ASD 아동은 정상 발달 아동보다 사회적 동기부여를 적게 받는다. 그들에게 사회적 관심 및 인정 그리고 남이 '하는 대로' 따라 하는 것의 보상 혹은 동기부여 정도는 정상 발달 아동과 다르다(Dawson et al., 2005a). 그들은 주로 주변 환경에 관심을 갖는다. 즉, 학습이 일어나는 '관심의 스포트라이트'가 물리적인 세상에 있는 것이다. 그러나 ASD 아동은 사물을 가지고, 좋아하는 사물을 다루고, 그것으로 흥미로운 효과를 만들거나 관련 있는 도움을 받고자 하는 의욕에 가득 차 있다. ASD에 대한 고정관념과 달리, 많은 ASD 아동은 신체 접촉을 포함하는 사회적 활동(뒹굴기, 음악놀이, 간지럽히기, 달리기, 깡충깡충 뛰기, 흔들기)을 즐기기도 한다. ESDM을 통해 아동을 치료하기 위해서는 아동의 관심, 에너지, 긍정적인 정서(아이의 미소)를 유도하는 도구와 활동이 필요하다. 이로 인한 에너지와 주의집중이 학습을 가능하게 한다.

아동의 관심사를 찾기 위해서는 아동의 연령에 적절한 사물을 체계적이고도 접

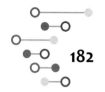

근이 쉬운 상태로 아동의 주변에 배치하고 이에 어떻게 반응하는지를 관찰한다. 아동의 행동을 관찰하면 어떤 사물과 활동이 관심을 끌고 아동에게 보상이 되는지 알 수 있다. 동기부여된 아동은 집중하고 관심을 보이며, 배울 준비가 되어 있다. 강한 동기부여로 수동적인 학습이 아닌 능동적인 학습이 가능하다. 또한 능동적인 학습자는 진취성과 자발성을 보이는데, 이는 바로 ASD 아동에게 심어 주고 싶은 특성이다.

간혹 장난감에 접근조차 하지 않을 정도로 '동기가 낮은' 아동도 있다. 그러나 이런 아동은 사물이 만들어 내는 효과에 반응하기도 한다. 비눗방울, 풍선, 털방울(폼폼), 태엽으로 움직이는 장난감, 그릇에 물 붓기, 비즈 구슬, 마라카스, 피리, 피아노, 종, 셰이커 그리고 바람개비와 같이 재미있는 움직임이나 소리를 만들어 내는 사물이 이에 해당한다. 이와 같은 사물들은 큰 관심과 흥미를 이끌어 내기도 한다. ESDM에서는 이를 '감각을 이용한 사회적 장난감'이라고 지칭한다—이에 대해서는 추후에 더 자세히 설명할 것이다. 이런 사물에도 관심, 미소, 주의집중, 접근 반응을 보이지 않으면 아동의 신체를 이용한다. 가볍게(혹은 활발하게) 몸을 이용해 놀이를 한다—빙빙돌기, '거미가 줄을 타고 올라갑니다' 무릎 위에 앉힌 채로 뛰게 하기, 손과 발을 사용하는 게임, 트램펄린이나 작은 공 위에서 뛰기, 빈백 위에 굴리거나 빈백으로 돌돌 말기, 빈백에 앉히고 바닥 이리저리로 끌고 다니기 등 아동의 '미소'를 찾을 수 있는 놀이를 한다. 아동이 음식에만 관심이 있다면, 간식을 같이 먹되 신체 놀이를 통해 간식 시간을 끌어내도록 한다. 이처럼 아동의 미소와 관심, 긍정적인 에너지 및 접근 행동을 유도하는 것을 먼저 찾아야 한다. 아동을 가르치려면 관심을 집중시키고 동기부여를 유발할 수 있는 방법을 찾아야 한다.

아주 드물기는 하나, 앞에서 제시한 그 어떤 자극에도 아무 반응이 없는 ASD 아동이 있다(Ingersoll & Schreibman, 2006; Sherer & Schreibman, 2005). 이런 경우에는 성인 주도하에 지시적, 개별시도훈련 접근을 이용해 사물 및 사람과의 상호작용에 대한 관심과 보상의 가치를 만들어 내는 방식이 더 효과적일 수 있다. ESDM에서 의사 결정 트리를 통해 이를 끌어낼 수 있는데, 이 장의 후반부에서 보다 자세히 설명할 것이다.

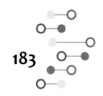

🌑 아동의 집중 끌어내기

아동이 사물에 집중하는 것만으로는 충분하지 않다. 다른 사람에게서 배우려면 아동의 관심이 다른 사람에게 있어야 하며 우리는 아동의 관심이 집중되는 그곳을 공략해야 한다. 아동의 관심을 끄는 사물이나 활동을 알아냈다면, 그다음 단계는 아동의 관심을 우리 눈과 얼굴, 행동, 목소리로 향하게 하는 것이다. 즉, 우리가 아동이 갖는 관심의 스포트라이트 안에 있어야 한다. 이를 위해서는 어떻게 해야 할까? 다음과 같은 방법을 통해서 할 수 있다.

방해요소 제거하기

주변 환경은 아동의 관심을 끌어낼 수 있는 강력한 힘을 가지고 있다. 아동을 관찰함으로써 특정 공간에서 그들의 관심이 무엇에 있는지 알 수 있다. 아동의 관심을 얻으려는 성인에게는 영상 혹은 컴퓨터 이미지, 장난감 및 움직이는 사물이 큰 방해요소가 될 수 있다. 만약 아동의 관심을 다른 것에 빼앗겼다면 주변 환경을 조작하여 방해요소를 줄여야 한다. 사용하지 않는 장난감은 서랍 안이나 담요 속 같이 보이지 않는 곳에 놓아야 한다. 방 안에는 책상과 의자, 여닫을 수 있는 장이나 선반만 두는 것이 가장 이상적이다.

치료사 이외의 다른 사람 역시 아동의 관심을 빼앗는 요소가 될 수 있다. 만약 다른 사람들이 치료실 내에 있다면, 가구처럼 그저 가만히 있어 달라는 요청을 해야 한다. 만약 아동이 부모에게로 도망을 간다면 부모는 아동의 말에 반응은 하되 최대한 재미없게 행동해야 한다. 예를 들어, 아동이 엄마에게 컵을 달라고 한다면, 어머니는 컵을 치료사에게 주고, 그것을 치료사가 아동에게 건네주도록 해야 한다. 그 방 안에서 흥미롭고 좋은 것은 모두 치료사에게 있어야 한다.

무대의 중심 되기

사회적 소통은 특히 눈과 얼굴을 통해서 이루어진다. 우리가 말할 때 아동은 우리를 보고, 반복적으로 눈맞춤을 하며, 우리의 얼굴, 표정, 눈빛 및 입의 움직임을

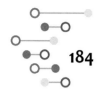

잘 볼 수 있어야 한다. 그렇기에 아동이 우리의 얼굴을 잘 볼 수 있도록 해야 하며, 우리의 얼굴과 눈에 주목하게 해야 한다. 되도록 아동과 눈높이를 맞추어 마주 보는 것이 좋고, 사물은 아동과 치료사의 중간에 놓아 쉽게 얼굴에 가져다 댈 수 있도록 하는 것이 좋다. 아동과 장난감을 가지고 놀 때, 또는 사회적 놀이를 할 때 모두 아동과 마주 보는 것이 좋다.

하지만 아동이 시선을 피하고, 고개를 돌리며, 눈을 가린다면, 뒤로 물러나야 한다. 본능적으로 더 가까이 다가가 얼굴을 들이밀고 싶어질 수 있지만, 경험에 의하면 이것은 눈길을 더 피하게 할 뿐이다. 초반에는 얼굴을 아동에게서 더 멀리하고 살펴보아야 한다.

아동과 얼굴을 마주 볼 수 있는 좋은 방법이 많이 있다. 바닥에 마주 보고 앉으면 서로 얼굴을 맞대어 볼 수 있다. 체구가 작은 아동인 경우에는 치료사가 바닥에, 아동을 아기용 의자나 작은 발판 위에 앉히면 사회적 감각 놀이를 하기에 좋다. 독서 활동, 혹은 인사와 옷을 입는 일과를 할 때는 빈백이나 등받이가 잘되어 있는 아동용 의자에 앉혀 치료사를 바라보게 하는 것이 좋다. 책을 읽을 때 아동을 무릎에 앉히는 경우가 많은데, 이보다는 서로 마주 보는 자세가 더 좋다. 작은 의자나 폭신한 빈백은 아동과 치료사가 마주 보고 앉아 사이에 책을 둔 채 동물 소리를 내고, 중요한 단어를 말해 주며, 그림을 가리키고, 아동에게 가리키도록 하며, 효과음을 내기에 이상적이다. 치료사 무릎 위에서 하는 놀이를 할 때에도 아동과 마주 보도록 한다. 아동이 바닥에 앉아 있는 치료사 다리 위, 혹은 다리 사이 바닥에 누워 있는 자세는 눈을 마주치기에 적절하고 사회적 놀이, 손가락 놀이 그리고 몸을 살짝 움직이는 노래 및 놀이에 아주 적합하다. 몇 가지 예를 들자면 손가락으로 기어가는 흉내 내기, 발가락 꼬물거리기, 까꿍놀이, 쎄쎄쎄, 배 간질이기, '엄지야 어디 있니?'가 있다.

작은 책상도 도움이 된다. 아동이 책상 옆에 앉거나 서서 퍼즐이나 팝업 장난감을 가지고 놀 때 치료사가 바닥이나 작은 의자에 앉아 아동의 맞은편에서 얼굴을 마주 볼 수 있디. 아동을 앉혀 놓으면 의사가 아동의 자세를 바로잡아 주고 쉽게 도망가지 못하게 해 주기 때문에 좋다. 아동을 의자에 앉힐 때 발이 바닥에 평평

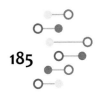

히 닿고 등이 잘 받쳐지게 해야 한다(엉덩이, 무릎, 발목이 90도가 되어야 한다.). 의자가 아동에게 잘 맞아야 편안함을 느끼고 더욱 오래 앉아 있을 것이다. 특히 팔걸이가 있는 의자는 아동을 차분하게 하는 데 도움이 된다. 하지만 아동의 움직임을 제어하기 위해 안전벨트를 사용해서는 안 된다. 아동들이 자발적으로 흥미를 가지고 앉아 있어야 하는데, 자발적으로 앉지 않는 아동이라면 흥미 있는 활동을 위해 앉아 있는 것을 먼저 학습 목표로 삼는다(이는 ESDM 커리큘럼 체크리스트에 있는 목표다. 〈부록 A〉 참조).

아동이 성인을 활동의 일부로 받아들이기 위해서는 조심스럽게 다가가야 한다. 활동에 참여하되 아동의 동기가 줄어들지 않도록 주의를 기울여야 한다. 아동이 성인을 잘 알게 된 후에는 놀이에 끼어들기가 쉬워지지만 초기에는 성인의 존재를 경계하거나 아예 알아차리지 못할 수도 있다. 아동의 불편함을 최소화하기 위해 성인들은 아동의 신호를 신중히 관찰하고 그에 따라 참여 수준을 조정해야 한다. 치료사는 아동이 목표를 달성하는 데에 도움을 주고 활동을 더 재미있게 함으로써 아동을 더 편안하게 하고 동기부여를 해 주어야 한다. 이를 통해 치료사 존재의 가치는 높아진다.

관찰하고 언급하기

아동이 편안하게 느낄 정도의 거리에 자리를 잡는다. 자연스럽게 고개를 끄덕이며 미소를 짓고, 이따금씩 간단한 대구를 하면서 아동을 흥미를 가지고 바라본다. 이렇게 함으로써 치료사의 존재와 관심을 아동에게 전달한다. 아동의 언어 수준에 적합한 단어나 구절을 이용하여 아동의 행동을 생생한 감정과 음향효과를 담아 묘사한다. 아동의 목표를 관찰해 이름을 붙여 주기도 한다. 이러한 방법으로 시작한다면, 치료사가 가까이 있어도 부정적인 반응을 보이지 않을 것이다. 이렇게 아동의 놀이를 설명해 주는 행동(단, 아동의 집중을 방해하거나 흩트리지 않으며)은 활동에 대한 아동이 관심을 유지하면서 언어를 배울 수 있는 기회를 준다.

도움 주기

아동이 치료사가 가까이 혹은 앞에 있는 것 그리고 관심을 주는 것을 편안해한다면 아무 요구도 하지 않으면서 아동의 목표 달성을 돕기 시작한다. 아동이 가지려고 손을 뻗는 사물을 건네주거나 가까이 밀어 준다. 사물을 고정해 줄 수도 있고, 가까이 밀어 주고, 뚜껑을 열어 주고, 필요한 도구를 주거나 아동이 어려워하는 점을 도와주어도 된다. 이렇게 함으로써 아동은 치료사가 자신의 목표를 달성하는 데 도움이 되고 치료사가 사물을 만지는 것이 방해되지 않는다는 것을 알게 된다. 이로써 치료사를 긍정적인 강화제로 인식하게 된다. 아동이 치료사의 도움을 쉽게 받아들일 때까지 말을 걸고, 인정해 주고, 도와주며 놀이 파트너가 되어야 한다. 장난감을 열기 힘든 상자에 넣어 두면 도움을 줄 좋은 기회를 만들 수 있다. 밀봉되는 비닐봉투나 열기 어려운 투명용기를 이용하여 아동이 화를 내거나 좌절하기 전에 열어 주는 것도 좋은 방법이다.

방금 설명한 방법은 첫 치료 회기의 대본이라고 할 수 있다. 몇몇 아동은 몇 분만에 치료사를 편하게 느끼기도 한다. 하지만 특히 회피하거나 거부하는 아동은 더 오랜 시간 동안(30분 이상) 앞에 설명한 반응과 촉구가 필요할 수 있으며, 향후 몇 회기에서 이와 같은 과정으로 시작해야 할 수도 있다. 아동이 치료사의 존재와 치료사가 사물을 다루는 모습을 편안하게 받아들인다면 치료사가 놀이에서 자신의 역할을 맡을 차례가 온 것이다.

♠ 놀이에서 역할 맡기

아동이 치료사의 존재와 그가 사물을 다루는 모습을 편안하게 받아들이고 회피반응이나 경계심을 보이지 않으며 치료사가 건네주는 것을 받기도 한다면 치료사는 이제 적극적인 놀이 파트너가 될 수 있다. 이 단계에서는 치료사의 활동이 얼마나 재미있는지 보여 주면 된다. 놀이에 적극적으로 참여하고, 아동의 놀이 주제를 확대하고, 아동과 함께 활동을 만들며 마무리 짓는다. 적극적인 놀이 파트너가 되는 데 도움을 주는 여러 방법이 있다.

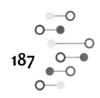

아동 모방하기

아동과 같은 사물을 가지고 아동이 하는 행동을 똑같이 따라 한다. 이렇게 따라 하는 것을 병행놀이(parallel play)라고 한다. 병행놀이란 아동 바로 앞에서 자신의 사물을 가지고 아동과 같은 활동을 하는 것이다. ASD 아동은 누군가 자기를 흉내 내는 것에 긍정적으로 반응한다(Dawson & Adams, 1984; Dawson & Galpert, 1990). 반면 모든 사물을 통제하려고 하는 아동도 있다. 만약 아동이 치료사의 사물을 원한다면 아무 거리낌 없이 건네주고, 다른 사물을 가져와 다시 놀아야 한다. 장난 감을 두고 힘 겨루기를 하지 말고 그저 놀도록 한다.

아동과 함께 공동 목표를 만들거나, 혹은 아동의 목표 달성을 위한 사물 활용법을 따라 하는 것도 또 다른 방법이다. 아동이 블록을 쌓고 있다면, 치료사도 아동과 번갈아 가며 블록을 쌓는다. 아동이 장난감 자동차들을 충돌시키고 있다면, 치료사도 아동의 차에 자신의 차를 살며시 충돌시킨다. 퍼즐을 맞추고 있다면 퍼즐 몇 조각을 함께 맞춘다. 이런 식으로 아동의 놀이를 따라 하고 목표를 공유하는 것은 사회적 파트너에 대한 인식을 길러 주고 상호적인 놀이의 틀을 형성하도록 수 있다.

만약 아동이 거부한다면 어떻게 해야 할까? 몇몇 아동들은 누군가가 자신을 따라 하고 함께 하는 것을 좋아하지만, 어떤 아동들은 다른 이가 자신의 사물을 만지는 것조차 싫어한다. 후자의 경우라면 다시 병행놀이를 하면 된다. 치료 초기 단계에서는 갈등을 최대한 피해야 하고, 사물을 가지고 아동과 경쟁하지 말아야 한다. 지금은 치료사가 더 적극적인 역할을 맡을 수 있도록 관계 형성에 노력을 기울여야 할 때다. 아동이 치료사를 회피하거나 무시하게 만들 수 있는 행동은 하지 말아야 한다. 갈등을 피할 수는 없지만, 일어나더라도 다른 문제행동이 나타나기 전에 신속히 해결할 방법을 찾아야 한다. 지금 협조적인 파트너가 되고 좋은 관계를 형성해야만 추후 아동에게 많은 도움을 줄 수 있게 될 것이다. 아동과 놀이를 하면서 계속 이야기를 들려주고, 생생한 효과음을 내며, 흥미를 갖고 이 멋진 아동을 지켜보기 바란다.

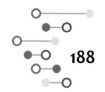

놀이에 변화 주기

마지막 방법은 활동에 변화를 주어 더 흥미롭게 만드는 것이다. 예컨대, 아동과 철로를 만들고 있다면 다리를 짓는다거나, 탑을 쌓고 있다면 치료사의 탑을 무너뜨릴 수도 있다(단, 아동의 탑은 무너뜨리지 마라). 덤프트럭 놀이를 하고 있다면 무언가를 실어 보기도 하고. 찰흙 놀이를 하고 있다면 밀대를 사용하기도 한다. 놀이에 변화를 줌으로써 재미를 더하고 치료사와 아동의 활동 시간을 늘릴 수 있다.

🖤 더 적극적으로 하기

아동이 치료사를 흥미로운 파트너로 받아들였다면 이제 더 적극적으로 놀이에 참여할 차례다. 이 시점은 개인차가 있다. 몇몇 아동은 앞선 단계들을 한 시간 만에 끝내기도 하지만, 다른 아동은 몇 번의 회기가 필요할 수도 있다. 놀이를 통한 학습을 유도하기 위해 필요한 참여 수준과 통제력은 2가지 기술을 통해 얻을 수 있다. 바로 사물 통제하기와 번갈아 가면서 하기다.

사물 통제하기

아동이 사물을 고르고 활동을 시작하면 치료사는 다른 사물들(퍼즐이나 공, 기차철로, 블록, 사인펜 등)을 주워 담는다. 아동이 필요로 할 때마다 사물을 건네줌으로써 치료사는 강력한 강화 요소인 사물들의 통제권을 쥐게 되고 아동의 관심을 받을 수 있다. 이 단계는 매우 큰 진전이 될 수 있다. 치료사가 사물을 건네주는 것을 아동이 편하게 받아들일 때까지 거리낌 없이 사물들을 건네주어야 한다.

번갈아 가며 하기

이 단계 역시 치료사가 스스로 사물을 관리하며 진행시켜야 한다. 하지만 번갈아 가며 하는 것은 지금까지 나온 행동 중 가장 개입이 많은 행동이다. 때문에 아동은 병행놀이와 사물을 건네주는 행동을 통해 충분한 준비가 되어 있어야 한다. 망치로 공치기, 사인펜으로 그리기, 마라카스 흔들기 등의 아동이 혼자 하는 놀이

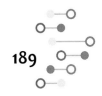

로 시작한다. 아동이 1~2분 정도 혼자 놀이를 한 후 "내 차례야."라고 말하며 장 난감을 가져와 빠르게 아이의 행동을 따라 하고, 신속히 아이에게 장난감을 돌려 주며 "네 차례야."라고 말한다(물론 여러분의 행동을 말로 설명해 주어야 한다.).

사물 교환은 필요한 과정이지만, 아동과 사물을 두고 경쟁이 일어날 수도 있다. 초반에는 아동이 장난감이 곧 자신에게 돌아올 것이라는 걸 깨달을 때까지 어느 정도의 경쟁은 필요하다. 아동이 사물을 건네주지 않는다면 성인이 가져간 사물 이 곧 자신에게 돌아온다는 것을 깨달을 때까지 다른 사물과의 교환을 반복한다. 이때 치료사의 판단이 요구된다. 아동이 장난감을 버려두고 더 이상 의사소통을 거부한다면, 좌절하지 말고 개입을 줄여 관계를 다시 형성하면 된다. 하지만 치료 사가 지금까지의 단계들을 천천히 밟아 왔다면 아동은 치료사를 편하게 받아들이 고 번갈아 장난감을 가지고 노는 것을 거부하지 않을 것이다. 놀이 중 자주 차례 를 번갈아 가는 것은 다음에 나와 있듯 새로운 기술을 가르쳐 주는 데 매우 중요 하다('번갈아 가면서 하기'를 하며 사물을 치우거나 활동을 끝내지 말아야 한다. 그러면 사물을 건네주는 행동에 대한 처벌이 된다. 놀이를 끝내는 상황에서는, "끝." 또는 "다 끝 났어."라고 말한다. 치료사의 차례가 끝나면 아동에게 또 다른 차례를 줘야 한다.).

공동 활동 일과: 학습을 위한 틀

공동 활동은 2명의 파트너가 함께 협조적인 활동을 하거나, 같은 사물을 다루거 나, 같은 활동을 하며 놀거나 작업을 하는 활동이다(Bruner, 1975, 1977). 이때 파트 너들은 서로를 모방하거나, 함께 무언가를 만들거나, 같은 활동을 번갈아 가며 한 다. 그들은 함께 활동을 만든다(공동 건설). 공동 활동 일과는 ESDM의 학습을 위 한 틀이며 공동 활동의 사회적 요소는 학습에 있어 가장 풍부한 도구가 된다. 공 동 활동에서 파트너들은 서로를 바라보며 무언가 건네주고, 따라 하고, 의사소통 하며 미소와 즐거움을 나눈다. 장난스러운 게임이 시작될 수도 있고, 함께 미소를

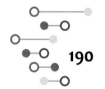

나누며 웃게 될 수도 있다. 혹은 거대한 탑을 쌓거나 장난감 기차를 충돌시키는 진지한 목표를 가질 수도 있다.

🖤 공동 활동 일과의 단계

지금까지는 공 튀기기, 만들기, 퍼즐 등과 같은 단일 놀이를 다루어 왔다. 공동 활동 일과라는 용어는 사회적 파트너와 함께하며 모든 학습의 바탕이 되는 놀이를 포괄적으로 지칭하는 용어다. ESDM의 공동 활동 일과는 여러 단계로 이루어져 있다.

- 오프닝 혹은 준비 단계는 첫 번째 공동 놀이 활동(놀이 주제) 전에 일어나는 행동이다.
- 주제는 놀이의 초반부에 만들어진다. 아동과 성인은 특정한 놀이를 함께한다. 블록 쌓기, 물 쏟기, 크레파스로 그리기와 같은 사물 중심 놀이일 수도 있고, 혹은 노래 부르기, 노래 따라 춤추기, 숨바꼭질 같은 사회적 놀이일 수도 있다.
- 정교화 단계는 놀이의 재미를 유지하거나 놀이의 다른 점을 강조하기 위해 놀이 주제에 변화를 주는 것이다. 이렇게 함으로써 놀이가 반복되지 않게 하고 더 다양한 기술을 발전시킬 수 있도록 한다. 변형과 변화를 통해 아동의 집중력을 유지하고, 융통성과 창의력을 증진하며, 다양한 분야의 기술을 다룬다.
- 마무리 단계는 네 번째이자 마지막 단계다. 집중력이 떨어지거나 활동을 통한 학습의 기회가 바닥난 상태일 때 주변을 정리하고 다른 활동으로 전환한다. 장소 및 활동의 속도를 바꾸며 다른 활동으로 자연스럽게 옮겨 갈 수 있도록 한다. 사용하던 사물을 제자리에 돌려놓고 다른 활동을 고르도록 하여 다른 놀이로, 즉 하나의 마무리 단계에서 또 다른 오프닝 단계로 전환한다.

ESDM 치료 회기는 일련의 공동 활동으로 이루어져 있다. 인사 활동으로 시작한 후 다양한 활동(활동적인, 책상에 앉은, 사물 중심 혹은 사회적인 활동)을 하고 마무

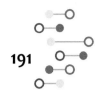

리 인사로 끝난다.

🐚 공동 활동 내에서 학습하기

학습은 다음 3가지 측면에서 일어난다.

① 성인이 아동의 개시에 반응하며 아동의 추후 행동을 자극하는 모델, 단어, 제스처 혹은 다른 단서를 줄 때 ② 필요에 따라 아동이 자극에 목표행동으로 반응하도록 촉구할 때 ③ 아동의 반응에 긍정적인 결과가 따를 때. 이 3가지는 각 목표별 단계를 가르치는 교육 행동이다.

아동이 행동을 시작할 때 그에 대한 성인의 반응에서 학습이 시작된다. 어떠한 사물을 향해 걸어가든가 무엇을 잡기 위해 손을 뻗음으로써 아동은 행동을 시작할 수 있다. 이 시점에서 널리 쓰이는 교육 방법은 그 사물을 주워 사물 이름을 말하며(언어 모델) 아동에게 건네주고, 아동이 사물을 받기 전에 목표 의사소통 행동을 하도록 기다리거나 촉구하는 것이다(촉구는 가리키기, 단어, 문장, 소리, 시선 등 아동의 의사소통 목표에 따른다.). 이는 아동의 의사소통 행동을 강화한다. 만약 사물에 여러 부분이 있다면 그 부분들을 활용해 의사소통 교환을 반복한다.

다음 순서는 아동이 들고 있는 사물을 이용하여 공동 활동을 만드는 것이다. 이 놀이 단계─주제 설정─는 인지, 모방, 놀이 혹은 운동 목표행동을 위한 토대가 될 것이다. 아동의 행동을 따라 한 후, 사물 중 하나를 활용해 아동의 목표가 되는 행동을 직접 하여 아동이 성인의 행동을 따라 하도록 기다리거나 촉구한다. 이를 통해 목표 기술을 해 낼 수 있도록 하는 것이다. 성인이 보여 주거나 지시한 행동을 아동이 완료하면 아동은 사물을 얻어 본인이 놀고 싶은 대로 놀 기회를 갖는다(목표행동 수행에 대한 강화제). 그다음, 성인의 차례가 되면 같은 기술을 반복하거나 아동의 목표에 따라 다른 목표행동을 하며 놀이를 발전시킨다.

이 패턴은 놀이 변화 단계에서도 계속된다. 아동과 성인이 함께 사물을 가지고 활동하면서 성인은 또 새로운 목표행동 혹은 사물을 추가하고, 새로운 목표 기술을 연습하고, 좋아하는 도식을 반복하며 아동의 관심이 줄어들 때까지 계속 가

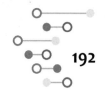

르치고 재미있는 일들을 만들어 낸다.

앞에 예시로 들었던 사물 중심 일과, 감각적 사회 일과, 인사 일과, 정리정돈 일과, 간식 시간 등 다양한 종류의 공동 활동이 존재한다. 이제 다양한 공동 활동에 대해 이야기하겠다.

◗ 사물 중심 공동 활동

사물 중심 공동 활동에서는 사물이 놀이의 주제가 된다. 성인과 아동 모두 그 사물을 가지고 행동하고 모방, 번갈아 가며 하기, 사물 다루기, 주제, 변형 등의 앞서 말한 기술들을 통해 사회적 요소를 추가한다. 이러한 사물 중심 공동 활동에서는 사회적인 요소가 매우 중요하다. 또한 눈맞춤과 의사소통 등 사회적 상호작용은 모든 사물 중심 공동 활동에 항상 포함되어야 한다. 이러한 활동은 두 사람이 자신의 의도, 관심, 및 즐거움을 나누는 합동주시의 판을 만들어 준다. 아동은 사물을 다른 이에게 주고, 나누고, 보여 주고, 손으로 가리키고, 사물과 성인을 번갈아 보고, 사물을 본 뒤 파트너를 쳐다보며 미소를 나누는 행동을 통해 합동주시를 인식한다(Mundy, Sigman, Ungever, & Sherman, 1986). ASD 아동은 합동주시 발달이 뒤쳐지는데, 합동주시는 언어와 사회적 성장에 중요한 토대가 되므로(Mundy, 1987; Charman, 1998; Charman & Howlin, 2003) ESDM의 사물 중심 공동 활동은 합동주시의 발달에 역점을 둔다.

사물을 이용하여 공동 활동을 수행하는 방법

공동 활동에는 변화의 전이 및 지금까지 설명해 왔던 기술들이 적용된다. 준비 단계에서는 활동의 사물, 행동, 관계 등에 대해 이야기하며 아동이 주도하는 것을 따라간다. 아동과 성인이 놀이의 주제를 형성할 때 사물을 주고받거나 두 세트의 사물을 가지고 번갈아 가며 놀이를 한다. 때로는 새로운 동작을 모델링하여 아동이 성인을 따라 하도록 하고, 때로는 성인이 아동을 따라 한다. 이렇게 번갈아 가며 하는 것은 사회적ㆍ의사소통적 행위이기에 아동의 관심을 사물에서 사람으로

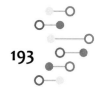

옮기고 다시 사물로 옮기며 합동주시를 만들어 낸다. 이러한 관심 이동은 사물 중심 공동 활동 안에서 1분에 여러 번 나타날 정도로 자주 일어나야 한다. 어떤 하나의 놀이 주제나 행동이 '놀이가 될 때' 변화 단계로 옮겨 새로운 동작을 선보이며 아동이 성인을 따라 할 수 있도록 격려해야 한다(제7장에서 모방과 놀이 방법을 더 자세히 다룰 것이다.). 놀이의 주제와 변화의 질이 놀이를 정교화시키고 더 다양한 목표를 가르칠 뿐만 아니라 아동의 관심을 더 오래 끌 수 있도록 한다. 사물에 대한 관심이 사라지거나 할 수 있는 만큼 다 했다고 생각된다면 정리 단계로 옮기고 새로운 사물과 다른 공동 활동 일과로 옮겨 간다.

파트너 중심 공동 활동: 감각을 이용한 사회적 일과

감각을 이용한 사회적 일과는 공동 활동 과제 내에서 두 파트너의 관심이 사물이 아닌 서로에게 있고 상호 간의 즐거움과 참여로 놀이가 이루어지는 것을 나타낸다. 감각을 이용한 사회적 일과는 양자 공동 활동 일과(파트너와 자기 자신)인 반면 사물 중심 공동 활동은 3인의 공동 활동 일과(사물-파트너-개인)다. 또한 감각을 이용한 사회적 일과는 두 사람이 같은 활동을 번갈아 가면서 하거나, 서로를 모방하고, 단어, 제스처 혹은 표정으로 의사소통하고, 서로의 활동을 만들며 상호적으로 수행하는 양자 활동이다. 감각을 이용한 사회적 일과에서 사물은 부수적이다. 공동 활동의 주제는 사회적 교환이다. 전형적인 감각을 이용한 사회적 일과는 '까꿍' '쎄쎄쎄' 놀이, '손가락으로 몸 따라 기어 올라가기' '무릎 위에서 말 태워 주기' 놀이와 같이 다리에 앉혀 놓고 하는 놀이 혹은 '반짝반짝 작은 별' '곰 세 마리'와 같은 율동 노래, '다리 사이로 아이 그네 태워 주기' '손 잡고 빙빙 돌기'와 같이 바닥에서 하는 놀이, '손가락으로 기어가는 흉내 내기', 간지럼 태우기 같은 '손가락 놀이' 그리고 '비행기 놀이' '그네놀이' '숨바꼭질'과 같은 동작으로 하는 놀이가 있다.

사물을 이용하는 공동 활동은 사물과 병행하는 행동, 사물에 대한 의사소통, 사물에 대한 공동 관심 및 번갈아 가며 사물을 이용하는 것에 중점을 두는 반면, 감

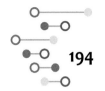

각을 이용한 사회적 일과는 아동의 관심을 파트너의 얼굴과, 목소리, 몸동작과 제스처에 두도록 한다. 이 중 많은 활동은 RDI(Gutstein & Sheely, 2002) 혹은 DIR/플로어타임(Greenspan et al., 1997)과 비슷하지만, 실은 이러한 모델들이 알려지기 오래전부터 덴버 모델 개발 초기에 독립적으로 만들어졌다.

감각을 이용한 사회적 일과에는 4가지 목표가 있다.

- 아동의 관심이 다른 사람의 몸동작, 자세, 예측되는 동작, 특히 눈맞춤과 얼굴과 같은 사회적·의사소통적 신호로 향하게 한다.
- 아동의 얼굴 표정과 감정 표현 인식 능력과 다른 이와 얼굴을 서로 맞대고 표정을 나눌 수 있는 능력을 발달시킨다. 성인들은 온갖 놀이에서 미소를 나누고, 재미있는 표정을 짓고, 소리 효과와 표현을 만들며 아동의 관심을 성인의 얼굴로 끌어온다.
- 아동이 사회적 의사소통을 시작하고, 의사소통에 반응하며, 눈맞춤, 얼굴 표정, 제스처, 소리 및 단어들을 통해 이어나갈 수 있도록 한다.
- 아동의 각성 수준, 상태 및 관심을 최대한 활용한다. 감각을 이용한 사회적 일과는 소극적이고 '지친' 아동을 생기 있게 만들 수 있고, 지나치게 활동적이거나 자극되어 있는 아동을 차분하게 만들 수 있다. 감각을 이용한 사회적 일과는 기분이 좋지 않은 아동을 달래 주거나 까불까불한 아동을 집중하게 만들며 아동의 기분을 바꿀 수 있다.

감각을 이용한 사회적 일과는 사회적 지향성 및 의사소통을 발전시킨다

감각을 이용한 사회적 일과로부터 아동은 사람들의 몸과 얼굴이 '말한다'는 것과 의사소통에 중요하다는 것을 배운다. 그러므로 감각을 이용한 사회적 일과에서 아동은 성인과 마주 보고 얼굴과 제스처에 집중할 수 있도록 위치를 잡는 것이 매우 중요하다. 앞서 말한 대로 아동을 무릎에 마주 보도록 앉히거나, 작은 의자 혹은 빈백에 앉힌 후 성인이 맞은편에 앉거나 혹은 큰 공 위에 앉혀 튀기며 놀도록 할 수 있다.

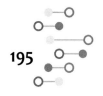

　감각을 이용한 사회적 일과는 아동에게 의사소통을 시작, 유지 혹은 중단하기 위해 의도적으로 소통하는 방법을 가르친다. 의도적인 소통은 눈맞춤, 자세 및 표정, 말, 발성을 모두 포함한다. 감각을 이용한 사회적 일과에서 성인은 아동이 적극적으로 참여할 때까지 흥미로운 활동은 만들고, 잠시 멈추어 아동이 계속 하라는 신호를 주기를 기다린다. 처음에는 쳐다보기, 손 뻗기, 말하기, 눈 마주치기 혹은 다른 미묘한 제스처로 나타나 알아채기 힘들 수도 있다. 하지만 이러한 신호는 아동의 '차례'를 의미하고 성인은 놀이를 계속함으로써 이에 반응하면 된다. 처음에는 아동의 손짓 혹은 의도적 발성과 같은 간단하고 비언어적인 소통을 이끌어 낸다. 그런 후 이런 간단한 소통을 제스처와 발성을 수반한 직접적인 응시와 같은 통합적인 의사소통으로 발전시키고, 나중에는 근접한 단어 및 말로 한층 더 발전시킨다. 많은 아동은 하나의 감각을 이용한 사회적 일과 안에서 의사소통을 한다. 능력 있는 치료사와 아동들은 평균적으로 10초마다 의도적인 소통 혹은 다른 사회적 행동을 하는데, 이것은 사물 중심 공동 활동보다는 비교적 자주 일어나는 것이다. 아동이 감각을 이용한 사회적 일과로부터 최대한 많은 이득을 얻기 위해서는 적극적으로 활동을 시작하고 이어나가는 것이 중요하다.

감각을 이용한 사회적 일과는 학습을 위한 최적의 관심도와 각성 상태를 만든다

　감각을 이용한 사회적 일과에서 성인이 하는 접촉, 움직임 및 리듬은 아동에게 꽤 즉각적인 효과가 있다. 전반적으로 차분하고 조용한 리듬의 움직임과 패턴은 아동을 진정시키는 효과가 있다. 다양한 접촉—안고 있기, 꽉 안기, 세게 안기, 간지럽히기, 머리나 등 만져 주기, 뛰기, 그네놀이, 빙빙돌기와 뛰어놀기 등—에 따라 아동이 어떻게 반응하는지 관찰한다. 어떤 행동이 아동을 더 활동적이게 하거나 차분하게 하는지 알아본다. 차분하게 하는 일과와 놀라게 하고 활동적이게 하는 일과를 찾는다. 이것이 익숙하지 않거나 아동이 반응을 보이지 않는다면 작업치료가 도움이 될 것이다. 이러한 일과를 이용해 치료가 진행되는 동안 아동이 최상의 집중력과 활동력을 유지하도록 할 수 있다. 아동들이 최상의 집중력을 갖지 못하면 이러한 활동을 활용한다. 아동이 학습에 이상적인 감정 상태를 갖고 이를 유지할 수 있도록 돕는 치료사의 능력은 ESDM에서 중요할 뿐만 아니라 치료사의 기술을 판단하는 치료충실도 항목 중 하나다.

감각을 이용한 사회적 일과에서 사물 이용

감각을 이용한 사회적 일과 중에는 사물을 사용하지 않는 활동이 많다. 하지만 사물은 신체 놀이를 즐기지 않는 아동들의 관심을 성인으로 유인하는 데 도움이 된다. 성인들만이 조정할 수 있는 비눗방울, 풍선, 바람개비와 같이 신나고 흥미로운 효과를 만들어 내는 장난감은 성인의 얼굴로 관심을 가져와 양자 상호작용의 감각을 이용한 사회적 일과를 만들어 낸다(공동 관심 및 공동 관심 행동의 발달 역시 포함된다.).

예를 들자면, 치료사 리사(Lisa)와 18개월 된 ASD 아동 로비(Robbie)는 감각을 이용한 사회적 장난감 상자를 들여다보고 있다. 리사가 풍선을 꺼내어 "풍선."이라고 말하며 풍선을 분 후 풍선이 날아가도록 잡고 있던 손을 놓는다. 로비가 좋아하자 리사는 풍선을 다시 가져와 이를 반복한다. 반복할 때마다 리사는 로비가 바라보며 풍선에게 일어날 일을 기대하도록 기다린다. 이번에는 리사가 풍선을 입에다 대고 불지 않자, 로비가 기대에 찬 눈으로 바라보며 입으로 살짝 바람을 분다. 리사는 즉시 "불어."라고 말하며 로비에게 눈을 맞추지만, 호흡을 조절해 가며 아동의 기대치를 높인다. 이런 식으로 여러 번 반복한 뒤, 풍선을 최대한 크게 불어 로비 앞에서 잡고, 천천히 "준비, 시작!"이라 말한 후 손을 놓아 풍선이 날아가게 한다. 세 번째 반복할 때에는 로비가 "시작."이라고 말할 때까지 기다렸다가 풍선을 놓는다. 이제 로비는 뛰어가 풍선을 주워 리사에게 다시 건네준다(리사는 로비가 풍선을 입에 넣지 않도록 주의한다.). 리사는 풍선을 받고 로비를 바라보며 반응하기를 기다린다. 로비는 미소를 짓고, 눈맞춤을 하며 입으로 바람을 분다. 그러면 리사는 풍선을 불어 이 놀이를 반복한다.

이 놀이가 사물 중심 일과가 아닌 감각을 이용한 사회적 일과인 이유는 다음과 같다. 성인은 사물로 재미있는 효과를 내고 아동은 자주 소통하며 성인의 얼굴, 목소리 그리고 몸에 집중하기 때문이다. 성인과 아동은 긍정적인 정서를 공유한

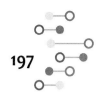

다. 아동은 사물을 오직 성인에게 돌려주기만 하고 직접적으로 다루지 않는다. 아동은 주로 성인에게 관심을 가진다. 사물 중심 활동과 감각을 이용한 사회적 활동의 경계선이 모호할 때도 있다. 즉, 감각을 이용한 사회적 활동은 사회적인 측면이 매우 크다.

(주의: 사물을 다룰 때 아동이 사물이 아닌 성인에게 관심을 두게 해야 한다. 즉, 성인이 사물을 통제해야 한다는 것이다. 아동이 사물을 달라고 해도 주지 말고, 아동이 성인에게 관심을 유지할 수 있도록 한다. 아동의 요청을 자신에게 사물을 건네달라는 것이 아닌 사물을 작동시켜 달라는 요청으로 받아들여라.). 감각을 이용한 사회적 일과에서는 사물을 주고받으며 놀지 않는다. 그 대신 아동은 성인에게 재미있는 행동을 해 달라고 요청하고 미소를 나누며 의사소통을 한다. 성인이 아동의 관심을 사로잡았다면, 잠시 행동을 멈추고 아동이 계속해 달라는 의사소통을 할 때까지 기다린다. 만약 아동이 그 사물을 가지려는 의욕이 너무 강해 부정적인 효과를 내기 시작한다면 다른 활동으로 바꾼다.

새로운 감각을 이용한 사회적 일과의 시작

새로운 감각을 이용한 사회적 일과를 시작할 때, 아동이 일과를 배우고 이해할 수 있도록 같은 활동을 여러 번 반복해야 할 수도 있다. 새로운 일과를 시작할 때, 아동이 바로 즐기지 않고, 대신 미심쩍어 하거나 불편해할 수도 있다. 아동이 별다른 의욕이 없어 보여도 3번을 빠르게 반복하는 것이 좋다. 며칠이 지나면 아동이 활동에 더 흥미를 느낄 수 있기 때문이다. 하지만 아동이 많이 불편해하거나 강하게 항의한다면 일과를 멈추거나 부정적인 요소를 제거해야 한다. 아동이 일과와 부정적인 경험을 연관 지어서는 안 된다. 그러므로 미묘한 신호를 주시해야 한다. 빠른 눈 깜박임, 근심스러운 표정, 긍정적인 기분이 사라지거나, 깜짝 놀라고, 정적으로 있는 모습은 아동이 불편해한다는 신호다. 물러나는 행동, 신체적인 회피 및 부모님을 찾는 모습들 역시 마찬가지다. 이런 부정적인 신호를 포착하면 자극을 즉시 줄여야 한다. 활동을 3번 반복하는 동안 불편한 신호가 줄어들지 않는다면 그 날의 활동을 중단하고, 추후 몇 회기에서 보다 조심스럽게 다시 시도한

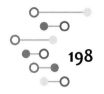

다. 만약 아동이 여전히 부정적인 반응을 보인다면 이를 중단하고 다른 활동을 찾아야 한다.

감각을 이용한 사회적 일과에서 번갈아 가며 하기

감각을 이용한 사회적 일과에서 두 파트너는 자주 번갈아 가며 활동하는데, 사물 중심 공동 활동 일과와 달리 사회적/의사소통적 행동만을 포함한다. 아동들은 번갈아 가며 요청하고, 지속하며, 묘사하거나 신호를 주는 능동적인 사회적 파트너여야 한다. 파트너들이 서로의 행동에 반응하고, 아동이 약 10초마다 사회적/의사소통적 행동을 해야 한다.

성인이 아동을 재미있게 해 주려 애쓰고 아동이 수동적으로 성인을 지켜보는 상황이 되어선 안 된다. 대신에 움직임, 제스처, 눈맞춤, 소리, 단어 혹은 다른 행동들을 통하여 성인과 아동이 지속적으로 의사소통을 주고받는다. 이처럼 상대적으로 균형 잡힌 상호작용이 일어나야 한다. 목표는 아동이 성인의 얼굴과 몸에 집중하고 소통하며 감각을 이용한 사회적 일과를 시작하고, 일과에 반응하며 지속하는 것임을 기억해야 한다. 성인은 시작하고, 잠시 멈추고, 기다리기도 하며 아동에게 의사소통할 기회를 주어야 한다.

아동의 레퍼토리 만들기

아동의 감각을 이용한 사회적 일과의 레퍼토리를 만들어야 한다. 아동이 하나의 감각을 이용한 사회적 일과를 통해 몇 가지 의사소통을 배웠다면, 이제 다른 일과를 시작해야 한다. 간단한 율동이 있는 동요는 의례적인 언어 및 신체 모방을 수반하기 때문에 공유된 사회적 내용 발달에 중요한 역할을 한다. 아동이 1분 정도 앉거나 일어선 채 성인을 쳐다본다면 바로 노래를 시작하라. 동작을 크게 하며 최대한 간략하게 노래를 부르고, 아동이 관심을 가진다면 여러 번 반복한다. 아동이 익숙하게 노래를 듣고 율동에 참여할 때까지 매 회기마다 반복한다. 그런 후, 새로운 노래를 시작한다. 첫 12주의 목표는 아동이 즐기며 적극적으로 참여 및 소통하는 10~12개의 감각을 이용한 사회적 일과의 레퍼토리를 만드는 것이다.

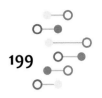

🜄 사물 중심 공동 활동과 감각을 이용한 사회적 일과 번갈아 가며 하기

ESDM 치료 회기에서는 사물 중심 공동 활동 일과와 감각을 이용한 사회적 일과를 번갈아 하면서 한다. 사물 중심 일과는 인지 능력, 모방, 의사소통 및 언어, 소근육 운동, 장난감 관련 놀이 기술을 가르칠 수 있는 바탕을 만드는 반면, 감각을 이용한 사회적 일과는 사회적 기능, 의사소통 및 언어 기능, 모방 기술에 초점을 둔다. 감각을 이용한 사회적 일과는 ASD 아동에게 사회적 세상과 사회적 교환의 즐거움을 알려 주고, 성인에 대한 각성 반응 및 관심을 가지도록 한다. 이것은 이 치료법의 아주 중요한 부분이고 나이에 적절한 감각을 이용한 사회적 활동은 고기능 유치원생을 포함한 모든 아동을 위한 모든 치료에 포함되어야 한다(생일파티 게임을 생각해 보라).

🜄 기타 공동 활동 일과

아직 논하지 않은 공동 활동들(시작과 마무리 일과, 간식 시간, 정리 시간과 전환)이 있다. 이것은 전형적인 놀이 과제가 아니므로 사실 공동 활동처럼 보이지는 않는다. 하지만 유치원생의 연령대와 가족생활에 매우 중요한 활동일 뿐 아니라 시간이 지나면서 공동 활동을 가르칠 때 중요해질 것이다.

만남과 헤어짐 인사

치료는 인사 활동으로 시작하고 끝나야 하며 이 역시 공동 활동이 된다. 처음 한두 회기에서 손을 흔들며 "안녕." 혹은 "잘 가."라고 말하며 아동 역시 손을 흔들어 주기를 바란다고 해도 단지 아동의 관심을 받는 것에서 끝날 수 있다. 하지만 머지않아 앉아서 신발과 양말을 벗어 신발장에 넣어 두고, 손을 흔들며 "안녕하세요."라고 말하거나 노래를 부르고, 어쩌면 감각을 이용한 사회적 일과를 수행하는 연속적인 행동으로 발전해 나갈 것이다. 안녕-잘 가 및 책 일과는 유치원의 '그룹' 활동에 대한 준비를 해 준다. 유치원에 곧 들어가는 아동들을 위해서 '원으로 둘러

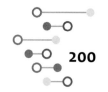

앉아 하는 활동'을 일정에 추가한다면 유치원에 적응하는 데 큰 도움이 될 것이다.

수용 언어 목표는 '앉아, 일어나, 하이파이브, 신발 벗어, 양말 신어' 등의 지시를 하며 인사 일과에 추가할 수 있다. 인사 및 다른 이에게 집중하도록 하는 사회적 목표는 인사하기 일과의 초기 목표 중 하나다.

간식

간식은 대부분의 아동에게 강화제로서 높은 가치가 있는 훌륭한 의사소통 활동이다. 또한 치료 초기에는 간식으로 비교적 빠른 의사소통을 이루어 낼 수 있다. ESDM을 따라 간식을 공동 활동 일과로 사용할 때는 치료사와 아동 모두 간식을 먹으며 붓고, 휘젓고, 손으로 음식을 집어먹거나 숟가락/포크를 이용해서 먹으며 활동에 변화를 준다. 성인이 아동을 챙길 수도 있고, 아동 또한 성인을 챙길 수 있다. 모든 단계를 한 단어 늘리기 규칙에 따라 말로 설명해 준다. 이때 휴지, 포크, 그릇 등을 건네달라 요청하며 수용 언어 목표를 점검한다. 이러한 도구들을 이용하여 소근육 운동을 연습하도록 하고 아동이 따라 할 수 있는 제스처를 이용한다. 또한 먹거나 마실 때 '맛있어' 혹은 '우와' 같은 소리를 내면서 음성 모방을 격려한다.

아동이 언어 혹은 다른 방법으로 요청하는 방법을 배웠다면 간식 시간을 의사소통이 아닌 다른 목표를 위해 사용할 수 있다. 예를 들면, 장난감 동물이나 인형을 가져와 동물들의 식사 시간, 혹은 인형들의 티타임 등의 상징적인 놀이로 발전시킬 수 있다. 또한 여러 단계가 있는 요리 혹은 음식 준비 활동을 통해 다양한 영역을 다루는 복잡하고 매우 흥미로운 활동을 만들 수 있다. 또한 정리하기, 상 차리기, 붓기, 음식 담기 혹은 나이가 좀 있는 유치원생의 경우에는 칼로 썰기 등을 통해 적응 행동을 다룰 수도 있다.

정리

모든 활동의 끝은 사물을 치우고 정리하는 것이다. 정리 단계가 중요한 이유에는 여러 가지가 있는데, 정리의 주된 목적은 아동이 선택된 활동에 집중할 수 있도록 공간을 어느 정도 비워 놓는 것이다. 치료 초반에는 치료사가 정리를 한다. 사

물들을 나중에 정리하기 위해 큰 통에 넣어 두는 정도면 된다. 아동이 다른 사물로 옮겨 갈 때에는 아동과 함께 새로운 활동을 시작할 수 있도록 빨리 정리를 해야 한다.

정리의 두 번째 주된 목적은 활동을 더욱 복잡하게 하여 학습의 기회를 만드는 것이다. 정리를 하려면 컨테이너를 열고, 조각들을 넣고, 뚜껑을 닫아 보관하는 곳에 갖다 놓아야 한다. 모양이나 색깔에 따라 분류를 할 수도 있다. 이런 하나하나의 동작들을 통해 언어, 인지 능력(분류하기, 짝 맞추기, 번갈아 가며 하기 등) 그리고 역할 공유를 가르칠 수 있다. 사물을 정리하면서 숫자를 셀 수도 있다. "블록 좀 주렴." "망치를 박스 안에 넣고 박스를 선반에 올려 줘." "초록색은 여기에 놔." 혹은 "사인펜은 선반 밑에 넣어 줘."라는 말을 통해 수용 언어도 쉽게 가르칠 수 있다. 정리정돈은 짝 맞추거나 분류하는 기술을 익히기 좋은 활동이고, 치료사는 '창의성 패키지'를 통해 다양한 짝 맞추기 및 분류하기 혹은 전치사 연습을 시행할 수 있다. 모든 인지 짝 맞추기 활동은 정리정돈을 통해 할 수 있다. 몇 가지 예를 들자면 종류(그릇은 여기에 놓고, 숟가락은 여기에 놓아), 색깔(찰흙 혹은 사인펜 뚜껑을 색깔별로 짝 맞추게 할 수도 있다.). 그림이 사물을 나타낸다는 것을 가르치거나 (정리함이나 선반에 그림을 붙여 둔다-펜, 연필, 둥근 블록, 네모 블록), 크기와 모양도 가르칠 수 있다(큰 동물은 큰 박스에, 작은 동물은 작은 박스에).

정리의 세 번째 주 목적은 시간 순서 매기기(temporal sequencing) 및 계획하기다. 정리하는 행동은 시간 순서를 매길 수 있다. 먼저 정리를 하고, 그다음 새로운 활동을 선택한다. 먼저 이 사물을 상자에 넣고, 그다음 선반에 박스들을 놓자. 시간 순서를 통해 아이들에게 미래의 개념을 알려 준다. "블록들 정리하고 나서 뭐 할까?" "다음에는 뭐 할까—그림 그리기 아니면 자전거 타기?" "찰흙으로 뭐 만들 거야?" "오늘은 어떤 책을 읽고 싶어?" "아기를 씻겨 주려면 뭐가 필요할까?"와 같은 언어적 예측은 아동들이 미래를 상상하고 계획하도록 한다. ASD 아동은 현재에 묶여 있는 채로 시각적 혹은 청각적 자극에 끌려 즉흥적으로 활동을 바꿔 가기도 한다. 정리를 할 때 아동은 다른 자극에 따라 즉흥적으로 옮겨 가고 싶은 충동을 억제하는 대신 인지적·시간적 계획에 따라 기다리고 행동하게 된다. 즉, 아동

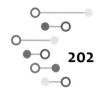

이 새로운 활동을 시작하고 싶어지더라도 새로운 목표를 머릿속(작업기억)에 담아 두고 정리정돈으로 생각을 옮겨야 한다.

새로운 목표를 계속 머릿속에 담아 둔 채 다른 일을 먼저 끝내기를 기다리는 것은 '집행 기능'이라는 인지적 기술이다. 이것은 목표를 기억하고, 그 목표를 이루기 위해 체계적인 단계를 세우는 복잡한 정신적 기술이다(Russell, 1997; Hughes, Russel, & Robbins, 1994; Pennington & Ozonoff, 1996). 집행 기능 기술은 전두엽에서 조율되고, ASD의 영향을 받는데, 특히 나이가 조금 더 있는 ASD 아동에서 두드러진다(Ozonoff, Pennington, & Rogers, 1991; Griffith, Pennington, Wehner, & Rogers, 1999). 정리 활동의 간단한 단계들은 억제, 작업 기억, 목표 설정 및 환경 전환 등의 주요 집행 기능을 다룬다.

정리는 도구를 정리하면서 방금 마친 활동 단계를 복습할 수 있는 좋은 기회가 되기도 한다. "밸런타인데이에 우리가 뭘 했지?" "먼저 색칠하고, 조각들을 잘라내고, 그다음 풀을 발라서 반짝이를 뿌렸어요." "지금은 말리고 있어요." 이렇게, 아동이 다른 이들과 나눌 수 있는 이야기를 만들어 준다.

정리의 네 번째 목적은 자기통제를 위한 언어를 촉구하는 것이다. 정리할 때 성인은 언어를 사용해 자기 자신을 통제하는 것을 보여 준다. 간단한 언어를 사용해 단계를 설명함으로써—먼저 이것, 다음엔 이것; 이 다음은 이것 그리고 저것—아동이 나중에 자기통제를 하고 계획을 할 때 활용할 수 있는 대본을 제공하는 것이다. 이것은 내면화된 언어의 중요한 역할이기도 하다.

정리의 마지막 목적은 아동을 집, 어린이집 및 유치원 환경에 준비시키는 것이다. 단체 교육의 현장에서 정리는 한 활동에서 다른 활동으로 넘어갈 때 거쳐 가는 중요한 단계이고, 아동은 어느 정도는 독립적으로 정리를 해야 한다. 치료 회기에서 ASD 아동에게 올바른 정리 방법을 알려 줌으로써 그들이 나중에 마주할 환경에 대비하도록 돕는 것이다.

정리 활동 발달시키기

정리 활동은 반복적인 치료 회기에 걸쳐 천천히 발달하는 복잡한 활동이다. 치

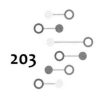

료를 처음 시작하는 아동이라면 우선 성인이 먼저 정리한다. 아동이 앞에서 보고 있을 수도 있고, 혹은 이미 관심이 떠나간 아동을 위해 자리를 치울 수도 있다. 이것이 정리 교육의 첫 번째 단계다. 다음 단계는 치료 리듬에 이미 익숙한 아동들에게 진행되는데, 바로 성인과 함께 한 활동에서 다른 활동으로 옮겨 가는 것이다. 치료사는 이제 아동이 정리 활동에서 하나 이상의 단계를 수행할 것을 기대한다. 이는 한두 조각을 통 안에 넣는 것일 수도 있고, 상자의 뚜껑을 닫는다거나, 상자를 선반에 올려놓는 일일 수도 있다. 치료사는 주로 해야 할 행동을 직접 보여준 후 아동에게 사물을 건네준다. 필요하다면 성인의 행동을 모방하도록 촉구한다(사물 모방 활동). 이 단계에서 자주 쓰이는 단어는 '정리'다. "정리할 시간이야." "이제 정리하자." 또는 "정리하는 거 도와줘."라고 이야기한다. 또한 아동의 평균 발화 길이에 걸맞은 간단한 언어로 정리 단계를 이야기한다. "넣어." "뚜껑 들어." "공 넣어." 정도의 구절이다. 하지만 어떤 사물이든지 사물을 치우는 행동을 뜻할 때에는 더욱 일반적인 '정리하자'를 쓰는 것이 좋다. 아동이 활동 끝자락에 몇 가지 정리 단계를 완수하게 하고 치료사가 나머지 단계를 끝내는데, 이렇게 함으로써 아동은 마무리 단계에서 치료사가 사물을 치우거나 선반 혹은 서랍에 놓는 것을 지켜볼 수 있다.

정리를 위한 준비하기

가능하다면 모든 사물을 봉투나 상자 안에 '넣어' 놓고 선반이나 손이 닿을 수 있는 곳에 둔다. 그리고 넣어진 상태로 아동에게 준다. 봉투나 상자를 열 때, 아동은 나중에 정리할 때 필요할 단계들과 사물의 구성을 미리 생각해 볼 기회를 갖게 된다. 한 번 열어 본 봉투나 상자에 정리를 하면 더 쉽게 정리를 할 수 있다. 이렇게 함으로써 정리하기는 지시와 인위적인 요청에 의한 행위보다는 더 자연스러운 행동의 일부분이 된다.

다른 다단계 활동처럼 연쇄를 통해 정리 가르치기

정리하기는 옷 입기, 손 씻기 혹은 배변과 같은 다단계 활동이므로 같은 방법으

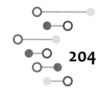

로 가르칠 수 있다. 만약 아동의 주의집중이 가능하다면 부분적으로 정리에 참여시킬 수 있다(Ferguson & Baumgart, 1991). 부분 참여란 아동과 함께 단계를 밟아가며 각 단계에서 아동의 도움을 받는 것이다. 매 단계에서 최소한의 촉구로 시작해 서서히 더 많은 촉구를 하며 진행한다. 하지만 정리할 것이 너무 많거나, 아동의 주의집중 시간이 너무 짧거나, 사물 모방 기술이 없거나 혹은 아동이 정말로 다른 활동을 하고 싶어 한다면 아동에게 딱 한 단계만 하라고 요구한다. 부분 참여나 순행 연쇄를 통한 정리 활동에 어려움을 겪는 아동이라면 역행 연쇄 혹은 최대치의 촉구에서 점점 약한 촉구로 진행하는 방법을 택한다.

강화제 고려하기

정리 활동의 강화제는 매우 신중하게 고려해야 한다. 대부분의 아동은 정리 활동을 선호하지 않는다(사물을 통 안에 넣는 것 등을 좋아하는 아동들도 있기에, 몇몇 행위는 내재적 강화제가 된다.). 비선호 활동에는 외부 강화제가 필요하다. 정리 활동을 위한 외부 강화제는 바로 다른 활동을 고를 기회를 주는 것이다. 정리에 대해 배운 아동들은 정리 후 다른 활동을 고를 수 있다는 것을 알기 때문에, 새로운 활동에 대한 갈망으로 인해 정리할 동기를 갖는다. 하지만 아직 경험이 적은 아동에게는 이러한 연관성을 심어 줘야 한다. 치료사는 아동의 선택에 따라 다음 활동으로 넘어가도록 동기를 심어 줘야 한다. 아동이 정리의 한 단계를 마쳤을 때 새로운 활동과 도구를 직접 주거나 아동의 주변에 둘 수도 있다. 그리하여 정리 활동 후 새롭게 원하는 사물을 소개하고, 정리 활동을 강화하도록 한다. 이것은 프리맥 원리—더 많이 선호하는 활동이 덜 선호하는 활동 뒤에 올 때, 덜 선호하는 활동을 강화한다—의 한 예다. "먼저 정리하고, 그다음 _____."이라고 말함으로써 이러한 관계를 강조할 수 있다.

🔹 전환

정리하기는 하나의 활동으로부터 다른 활동으로 옮겨 가는 과정의 시작이다.

앞에 설명한 상황에서처럼, 아동은 새로운 활동을 할 준비가 되었고 성인은 이전의 활동과 새로운 활동 사이에 정리 활동을 집어넣는다. 일반적으로 아동이 다양한 활동을 하며 여기저기 옮겨 다니는 것이 좋다. 책상 위에 있다가 책꽂이로 가기도 하고, 어떤 때는 인사하는 방 혹은 바닥에서 활동을 할 수 있다. 그리고 아동이 이끌리기보다는 자발적으로 움직이는 것이 좋다. 아동이 이끌려서 다니면 어디로, 왜 움직이는 건지 이해하지 못할 때가 많다. 독립적으로 목표를 가지고 왜, 어디로 움직이는 것인지 이해하며, 활동에 집중한 상태라면 아동은 활동에 참여하고 치료사로부터 배울 준비가 된 것이다.

치료사가 치료 활동을 위한 리듬을 형성할 때부터 아동들은 어디에서 활동을 하게 될지 알아채기 시작한다. 미술 활동은 주로 책상에서 이루어지고, 공을 이용한 활동은 운동할 수 있는 공간에서 이루어진다. 책 읽기는 빈백에서 하고, 인사 일과는 문 옆 의자에서 이루어진다. 아동의 움직임은 이러한 활동과 관련되어야 한다. 예를 들어, 아동이 미술 상자를 고른다면 치료사가 상자를 책상으로 가져가고 아동이 상자를 옮기는 것을 도와주도록 한다. 이를 통해 아동이 책상 앞에 앉게 된다. 혹은 아동이 상자를 골랐을 때 치료사가 "책상으로 가자."라고 말한 후 상자를 책상 위에 두면, 아동은 상자를 따라가 스스로 책상 앞에 앉는다. 이 2가지 예에서 모두 아동은 사물을 따라 활동을 할 수 있는 책상으로 움직인다. 즉, 사물(상자)이 아동을 움직이게 하는 자석과 같은 것이다. 치료를 오래 받아 왔던 아동은 별다른 신호 없이도 스스로 상자를 고르고, 책상 위로 가져가고, 책상 앞에 앉기도 한다. 즉, 모든 전환을 독립적으로 하는 것이다. 이것이 바로 우리가 지향하는 것이다.

주의

아동이 아직 독립적으로 전환하지 않는다는 신호가 있다. 한 가지는 아동이 스스로 자리에 앉기보다 성인이 아동을 직접 자리에 앉히거나 안아 올려 옮기는 것이다. 아동이 자발적으로 참여하지 않는다는 또 다른 신호는 성인이 아동에게 빈 책상에 앉으라고 하고, 아동은 무엇을 하게 될지 모른 채 멀뚱히 앉아 있는 것이

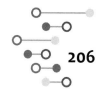

다. 되도록 빈 책상에는 앉히지 않는 것이 좋다. 아동이 다음에 이어질 활동을 예측 가능하고 의욕을 가질 수 있도록 활동의 선택이나 도구를 분명히 해야 한다.

반복적인 활동에서 빠져나오기

아동이 활동을 바꾸고 싶어 하지 않을 때는 다른 문제가 생겨난다. 아동이 반복적인 활동을 과하게 즐기고 있을 때가 있다. 그렇다면 언제 활동을 중단하고 다른 활동으로 옮겨가야 할까? 더 이상 그 활동을 통해 가르칠 것이 떠오르지 않거나 치료사가 도저히 견딜 수 없을 때 옮겨 가면 된다. 아무리 잘 타일러도 억지로 활동을 옮겨 갈 때면 아동들은 속상해할 수 있다. 하지만 속상해한다고 옮겨 가지 않으면 안 된다. 치료사의 역할은 아동을 기쁘게 하는 것이 아니라 그들의 목표행동을 가르치는 것이기 때문이다. 주의집중 시간이 길어 반복적인 활동을 오랜 시간 동안 지속하고 관심사를 쉽게 바꾸지 않는 아동에게 융통성을 가르치는 것은 매우 중요한 목표다. 관심을 유연하게 전환하는 기술은 다른 집행 기능과 같이 자폐증의 영향을 많이 받는 인지 기술 중 하나다. 다른 이가 말했을 때 관심을 옮기는 것은 누구에게나 중요한 기술이다.

저항하는 아동을 전환시키기

아동이 활동이나 사물 바꾸기에 저항을 보인다면, 이런 식으로 가르칠 수 있다.

- 사회적 관심이 더 이상 그 활동을 강화하지 않도록 활동을 멈춘다.
- 활동을 최대한 지루하게 만든다. 반복적인 활동에 여러 사물이 사용된다면(탑 쌓기 혹은 핀에 고리 걸기 등과 같이) 나머지 사물을 치우고 아동에게 단 하나의 사물만이 남도록 하여 활동이 더 지루해지도록 한다.
- 아동의 시야에 한두 가지 다른 사물을 가져다 놓는다. 아동의 관심을 끌고 새로운 사물을 아동 바로 앞에서 재미있어 보이게 한다. 아동이 새로운 사물로 관심을 옮기면 건네주며 손을 뻗도록 유도한다.
- 아동이 새로운 사물을 향에 손을 뻗었을 때, 은근슬쩍 그 전에 놀고 있던 사물

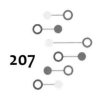

을 시야 밖으로 옮긴다(이럴 땐 정리를 하지 않아도 된다!).

치료가 진행되고 선호하는 사물을 이용한 일과가 여러 개 만들어진 후에는 활동을 전환하는 것이 더욱 쉬워진다. 또한 정리 일과가 이러한 전환을 분명하게 하는 데 도움이 된다.

방해되는 다른 사물과 관련한 문제

아동이 한 사물을 지나치게 좋아하는 나머지 아무리 애를 써도 다른 활동으로 전환하지 못할 때가 있다. 어느 한 사물이 치료에 방해가 된다면 다음 치료 전에 이를 방에서 치워야 한다. 너무 방해가 되어 현재 치료 회기에서 아무것도 가르칠 수가 없고, 모든 방법을 시도해 보았지만 다른 활동으로 전환이 되지 않는다면, 손이 닿지 않는 곳 혹은 문 밖으로 치워야 할 수도 있다. 이로 인해 아동이 화를 내거나 떼를 쓸 수도 있지만 잘 대처한다면 아동은 조만간 진정이 될 것이고 곧 교육을 다시 시작할 수 있을 것이다. 안 좋은 기분으로 인해 10분을 잃는 것이 방해받은 채로 40분을 허비하는 것보다 낫다. 어떤 아동은 새 사물을 쥐어 주면 진정이 되기도 한다. 하지만 보통은 짜증이 난 아동에게 다른 활동을 제시하면 더 화를 내기도 한다. 이럴 때는 새로운 것을 주는 대신 아동에게서 멀리 떨어져 혼자 흥미로운 장난감을 가지고 재미있는 놀이를 하는 것이 좋다. 아동은 결국 진정이 되고 치료사나 치료사가 하는 놀이를 지켜볼 것이고, 아동이 다가오거나 충분한 관심을 보이면 사물을 들고 아동에게 다가가면 된다.

🌳 부적절한 행동 다루는 방법

부적절한 행동은 아동의 학습과 발달에 좋지 않은 사회적 결과를 가져온다. 그러므로 차차 사회에서 더 잘 받아들여지는 행동 및 다른 이들이 이해할 수 있는

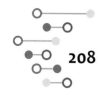

행동으로 대체하는 것이 중요하다. 하지만 우리의 경험에 따르면, 부적절한 행동을 특별히 줄이려는 목표를 굳이 세우지 않더라도 지금까지 논해 왔던 원칙들과 활동만으로 아동의 부적절한 행동을 보다 일반적인 행동으로 효과적으로 대체할 수 있다.

그러므로 이 모델에서는 일단 부적절한 행동들을 확인하고 그 행동들의 빈도에 대한 자료를 모은다. 위험하거나 파괴적인 행동에는 즉시 행동분석가 혹은 훈련된 사람을 불러 기능행동 평가와 긍정적 행동지원을 시행한다. 자신과 다른 이에게 위협이 되지 않는 행동은 간헐적으로 그 행동의 빈도를 기록하면서 부모 교육과 훌륭한 치료를 진행하는 것이 우리의 철학이다. 첫 달 내내 부적절한 행동들이 줄어들지 않는다면 행동감소에 특별히 초점을 둬야 한다. 이 시점에는 행동분석가가 부적절한 행동에 대해 기능행동 평가를 하고 긍정적 행동지원 계획을 지시 혹은 감독한다(O'Neill et al., 1990).

긍정적 행동지원

ESDM에서 부적절한 행동에 접근하는 방식은 긍정적 행동지원의 원칙에 따른다(Carr et al., 2002; Duda et al., 2004). 이 방법은 응용행동분석의 강화제 전략을 이용해 아동에게 자신의 필요를 충족하고 감정을 표현하기 위한 일반적이고 적응적인 행동 및 독립적인 기능을 촉구한다. 20년 전에는 부적절한 행동들에 대해 처벌(언어적 처벌, 타임아웃, 반응대가 등)이나 소거(행동에 대한 아무런 결과가 없음. 행동이 줄어들기 전에 상당한 수준으로 증가하는 소거 곡선이 관찰된다.)와 같은 부정적인 접근을 강조하였다. 반면, 현재는 부적절한 행동에 긍정적 접근을 우선으로 한다.

이러한 긍정적 접근에서는 부적절한 행동의 기능을 알아보아야 한다. 또한 아동이 자신의 목표를 달성하기 위해 이용할 수 있는 일반적인 행동(주로 의사소통 행위, 예를 들어 소리를 지르는 대신 "아니요"라고 말하기, 도망가는 대신 '휴식 시간' 요구하기, 손으로 집는 대신 "더 주세요."라고 하기, 다른 이를 꼬집는 대신 "움직여 주세요."라고 말하기 등)을 확인해 봐야 한다. 새로운 목표행동을 정했다면 아동은 부적절한

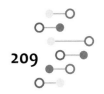

행동을 하기 전에 가상의 상황을 설정하여 연습하고 새로운 목표행동 촉구를 통해 그 새로운 행동을 적극적으로 배우게 된다. 새로운 행동을 꾸준히 보상하고 부적절한 행동을 보상하지 않음으로써 서서히 새로운 행동이 늘어나게 될 것이다.

긍정적 행동지원을 이용할 때 2가지 어려운 점은 ① 부적절한 행동과 그 행동 전에 있는 환경적 신호를 발견하는 것, ② 아동이 이미 가지고 있는 레퍼토리 중 예전 행동만큼 빠르고, 쉽고, 효과적으로 사용할 수 있는 대체 행동을 찾는 것이다. 아동이 부적절한 행동을 하는 이유는 그것이 자신의 필요나 목적을 표현하는 가장 효과적인 방법이기 때문이다. 대체 행동은 부적절한 행동보다 더욱 쉽고 효과적으로 보상을 얻을 수 있어야 한다. 그렇지 않다면 대체 행동을 가르치기가 매우 어려울 것이다.

다음은 ESDM에서 부적절한 행동을 다루는 접근 순서다.

- 부모 보고 및 직접 관찰을 통해 부적절한 행동을 기술하고 빈도 자료를 모은다.
- 부상 혹은 소유물 파괴 여지가 있는가? 그렇다면 바로 조치를 취해야 한다. 본인 혹은 다른 이에게 부상을 입힐 가능성이 있다면 혹은 최근 이러한 부상이 있었다면 행동분석가에게 의뢰하여 기능평가를 하게 한다(O'Neill et al., 1997). 이 평가를 통해 부적절한 행동, 기능, 강화제 및 빈도를 명확하게 알 수 있게 될 것이다.
- 자해행동이 심하거나 갑작스럽게 자해행동을 하는 아동은 주치의의 소견을 받는다. 필요시 발달 및 행동 관련 소아과 의사와 함께 평가를 진행한다. 자해 및 부적절한 행동의 갑작스러운 변화는 생물학적 원인이 있을 수 있는데, 이 점은 미리 제외하거나 치료 계획에 포함해야 한다.
- 행동 계획을 세웠다면, 발달적 혹은 다른 학습 목표와 동시에 시행해도 된다. 하지만 행동분석가로부터 변화를 확인하기에 적절한 자료를 취합하고 분석한 후 독립적이고 명확한 행동 계획으로서 시행해야 한다. 이 행동 계획은 행동의 강도 및 빈도가 확실하게 줄어들 때까지 지속되어야 하고 필요시 수정한다. 이 기간 동안 아동을 신중히 지켜보며 아동 및 다른 사람들의 안전에 유의

해야 한다. 행동의 발생을 모두 기록하고 필요할 때마다 수정해야 한다.

- 만약에 그 행동으로 인한 부상 및 소유물 파손의 여지가 거의 없다면 치료사는 행동 계획을 만들거나 시행하지 않고 개발된 발달 교육 계획으로 진행해도 좋다. 문제행동이 발생할 때마다 일일 데이터 기록지의 행동 란에 기록한다. 치료사는 부적절한 행동의 기능을 잘 이해하여 치료 과정 중 강화되는 일이 없도록 주의해야 한다. 매주 부모로부터 받은 집에서의 자료와 치료 회기에서 얻은 자료를 검토해야 한다. 집 및 치료실 모두에서 행동이 줄어들고 있고 아동이 이제 원하는 결과를 얻기 위해 보다 일반적인 행동을 하고 있다면 발달치료 계획을 진행한다.

- 적어도 매주 행동을 추적한다. 만약 8~12주가 지났는데도 문제행동이 여전하다면, 대체 행동을 목표로 하는 새로운 계획을 추가해야 한다. 그 문제행동은 초기에 인지하지 못한 또 다른 기능을 갖고 있기 때문에 아직 남아 있는 것일 수도 있다. 행동전문가에게 치료 계획 및 감독을 맡기는 것이 좋다.

ASD의 주된 증상인 사회적 의사소통 결핍 및 상동행동은 아니지만, ASD의 이차적, 관련 증상으로 보이는 매우 특화된 이상증세가 있을 수 있다. 예를 들면, 언어 통합 운동장애, 비정상 근긴장도, 우울증, 발작, 심각한 자해행동 혹은 기도진전 등이 있는데, 이런 상태를 적절하게 진단 및 치료하기 위해선 전문적인 지식이 필요하다. 그리고 심각한 문제행동은 발작이나 언어 통합 운동장애만큼 치료법이 복잡하다. 그렇기에 행동전문가가 다른 분야 전문가와 함께 평가하고, 행동을 기능적으로 이해하고 행동치료 계획을 개발하며, 그 계획의 시행을 감독하는 것을 추천한다. 팀 내의 전문지식을 활용함으로써 완전성 및 치료 계획의 우선순위를 지원한다. 또한 가족들이 이미 팀원들을 평가 단계에서 만나 봤기 때문에 아동, 아동의 가족, 과거, 진행 상황 및 치료 계획을 전혀 모르는 낯선 치료사와 새로 시작하는 것보다 편할 것이다.

긍정적인 관심과 심각한 행동 문제가 있는 아동

시간이 흐르면서 심각한 행동 문제가 있는 아동은 가족, 선생님 및 다른 이들로부터 긍정적인 관심을 덜 받게 된다. 이 아동의 문제가 주변에 있는 이들에게 너무나 큰 스트레스가 되기 때문이다. 그러므로 아동이 하루 종일 주변의 모든 사람으로부터 긍정적인 사회적 관심을 받을 수 있도록 긍정적이고 비수반적인 의사소통방식을 길러 주는 것을 치료 계획에 반드시 포함해야 한다. 부모 및 주변 사람들이 일상 속에서 갈등이나 문제행동을 일으키지 않는 즐거운 소통방식을 찾을 수 있도록 도움을 주어야 한다. 조건 없는 긍정적 관심 및 상호작용은 심각한 행동 문제가 있는 아동에게 접근할 때 굉장히 중요한 부분이고, 치료 계획의 일부로서 꼭 시행해야 한다.

상동행동

상동행동도 부적절한 행동이다. 파괴적이거나 부상을 일으키지는 않지만 교육 및 참여에 방해가 된다. 상동행동은 몸 혹은 사물에 대한 반복되는 행동이다. 상동행동은 아동의 관심을 사로잡아 그들이 다른 것들을 보거나 배우지 못하게 한다. 또한 사물을 이용해 새로운 기능을 배울 수 있는 기회를 방해한다. 아동에게 새로운 정보나 기능을 주지 않기에 교육에 도움이 되지 않으며, 다른 아동들과 성인들이 보기에 거슬릴 수 있기에 사회적 소통에 방해가 될 수 있다. 몇몇 상동행동이 아동들을 진정시키거나 필요한 감각적 자극을 제공한다는 말도 있지만, 이는 아직 연구로 밝혀진 바가 없다.

ESDM에서는 상동행동의 패턴을 적응적 패턴으로 대체한다. 상동행동이 사물에 관한 것이라면, 사물을 이용하여 적절한 행동을 모방하도록 가르친다. 다음의 예를 보자. 사물을 가지고 간다. 목표행동을 시연하고, 아동이 모방하도록 촉구하고, 아동의 모방행동을 강화하는데, 상동행동 외의 다른 행동과 같은 방식으로 접근한다.

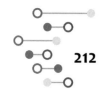

상동행동보다 더 강한 강화제가 있으면 좋다. 상동행동은 아동의 목표이므로 그 행동에는 상동행동보다 강한 내적 강화제가 없을 것이다. 때문에 상동행동보다 강력한 외적 보상이 필요하다. 강한 강화제를 활용한 사물을 통해 대체 행동을 가르친다면 아동은 새로운 도식을 만들어 낼 것이고, 새로운 도식을 새로운 사물과 연관시키는 과정을 통해 상동행동이 더 이상 강하게 강화되지 않으므로 상동행동이 약화될 것이다.

가끔 어떤 아동에게는 특정한 상동행동만큼 강한 강화요소가 없을 때도 있다. 이런 경우에는 그 사물을 치료실에서 없애 버려야 한다. 하지만 모든 사물을 흔들거나 빙빙 돌리는 아동의 경우에는 모든 사물을 치우는 것이 불가능하다. 이런 아동에게는 사물을 원하는 대로 가질 수 있고 상동행동을 하도록 하는 것이 강화제다. 그러므로 치료사의 행동을 모방하도록 하고, 사물에 대한 통제와 잠시 동안 '자극 받는' 자유를 통해 강화시켜야 한다(이것은 최후의 수단이고 대부분의 경우에는 필요 없을 것이다.).

상동행동을 완전히 제거하기는 매우 어렵다. ESDM의 목표는 모든 상동행동을 제거하는 것이 아니라 아동이 적응 행동과 기능적 기술 레퍼토리를 활용해 자발적으로 행동할 수 있게 하는 것이다. 기능적 레퍼토리가 늘어남과 함께 사물에 대한 상동행동은 크게 줄어들 것이다.

문제행동은 ASD의 일부분이라는 인식이 널리 퍼져 있다. 하지만 의사소통 기술을 발달시키는 것, 아동의 리드에 따르는 것 그리고 사회적 상호작용을 강화시키는 것에 집중한다면 아동의 문제행동을 줄이는 데 큰 도움이 될 것이다. 이러한 치료방식은 아동들에게 적합한 방식을 활용해 그들의 필요를 충족시키는 방법을 가르쳐 주기 때문이다.

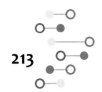

 ## 회기 준비 및 계획 세우기

앞에서 이야기했던 공동 활동 일과는 학습이 이루어지는 틀, 혹은 무대라고 볼 수 있다. 여기에서는 치료 회기에서 어떻게 활동과 교육 목표를 정리해야 하는지를 논의한다.

🖤 회기 활동 순서 정하기

ESDM 치료 회기에는 각 회기 시작에 2~5분 정도 지속되는 몇 가지 공동 활동이 있다. 시간이 지난 후에는 활동의 시간이 늘어나고, 길게는 10분 동안 지속될 수도 있다. 2시간의 회기 동안 활동을 통해 아동의 모든 목표를 다룰 수 있을 뿐만 아니라, 완전히 터득한 기술의 복습(유지 기술) 및 목표 기술을 연습할 다양한 기회도 주어진다(각 목표를 위한 현재의 습득 단계).

어떤 활동을 어떤 순서로 시작할지 정하는 것을 도와주는 몇 가지 지침이 있다. 각 회기는 공동 활동 일과의 일부인 인사 일과로 시작하고 끝마친다. 그 후 아동의 다양한 학습 목표를 이루기 위한 감각을 이용한 사회적 일과와 사물 중심 공동 활동을 번갈아 가면서 진행한다. 이 전에 설명했던 것처럼, 치료사는 신발 상자를 활용한 안녕 의자, 신체 활동에 쓰일 책상과 의자, 책을 읽기 위한 빈백 및 신체 활동을 할 수 있는 땅바닥 등을 활용하여 방 안 곳곳에 다른 활동을 배치한다. 아동들의 에너지 수준 및 흥미를 최대화시키기 위해서는 장소를 자주 바꾸어 가며 활동하는 것이 좋다. 필수사항은 아니지만, 주로 다른 활동으로 넘어갈 때 장소를 옮긴다. 활동이 바뀔 때 활동의 속도 또한 바뀐다. 예를 들어, 특정 사물에 집중하며 앉아서 했던 활동 다음에는 바닥에서 하는 더욱 활동적인 일과가 오는 식으로 말이다. 움직임이 많은 신체 활동을 한 다음에는 육체적인 자극이 덜한 앉아서 하는 활동을 한다. 행해지는 모든 활동의 활동량 및 자극의 정도는 성인이 아동의 현재 흥분 상태 및 교육 상태를 고려하여 무엇이 최선일지 판단한 후 결정한다.

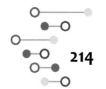

〈표 6-1〉은 18개월 된 란던(Landon)이 치료 초기에 했던 1시간 치료 회기의 일반적인 순서를 보여 준다. 란던의 치료 일정을 보면 사물 공동 활동 및 감각을 이용한 사회적 일과에 해당하는 공동 활동이 많이 있는 것을 볼 수 있다. 공동 활동 일과는 대근육ㆍ소근육 운동뿐만 아니라, 사회기술ㆍ인지적ㆍ놀이 및 의사소통의 학습을 목표로 한다. 치료를 더 오랫동안 받아 왔고 몇 가지 일과를 이미 만들어 낸 아동의 경우에는 일반적으로 경험을 통해 더 긴 일과를 소화해 낸다. 주요 치료 기술은 아동의 활동을 더욱 다양한 분야에서 다양한 목표를 가질 수 있도록 정교화시키는 것이다. 그러므로 정교화 과정은 일과를 더욱 복잡한 활동 시퀀스로 전환할 것이다.

예를 들면, 종이와 사인펜을 이용한 그림 그리기 모방 활동이 원래 약 3~5분 걸린다면 스티커, 풀 혹은 반짝이를 이용하여 정교화시킬 수 있다. 하지만 1년 후 그림 그리기 활동의 목표는 구상화 그리기가 될 수도 있고, 아동이 좋아하는 동물 책이나 노래('동물 흉내' 노래)와 관련 있는 간단한 동물 그림(몸통은 원, 다리는 막대기, 눈은 점)을 그리게 될 수 있다. 예를 들어, 우선 고양이나 강아지를 그린 후 '동물 흉내' 노래를 동물 소리를 내며 부르고, 울타리나 마구간을 그려 마무리 짓는 일과를 할 수 있다. 이렇게 하면 다양한 목표가 추가된, 10~15분간의 활동이 된다.

특히 인사 그리고 사물 일과는 시간이 지날수록 정리 및 전환 과정이 추가될 뿐만 아니라 단계 시퀀스를 포함하게 되므로 시간이 길어진다. 그러므로 사물을 이용한 일과는 5분에서 10분이 소요되는 활동이 되고, 감각을 이용한 사회적 일과는 점점 다양한 소품, 선택지, 구절, 음악 및 다른 요소가 추가된 노래, 춤 및 둘러앉아 하는 놀이가 될 것이다. 결국 좀 더 나이 많은 유치원생에게는 일반적인 유치원에서 하는 활동과 유사하여 아동이 일반 유치원에 적응할 수 있도록 돕는 소수의 복잡한 다단계식 활동으로 이어질 것이다.

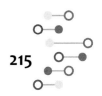

〈표 6-1〉 1시간짜리 치료 회기의 일반적인 활동 시퀀스

활동	장소	활동	목표
만나서 인사하기	안녕 의자	노래(및 제스처)로 하는 인사 일과, 신발 벗기	사회기술, 자조기술, 모방
사물 활동 1		퍼즐―사물 활동 일과	소근육, 인지, 놀이, 언어
감각을 이용한 사회적 활동 1	카펫 위에서 움직이며	'둥글게 둥글게'―감각을 이용한 사회적 일과	사회기술, 모방, 언어
운동―움직임 활동 1	카펫 위에 서서	오뚝이에 공 던지기―신체적 움직임―대근육 운동 활동	모방, 대근육 운동, 언어
사물 활동 2	책상에 앉아서	색깔별 블록으로 탑 쌓기―사물 활동 일과	모방, 소근육, 인지, 언어
감각을 이용한 사회적 활동 2	카펫 위에 서서	비눗방울 터뜨리고 밟기―감각을 이용한 사회적 일과	사회기술, 모방, 언어
간식	책상에 앉아서	간식―포크로 과일 찍어 먹기	자조기술, 언어, 사회기술, 소근육
운동―움직임 활동 2	카펫 위에 서서	공 앞 뒤로 굴리기―사물 일과	사회기술, 언어, 모방, 소근육
책	빈백에 앉아서	동물 접촉 및 소리―책 일과	언어, 합동주시, 사회기술
사물 활동 3	카펫에 앉아서	음악과 리듬 밴드	언어, 사회기술, 모방, 놀이
헤어짐 인사	안녕 의자	끝마침 노래와 신발 신기	자조기술, 사회기술, 언어, 모방

🌢 교육 목표를 위한 활동 계획하기

한 회기 내에서 최대한 많이 가르치기 위해선 미리 계획과 준비를 해야 한다. ESDM의 가장 즐거우면서도 어려운 부분 중 하나는 치료사를 위한 '교육 프로그램'의 대본이 없다는 것이다. 일일 데이터 기록지에 적혀 있는 목표 및 발달 과제 분석을 보면 어떤 기술을 가르쳐야 할지를 알 수는 있지만, 함께 할 활동에 대

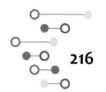

한 결정은 아동이 선택한 공동 활동 일과로부터 치료사가 직접 만들어 내야 한다. 즉, 특정한 기술을 목표로 하는 학습 기회는 자연스러운 놀이 일과 속에서 만들어 져야 한다. 경험이 많은 치료사는 이를 감으로 할 수 있지만, ESDM 경험이 부족한 치료사는 회기 전 15분 정도 미리 계획을 하는 것이 활동을 만들어 내는 데에 도움이 될 것이다.

모든 회기에 필수적인 몇 가지 사항이 있다.

- 첫째, 이전에 말한 대로 매 회기의 모든 목표에서 습득 및 유지 단계를 목표로 하도록 한다(물론 자료를 기록한다.).
- 두 번째, 각 활동은 다양한 영역의 목표를 다루어야 한다. 이는 ESDM 교수충실도 평가 시스템에 있는 항목이기도 하다(〈부록 B〉). 활동 계획 시 활동을 통해 이끌어 낼 다양한 영역의 여러 목표를 찾아야 한다.
- 모든 활동은 하나 이상의 언어 목표를 가져야 한다.

🖤 회기에서의 공동 활동 흐름 계획하기

처음 ESDM을 한다면 어떤 활동을 만들어 내고 싶은지 대략적인 계획을 짜는 것이 좋다. [그림 6-1]은 우리가 만든 치료 회기 계획서 형식인데, 이를 복사해서 사용하여도 좋다.

1. 아동 치료 회기 계획서, 교육 단계 그리고 일일 데이터 기록지를 준비하고 계획서의 빈칸에 잘 어울릴 것 같은 활동을 한두 개 정도 간단하게 적는다. 예를 들면, 〈표 6-1〉에 나와 있는 란던의 1시간짜리 회기에는 11개의 활동 칸이 있다. 이 회기는 인사로 시작하고 끝나며, 중간에 간식 시간 및 책 일과가 있고, 책상과 바닥에서 하는 활동을 번갈아 가며 하고, 또한 사물과 감각을 이용한 사회적 공동 활동 일과도 번갈아 한다. 더 어린 아동들이나 치료를 새로 시작한 아동들은 각 활동이 2분에서 5분 정도 지속되고, 조금 더 나

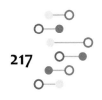

이가 있거나 경험이 있는 아동들은 5분에서 10분 정도 지속한다. 이 시간에는 정리, 준비, 휴식, 기록 및 부모와 상담하는 시간이 포함되어 있다.

2. 일일 데이터 기록지에 있는 모든 활동을 회기마다 검토하고 형광펜으로 아동의 현재 습득 단계를 표시한다(모든 목표에는 숙달 단계 후 습득 단계가 있다. 교육 및 자료 수집에서 이 두 단계를 모두 목표로 해야 한다.).

3. 각 목표에서 형광펜으로 표시된 교육 단계를 다양한 활동에 적용한다. 각 목표를 하나 이상의 활동에 맞춰 보고 계획서의 활동 칸에 적어 넣는다. 모든 활동에는 다양한 영역의 목표가 포함되어야 한다는 것을 생각하며, 각 활동에 두세 개의 목표를 넣도록 한다. 이 목표 중 하나는 반드시 언어 목표여야 한다. 예를 들어, 옷 입기 및 옷 벗기 목표는 인사 일과나 물놀이 활동에 추가될 수 있다. 손 닦기와 먹기 목표는 간식 시간에 해결된다. 그림책 활동은 책 활동 일과에 포함된다. 그림 그리기와 같은 소근육 운동 활동에도 소통을 포함할 수 있다(그리는 모양의 이름 말하기). 블록 쌓기와 같은 소근육 활동에도 인지적 목표 및 언어 목표를 포함할 수 있다(다양한 색깔의 탑을 쌓거나, 색깔별로 분류하여 색깔과 관련된 수용 혹은 표현 어휘에 반응하기).

다음 3가지의 조건이 충족될 때까지 계획서 작업을 한다. ① 계획서의 각 활동 칸에 사용할 수 있는 2개의 활동이 있고, ② 각 활동에 유지 단계를 확인하고 습득 단계를 가르칠 수 있는 2개 이상의 목표가 있으며, ③ 모든 목표가 계획한 활동 내에서 다루어져야 한다. 여기까지 왔다면 계획이 거의 다 끝난 것이다. 마지막 단계에서는 계획한 각 활동에 필요한 사물의 리스트를 작성한다. 이는 회기 시작 전 치료실을 세팅하는 데에 도움이 될 것이다. 회기에 필요한 사물이나 가구를 준비할 때 보기 쉽도록 종이 맨 윗부분에 도구를 나열하는 것이 좋다.

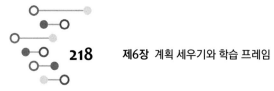

아동: _____	날짜: _____

필요한 도구

인사: 만남 일과

사물 활동 1

감각을 이용한 사회적 일과 1

사물 활동 2

바닥에서 하는 운동 활동: 공 활동

사물 활동 3

운동 활동
책
간식
사물 활동 4
감각을 이용한 사회적 일과
인사: 헤어짐 일과

[그림 6-1] ◆ 치료 회기 계획서

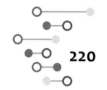

이 계획서와 하이라이트된 일일 데이터 기록지를 회기에 가지고 간다. 아동이 예상한 것과는 다른 순서로 활동을 선택할 수도 있다. 그렇지만 이미 준비한 사물을 어떻게 사용할 것이고 모든 목표에 어떻게 다가갈 것인지 생각을 해 놨기 때문에 순서가 바뀐다고 해도 상관이 없다. 아동의 흥미를 따라가며 속도, 장소 및 활동 종류에 변화를 주는 동시에 지속적으로 일일 데이터 기록지를 참고한다면 가장 중요하게 가르쳐야 할 기술을 모두 가르칠 수 있을 것이다.

🌢 치료실 세팅하기

계획이 준비되었다면 치료실을 세팅한다. 리스트에 있던 사물을 각 활동별로 나누어 아동의 손이 닿는 상자, 서랍 및 책장에 잘 정돈한다. 그리고 활동에 필요한 조각들을 빠짐없이 준비해 놓는다. 방해가 될 수 있는 사물은 제거한다. 예를 들어, 아동이 제한된 방식으로만 다루는 장난감, 아동이 좀처럼 놓지 않는 장난감, 학습 계획에 도움이 되지 않는 장난감 혹은 아동의 발달 수준에 걸맞지 않는 장난감이 여기에 속한다. 아동이 무엇을 선택하든 아동의 목표를 위한 활동을 수행할 수 있는 환경을 만들어야 한다. 일반적으로 방 곳곳에 한두 개의 사물을 배치하여 모든 곳에서 선택을 할 수 있게 한다. 이렇게 하면 아동이 시작 활동을 할 가능성이 높아진다. 대부분의 사물을 아동의 시야 밖에 두되 치료사가 이를 쉽게 가져올 수 있도록 한다.

사물이 너무 많은가

몇몇 아동은 치료실 안의 장난감에 큰 방해를 받아 하나의 사물에 '정착하지' 못하고 여기저기 헤맨다. 이러한 상황에서는 활동을 시작할 수 없으므로 장난감을 치우고 한 번에 2개씩 꺼내어 하나의 활동을 고를 수 있도록 한다. 한 가지 사물을 다 사용했을 때에는 나중에 방해가 되지 않도록 다시 치워 버리거나 필요하다면 방 밖에 놓는다.

활동 공간을 만든다

공간과 가구를 잘 배치하여 계획서의 활동에 걸맞은 공간을 만든다. 책상 활동 공간을 만들고 아동에게 적합한 책상과 의자를 둔다. 쉽게 이용할 수 있도록 책상 근처에 책상 활동에 필요한 물품이 담긴 카트를 두어도 좋다. 신체를 이용한 활동 공간을 위해 담요나 매트 그리고 짐볼을 바닥에 놓는다. 책 공간은 폭신한 의자, 담요, 책을 놓아 만든다. 이러한 공간 옆에 선반과 서랍을 놓는 것도 좋다. 사물들을 필요한 곳 근처에 두는 것은 매우 유용하다. 어린 아동들의 경우에는 방을 가로질러 가는 도중에 처음 사물을 선택하며 생각했던 목표를 잊어버리기도 한다. 그러니 아동의 동기가 유지되도록 사물 선택에서부터 활동 시작까지를 빠르게 진행하는 것이 좋다. 하지만 동시에 유연성 및 에너지를 위해 위치를 바꿔 가기도 해야 한다.

아동의 수행에 진전이 없을 때: 의사 결정 트리

한 가지 교육 방법이 모든 아동에게 효과적인 것은 아니다. 이 장의 마지막 부분에서는 진전이 없을 때 교육 방법을 어떻게 변경할지를 다룬다. ESDM에서는 자연주의적 교육으로 시작하는데 이것이 어린 아동들의 관계를 발전시키고 사회기술, 언어 및 놀이 발달을 촉진하기에 적합하기 때문이다. 또한 자연주의적 교육은 주도성, 동기, 긍정적 정서, 유지 및 일반화에 갖는 부수적인 효과를 가진다. 하지만 아동의 교육 및 발달을 돕는 것이 치료의 핵심이고, 아동이 특정한 시간 내에 ESDM을 통한 진전을 보이지 않는다면 학습 속도를 가속화하기 위해 교육방식을 변경해야 한다. 일반적으로 경과는 각 습득 단계에서 측정 가능한 경과로 정의한다. 이러한 경과는 일일 데이터 기록지에서 확인할 수 있는데, 일주일에 20시간 이상 치료를 받는 아동은 3~5일 이내, 일주일에 한두 시간 치료를 받는 아동들의 경우에는 1~2주 이내 진전이 있어야 한다. 학습을 촉진하는 것이 핵심이다. 진전

이 없을 때, 치료 계획을 변경하지 않은 채로 몇 주가 지나가도록 방치해서는 안 된다.

[그림 6-2]에는 특정한 교육 단계에서 진전이 없어 교육절차를 변경해야 하는 ESDM 치료사에게 도움이 될 의사 결정 트리가 나와 있다. 다음에서 트리를 단계 별로 설명한다. 초기에 결정해야 할 것은 가르쳐야 할 기술과 활동의 고유 강화제 존재 여부다.

🖤 내적 강화제가 있는가

만약에 있다면, 자연주의적 교육에서는 내적 강화제를 이용하는 것이 적절하다. 학습에 대한 장에서 설명했던 기본 기술을 이용한다. 앞에 명시했던 속도로 아동 들이 진전을 보인다면 자연주의적 교육법을 계속 사용해도 좋다.

🖤 해당 기술에 내적 강화제가 없다

많은 자조기술에는 내적 강화제가 없다(예를 들어, 옷 입기, 배변하기, 정리하기 등). 내적 강화제가 없는 기술은 항상 외적 강화제가 필요하다. 이 경우에는 세 가 지 변수를 조작하여 최대한 자연주의적인 교육방식을 추구할 수 있다. 강화제 강 도를 증가시키기, 구조를 만들고 한 교육 회기 안에 여러 시행을 하기 그리고 시각 적 혹은 공간적 지원을 추가하는 것이다. 이와 관련해서는 다음에 이어서 설명하 겠다.

🖤 진전을 측정할 수 있는가

이것에 대하여 더 깊이 논의해 보자. 진전의 의미는 무엇일까? 일주일에 한 번 진행되는 치료에서 측정 가능한 진전이란 아동이 두 치료 회기 안에 습득 단계에 도달했다는 것이 될 수 있다. 각 목표에는 4~6개의 단계가 있는데 아동이 한 단계

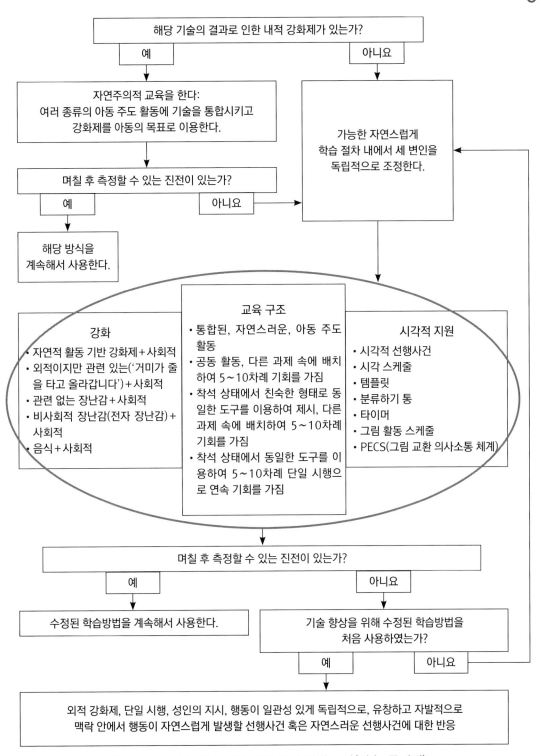

[그림 6-2] ◆ 초기 교수절차 선택을 위한 의사 결정 트리(기술-특정적)

를 2주 안에 통과한다면 12주 안에 그 목표를 완전히 습득할 것이다. 매일 진행되는 집중적 치료에서는 아동이 하나의 단계를 2~3회기 안에, 즉 이틀 안에 습득하기를 기대할 수 있다. ESDM을 이용하는 모든 이는 그들만의 진전에 대한 정의를 만들어야 하고, 각 목표의 경과 평가 간격을 정해야 한다(주의: 2주 이상 진전이 없을 때 치료 계획을 변경하지 않은 채로 몇 주가 지나가도록 방치하지 않도록 한다.). 학습이 이루어지지 않는 단계를 계속하는 것은 아동과 성인 모두의 동기에 영향을 미친다.

🖤 진전이 없다면 어떻게 해야 할까

아동이 한 단계에서 진전을 보이지 않는다면 [그림 6-2]의 중간에 있는 원을 보아라. 교육 계획의 조정을 위한 단계가 쓰여 있다. 3가지 주요 교육 조정 방법은 다음과 같다. 강화제의 강도를 변경하고, 구조를 추가하며 여러 시행을 한 교육 회기에 집결시키고, 시각적 지원을 더하는 것이다. 조정은 크게 동기부여되는 자연적 강화제를 찾거나, 강화제 선호 위계를 따라가며 아동에게 동기를 주기에 충분히 강력한 강화제를 찾아야 한다.

🖤 강화제의 강도

우선 사용 중인 강화제에 대한 아동의 동기를 고려해 본다. [그림 6-2]의 '강화제' 상자 안에 있는 강화제 서열을 보자. 아동이 사물 혹은 활동으로 인해 크게 동기부여되는가? 그렇다면 강화제 첫 번째 단계에 해당하는데, 이것은 자연적 활동 기반 강화제—동기 초기 목적—와 사회적 관심이다. 만약 아동의 동기가 강하지 않다면 학습의 문제점이 여기에 있을 수도 있다.

특정한 교육 목적을 위한 강한 내적 강화제가 없다면 '강화'의 두 번째 포인트, 즉 '외적이지만 관련 있는 + 사회적 강화제'에서 조정을 시작한다. 첫 번째 옵션은 프리맥 원리를 따라 활동을 강화제로 사용하는 것이다. 프리맥 원리(Premack,

1959)란 가능성이 높은 행동으로 가능성이 낮은 행동을 강화하는 것이다. 즉, 더 선호하는 활동을 통해서 덜 선호하는 활동을 강화할 수 있다는 것이다. 다른 말로는 할머니 법칙이라고도 한다(놀러 나가기 전에 숙제해라. 간식 먹기 전에 채소 먹어라). 다시 말해, 옷 벗기 같은 기술 다음에는 물놀이와 같은 아동이 좋아하는 활동을 한다. 같은 맥락으로 옷 입기 다음에 간식 시간과 같이 아동이 좋아하는 활동이 오도록 한다. 다른 예를 들자면, 간식 시간 전에 손을 씻고, 놀이터에서 놀기 전에 화장실에 간다. 더 선호하는 활동이 덜 선호하는 활동 바로 뒤에 따라오는 이 옵션은 치료를 더 오랫동안 받아 왔던 아동, 즉 계획된 다음 활동을 예상하고 그 활동을 즐기는 아동에게 효과적이다.

하지만 치료 초기에 아동이 활동을 예측하거나 즐기기 전이라면 그들이 좋아하는 사물을 건네주었을 때 더 빨리 그리고 많은 진전을 보일 수 있다. 이 단계는 '관련 없는 장난감 + 사회적 강화제' 혹은 '전자 장난감 + 사회적 강화제'를 수반하는 단계이고 이는 강화제의 강도를 기준으로 선택한다. 사물에 큰 관심이 없는 반면 음식으로 동기부여가 잘되는 아동에게는 영양가가 높은 음식을 아주 작게 잘라 사회적 강화제와 함께 이용할 수 있다. 여기에서의 모든 예는 외적 강화제와 사회적 강화제를 짝 짓고 프리맥 원리(Premack, 1959)를 이용해 활동 순서를 정한다. 이렇게 함으로써 아동이 특정 기술의 모든 단계를 습득하는 동안 모든 강화제 및 강화 일정을 바꿀 수 있다. 앞에 나온 서열을 참고해 다음 회기에서 강화 강도를 증가시킬 계획을 세워야 한다. 일일 데이터 기록지에 계획을 적어 놓아라. 반면, 아동이 강화제에 강한 동기를 갖고 있고 지속해서 유지 단계를 행하고 있다면 문제는 다른 곳에 있을 것이다.

교육 구조

교육 구조란 교육 일과에서의 구조적 수준을 말한다. 시행 횟수를 추가하거나, 사물 혹은 선행사건을 더 일관되게 하거나, 공동 활동 중 일어나는 다른 행동 및 사건 수를 감소시켜 구조의 수준을 높일 수 있다. 아동의 경험 내 변화를 줄이고

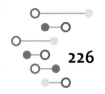

일관성을 높임으로써 학습의 속도를 높이고자 한다. 이 서열의 각 단계는 교육의 구조 수준을 높인다. 이러한 조정을 할 때에는 우선 서열의 위에 있는 항목을 진전이 더딘 목표를 위해 시행한다. 잘 진행되고 있는 다른 목표의 구조는 변경하지 말아야 한다. 회기 계획서에 변화 계획을 적어 놓는다. 새 단계를 3~4회기 동안 시행하고 학습 속도를 점검한다. 아직도 진전이 보이지 않는다면 다음 조정으로 넘어간다. 진전이 일어나는 구조 수준을 찾을 때까지 이러한 절차를 따라 구조를 더해간다. 만약 모든 단계를 마치고 나서도 진전이 없다면 다음 상자―시각적 지원―로 넘어간다.

🖤 시각적 지원

이것이 교육 조정의 마지막 단계다. 교육 구조의 단계를 모두 따라야만 이 단계에 도달할 수 있다. 이 조정에서는 학습 자극제의 변화를 고려한다. 어떻게 해야 교육 단계에 도움을 주는 차별화가 아동에게 더 효과적일까? 다른 감각 체계를 통한 정보를 추가하는 것이 도움이 될까? 음성 변별 과제에서는 시각적 혹은 촉각적 정보를 추가하고, 시각적 과제에서는 촉각적 혹은 운동감각적 정보를 추가하라. 상징적인 놀이 대본을 배울 때는 모델링 영상을 제공하라. 어떠한 활동에 시각적 명확성을 더할 수 있을까? 수용 언어 활동을 위해 시각기호를 추가해도 괜찮을까? 순서가 있는 활동에서는 TEACCH에서의 작업 바구니나 그림 스케줄 접근법(Schopler et al., 1995; Hodgdon, 1995)을 사용해도 좋을까? 분류, 짝 맞추기, 숫자 세기 과제에 시각적 틀을 첨가해도 될까? 이 단계에서는 그림, 단어, 상징 스케줄, 그림 시스템, 그림 교환 의사소통 체계(PECS), 자폐성 및 의사소통장애 아동을 위한 치료교육(TEACCH) 및 다른 자기조절 혹은 독립 수행을 위한 지원 방법을 추가할 수 있다(Koegel et al., 1998; Stahmer & Schreibman, 1992; Kern, Marder, Boyajian, & Elliot, 1997).

시각적 지원, 밀집된 시행 및 외부 상화제를 더하기까지 오랜 시간을 지체하는 것이 이해가 잘 안 될 수도 있다. 하지만 우리는 아동에게 일상 속에서 그리고 다

양한 환경 및 다양한 사람들 속에서 유용한 기술을 가르치고 싶다. 아동이 치료 회기 안에서만 잘 기능할 수 있도록 만들고 싶은 것이 아니라 집, 주일학교 및 일 반적인 유치원 환경에서도 쉽게 적용할 수 있는 기술을 가르치고 싶은 것이다. 그 러므로 우리는 일상에서 흔하게 접하는 사물, 강화제 그리고 선행사건—자연스러 운 환경—을 이용해 아동을 교육한다. 이렇게 함으로써 다양한 상황에서의 참여 도를 극대화하고(또한 그럼으로써 기술을 지속해서 연습하게 되고), 쉽게 접할 수 있 는 자연적 강화제로 기술이 유지되고, 결국에는 기술의 일반화로 이어진다고 생 각한다.

처음부터 언어를 가르칠 때 그림을 이용하지 않는 이유는 아동의 언어에 대한 청각적 변별력을 길러 주고 싶어서다. 그림이 있을 때 어떠한 행동에 대한 자극 은 그림이 되고, 따라오는 언어는 주의를 기울일 필요가 없기 때문에 자극이나 촉 구가 되지 못한다. 언어, 제스처 혹은 다른 일반적인 사회적 의사소통을 자극으로 사용하는 동시에 조심스럽게 촉구를 줄임으로써 아동이 말을 구별하는 법을 배운 다는 것을 알 수 있다. 몇몇 ASD 아동이 그림기반 시스템을 통해 음성언어를 배운 다는 증거는 분명히 있지만 ASD 아동이 음성 시스템보다 PECS를 통해 더 빨리 배 운다는 증거는 없다(Yoder & Layton, 1988; Yoder & Stone, 2006).

시각적 시스템의 시행에는 시간이 많이 소요되기도 한다. PECS 혹은 TEACCH 접근은 몇 달에 걸친 긴 교육 시간이 필요하다. 반면 이러한 접근이 다른 접근보 다 언어 및 다른 기술을 가르칠 때에 더 효과적이라는 증거는 없다. 이러한 접근 들의 잠재적인 단점 중 하나는 아동의 환경을 제한시킬 수 있는 인위적인 도구의 활용이다. 두 번째 단점은 말하는 법을 배우거나 언어 및 제스처를 이해하는 법을 배우는 대신에 시각적 시스템을 배우면서 소요하는 시간이다. 우리는 아동이 진 전을 보이는 이상 교육 시간을 직접적으로 언어 학습에 투자하는 것이 더 이롭다 고 생각한다. ESDM 접근법을 사용한 언어 발달 자료는 긍정적이다. ESDM과 덴 버 모델 법칙을 통해 치료된 아동 80% 이상이 말을 하기 시작했다. 이제 막 집중 적인 ESDM 치료를 시작한 2세 이하 아동들을 대상으로 한 최근 연구에서는 아 동들의 90% 이상이 5세 이전에 음성 의사소통 능력을 습득하였다(Dawson et al.,

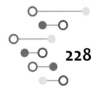

2010). 빠른 진전을 보이지 않는 몇몇 아동의 경우에는, 의사 결정 트리를 통해 필요시 시각적 시스템을 활용하게 될 것이다. 즉, 우리는 시각적 및 다른 지원 혹은 대체 시스템은 오직 몇명의 ASD 아동에게만 필요하다고 본다.

 결론

사물이 있든지 없든지, 공동 활동 일과는 ESDM 교육의 플랫폼이다. 이 단계에서 치료사가 아동의 놀이에서 재미있는 파트너가 되고, 놀이는 치료사의 존재 덕분에 더 재미있어지는 특별한 관계가 형성된다. 치료사의 자세, 활동 그리고 이야기는 아동의 관심을 끌고, 치료사의 놀이 참여는 개인의 놀이를 두 사람의 놀이로 전환한다. 창의력을 활용하라. 활동이 지루해진다면 변화를 주어라. 사물과 감각을 이용한 사회적 일과를 번갈아 가며 하라. 활동마다 장소를 옮겨라. 바닥에서 책상으로 움직이고, 빈백으로 움직여라. 활동의 수준도 앉아서 하는 활동에서 움직이는 활동, 주의집중을 필요로 하는 활동에서 활기 넘치는 활동으로 전환하라. 감각 사회적 일과의 속도, 사물 및 장소를 바꿔라. 아동이 깨어 있고, 집중하고, 빠져들도록 하라. 회기가 성공적으로 진행되고 있는지는 명백하게 알 수 있다. 아동은 당신을 보며 도움을 요청하기 위해 사물을 건네주고, 당신의 차례를 기다린다. 놀이 활동은 상호작용, 즐거움, 공동 통제로 이루어진 공동 활동 일과로 발전해 간다. 이 시간의 활동 구조가 생겨나고 있을 것이다. 질적인 관계, 아동의 관심 그리고 상호작용의 패턴이 만들어졌을 때 일과 내에서의 지시에 보다 초점을 맞추어야 한다. 이제 초점을 목표의 교육으로 바꿀 때가 됐다.

치료 회기의 계획을 세우면 치료사가 목표를 가르치기 위해 사용할 공동 활동 시 필요한 도구를 빠짐없이 준비할 수 있다. 계획은 치료사가 일일 데이터 기록지에 있는 모든 목표를 공략할 활동을 빠짐없이 생각해 낼 수 있도록 세운다. 현재 유지 과제 및 습득 과제 모두를 포함해서 말이다. 공동 활동 간 자연스럽고 독립적

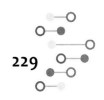

인 전환은 아동의 선택뿐만이 아니라, 마무리를 짓고 정리를 하며, 다음에 무엇이 올지 계획하고, 개념 학습, 시간적 시퀀스, 자기통제 및 독립성을 촉진한다.

이제는 이러한 '자연주의적' 치료법의 근본적인 구조가 잘 이해될 것이다. 관찰자에게 치료는 오직 아동과 성인 사이의 자연스러운 상호작용에 달려 있다고 보일지도 모른다. 하지만 순간의 놀이 뒤에는 치밀한 계획과 준비 과정 및 적극적인 교육이 숨어 있다. 그러나 역시 가장 중요한 것은 아동의 학습이다. 아동이 꾸준히 진전을 보이지 않는다면 그 목표를 위해 최대한의 진전이 나타날 수 있는 방향으로 교육방식을 조정해야 한다. 우리는 가능한 한 가장 빠른 진전을 보일 수 있도록 교육 프레임을 변경하는 체계적인 방법을 제시하기 위해 의사 결정 트리를 만들었다.

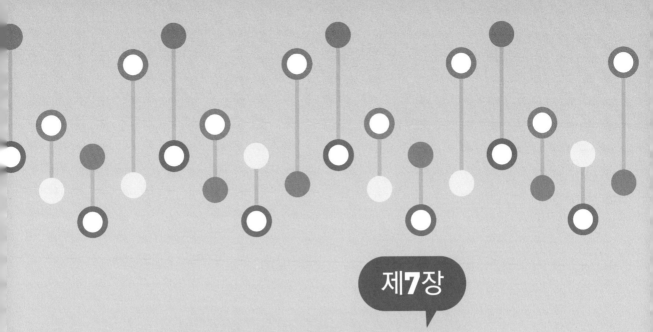

제7장

모방과 놀이 발달

치료 회기가 진행되면서 모든 발달 목표들에 집중적인 학습이 이루어지기는 하지만, 덴버 모델에서는 모방, 합동주시를 포함한 비언어적 의사소통, 언어적 의사소통, 사회성 발달, 놀이라는 5가지 영역에 좀 더 중점을 둔다. 이와 같은 영역들을 강조하는 이유는 첫째로 이러한 발달 영역들이 초기 아동기 자폐스펙트럼장애에 주요한 역할을 하기 때문이고(Rogers, 1998), 둘째로는 어린 아동들이 사회성을 학습하는 데 있어 기본적인 도구가 되기 때문이다(Bruner, 1972). (사실상 놀이를 제외한 이 영역들은 어린 아동뿐 아니라 전 연령층의 사회성 발달에 중요하다.) 이 장에서는 일상생활에서 협력 활동을 이용한 모방과 놀이 교수법에 대해 설명하고자 한다.

모방 가르치기

모방은 전 생애에 걸쳐 쓰이는 강력한 학습 도구다. 일단 다른 사람이 어떤 방식으로 행동하는 것을 관찰하면, 그 행동은 학습 이론가들이 '관찰 학습'이라고 칭하는 과정(Bandura, Ross, & Ross, 1963)을 통해 우리가 가진 기술의 일부가 된다. 모방은 의식적으로 의도하여 행하는 것이 아니라, 의식 밖에서 자동적으로 이루어지는 것(카멜레온 효과)이다(Chartrand & Bargh, 1999; Niedenthal, Barsalou, Winkielman, Krauth-Gruber, & Ric, 2005). 이 과정을 때때로 '흉내 내기(mimicry)'라

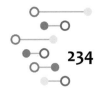

고 말하기도 한다(Whiten & Ham, 1992; Tomasello, 1998). 우리의 모방 능력은 기술과 감정 그리고 사고까지도 사람 간, 세대 간에 쉽게 전달하도록 돕는다. 다시 말하면 모방은 언어와 마찬가지로 문화적 학습의 기초다(Carpenter & Tomasello, 2000). 우리 뇌는 특정한 방식으로 흉내 내도록 서로 연결되어 있는데, 여기에는 단지 다른 사람을 보기만 해도 관찰한 행동이 우리 자신의 행동양식이 되도록 연결 짓는 거울 뉴런이라는 뇌 세포가 관여한다(Iacoboni, 2005, 2006).

🍃 여러 영역에서 일어나는 모방

대부분의 사람들은 모방이 사물을 사용하는 행동에만 관여한다고 생각하지만, 실제로는 여러 다양한 유형의 행동들에도 관여한다. 일례로 아동은 얼굴 모방을 통해 다른 사람의 표정을 따라 하는데, 이로 인해 정서적 조율이 용이하고(McIntosh, 1996), 소리 모방을 통해서 새로운 소리와 단어를 탐색하고 획득하면서 구어의 기초를 쌓아가게 된다(Bates, Bretherton, & Snyder, 2001). 그리고 제스처를 흉내 내면서 아동은 의사소통적 제스처의 중요성에 대해 알고, 자신을 표현하며 다른 이의 의사소통 행동을 이해할 수 있게 된다. 사물을 활용하는 행동 모방은 사람들이 어떻게 사물을 활용하여 세상에서 행동하고 스스로를 표현하는지에 대한 이해와 사고력을 확장시키며, 아동들이 도구를 가지고 모방하면서 직업, 오락, 일상생활 과제 등 성인의 역할을 준비하게 된다.

모방은 모델과 학습자가 교대로 또는 상호 답하는 '번갈아 가며 하기에서도 보인다. 어린 아동과 부모가 놀이 상호작용 시 모방을 통해 주제를 서로 나누고, 모방을 더 정교하게 발전시켜 가며 그 놀이를 계속해서 흥미롭게 만든다. 이렇게 놀이 상호작용에서 상호 간 차례를 교환하는 모습은 성인 사이에 보이는 대화 구조와 유사하다. 이를 통해 놀이 모방이 주제 유지나 번갈아 가며 하기와 같은 화용 규칙들을 마련하고 대화 구조를 형성하는 데 중요한 역할을 한다는 것을 알 수 있다(Nadel, Guerini, Peze, & Rivet, 1999).

🌢 자폐증에서의 모방

반면에 ASD 아동들은 거의 모방을 하지 않는다(Rogers & Wiliams, 2006). 그들은 단어와 제스처 그리고 행동에 있어 또래들보다 모방을 적게 하는 경향이 있고(Rogers et al., 2003), 이러한 모방 능력의 손실이 ASD 아동의 학습 기회를 크게 감소시킨다. 이러한 손실이 지속된다면 교사, 부모, 치료사 그리고 다른 아동들로부터 학습하는 데 지대한 장애가 될 수 있다. 왜 이러한 모방 문제가 나타나는지는 아직까지 밝혀지지 않았지만 ASD 아동들도 여러 영역에서 다양한 행동을 모방하는 것을 배울 수 있다. ESDM 개입은 모방이 사회성과 언어 발달에 중요하다는 점에서 모방 기술 습득을 ASD 아동 치료의 결정적인 요소로 여기고 있다. 우리가 목표로 하는 것은 ① 사물을 이용한 행동 모방, ② 제스처 모방, ③ 구강-얼굴 모방, ④ 소리와 단어의 음성 모방이다. 모방 기술을 교육하기 위해 이와 같은 순서로 진행하기를 추천한다.

🌢 어떻게 모방을 가르칠까

기본적인 접근은 먼저 아동들에게 동기부여 될 만한 활동을 통해 관심을 끌고, 행동들을 모델링한 뒤, 보상적인 활동을 지속하기 전에 아동이 모방하도록 촉구하는 것이다. 우리는 발달학에서 나온 일련의 교육 단계를 따라 걸음마기부터 학령전기의 아동들이 모방 기술을 습득해 가며 따르는 단계를 담았다(Piaget, 1963; McCune-Nicholich, 1977).

사물을 활용하는 행동들은 ESDM 회기 내내 나타나기 때문에 놀이하며 모방을 목표로 할 기회들이 많은데 이는 언어와 발성에서도 마찬가지다. 이와 달리 제스처나 자세, 얼굴 움직임은 조금 더 계획을 해야 하는데, 얼굴 표정 모방에서는 과자를 이용하여 음식과 관련된 상상놀이를 하면서 표정을 짓도록 유도할 수 있다. 예를 들어, 환한 미소에 "맛있어요." 찡그리는 얼굴에 "맛 없어요."라고 하며 놀이를 진행할 수 있다. 또한 표정 모방은 성인이 과장되게 감정을 담아 표정을 짓고,

얼굴과 목소리를 모두 사용해 이야기를 들려줄 때 학습 효과가 좋다. 그리고 주인 공이 확실하게 얼굴 표정을 짓고 있는 책 속 그림들을 이용하여 그 감정의 이름을 말해 주고 표정을 지어 보여 준 뒤 아동 스스로 모방하도록 격려할 수도 있다. 재미난 표정을 짓는 것도 하나의 사회적인 놀이가 될 수 있다. 상상놀이에서는 몸 자세와 움직임을 모방할 수 있는데, 사자처럼 네 다리로 걷거나 캥거루처럼 뛰면서 동물들을 모방해 볼 수 있다. 상상놀이는 제스처를 따라 하는 무언극으로도 가능하다.

두 세트의 장난감을 이용하면 아동이 새롭게 모방을 학습하고 자동적이고도 재빠르게 모델에 반응하기가 좋다. 장난감 두 세트를 갖고 마주 보게 하여 아동 앞에 앉으면 아동은 자신을 흉내 내는 사람을 주목하고 그의 행동에 주의를 기울이며 똑같이 해 보도록 강한 자극을 받는다(Nadel & Peze, 1993). 이와 같은 연출이 어떤 아동에게는 모방을 배우는 가장 효과적인 방법이 되기도 하지만, 만약 아동이 자신의 장난감에 지나치게 몰입하여 상대방의 행동을 보지 않는다면 그때는 '번갈아 하기'를 적용해 차례대로 실시하거나 성인이 먼저 행동을 하고 난 후에 다음 차례에는 아동이 모방하도록 기다린다.

모방 시 말로 하는 지시가 반드시 필요하지는 않다. 그보다는 성인 모델 그 자체로 모방을 촉구하는 것이 좋은데, '보렴' '네가 하렴' '네 차례란다' 등과 같이 언어적으로 지시하기보다는 비언어적으로 자신을 따라 하라는 뜻을 내포하여 전달하는 것이 중요하다.

모방을 가르칠 때, 성인 모델이 언어나 특정 유형의 효과음과 함께 행동하지 않는지 주의 깊게 본다. 성인 모델들은 다른 사물 놀이 활동에서 말하면서 행동했던 것처럼 모방 과제에서도 그들의 행동에 말을 더하는 경우가 있다(더 자세한 내용은 다음 장에서 살펴보도록 하자). 모방은 종종 행동에 관한 것이지만, 짝 맞추기와 같이 어떤 과제 유형에서는 명사(단어)를 모방하기도 한다. 이때 아동의 언어 능력 수준에 따른 단어나 짧은 구에 해당하는 언어가 모델링 행동에 가장 핵심적인 측면임을 명심하자.

'안에' '넣어' '빼' '쳐' '튕겨' '흔들어' '던져' '뒹굴어' '쌓거나 세워' '위에'와 같은 일반적인 단어들과 '빠른' '느린' '큰' '작은' '박수 쳐' '비틀어'와 그 외에 다른 단어들

도 있다. '쭉'과 같은 단어가 가지는 효과음은 행동을 나타내는 관습적인 단어가 없을 때 더 효과적이다. 예를 들어, 폼폼(역주: pom-pom, 응원할 때 사용하는, 플라스틱 가닥들을 묶은 뭉치)을 흔드는 방법에 대해 모델링할 때 성인이 "루크, 흔들, 흔들, 흔들어."라고 리듬에 맞춰 행동할 수 있다. 그런 후에 폼폼을 루크에게 주면서, "네 차례란다." 혹은 "네가 해 보렴." 하면 루크는 흔들면서 "흔들, 흔들, 흔들어."라고 말한다. 이처럼 언어를 구사하는 아동들은 행동과 단어 둘 다를 따라 할 수 있고 성인은 "그래, 폼폼을 흔들어."라고 확장하여 응답하게 될 것이다. 더 자세한 교수법은 뒤에서 다룰 것이다.

사물 모방

　모방 능력이 없는 아동에게 모방을 가르치면 일반적으로 사물 모방을 가장 빠르게 학습한다. 그 이유는 사물을 이용하는 모방이 아동에게 가장 의미 있고(행동으로 인한 효과를 경험할 수 있음) 쉽게 촉구가 되기 때문이다. 반면, 언어 모방은 촉구하기가 매우 어렵다. 사물 모방을 가르치기 시작할 때에는 아동이 이미 할 수 있는 목록에 포함되어 있는 행동을 이용한다. 아동이 노는 것을 관찰하면서 아동이 어떻게 사물이나 도구를 조작하고 다루는지에 대해 파악할 수 있다.

　만약에 아동이 망치질을 하고 있다면, 치료사는 자신의 차례에 "내 차례란다."라고 말하고 망치질을 하며 동시에 "탕탕탕."이라 외치고 다시 아동에게 망치를 건네준다. 이후에 아동이 망치질을 하면 그때는 "그래, 탕탕!"이라며 긍정적으로 반응해 주고 계속해서 망치질을 하도록 한다. 이번에는 바로 차례를 바꾸지 말고 아동이 망치질을 하도록 잠시 둔다. 만약 아동이 망치질을 하지 않는 경우에는 신체적 촉구와 함께 효과음을 주며 빠르게 행동을 촉구하고, 이후에 아동에게 망치를 건네주고 강화한다. 이를 아동이 실제로 모방을 했다고 볼 수 있을까? 아니다. 그 아동들은 자신이 원래 가지고 있던 행동들을 지속하는 것일 뿐이다. 그러나 아동은 두 사람이 동시에 같은 일을 진행하는 것을 경험할 수 있고, 이러한 과정에서부터 모방이 시작된다. 성인은 아동의 행동을 따라 한 후 아동이 자신을 지속적으로 따라 할 때까지 여러 다른 행동들에 있어서 이와 같은 단계에 머무를 것이다. 경험상 아동이 8~10번 정도의 모방행동을 했다면, 이를 하나의 준거로 보고 더 높은 수준의 단계로 전환할 수 있다.

성인이 한 행동을 아동이 8~10번 이상 일관되게 모방한다면 다음 단계로 넘어간다. 여기에서 아동이 하는 행동은 원래 자신의 레퍼토리에 있는 것이지만, 이는 성인이 시작하는 행동에 대한 반응으로 나타난다. 이제 아동이 망치를 가지고 어떤 행동을 하기 전에 치료사가 먼저 망치를 보여 주고 두드리는 행동을 보여 줄 것이다. 그 후에는 아동에게 망치를 건네주면서 "네가 두드려 보렴."과 같은 말을 한다. 아동이 흉내 내어 두드리면 잠깐 동안 망치를 가지고 놀 수 있지만, 아동이 따라 하지 않는다면 다시 보여 주고 시연해서 모방을 할 수 있도록 촉구하고 망치를 준다. 처음 시작하고 나서 아동이 8번에서 10번 정도 모방행동을 보일 때까지 이 단계를 유지한다. 여기까지 하면 ESDM 커리큘럼 체크리스트, 수준 1, 모방 항목 1(〈부록 A〉)을 완벽히 숙달한 것이다. (Ingersoll & Schreibman, 2006에 자연주의 교육이 행동 모방에 갖는 효과성에 대한 근거를 제시하며 추가적으로 설명하고 있다.)

다음 단계의 모방은 새로운 동작을 따라 하는 것이다. 단순하지만 보편적이지는 않은 행동을 모델링하는 것을 말한다. 그 예로 조립용 장난감 막대기를 점토에 찔러 넣기, 막대기와 셰이커를 테이핑하기, 미로에서 위가 아닌 아래 구멍에 공 넣기 등 간단하지만 평범하지는 않으며 흥미로운 행동들을 들 수 있다. 이러한 행동 역시 위에서 설명한 대로 교육하면 되는데, 새로운 행동을 모방하는 이 단계에서는 점토 놀이, 미술 활동, 복잡한 배열 맞추기, 기찻길과 자동차, 자동차와 블록, 조립용 블록, 가상놀이 소도구들과 같은 사물을 이용하면 효과적이다. 이때 새로운 장난감을 보여 주면 아동은 그와 관련한 기존 도식이 전혀 없기 때문에 모델이 보이는 모든 행동들이 새로울 것이다. 그러나 아동이 사물을 다루는 방식이 이미 갖춰져 있고 반복적으로 나타난다면 그 사물은 모방학습에 적합하지 않다. 아동이 모방을 잘하게 된다면, 반복적으로 이용하고 있었던 장난감을 가지고 다양하고 융통적인 방법으로 놀이하도록 통합시킬 수 있다. 그러나 처음 모방을 가르칠 때에는 좀 더 유연하게 다룰 수 있을 것 같은 사물과 행동을 택하는 것이 아동의 학습 속도를 높이는 데 도움이 될 것이다.

모방과 정교화

간단한 행동의 모방이 가능해지면 모방행동에 다양성이 주어지면서 모방이 더 흥미로워질 것이다. 모방에 새로운 요소를 추가하는 것은 종종 강한 주의를 끌 수 있다. 여기에는 우선 아동의 행동을 모방한 후 놀이 상호작용을 증진시켜 주는 새로운 구성요소를 제시하여 아동의 모방을 독려하는 것을 포함하며 여러 개의 유연한 도식을 사용하여 사물을 가지고 놀며 모방하는 것을 지원하기도 한다.

예를 들어, 치료사와 아동이 차를 번갈아 굴리는 것을 모방학습했다면 치료사는 자신의 차를 아동 차에 더 가까이 대며 "부릉부릉, 빵빵."과 같은 자동차 관련 소리를 내거나 빠르게 달리다가 급속히 멈추며 아동의 차나 다른 장애물에 부딪치는 것과 같이 차를 굴리는 행동을 다양화시킬 수 있다. 또 다른 예는 폼폼 게임이다. 성인이 폼폼을 흔드는 것을 아동이 여러 번 모방한 후에 그는 폼폼을 머리 위에 두고 신체 부위를 알려 주며(수용적 언어 목표) 모방을 촉구한다. 그리고 배 위에 올려놓고, 발에 올려놓기도 하고, 폼폼을 얼굴 앞에 두고 움직이면서, "까꿍."이라고 한다. 아동이 이를 모방하면 서로 번갈아 가면서 까꿍 놀이를 한다. 아동은 이전과 다른 각각의 행동들을 연속적으로 모방할 뿐만 아니라 빠르고 유연하게 모델을 따라 한다. 수행과 변화를 주어 가며 하는 이 모방 단계는 커리큘럼 체크리스트 수준 2, 모방 항목 6에 해당한다. 또한 주제와 변화가 있는 모방 게임은 강화력이 큰 감각을 이용한 사회적 일과가 된다.

요약하자면, 사물 모방에 필요한 교육과정은 치료사가 작성한 아동의 발달학적 과제 분석에 의해 좌우되며, 앞에 명시한 각각의 단계들은 사물 모방을 하지 않는 아동에게 더 세분화되어야 할 것이다. 그러나 일반적인 학습 단계는 다음과 같다.

1. 성인이 행동을 모방한 이후에 같은 행동을 지속한다. 성인은 아동이 사물을 가지고 행동하는 사이에 아동의 행동을 모방하고, 사물을 다시 아동에게 주어 아동이 그와 같은 행동을 모방하도록 한다. 목표: 아동이 8~10가지 다른 행

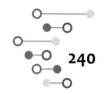

동을 모방한다.

2. 아동에게 익숙한 행동을 성인이 먼저 한 후 이를 모방한다. 장난감과 관련하여 아동의 레퍼토리에 있던 행동(지금 막 시작한 행동은 안 됨)을 성인이 한 뒤 그 장난감을 아동에게 건네준다. 목표: 아동이 8~10가지의, 다양하지만 자신에게 친숙한 행동을 모방한다.

3. 비교적 간단한 수준의 새로운 행동을 모방한다. 성인은 아동의 능력 수준을 고려하여 쉽지만 익숙하지는 않은 행동을 한다. 목표: 아동이 8~10가지의 다른 새로운 행동을 모방한다.

4. 관련되어 있으나 서로 다른 연속적인 행동을 모방한다. 성인이 서너 가지 종류의 한 단계의 행동을 보이고는 각각의 행동들 사이사이에 이를 모방할 수 있도록 기다려 준다(두 세트의 장난감을 이용하는 것이 좋다.). 목표: 아동이 재빨리 각각의 행동들을 차례대로 모방하고, 그밖에 대상들의 다수의 시행들에서도 그렇게 할 수 있다(주: 행동은 사물의 가능적이거나 관습적인 용도에 적합해야 한다.).

5. 비관습적인 행동을 연속적으로 모방한다. 학령전기 아동들에게 교육하는 사물 모방의 가장 높은 수준이다. 실제 기능이나 사물의 보편적인 쓰임새에서 벗어난 행동을 모방하는 것을 말한다. 학령전기 아동들은 이런 것들을 하기 싫어하기 때문에 '재미난 형태'로 하는 것이 가장 효과적이다. 예를 들어, 접시, 숟가락, 컵, 인형을 가지고 가상의 먹는 놀이를 할 때 어떤 시점에서 그릇을 자신의 머리에 쓰면서 '모자'라고 부르는 것이다.

◈ 제스처 모방

우리는 의미 있는 활동들을 하면서 신체 움직임이나 제스처를 따라 하도록 가르친다. 제스처를 가장 많이 배우는 상황은 감각을 이용한 사회적 일과(특히 노래 일과)와 고개 끄떡이기, 악수하기, 가리키면서 "내 거예요."라고 말하기 등 관습적으로 사용하는 의사소통 제스처들이다. 아동의 레퍼토리가 발달함에 따라, 아동

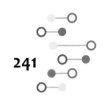

은 사물 놀이를 하며 제스처로 설명하는 것을 이해하고 사용하는 것을 배울 수 있고 그 결과 다른 사람에게 사물을 가지고 특정 방식으로 행동하라고 이야기할 수 있게 된다. 일반적으로 '넣어' '빼' '자리에 놓아' '돌아' '기다려' '이곳에 둬' 부터 '키가 큰' '키가 작은' '긴' '크기가 큰' '크기가 작은'과 같은 제스처들로 의사소통을 한다.

노래와 손가락 놀이에서의 제스처 모방

'거미가 줄을 타고 올라갑니다' '우리 모두 다 같이 손뼉을' '머리 어깨 무릎 발'과 같은 율동이나 간단한 노래에서 하는 고정되고 구조화된 제스처에 아동이 즐거움을 느끼도록 만들어야 한다. 아동이 그와 같은 노래나 반복되는 제스처를 인식하고 즐거워한다면, 자신을 따라 움직이도록 하고 여기서 하는 노래 일과 그 자체가 아동에게 보상이 되게 해야 한다. 그렇다고 움직이는 아동에게 노래의 모든 단계마다 손을 사용하게끔 해서는 안 되는데, 그 이유는 이 움직임이 수동적인 일과로 되어 버리거나 조심성 있는 아동의 경우 행동하는 것을 회피할 수 있기 때문이다. 한 번에 하나의 움직임에만 집중하며 신체적 촉구도 전체적인 것에서부터 부분적인 것으로 신속하게 줄여 나갈 수 있도록 한다—처음 몇 번의 시행 후. 촉구 시 손보다는 손목, 팔꿈치나 팔 상완을 이용하는 것이 촉구에 대한 의존성을 줄이는 데 도움이 된다.

주의!

치료사가 항상 손을 이용해 번갈아 가며 촉구를 주는 노래의 어느 한 시점에서 아동이 올바른 제스처를 하지 않고 자기 손을 치료사에게 내어 준다면, 이는 촉구를 서서히 줄여 가지 못한 결과다. 이 문제를 해결하는 한 방법은 치료사의 손을 아동의 손에서 멀리하여 아동의 팔 위로 옮기는 것이다. 재빨리 손을 몇 번 움직이며 최대한 신속히 하는 것이 중요하다.

아동의 모방을 더 정확하게 하기 위한 목적으로 계속해서 촉구를 해서는 안 된다. 아동이 완벽하게 모방하도록 하기보다는 엉성하더라도 독립적으로 하는 것이 낫고 이렇게 하도록 오랫동안 촉구를 할 필요가 있다. 엉성한 모방은 나중에 언

제라도 다듬을 수 있으니 초기 교육 단계에서 가장 중요한 것은 가능한 한 빠르게 아동이 독립적으로 제스처를 모방할 수 있도록 하는 것이다.

율동을 아동에게 가르칠 때에는 먼저 제스처를 보여 주고 노래를 잠시 멈춘다. 그리고 아동이 그 제스처를 모방하기까지 기다렸다가(필요한 경우 촉구하기) 행동을 보이면 다시금 지속하는데, 이를 통해 노래가 이어지는 것이 모방 시도의 강화제가 되게끔 한다(그렇기 때문에 아동이 정말로 좋아하는 노래를 골라야 한다!). 소리를 낼 수 있는 아이들은 종종 노래에 있는 단어를 따라 하며 흥얼거리기도 한다. 아동들이 단어를 따라 하기 시작하면, 우리는 아동이 노래하기 전에 단어를 모방하거나 노래를 멈췄을 때 이어 부르도록 촉구한다. 이를 통해 율동을 하며 제스처 모방 일과는 물론 언어적인 일과까지 형성할 수 있다.

아동이 반응하기를 기다리느라 노래를 너무 오래 끄는 것도 조심해야 한다. 노래를 천천히 하며 기다리는 것은 아동을 지루하게 만들고 흥미를 잃게 할 수 있다. 그렇기 때문에 노래를 부르면서 빠르게 촉구하거나 동작을 미리 보여 주고 아동이 본래 박자에 맞춰 모방할 수 있도록 해야 한다. 이렇게 하면 멈추고 기다리지 않아도 된다.

🌰 구강-얼굴 모방

ASD 아동들이 구강-얼굴 모방을 학습하기란 매우 어렵지만, 우리는 이 모방이 자발적으로 음성 모방을 하지 않는 아동들에게 매우 중요하다는 것을 밝혀 왔다. 따라서 이러한 아동들에게 구강-얼굴 모방은 주의 깊게 가르칠 필요가 있다.

아동이 손으로 하는 많은 행동들을 모방한 후에 시작한다

우리는 아동이 유동적이고 독립적이며 지속적으로 8~10개 혹은 더 여러 개의 신체적 행동을 모방한 이후에 얼굴 모방을 강조하는 것이 매우 성공적임을 밝혀냈다. 우리는 시작부터 얼굴 모방을 위한 자극을 제공한다. 노래 일과에서 과장되게 비눗방울 불기, 책 일과에서 동물 소리나 웃긴 표정 짓기, 거울 놀이 등이 이에 해당한다. 만약 아동이 이와 같은 행동들을 모방하면 늘 강화를 한다.

신체 부위와 관련된 활동을 한다

구강-얼굴 움직임을 가르치기 시작할 때 신체 부위와 관련된 활동이나 놀이를 이용하는 것이 가장 기본이다. 아동에게 코·혀·볼·입·귀·머리·치아 만지기 혹은 노래의 한 부분으로 손바닥을 이용하여 뽀뽀 보내기와 몸을 이용한 게임을 가르치는데, 이러한 활동은 공동 활동으로 발전할 수 있는데 공동 활동은 신체 부위가 하나의 주제가 되는 다양한 활동들에 의해 뒷받침되며, 그 예로는 책 일과, 인형이나 동물과 함께하는 목욕 활동, 노래 일과('머리 어깨 무릎 발')가 있다. 어떤 치료사들은 구강-얼굴 모방을 가르칠 때 거울이 유용하다고 말한다. 일각에서는 거울을 이용하면 아동이 거울에 비친 치료사와 자기 자신의 얼굴이라는 2가지 자극에 주의를 기울여야 하기 때문에 직접 마주하고 가르치는 것보다 더 어려울 수 있다고 말하기도 하지만, 너무 빨리 진행하지만 않는다면 거울을 이용하는 방법도 좋다. 그리고 이미 아동이 거울에 비친 표정을 짓고 있는 경우에는 치료사와 함께 거울을 모방을 발달시키기 위한 발판으로 사용한다.

감각을 이용한 사회적 장난감과 함께 특정한 구강-얼굴 제스처를 사용하고, 요구의 표현으로 아동이 그 제스처들을 모방할 것을 기대한다. 풍선이나 비눗방울, 바람개비 혹은 깃털을 불기 전에 먼저 볼에 바람을 넣어서 내뱉는 동작을 보여 준다. 시간이 지나면 아동은 불어 달라고 요구할 때 이러한 얼굴 제스처를 모방할 것이다. 많은 ASD 아동은 입술 부르르 떨기, 혀 내밀고 좌우로 움직이기, 입술 쩝쩝거리기(먹는 동안) 같은 행동을 좋아하고, 돼지 소리 내며 코를 킁킁거리는 행동도 좋아한다. 이는 얼굴 모방을 위한 선행조건이기도 하고, 작별 인사 일과 마지막에 뽀뽀를 하며 포옹하는 것은 뽀뽀나 다른 애정을 나타내는 행동을 모방하기에 좋은 활동이 된다.

관습적인 제스처를 위해 제스처 모방을 가르친다

아동이 얼굴, 머리, 몸의 새로운 제스처를 모방할 수 있게 되면, 모방을 통해 관습적인 제스처를 배우기 위한 선행조건들을 갖추게 된다. 관습적인 제스처를 가르치기 위해서는 아동이 실용적인 기능을 표현하기 위해 이미 가지고 있는 의사소통 행동과 그 제스처를 함께 짝지어야 한다(만약 아동이 반대, 요구, 흥미, 사회적 상호작용 같이 기본적인 의사를 표현하기 위해 사용하는 자연스러운 제스처를 가지고 있지 않다면, 이를 먼저 발달시켜야 한다—제8장 비언어적 의사소통 참고). 여기에서는 아동이 이미 가지고 있고, 그 기능을 표현하는 의사소통 제스처(원치 않는 음식 밀어내기)를 끌어내는 활동들을 준비해야 한다. 먼저 아동이 의사소통을 만들어 낼 때, 강화를 제지하고 원하는 제스처를 과장된 형태로 보여 주고는 아동이 모방할 수 있도록 촉구한다. 그리고 즉각적으로 강화한다. 이를 통해 아동이 이미 가지고 있던 제스처와 새로운 관습적인 제스처를 짝지어 주고 제스처에 이어 강화를 주는 것이다. 반복적인 시행 후 아동이 쉽게 제스처를 모방하게 되면 보여 주기(촉구)를 서서히 줄여야 하지만, 치료사들은 의사소통을 할 때 이러한 제스처를 자주 이용해야 한다. 의사소통의 의도는 그 제스처의 실제 선행조건이다. 따라서 모든 기회마다 제스처를 요구하는 것은 자연스럽지 않으므로 그렇게 하지 않도록 한다.

예를 들어, 원하지 않는 음식이 주어졌을 때 "싫어."라고 말할 수 있는 니키(Nicky)에게 "싫어."에 고개를 흔드는 관습적인 제스처를 가르치려는 목표를 세웠다고 하자. 간식 시간에 케일라(Kayla)는 니키가 싫어하는 당근을 주면서 "당근 먹을래?"라고 묻고 니키는 싫다고 대답한다. 케일라는 계속해서 당근을 주면서 "당근은 싫어요."라고 말하는데 이때 고개를 과장되게 흔드는 모습을 보여 준다. 이후에 니키가 "싫어."라고 말하며 동시에 고개를 살짝 흔들면, 케일라는 "니키가 당근 싫다고 했구나."라고 하면서 당근을 얼른 다시 가져온다(여기서 싫어하는 당근을 도로 가져오는 것은 부적 강화의 예시임을 참고한다.).

만약 니키가 고개를 따라 흔들지 않았다면, 케일라는 다시 한번 촉구를 했을 것이다. 또다시 니키가 고개를 흔들지 않으며 "싫어요."라고 말했다면, 케일라는 "니키야, 이렇게 해."라고 말하면서 힘차게 고개를 흔든다. 니키가 고개 흔들기를 모방하게 되면 케일라는 "당근은 싫어요."라며 고개를 반복적으로 흔들며 당근을 가져오고, 이후 선호하는 음식에 대한 선택권을 제공한다.

🍂 음성 모방

음성/언어 모방은 말을 하지 못하는 아동들에게 가르칠 수 있는 가장 중요한 기술이지만, 소리를 모방할 수 없는 아동에게는 가장 가르치기 어려운 것이기도 하다. 음성 모방은 말하기를 학습하는 데 반드시 필요한 것이다. 말을 하지 못하는 아동의 음성 모방은 여러 단계의 오랜 과정을 통해 형성된다.

발성 증가시키기

고도로 자극적인 감각을 이용한 사회적 활동은 발성을 활성화시킬 수 있는 최고의 방법이다. 예를 들어, '손가락으로 기어가기' 게임이나 긴장감 높은 다른 활동도 아동의 발성을 자극한다. 아동이 소리를 내면 그 아동의 소리를 바로 모방하며 행동을 강화해야 하는데, 만약 감각을 이용한 사회적 일과 도중 발성을 끌어낼 수 있다면 아동의 소리에 대한 모방을 그 게임과 연합한다. 말을 하지 못하는 아동에게는 울음과 비명 그리고 칭얼거리는 것보다는 발성하는 행동을 강화하고 다른 행동들보다 발성에 더욱 강한 보상을 준다(발성의 차별강화). 발성을 통해 가장 강력하고 빠르게 아동이 바라던 사물이나 활동이 보상으로 제공되도록 한다. 이는 아동이 의도하지 않게 낸 소리에도 똑같이 적용하는데, 좀처럼 말을 하지 않는 아동들에게 음성 모방을 가르치기 위해서는 먼저 발성 비율을 늘리는 것이 중요하기 때문이다. 발성 비율을 먼저 증가시킨 후에 의도를 가지고 발성을 하도록 발달시킨다.

아동의 행동과 발성 모방하기

사물을 가지고 행동하거나 발성하는 아동을 모방해 보자. 우리가 모방하면 아동은 관심을 갖게 되고, 아동과 성인이 서로 주고받으며 모방하는 모방 게임을 할 수 있게 된다. 아동들은 다른 사람이 자신을 모방할 때에 더욱 그 사람에게 관심을 갖게 되며 모방하는 경향이 있다(Dawson & Galpert, 1990). 이 게임이 익숙해지면 치료사는 모방 게임에 기초로 작용해 온 계획을 실시할 수 있게 되고 아동이

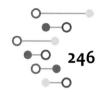

여기에 참여할 것이다. 이러한 반복적인 교환을 통해 아동은 더 많은 행동과 소리를 모방하도록 학습하게 된다.

발성 라운드 모방 발달시키기

아동의 발성이 늘어나고 치료사가 지속적으로 그 아동을 모방함에 따라 아동이 말하고, 이에 치료사가 반응하고, 다시금 아동이 치료사를 따라 말하는 '발성 라운드'를 인식하게 될 것이다. 이것은 하나의 매우 정적인 단계이고, 당연히 발성 라운드가 아동이 원하는 사물이나 행동을 통해 차별적으로 강화되기도 했을 테지만 치료사의 음성적 반응 그 자체가 강화일지 모른다. 만약 아동이 치료사가 자신을 모방하길 기대하면서 쳐다보는 행동을 계속한다면, 그 치료사의 발성이 보상이 되었음을 알 수 있다. 이 단계는 치료사가 아동의 행동을 바로 모방하는 행동 모방 초기 단계와 유사하다. 발성 라운드가 지속적으로 발생한다면, 다음 단계로 가서 아동이 자신의 발성 레퍼토리(목록)에 있는 소리들을 모방하도록 한다.

잘 확립되어 있는 발성 개시하기

지금까지는 아동이 발성 라운드를 시작하는 단계였다. 그다음 단계는 치료사가 아동과 이전에 해 온 발성 라운드에서의 소리를 이용하여 발성 라운드를 시작하는 것인데, 이를 통해 아동이 소리를 모방하는지 관찰할 수 있다. 발성 라운드를 시작하기 위해서는 같은 유형의 신체적 놀이나 이전에 발성을 뒷받침해 준 동일한 신체적 위치를 사용해야 한다. 먼저 아동을 자리에 앉히고 아동의 시선을 받고 나서 발성을 한다. 그리고 기대하며 쳐다본다. 만약 아동이 발성하지 않는다면 행동을 살짝 같이 하면서 다시 해 본다. 그래도 아무것도 하지 않으면 평소대로 게임을 하면서 이전 단계에서 하던 발성 라운드를 지속한다. 이렇게 하다 보면 치료사가 발성 라운드를 시작할 때 아동도 모방을 하게 될 것이다.

차별화된 발성 증가시키기

아동이 언어 모방을 시작하도록 하려면, 모음과 자음을 모두 사용한 다양한 발

성을 여러 차례 해야 하며 이는 아동의 목표와 일일 데이터 기록지에 적혀 있어야 한다(제5장, [그림 5-2] 참고). 회기마다 아동이 소리를 낸 모음과 자음들을 모두 듣고 기록한다. 그리고 아동의 레퍼토리에서 나온 새로운 음성의 경우, 아동이 선호하는 사물이나 활동으로 차별강화를 한다. 아동이 새로운 소리를 낼 때 치료사는 그 소리를 모방하는 것뿐만 아니라 이를 놀이의 이야기에 포함시키기 위해 노력해야 한다. 다시 말해, 아동이 선호하는 활동에서 사용한 관습적인 단어에 아동의 새로운 발성을 맞추는 것이다. 예를 들어, 치료사가 차를 가지고 놀고 있을 때 아동이 '바바'라고 종알거린다면, 즉시 모방한 뒤에 그 소리를 '빵빵'이라는 소리로 말하면서 차를 아동을 향해 빠르게 움직인다. 발성을 행동과 짝 짓는 대상에 관한 놀이의 한 부분으로 만드는 것이다. 만약 아동이 "바바바."라고 말했다면, 그것을 '블록' '바람개비' 혹은 '비눗방울'로 해석해 모방하고 아동이 가장 좋아하는 사물을 이용해 즉시 활동하기 시작한다. 또 치료사가 '더'라고 말하는데 아동은 '아'라고 한다면, '우아!'로 바꿔서 또 다른 모방을 하도록 하고 강화한다.

아동이 새로운 소리를 모방하기를 바라지 않아야 한다. 음성 모방은 언제나 아동이 이미 가지고 있는 레퍼토리에서 형성되어야 한다. 아동에게 현존하는 음성 레퍼토리에서 음성 모방하기를 목표로 하는 것은 아동이 어떤 특정한 맥락에서 친숙한 음성을 말하도록 돕는다.

아동이 음소를 만들어 내지 않는 경우

치료사는 자발적으로 음소들(예를 들어, 자음과 모음이 모두 포함되어 있는 말과 같은 음절)을 만들어 내지 않는 아동들에게 이를 형성시켜야 한다. 아동이 몇 가지 음성을 모방할 수 있는 자신의 능력을 사용하고, 이를 구강-얼굴 모방과 결합하여 새로운 음소를 만들게끔 도와줄 수 있다. 이 모든 경우에 있어 언어병리학자와 함께 가장 적합한 소리들을 선택한다(주: 음소 생성을 위한 집중적인 도움이 필요하다면, 언어통합운동장애를 겨냥한 PROMPT[Hayden, 2004]와 같은 언어치료 접근이 효과적일 것이다.). 말소리 내는 것을 매우 어려워하는 아동을 숙련된 언어병리학자에게 의뢰하고, 그 언어병리학자에게 받은 권고사항을 치료에 반영하면 도움이 된다.

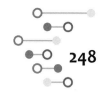

의미 있는 맥락과 소리 이용하기

음성 모방을 습득하는 목적은 활동과 연관된 의미 있는 말을 형성하기 위함이다. 음성 모방은 공동 활동에 의미 있게 부합해야 하기 때문에 그 일과와 관련된 단어나 효과음에 강조를 두어야 하는 것이다. 사물을 이용한 공동 활동의 경우, 발성은 일과에 알맞은 단어나 효과음과 유사할 필요가 있다. 물론 음성 모방 놀이가 걸음마기 아동들의 언어 발달에 즐거운 사회적 일과이며, 그 자체로 감각을 이용한 사회적 일과가 될 수 있다. 모든 소리를 아동이 원하는 사물이나 활동과 연합하며 강화한다는 것을 기억해야 한다.

발화 강조하기 않기

말을 배우기 시작하는 아동들이 갖는 음성 모방의 정확성은 많은 차이를 보인다. 아동들이 성숙한 발화를 하도록 기대하지 말고, 비슷한 발성에도 강하게 보상하도록 한다. 이는 정상 발달 아동들이 정확하게 말하기까지 얼마나 오랜 시간이 걸리는지를 생각해 보면 알 수 있다. 치료팀 내 언어병리학자는 아동을 규칙적으로 관찰하고, 필요하다면 발화 관련 치료법을 제시하거나 치료를 위한 전문지식을 갖춘 전문가와 직접적으로 이야기할 수 있다. 발음은 계속 말을 하다 보면 시간이 지날수록 개선된다. 더 많은 소리와 단어 생성을 학습하는 것이 말을 배우기 시작한 아동들의 발화를 증가시키는 주요한 방법이 된다.

처음 말하기 시작한 아동에게 다단어를 모방하여 말하는 것을 강조하지 않기

우수한 음성 모방 기술을 가진 아동에게 모방을 통해 여러 단어의 문장을 함께 연결 짓도록 하고 싶겠지만 절대 이렇게 해서는 안 된다! 음성의 개시보다 모방을 주로 하는 아동들에게 치료사가 할 수 있는 가장 중요한 일은 여러 단어 모방하기를 시작하기보다 한 단어 개시를 촉구하는 것이다. 치료사의 평균 발화 길이(MLU)는 아동의 MLU+1과 같아야 한다고 하는 한 단어 늘리기 규칙을 따른다. 이는 반향 문장이 아니라 아동의 자발적이고 생성적인 언어 발생을 뜻한다. 주로 반향어를 쓰는 아동들에게 모방을 사용해 문장을 길게 만들려는 시도는 따라 하기

를 강화할 뿐 말하기 능력은 지연시킨다.

반복하되 반복 훈련시키지 않기

운동 동작들의 기저를 이루는 신경학적인 연결성을 확립하고 강화시키기 위해서는 반복이 필요하다(Vidoni & Boyd, 2008; Remy, Wenderoth, Lipkins, & Swinnen, 2008). 제스처와 음성 모방 둘 다 몇 번 빠르게 반복을 한다. 그러나 만약 그 과제가 아동에게 어렵다면 곧바로 반복하게 하지 말고 쉬운 동작으로 바꿔 준다(획득과 숙달을 번갈아 해야 한다.). 아동이 어려운 모방을 혼자 한 후에는 촉구가 필요하지 않은지를 걱정하지 않아도 된다. 그저 충분히 보상해 주면 된다. 아동이 좋아하는 사물과 활동들을 이용하여 계속해서 높은 동기를 유지하고, 만약 동기가 낮아지고 있다면 모방을 요구하지 말고, 아동의 동기를 높이는 데 집중한다. 적절하게 촉구하거나 신속하게 더 쉬운 목표로 바꿔 주어 실패가 일어나지 않도록 한다. 모방이 아동에게 불쾌감을 느끼게 하거나 지나치게 어려운 활동이 되지 않도록 해야 한다.

🌳 놀이 기술 가르치기

놀이 기술 교육은 사실상 사물 모방 교육의 하위범주에 속한다. 우리는 놀이 기술을 가르칠 때 앞에서 설명한 아동의 개시로 이루어지는 모방을 주요 도구로 사용한다. 감각운동적 놀이는 사물 모방 교육에 사용되었던 일과의 부분이고 감각운동 놀이와 사물 모방으로 사물을 이용한 공동 활동이 가능하다는 점에서 잘 맞는다.

💧 자발적인 감각운동 놀이행동 가르치기

감각운동 놀이 교육은 위에 기술한 사물 모방행동의 교육절차를 그대로 따른

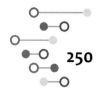

다. 다만 사물 모방에서는 모방이 유일한 목표라면 감각운동 놀이에서는 행동양
식에 대한 아동의 개시를 목표로 한다는 점이 다르다. 감각운동 놀이 교육에 대한
개요는 다음과 같다.

1. 앞에 명시한 사물 모방 방법에 따라 사물과 관련한 목표행동을 하는 방법을
   아동에게 교육한다.
2. 아동이 목표행동을 할 수 있게 되면, 모델링 없이 사물을 주어 아동이 스스로
   행동할 수 있는 기회를 제공한다. 만약 아동이 그 행동을 한다면 지속적인 놀
   이로 보상하는데, 추가적으로 다른 사물을 주거나 아동을 도우면서 흉내를 내
   고, 사회적인 관심을 주는 방법들을 사용한다.
3. 아동이 목표행동을 개시하지 않는다면 그 행동을 간결하게 보여 주고, 제스
   처로 표현하며 끊임없이 지속하고, 이를 통해 촉구의 위계 중에서 아동이 필
   요로 하는 최소한의 촉구를 사용한다. 지속적으로 장난감을 이용하여 놀이를
   하는 것도 목표행동 시연을 위한 보상이 된다.

🌑 기능놀이행동 교육

기능놀이행동이란 대상을 사회적으로 관습화된 방식에 따라 사용하는 것을 말
한다. 이 행동은 아동들이 타인을 보면서 그리고/혹은 다른 사람과 관련된 자기
경험(예: 부모가 그 아동의 머리를 빗겨 주는 경험)을 통해 학습한 것이기 때문에 놀이
발달에 있어 중요한 단계라고 볼 수 있다. 따라서 기능놀이에서는 보다 지각에 기
초한 행동(손가락으로 빗을 쓰다듬는 행동)이라기보다는 장난감이나 다른 사물들을
사회적인 용도에 맞게 사용하는 것이다. 여기서 아동에게 사물은 지각에 기초한
의미가 아닌 문화적으로 정의된 의미를 갖는다.

예를 들어, 휴지를 생각해 보자. 아동이 가장 흥미를 갖는 휴지의 지각적인 속성
은 쉽게 찢어지고, 박스에서 휴지를 당기면 한 장이 더 따라 나오면서 또 휴지를
뽑을 수 있다는 사실이다. 여기서 아동이 휴지를 뽑으며 지각에 기초한 행동을 하

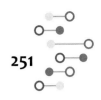

지 않고 단순히 코를 푼다면, 아동은 휴지를 가지고 사회적 관습에 따라 행동한 것이고, 이것이 바로 우리가 정의한 기능적 놀이다(Ungerer & Sigman, 1981).

먼저 감각운동 놀이의 변화 혹은 정교화로 기능놀이행동의 개요에 대해 소개하고자 한다. 아동에게 자동차, 장난감 동물, 빗, 컵, 포크, 휴지, 모자, 구슬, 거울, 선글라스, 칫솔, 장난감 음식 등과 같이 기능적인 장난감이 들어 있는 컨테이너를 준다. 이런 장난감들을 2개씩 준비하면 시연할 때 동일한 장난감을 사용할 수 있어서 유용하다—두 세트의 장난감(double toy) 혹은 평행놀이 접근. 만약 아동이 관심을 보인다면 다른 사물 놀이 일과처럼 사물을 고르고 탐구할 수 있도록 하고, 아동이 관습적인 방식에 따라 이용하면 칭찬하면서 아동을 모방한다. 그러나 만약 아동이 관심을 보이지 않을 때에는 치료사 차례에 효과음이나 관련 단어들을 사용하면서 사물을 가지고 관습적인 행동을 보여 주고(예: '머리를 빗어요', 자동차를 빠르게 움직이면서 '부릉부릉', 컵으로 마시는 소리를 내며 "음, 맛있는 주스"), 아동이 모방할 수 있도록 사물을 다시 건네주며 아동이 스스로 기능적 행동을 쉽게 모방할 때까지 촉구, 행동형성하고 점차적으로 촉구를 줄여 나간다.

모방을 통해 쉽게 기능놀이행동을 하게 된다면, 이전에 자발적인 감각운동 놀이에서 살펴보았던 방식대로 이제 기능놀이행동을 자발적으로 할 수 있게 한다. 사물을 아이에게 주고 기다리거나 효과음을 낸다. 만일 그 아이가 기능적 행동을 한다면, 기뻐하는 모습을 보이며 아동을 모방하거나 역동적인 놀이로 정교화한다(이때 사물을 2개 이용하면 도움이 된다.). 그러나 아동이 자발적인 행동을 하지 않으면 기능적인 행동을 보여 주고 아동에게 사물을 다시 건네준다. 이때 아동들이 주도적으로 그 과제를 탐구하는 데 있어 최소-최대 촉구 위계를 이용하여 기능적 도식의 자발적인 사용을 촉구하도록 한다. 아동이 행동을 한다면 성인은 환호하는 효과음과 칭찬으로 반응하거나 직접 혹은 인형이나 동물을 통해 표현하면서 그 놀이를 정교화하는 방식으로 발전시킨다.

기능놀이에서의 역할 전환

기능놀이행동을 보여 줄 때 성인은 아동과 자기 자신의 행동을 둘 다 보여 준다.

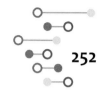

아동이 사물을 가지고 있을 때 사물을 가지고 행동하는 성인을 따라 하도록 촉구할 뿐만 아니라 아동 자신의 행동도 연출해 보도록 하는 것이다. 치료사가 아동에게 모자를 씌우고 또 아동이 반대로 치료사에게 모자를 씌우는 역할 전환 게임을 해 보도록 격려한다. 이 게임에는 모자, 구슬, 빗, 컵과 숟가락이 자주 사용된다. 두 세트의 장난감을 이용해 보고 이것이 도움이 되는지 살펴본다. 이러한 역할 전환 연습을 하면서 아동의 목표에 따라 적절한 이름이나 대명사를 사용한다. 아동이 성공적으로 이러한 행동들을 모방할 수 있고 나아가 자신과 치료사가 사물을 가지고 하는 기능적 행동을 시작하게 된 이후에는, 큰 인형이나 곰돌이 인형 혹은 다른 동물을 가져와 놀이에 포함시킨다. 그리고 이러한 장난감들을 가지고 '곰돌이 푸에게 음식 먹여' '곰돌이 빗질해 줘' '아기에게 모자 씌워 줘, 나한테도 모자 씌워 줘' 등의 간단한 설명과 함께 기능적 행동을 보여 주면서 아동을 촉구하고 격려한다. 이렇게 하면 이제 상징적인 놀이와 간단한 상호적인 놀이를 교육할 수 있는 기반을 갖추게 된 것은 물론이고 대명사 사용과 행위자-행위-사물의 관계를 가르칠 수 있는 훌륭한 틀을 갖게 된 것이다.

병행놀이 기술

병행놀이는 걸음마기 아동들에게 빈번하게 보이는 또래 놀이의 한 유형이다. 기본적으로 아동 두 명이 존재하고 각각 비슷한 사물을 가지고 유사한 행동을 병행적으로 하는 것인데, 체크리스트의 레벨 3 기술에 해당한다. 두 세트 장난감 시나리오를 이용한 모방 교육을 통해 이미 아동에게 병행놀이를 함께 수행하도록 하였는데, 아동은 친숙한 행동에서부터 새로운 행동, 연속적인 행동의 모방에 이르기까지 치료사와 병행놀이하는 방법을 배웠다. 아동이 이러한 토대를 구축하면 치료사는 아동이 다른 놀이 상대인 또래 아동들에게 이를 적용하고 일반화하는 것에 초점을 맞춘다.

ASD 아동들에게 두 세트 장난감을 이용하는 것은 또래에게 관심을 가지게 하는 매우 강력한 방법이다. 이것은 정상 발달 아동이 병행놀이를 할 때에도 사용되는 자연스러운 방식이다. ASD 아동과 정상 발달 아동을 작은 책상을 두고 마주 보

게 하여 서로 같은 눈높이에 상대의 장난감을 만질 수 있는 정도의 거리를 둔다. 이러한 세팅은 ASD 아동이 또래를 관찰할 수 있도록 시선이 분산되는 것을 줄이고, 또래 행동을 더 두드러지게 보이게 한다. 먼저 아동들에게 사물을 고르게 하고 서로 같은 사물을 준다. 그리고 성인은 자신의 행동을 최대한 줄여서 아동들이 서로에게 집중하는 데 방해가 되지 않도록 한다. 잠시 기다리며 어떻게 놀이를 시작하는지 관찰한다. 만약 놀이가 반복적이거나 지루하다면 추가적인 도구를 주거나 정상 발달 아동에게 아이디어를 제공하고, 필요하다면 ASD 아동이 또래에게 관심을 가질 수 있도록 돕는다. 또래 아동이 매우 흥미로운 사물을 가지고 다양한 방법으로 놀고 있으면 이전에 커리큘럼 체크리스트 레벨 1, 2에서 성인과 연습하면서 익힌 경험이 있기 때문에 ASD 아동은 자발적으로 모방을 할 것이다. 모방하지 않는 경우에는 이전의 교육 방법대로 또래 모방을 촉구하고 아동에게 보상으로 자유롭게 놀 수 있는 시간을 주며 또래를 자발적으로 모방하는 것에 대해서는 차별화된 보상을 한다. ASD 아동에게도 흥미로운 도구를 주어 정상 발달 또래 아동도 ASD 아동의 행동을 모방할 수 있게 한다. 이처럼 병행놀이에서는 이끄는 사람과 따르는 사람의 역할이 유동적으로 변화한다.

🌑 상징놀이 가르치기

상징놀이는 관습적인 놀이에 추상적인 표상의 측면을 만들어 가는 것으로 (McCune-Nicholich, 1977), 기능놀이에서 언급한 것과 비슷한 형식으로 가르친다. 우리가 살펴볼 3가지 상징놀이 범주는 ① 인형과 동물을 행위자로 사용하기, ② 대상이 다른 것인 것처럼 사용되는 상징적인 대체물 만들기, ③ 놀이가 의미 있는 방식으로 함께 나열된 여러 가지 상징적인 행동을 포함하는 상징적인 조합하기 (McCune-Nicolich, 1977)다. 이러한 것들을 교육할 때 실제 사물과 큰 인형 그리고 박제동물이라는 하나의 흥미로운 세트를 이용하여 재미있는 장면을 만들 수 있을 만큼의 사물을 충분히 준비한다. 일반화를 위해 서로 다른 여러 가지 사물을 사용하도록 한다. 가르치고 있는 목표 기술을 작은 도구가 쓰이는 작은 놀이 장면에

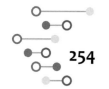

포함시키고 아동이 현재 만들어 낼 수 있는 것보다 더 풍부한 형태를 만들어 낸다. 다른 자연주의식 교육에서와 같이 치료사와 아동이 사물을 가지고 함께 만들어 내는 공동 활동을 통해 학습이 이루어진다.

인형을 행위자로 이용하기

사람 인형이나 동물 인형을 가지고 행동하는 것을 가르치기 위해 먼저 성인이 아동의 레퍼토리에 있는 기능행동을 보여 준다. 이때 처음에는 성인에게, 이후에는 특정 '다른 대상'에게 기능행동을 하며 성인은 그 행동과 대상 모두를 명명한다 (예: "고양이에게 먹이를 줘." "아기에게 마실 것을 줘." "푸의 머리카락을 빗어." 다음에는 그 사물을 아동에게 주며 아동이 따라 하도록 언어적으로 촉구한다. "조슈아가 고양이에게 먹이를 준다." "조슈아가 아기에게 마실 것을 준다." 만약 아동이 언어적 요구에 반응하지 않는다면 촉구를 하여 따라 하게 하고 아동이 독립적으로 행동할 수 있도록 점차적으로 촉구를 없앤다.

아동이 이미 모방으로 이러한 행동을 습득하고 나면 단순 모방에서 자발적인 행동을 만들어 갈 수 있다. 사물과 관련된 다른 실제적인 도구를 아동에게 모델링 없이 건네주고 흥미롭게 지켜보면서 기다린다. 그리고 "이제 저녁 시간이야." "아기가 배가 고파!" "아기가 음식을 먹고 싶어 해!"와 같은 언어적 대사를 한다. 만약 아동이 자발적으로 행동한다면 이를 언급하면서 관련된 행동을 같이 하고, 자발적으로 행동하지 않을 때에는 언어적 지시를 포함한 최소-최대 위계를 사용하여 촉구를 한 다음에 짧게 시연한다. 이러한 행동은 상징놀이의 시작이 된다.

아동이 사람 인형이나 동물 인형에게 자발적인 행동을 다양하게 하게 된다면, 이제는 '다른 대상'도 그 행위를 하는 주체가 될 수 있음을 보여 주기 시작한다. 즉, 사람 인형이나 동물 인형이 치료사와 아동에게 적절한 대사를 하면서 먹이고, 머리를 빗질해 주고, 놀아 주고 색칠하는 것이다. 앞에서 설명한 단계와 마찬가지로, 아동에게 이를 모방할 수 있는 능력을 키워 주고, 인형을 살아 있는 생명체로 여기는 상징적인 행동을 스스로 하도록 촉구한다.

사물 대체물 교육하기

대체할 수 있는 사물의 사용에 대해 학습하기 위해 먼저 아동이 쉽게 이해할 수 있는 주제와 도구들을 선택한다. 숟가락, 컵, 젖병은 처음 교육할 때 흔히 사용되는 도구들이다. 적절한 사물과 행위자(예: 인형, 동물, 자신, 엄마, 아동)들과 함께 놀이 주제를 설정하고 아동이 주제에 맞도록 실제 사물을 자발적으로 혹은 모방하여 목표행동을 하도록 만든다. 그 후에 축소 모형이나 상당히 실제적인 사물을 가지고 이를 반복한다.

만약 아동이 그 축소 모형을 실제 대체물로 쉽게 사용한다면, 바로 중립적이거나 견본용, 그 자체로는 특정 기능이 없으며 같은 크기와 모양을 지닌 사물로 목표행동을 반복한다. 원통 모양 블록은 중립적인 사물이지만, 원통 모양의 컵은 마시는 도구라는 기능적 정의를 가지고 있기 때문에 중립적인 사물이 아니다. 중립적인 사물로 목표행동을 반복하면서 지속적으로 행동에 대해 말을 해야 한다. 예를 들어, 아동의 목표가 작은 원통 블록을 젖병으로 사용하는 것이라면, 블록과 젖병 그리고 아기가 있어야 한다. 처음에는 실제 젖병으로 아기를 먹이는 걸 보여 주고 아동이 이를 모방하게 한다. 그다음에는 바로 작은 축소 모형의 젖병을 이용하는데, 만약 아동이 이를 잘 사용하면 블록으로 아동을 먹이는 것을 보여 주면서 모형을 젖병이라고 부르면서 아동에게 이를 모방하도록 한다. 가상놀이 활동에서 실제 사물과 축소 모형 그리고 중립 사물은 상징놀이를 가능하게 한다.

아동들이 실제 사물 대신 중립적 사물을 손쉽게 이용하게 되면, 같은 방법을 통해 중립 사물에서 무언극–사물을 오직 제스처를 이용해서 나타내는 것(두 살짜리 아기가 보이지 않는 과자를 접시에 놓는 행동을 상상해 보자. 그것이 무언극이다.)으로도 발전시킬 수 있다. 우선 실제 사물을 이용하여 아동이 모방을 하면 아동의 손을 이용해 무언극으로 시연하고, 아동에게 그 무언 행동을 따라 하게 한다. 손을 망치로, 칫솔로, 아기, 빗이나 솔, 숟가락 혹은 열쇠로 이용하는 것은 학령전기 아동들이 초기에 흔히 보이는 무언 행동들이다. 사실 아동들은 이미 모방 프로그램에서 제스처 모방을 배웠고, 또 이러한 개념을 충분히 가르쳐 왔기 때문에 이 자체를 거대한 도약이라 볼 수는 없다. ASD 아동들은 ESDM 커리큘럼의 레벨 3과 4에서 배운 이러한 단계를 통해 순조롭게 발달해 갈 것이다.

모방에서 자발적인 행동으로 옮겨 가려면, 대부분 실재하지만 핵심이 되는 사물이 빠져 있는 장난감 세트를 아동에게 주고, 애매모호하지만 대신 이용할 수 있는 사물을 준비한다(예를 들어, 먹는 시나리오에 숟가락은 없지만 혀를 누르는 기구가 대신 들어 있다.). 아동에게 그 도구들을 주면서 관련 놀이 장면을 만들도록 한다. 놀이가 발달하면서, 아동이 애매모호한 사물을 상징적으로 이용하는지 관찰한다. 아동이 상징적인 놀이를 하지 않는 것 같으면, 애매모호한 사물을 아동에게 주며 아동에게 아기를 먹여 주고, 머리를 빗질해 주라는 식의 요청을 한다. 아동들은 일반적으로 애매모호한 사물보다는 실제 사물을 선호하기 때문에 아동이 그 도구를 대체물로 사용하기 위해서는 추가적인 설정이 필요할 수도 있다. 알면서도 모른 척하는 것도 도움이 되는데, 예를 들어 "아기에게 무얼 먹이려면 숟가락이 필요한데, 숟가락이 없네. 어떻게 해야 하지?" 하고 물으면 아마도 아동이 숟가락을 만들 것이다. 만약에 그렇지 않으면 대체 가능한 사물을 들고 "이것을 숟가락으로 사용해도 될까?"라고 물으며 아동이 이를 이용하는지 관찰한다.

상징조합 교육하기

상징적 놀이에 마지막 분류는 상징조합 혹은 일상을 주제로 하는 관련 놀이의 연속 단계다. 상징조합은 아동이 모방을 습득했고 사물을 가지고 여러 가지 다양한 상징 행동들을 자발적으로 하게 된 후에(전제조건) 시작한다. 치료사는 시나리오에서 함께 일어나는 2가지의 연결되는 행동(예: 물주전자에서 컵에 물을 붓고, 컵에 있는 물을 마시는 것)을 보여 주면서, "주스를 따라서, 주스를 마시자, 음, 주스 맛있다."라고 말하고 아동에게 건네준다. 그리고 아동에게 "너도 주스 마셔."라고 신호를 주며 성공할 수 있게 필요한 촉구를 한다. 여기서 두 세트의 장난감을 이용해 모방을 촉구하는 것이 도움이 된다. 치료사는 이러한 모든 상징적 행위에 대한 공동 활동으로서 주제별 놀이를 사용해 왔기 때문에 아동에게 꽤 오랫동안 이 조합을 보여 주게 될 것이다. 특히 아동들이 정교한 놀이 일과를 한동안 관찰하고 참여한 경우에는, 하나의 행동에서 연속된 행동으로 옮겨 가는 것은 큰 도약이 아니다.

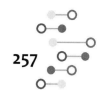

이를 통해 모든 활동을 의식적으로 정교화하고 다양화시켜 아동이 융통성 있게 사용할 수 있는 적절한 가상놀이 도식을 학습하도록 한다. 음료를 따르고 섞고, 음식을 먹을 수 있게 제공하는 식의 먹고 마시는 장면에 도구들과 등장인물들을 더 추가하면서 활동을 정교화시킨다. 또한 음식 먹기 전에 식탁을 세팅하거나 다 먹은 후에 정리하고 설거지를 하는 것과 같이 관련된 도식을 추가하여 정교화시킬 수도 있다(설거지통에 진짜 물과 세제를 두어 얼마나 아동이 재미있어 하는지 관찰한다.).

상징놀이와 기능놀이 주제 선정하기

놀이의 시나리오가 아동이 이미 경험해 온 것이고 행동과 사물이 실제 상황에서 어떻게 쓰이는지 아동이 잘 알고 있을 때 의미 있는 놀이에 참여가 가능하다. 현실세계의 주제에 맞으면서 아동이 많이 해 봤던 일상의 사건들과 관련한 주제의 사물을 고른다. ASD 아동이 잘 아는 주제로는 식사, 목욕, 요리, 수면 시간, 머리 빗질, 이 닦기, 노래 부르기, 손가락 놀이, 장난감 놀이가 있고, 집에 형제자매가 있는 유아들에게 인형 일과는 특별한 의미를 지닌다. 아동이 실제로 체험해 온 활동들이 무엇인지 아는 것은 기술을 개발하는 데 도움이 된다. 예를 들어, 동물원을 방문해 본 아동은 동물원 주제로 놀이를 하고, 매년 건강검진을 받는 아동은 병원 놀이를, 생일 파티 이후에는 생일을 주제로 놀이를 진행하는 것이다. 아동이 좋아하는 책에 있는 이야기도 가능하다. 그룹 활동, 간식 시간, 다양한 노래 등 유치원이나 치료 장면에서 배운 일과를 사용해도 좋다.

아동이 대체물을 사용하는 것을 학습하고 도식을 함께 연결 지어 인형에게 해당 행동을 한다면, 많은 시나리오나 각본들을 아동들에게 제공하여 상징놀이를 할 수 있게 하고 궁극적으로 다른 학령 전 아동들과 함께 어울릴 수 있게 된다(더 자세한 설명은 Goldstein, Wickstrom, Hoyson, Jamieson, & Odom, 1998을 참고한다. 각본은 책을 통해 얻을 수 있고, 책은 아동이 그 각본들을 학습하도록 돕는 또 다른 방법으로서 현실과 상징놀이에 훌륭한 중간 매개가 될 수 있다.).

🫧 역할놀이 교육하기

어떤 치료사는 상징놀이의 각본을 쉽게 떠올려 무슨 도구들을 이용할지, 어떤 말을 하며 어떤 행동을 시연해야 하는지를 문제 없이 생각해 내겠지만 누군가는 이러한 일이 어려울 수 있다. 이처럼 어려움을 겪는 치료사들을 도와주는 몇 가지 단계들이 있는데, 시간이 지나면서 여러 시나리오를 많이 경험해 본다면 훨씬 더 쉬워질 것이다. 상징놀이 활동을 준비하기 위한 몇 가지 제안은 다음과 같다.

이야기 줄거리 만들기

이야기의 줄거리나 놀이 각본을 어떻게 만들까? 각본은 아동의 관점에서 나온 생활 사건을 펼쳐놓은 것으로, 행동, 사물, 단어, 사람, 이러한 활동을 정의하고 모든 다른 것들과 차이를 만드는 상호작용을 한다. 아동의 관점에서 생각해 보라. 맥도날드에 가는 각본에는 적어도 3명의 사람(아이, 부모 그리고 계산대 점원)이 있어야 한다. 주된 행동은 ① 문으로 들어가기, ② 다른 사람들 뒤에 줄서기, ③ 점원에게 음식을 달라고 주문하기, ④ 계산하기, ⑤ 음식 받기, ⑥ 음식을 가지고 테이블로 가서 앉기, ⑦ 음식 상자를 열고 먹기, ⑧ 일어나서 남은 음식을 쓰레기통에 버리기, ⑨ 음식점 나가기의 9가지 정도다. 각각의 행동들에는 몇 가지의 단어, 사물 그리고 다른 사람들이 필요하다. 각각의 행동에 필요한 필수적인 도구나 단어들을 스스로 적어 본다. 일단 아동들이 위에 나온 모든 일과를 하게 되면, 역할극을 포함한 좀 더 복잡한 주제의 놀이를 학습할 준비가 된 것이다. 여기 그것을 교육시키는 몇 가지 단계들이 있다.

스토리보드 만들기

아동과 함께 이야기책을 그리거나 펠트보드 이야기를 만든다. 앞에서 다룬 맥도날드 시나리오를 예로 들어 보면, 스토리보드는 아동이 그 경험을 할 수 있도록 미리 준비시키는 좋은 방법이다. 먼저 아동, 그 외 사람, 관련 있는 사물의 그림이나 사진을 9장 준비하고, 각각의 행동을 묘사하는 문장이나 구를 적는다. 문장이

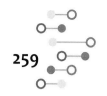

나 구의 길이와 복잡한 정도는 아동의 현재 언어 수준을 고려하여 작성한다. 이렇게 되면 이제 가상놀이 시나리오의 각본을 만들어 낸 것이다.

아동과 간단한 스토리보드를 준비하는 것은 복잡한 상징놀이 장면을 대비하는 좋은 방법이자 사회적 이야기를 만들어 내는 것이다(Gray & Garand, 1993). 책에 있는 그림들을 모아서 아동이 순서에 익숙해질 때까지 책을 여러 번 읽는다. 아동이 숙지한 이후에는 사진을 섞고 아동에게 '첫 번째' '다음' '마지막' 용어들을 사용하면서 순서를 맞추는 것을 도와준다. "처음에는 무엇을 하지? 처음에는 맥도날드에 들어가. 그다음에는 줄에 서지." 등. 순서대로 그림들을 나열하는 것은 시간적 연속성을 강조한다.

다음, 등장인물 이용하기

치료 과정에서 이 이야기를 캐릭터와 소품을 이용하여 연기할 수 있다. 처음에는 작은 인형들이 사람들을 상징하도록 이용하고, 인형집의 가구와 블록들을 소품으로 이용하여 연기한다. 아동과 함께 이야기책을 여러 번 읽어 본 후에(아동이 그 이야기에서 학습한 대로 말하고 단어를 채워 가도록 도우면서), 캐릭터와 소품을 이용하여 연기하는 것이다. 아동의 흥미가 떨어지지 않게 빠른 속도로 진행한다. 아동은 치료사가 하는 대로 몇 가지 대본을 따라서 말할 수 있으므로 책에서 썼던 그대로의 구절을 사용하도록 한다. 처음 연기할 때는 책과 완전히 똑같이 하다가 여러 번 보여 준 뒤에는 대본과 소품을 변화시키기 시작한다. 아동이 아동의 역할을 하도록 하고, 치료사가 점원이나 부모 역할을 한다. 아동이 자신이 맡은 아동의 기본적인 역할을 알게 되면, 이번에는 점원 역할을 하게 하여 말과 행동을 모두 하게 한다. 치료사는 그림을 가지고 말하면서 사용했던 처음, 다음, 마지막이라는 용어를 사용할 수 있다.

마지막으로, 직접 연기하기

필요한 소품(계산대, 쟁반, 소품들이 들어 있는 가방, 식탁, 의자 그리고 쓰레기통)들을 치료실에 준비해 놓는다. 아동에게 소품들을 차례차례 보여 주면서 아동이 아

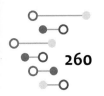

동 역할을 할 동안 치료사는 부모와 다른 사람들의 역할을 바꿔 가면서 진행한다. 언어 대본과 사건의 순서를 촉구하고 아동이 최종적으로는 3가지의 모든 역할을 다 학습하도록 한다. 결국에는 아동이 부모 역할을 학습하고, 아동 역할로 인형을 사용할 수도 있게 한다.

이 접근법을 사용하여 새로운 경험 준비하기

아동이 상징놀이를 이해하고, 언어를 구사하며 스스로 행동을 만들어 낼 수 있다면, 치료사는 이러한 종류의 상징놀이를 이용하여 아동에게 현실세계의 낯선 사건들도 준비시킬 수 있다. 생일파티, 치과, 병원 가기나 인형끼리 인사하기를 연습하여 이러한 상황에서 나올 만한 사회적 상황의 대본들을 학습할 수 있다. 예를 들어, 인형이 다쳤을 때에 공감하는 반응을 대본으로 연습한다. 가상놀이 일과로 두려운 상황들(처음으로 비행기를 타는 상황, 병원에 가는 상황, 새로운 집단 프로그램에 참여하는 첫날, 교회에 가는 것, 동생의 출생, 새로운 애완동물에 적응하기)을 접하는 연습을 하게 되면 공포증도 어느 정도 둔감화시켜 줄 수 있다. 또한 상징놀이를 통해 집단 놀이나 활동들을 연습할 수도 있다. '술래잡기' '빙빙 돌아라' 혹은 '의자 앉기 게임'을 하며 규칙을 배우는 것은 재미가 있을 뿐 아니라 스토리보드를 만들거나 인형을 가지고 놀 때, 익숙한 사람들과 역할놀이를 할 때 매우 큰 도움이 된다. 아동은 모방을 이용하여 행동 대본과 언어 대본 모두를 학습할 수 있다(이것은 우리 모두가 사회적 대본을 배우는 방법이다. 대부분의 아동은 자연스러운 생활 속에서 배우지만 ASD 아동은 그들보다 더 많은 연습이 필요하다.). 학령전기 아동은 인형집이나 인형을 좋아하는 경향이 있는데, 이러한 사물들은 정상 발달 아동이 일상에서 모든 유형의 사건과 대본을 연기하는 데 사용될 수 있다.

즉, 상징놀이는 ASD 아동과 정상 발달 아동 모두에게 현실세계 상황에 동화하도록 하는 동일한 기능을 가지고 있다.

🌳 결론

우리는 사물 모방, 제스처 모방, 구강-얼굴 모방, 언어 모방을 가르치는 주요 방법들에 대해 살펴보았고, 모방 기술들을 사용하여 감각운동 놀이, 기능놀이, 상징놀이를 발달시키는 방법에 대해 설명하였다. 이러한 접근은 의미 있고 선호되는 과제들을 이용하는데, 결과로 아동이 좋아하는 활동과 사물을 주어 강화하는 ABC 교육을 적절한 언어와 함께 사용하고 있다. 우리는 그 영향을 생생하고 긍정적으로 유지할 필요성과 학습을 위한 최적의 수준으로 아동의 각성과 주의 수준을 유지할 필요성에 대해 명시적으로 밝히지는 않았지만, 이는 ESDM하의 모든 치료에 해당한다.

제**8**장

비언어적
의사소통의 발달

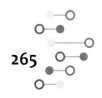

　대부분의 사람들이 의사소통을 음성언어와 동일한 것으로 생각하지만, 의사소통은 음성언어 이상을 의미한다. 영유아들은 말을 하기 이전부터 의사소통의 다양한 방법을 발달시킨다. 눈을 맞추거나, 얼굴 표정, 제스처, 자세와 목소리를 사용하여 메시지를 전달하며, 제대로 된 말을 하기 이전에 이러한 비언어적 의사소통을 사용하는 데 있어 숙련된 전달자가 된다. 말은 이후에 추가적인 의사소통 시스템이 된다. 말은 '말하는 몸(talking bodies)'을 포함하여 이미 가지고 있는 매우 기능적인 비언어적 의사소통 위에 추가되는 것이다. 제스처(비언어적 의사소통 행동)는 상대방과 의사소통을 하려는 의도로 나타나는 손가락, 손, 온몸과 얼굴의 운동행동을 포함한다(Crais, Douglas, & Campbell, 2004). 또한 유아들은 상대방의 뜻과 의도를 해석하거나, '말하는 몸'을 읽는 상대방의 비언어적 의사소통 신호들을 이해하는 법을 배운다. 즉, 몸을 읽는 것이 마음을 읽는 것인 셈이다!

　의도적 의사소통은 화자의 마음속에 있는 생각과, 의사소통에 있어 화자의 느낌, 감정과 목적에 대한 메시지를 전달한다. 의사소통에서의 화자의 목적은 화자의 의사소통이 갖는 실용적인 기능이다. 우리가 아동들에게 표현하는 일반적인 실용적 기능은 그들의 주의를 끌거나, 흥미 혹은 다른 감정들을 공유하거나, 단지 상호작용의 즐거움을 가져오는 사회적 상호작용이나, 도움을 주거나, 어떠한 방식으로 아동들의 행동을 변화시키는 것을 포함한다. 자폐스펙트럼장애(ASD)를 겪고 있는 어린 아동들에게 의사소통을 가르치는 것은 단지 의사소통의 형태(소리, 단어, 제스처와 이들의 조합)뿐만 아니라, 의사소통을 할 수 있는 메시지의 범위와 실

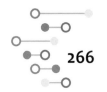

용적인 기능 또한 포함해야 한다. 어린 아동들의 초기 의사소통의 목적은 감흥을 나누거나 관심과 사건들에 대한 감정을 나누는 것(이는 합동주시의 실용적인 기능이 된다.), 사회적으로 상호작용하는 것(사회적 상호작용의 실용적인 기능), 그리고 우리에게 특정한 행동을 요구하는 것(행동 조절의 실용적인 기능)을 포함한다(Bruner, 1981b).

이 장에서는 의도적인 비언어적 의사소통의 발달을 위해 ESDM에서 사용하고 있는 주 교육방식과 자폐스펙트럼장애를 겪고 있는 아동들의 이러한 3가지의 실용적인 기능들을 표현하기 위한 주의협응 기술에 대해 다룬다. 제9장에서는 언어적 의사소통에 대해 다룰 것이다.

주의협응은 의사소통의 근간이 된다

의사소통의 초기 발달에 따른 광범위한 연구에 따르면, 유아와 돌보는 사람 간의 주의협응은 의사소통 발달의 기초가 된다. 정상 발달하는 생후 3~6개월의 영아는 돌보는 사람과의 주의협응에 관한 짧은 에피소드를 계속해서 보인다(Legerstee, Markova, & Fisher, 2007). 그들은 아직 의도적인 의사소통의 방법을 발달시키지 못했음에도 불구하고, 상대방의 감정적인 정보를 담고 있는 협응된 상호 교환에서의 시선, 목소리, 얼굴과 몸의 움직임을 통해 사회적 신호를 교환한다. 또한 유아들은 상대방이 보낸 감정적인 메시지를 알아챈다. 눈을 마주치고 주의를 공유함으로써 사회적인 파트너에게 관심을 기울이는 행동은 유아가 사회적 상호작용의 '공동 문화'에 포함되는 시작이 된다고 본다. 이는 의사소통의 기초와 문화를 다음 세대로 계승하는 기반이 된다(Vygotsky, 1978). 어린 ASD 아동들은 일반적으로 상대방에게 주의를 기울이고 상호작용을 하는 이러한 양자 간 수용성이 부족하며(Maestro et al., 2002), 이는 ESDM 커리큘럼을 통해 가르칠 초기의 의사소통과 사회적 기능이다.

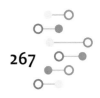

주의협응은 합동주시의 선도자다. 합동주시는 아동과 의사소통 파트너에게 공통적인 사물이나 상황에 관한 관심을 공유하는 기회가 될 수 있다. Bruner는 "합동주시는 단순히 공동으로 주의를 기울이는 것이 아니며 공동의 문화에 공동으로 참여하는 것"(1995, p. 12)이라 설명하였다.

합동주시에는 의도적인 의사소통 행동이 포함되어 있다. 아동이 무언가 상대방과 공유하고 싶어 하는 것이 있다면 의도적으로 상대방의 주의를 끌고 공유하고자 하는 메시지를 전달하려 행동한다. 그러므로 합동주시는 상대방과 정신 상태를 공유하고 상대방의 생각에 대한 아동의 인식을 나타낸다(Bruner, 1995). 합동주시는 타인에게서 언어를 배우는 주요한 수단이다. 왜냐하면 교환을 통해 공유되는 비언어적 의미는 통용되는 의미에 연관되기 때문이다. 아동이 자신이 관심이 있는 것으로 성인들의 주의를 끌 때, 성인은 이와 관련한 말로 반응하고, 아동은 이미 자신의 머릿속에 존재하고 있는 의미와 단어를 연관시킨다. 반대로, 성인이 아동의 관심을 끌려고 할 때, 성인에 대한 아동의 주의력과 성인이 공유하고자 하는 상황에 대한 이해를 통해 아동은 자신이 들은 단어들과 연관이 있는 의미를 연결한다. ASD 아동들은 합동주시에 취약하다. 그러므로 ASD 아동은 상대방과 비효율적인 의사소통을 보일 뿐만 아니라, 사회적 상호작용의 공동 문화로부터 고립되어 있다(Mundy & Neal, 2001). 아동들이 성인들과 주의를 협응하고 유지하는 법을 배우고 나면, 커리큘럼 내에서 합동주시를 특별히 강조하여 가르친다.

ESDM은 두 단계에 걸쳐 합동주시를 발달시키고 비언어적 의사소통 능력을 기른다. 첫 번째 단계에서는 아동들이 3가지의 주된 의사소통 기능—행동 조절(요구와 저항), 사회적 상호작용(상호적인 사회적 활동들을 시작하고 유지하는 것)과 합동주시(어떠한 사물이나 사건에 대해 상대방과 함께 주의를 기울이는 것)—을 위해 사용할 수 있는 자연적인 제스처를 발달시키는 것에 집중한다. 두 번째 단계에서는 관습적 제스처를 가르친다—문화적으로 모두가 이해하는 것들—예/아니요를 표현하기 위한 고개 끄덕임과 고개 가로젓기나 포인팅, 어깨를 으쓱하는 것 같은 것들 말이다.

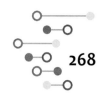

 ## 자연스러운 제스처 사용의 발달과 이해

첫 번째 단계는 의도적으로 운동 관련 요소를 포함한 활동들을 시작하여 아동들의 자연스러운 제스처를 이끌어 내고 활동이 준비되면 아동에게서 자연스러운 제스처를 '뽑아내는' 것이다. 예를 들면, 아동에게 어떤 사물의 일부를 주고, 아동이 손을 뻗어 그 사물을 붙잡으려 할 때까지 가만히 있거나, 사물 2가지를 아동으로부터 손이 닿지 않는 곳에 둔 뒤, 아동이 둘 중 하나를 선택하도록 하거나 아동이 원하지 않는 사물을 주어 아동이 그 사물을 밀어내게 하는 것이다. 자연스러운 행동의 레퍼토리를 발달시켜 아동의 요구와 의도가 더욱 분명하게 만든다. 물론 이러한 모든 행동에는 간단한 언어를 동반한다. 말을 하기 이전의 아동들에게는 한 단어를 사용한다.

이전에 다루었던 18개월 된 란던의 감각을 이용한 사회적 활동을 통해 자연스러운 제스처를 이끌어 내는 것을 예로 들어보겠다. 란던은 어떠한 방식으로도 의도적인 의사소통을 하지 않는 매우 수동적인 남자아이다.

란던은 맨발에 티셔츠와 반바지를 입고 등을 대고 바닥에 누워 발을 가지고 놀고 있다. 치료사는 아동을 바라볼 수 있도록 아이의 발 앞으로 자리를 옮긴다. 치료사는 맨발을 손으로 잡고 'patty cake(우리 문화의 '쎄쎄쎄'와 유사한 노래)'를 'patty feet'으로 바꾸어 박자에 맞추면서 하기 시작한다. 치료사는 미소 짓는 얼굴로 아이의 얼굴을 마주 보고 발을 두드리면서 노래한다. 아동도 치료사를 바라보고 미소 지으며(눈맞춤과 미소는 아동이 원하는 것에 대해 소통하는 것이며—이는 자연스러운 의사소통 제스처다.), 양 발바닥을 세게 두드린다. 노래의 끝자락에 있는 "팬에다 던져요."의 부분에서 치료사는 아동의 머리 쪽으로 양발을 던진 후 바닥으로 발이 떨어지게 한다. 이 과정 동안 아동은 밝게 웃으며 눈맞춤을 유지한다. 치료사는 아동의 양쪽 발을 잡고 노래를 한 번 더 부르고, 이 과정 동안 아동은 미소와 지속적인 눈맞춤으로 반응한다. 세 번째로는 치료사가 아동의 발을 향해서 손을 내민다(치료사의 제스처). 하지만 발을 잡지는 않는다. 그 대신 치료사는 아동을 보면

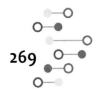

서, "발로 쎄쎄쎄? 발로 쎄쎄쎄?"라고 말한다. 아동은 발을 들어 치료사의 손으로 가져간다(자연스러운 제스처). 그러면 치료사가 노래를 다시 시작한다. 마지막에 치료사는 가만히 있고, 아동이 손으로 박수를 친다(자연스러운 제스처). 치료사는 이 행동을 발로 하는 과정을 흉내 내는 것으로 해석하고, "발로 쎄쎄쎄 더 할까?"라고 대답한다. 치료사는 아동의 발을 손으로 잡고(치료사의 제스처), 아동은 발을 순순히 내놓는다(자연스러운 제스처). 그리고 이 과정을 반복한다. 다시, 아동은 박수를 치고(제스처), 치료사는 노래를 끝까지 계속한다.

이런 감각을 이용한 사회적 활동을 통해, 치료사는 아동이 자기 자신의 반복적인 행동을 이용하는 놀이를 재빨리 발달시키고, 그를 통해 놀이를 계속하게끔 하는 여러 가지 의사소통의 제스처(미소 짓거나 눈을 맞추거나, 손짓이나 발짓을 포함한 여러 가지)를 끌어 낸다. 란던은 몇 차례에 걸쳐 놀이를 계속하고자 하는 욕구를 몸의 움직임을 통해 전달한다. 치료사는 각각의 제스처에 따라 행동하고, 놀이를 하는 동안, 란던은 요청을 위한 제스처를 많이 사용하며 게임을 지속한다.

🌢 자연스러운 제스처를 위한 기초 개입 기술

이러한 아동의 자연스러운 제스처를 발달시키기 위한 몇 가지 학습기법이 존재한다.

덜 해서 더 하게 한다

아동과의 직접적인 의사소통의 부재는 성인이 아동의 요구나 필요를 쉽게 추측하게 하고, 의사소통의 단서 없이 이를 쉽게 충족시키게 만든다. 아동은 의사소통을 위해 의도적으로 행동해야 하는 필요가 없어진다. 아동에게 그리고 아동을 위해 무언가를 주거나 하는 것을 자제해야 하며, 대신 놀이 일과나 일상생활에서의 일과처럼 아동이 먼저 시작하는 것을 자주 하도록 해야 한다. 우리가 기다리는 동안 아동은 몸을 써서 의사소통을 하며, 이를 통해 의사소통에 대해 알게 되는 것이다.

이런 행동을 줄임으로써, 아동이 '말하는 몸'을 발달시킬 수 있도록 돕고, 제스

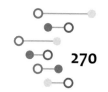

처를 더 많이 사용할 기회를 제공하는 것이다. 덜 한다는 것은 우리가 종종 아동이 무엇을 원하는지 모르는 척을 하고, 주기보다는 권하며, 여러 번 권하고, 아동이 원하지 않은 것을 덜 권해야 함을 의미한다. 즉, 제스처, 눈맞춤과 발성을 기다려야 한다는 것이다. 초기 치료에서, 이러한 아동들의 행동은 감지하기 힘들 수 있고, 의도적이지 않을 수 있다. 잠재적인 의사소통 행위로서 이러한 행동에 대한 성인들의 해석과 강화적인 측면에서의 의사소통 행위는 놀이 일과에서 이를 의사소통을 위한 제스처로 변화시킨다.

감지하기 어려운 제스처를 확실한 제스처로 만들어 가기

초기에는 ASD 아동이 자신의 의도나 의미를 표현할 때 눈맞춤, 제스처 혹은 발성을 사용하도록 한다. 아동의 목적과 의도를 나타내는 행동을 끌어내는 방법을 찾고 나면, 강화와 행동형성을 사용해 이를 보다 강력하고, 명확하며, 의미 있는 제스처로 만들어 나간다. 예를 들어, 아동이 손이 닿지 않는 사물에 대한 욕구를 표현하도록 만들어 가기 위해서는 우선 제공하고자 하는, 가까이에 있는 사물로 아동이 다가오게끔 유도한 뒤 아동이 올 때까지 사물을 주지 말고 기다리는 것이다. 아동이 요청의 제스처로 손을 뻗으면, 가까운 곳에 2개 혹은 그 이상의 사물을 선택지로 둔다. 아동이 선택에 대한 의사소통이 가능할 경우, 아동이 손이 닿지 않는 위치에 사물을 두어 아동이 손을 뻗어도 사물을 만질 수 없게 한 다음, 잠깐 기다린 후 사물을 준다. 그다음 손이 닿지 않는 곳에 있는 사물을 권하되, 아동이 좋아하는 사물을 만질 수 없게 한 후, 확실하게 손이 닿으면 사물을 건네주는 것이다. 마지막으로, 관심을 끌 만한 사물을 고른 뒤, 탁자나 작은 선반처럼 아동의 손이 닿지 못하는 곳에 눈에 띄도록 놓은 후 사물을 전해 주기 전까지 아동이 사물을 향해 다가오도록 기다린다. 이것이 행동형성을 사용하여 거리가 떨어져 있는 사물을 요청할 때 아동이 다가오도록 하는 방법이다.

목표로 삼을 제스처 선택하기

정상 발달 유아에게 제스처는 비교적 일반적인 순서로 나타나고, 이러한 순서는

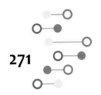

목표로 할 제스처를 정하는 데 지침이 된다. 〈표 8-1〉은 Crais 등(Crais et al., 2004)
의 연구를 바탕으로, 생후 6~8개월까지의 유아들이 생후 18개월이 될 때까지 보
이는 초기 의사소통의 일반적인 비언어적 제스처의 발달을 3가지의 주요 기능별
발달 순서에 따라 보여 준다.

〈표 8-1〉 정상 발달에서의 의도적·의사소통 제스처 출현의 평균연령

나이	행동 조절	사회적 상호작용	합동주시 개시
5~6개월	쳐다보고 소리를 냄		
6개월	밀어내고, 사물을 집기 위해 뻗음	관심을 보임	
7~8개월	손 전체를 사용해 뻗음	기대 행동을 함	성인을 보고 소리를 냄
8개월	양손으로 밀어냄	상황에 맞게 손을 흔듦	
9개월	손바닥으로/주먹을 쥐고 뻗음	참여적 행동, 박수를 침	사물을 건넴
10개월	성인을 만짐	유도하도록 손을 흔듦, 사회적 놀이를 개시함, 음악에 맞춰 춤을 춤	사물을 보여 줌
11개월	포인팅을 함	사물의 기능을 보여 줌	언급을 하기 위해 포인팅을 함
12개월	사물을 주고, 사물−사람−사물로 시선을 옮김		
13개월	"아니요"로 고개를 저음	대상을 안거나, 흥분할 때 박수를 침	요청을 하기 위해 포인팅을 함("불이 어디에 있지?")
14개월	손으로 성인을 잡음	정보를 요청하기 위해 포인팅을 함	
15개월		쩝쩝거림, 손바닥으로 뽀뽀를 보냄	
16개월		"네"로 고개를 끄덕임	
17개월		어깨를 으쓱함, "쉿"함	

참고: Crais, Douglas, & Campbell (2004)의 자료.

🖤 협응된 시선과 제스처 끌어내기

생애 첫 2년 동안 꾸준하지는 않지만, 종종 제스처는 눈맞춤을 동반한다. 생후 12개월에서 24개월 사이의 정상 발달 유아는 언급하거나 요청하는 것을 제외한 제스처 사용 시 눈맞춤을 동반하는 시간이 50% 미만이다(Blake, McConnell, Horton, & Benson, 1992). 초기에는 눈맞춤 없이 자연스러운 제스처를 아동들에게 가르치지만, 이러한 행동을 따로 사용하는 법을 배운 뒤에는 아동이 요청할 때 눈맞춤과 제스처를 같이 하도록 한다. 제스처에 눈맞춤을 동반하도록 어떻게 가르칠까? 다음에 예시가 있다.

루크(Luke)는 도움을 요청하기 위해 사물을 성인에게 주는 법을 배웠다. 치료사 낸시(Nancy)는 루크의 앞에 앉아 꽉 잠긴 작은 병을 건네준다. 병 안에는 5개의 미니카(좋아하는 사물)가 들어 있다. 아동은 병을 가져간 뒤, 병을 돌려서 열려고 하지만 잘되지 않자 낸시에게 건네서 도움을 요청한다. 보통은 "도움이 필요하구나!"라고 얘기하며 받아 주지만, 이번에는 받아 주는 대신 기다린다. 루크는 무슨 일인가 싶어 낸시를 처다보는데, 그 순간 낸시가 "알았어. 내가 도와줄게."라고 말하며 병을 받아 연 뒤 미니카를 하나 뺀다. 병을 열었을 때, 아동이 차를 가지려 손을 뻗지만, 낸시는 병을 놓지 않고 계속 잡고 있다. 루크는 의아해하며 또다시 낸시를 처다보는데, 낸시는 그 즉시 "자동차 여기 있어." 하며 병을 건네준다. 이러한 순서를 루크가 병 안에 있는 자동차를 모두 가질 때까지 몇 번 반복한다. 마지막에 루크가 낸시에게 병을 열어 달라고 할 때, 루크는 병을 건네면서 낸시를 올려다본다. 제스처와 눈맞춤을 처음으로 함께 보인 것이다.

이 부분에서, 아동에게 도움을 주거나 사물을 건네주기 전까지 성인이 아동의 눈맞춤과 제스처를 기다리는 것을 볼 수 있다. 눈맞춤을 유도하는 촉구 기법—기다리기, 막기, 일반적으로 반응할 행동에 제때 반응하지 않기—을 사용하며 필요 시에는 기다리는 동안 눈맞춤을 하기 위해 아동의 이름을 부른다. 이러한 상황에서, 의사소통을 위한 제스처뿐만 아니라 눈맞춤에 따르는 강화제를 제공해야 한다. 루크가 낸시의 촉구에 따라 지속적으로 눈맞춤을 한다면, 부분 촉구, 언어 촉

구나 기다리기 같은 방법으로 촉구를 줄여 나가면서 자발적인 제스처와 눈맞춤의 협응을 이끌어 낸다. 이 과정에서, 치료사는 촉구, 용암법, 행동 연쇄(눈맞춤과 제스처의 연쇄, 두 행동이 동시에 나타나는 순간에 보상)를 사용한다. 제스처와 눈맞춤의 협응 시 다음의 사항에 주의해야 한다. 정상 발달 아동에 관한 연구에 따라, 관습적 제스처에 대한 목표를 삼을 때에는 제스처와 눈맞춤 협응의 숙달 기준을 전체 시간의 50% 이상이 되지 않도록 한다(Blake et al., 1992; 응답과 요청의 경우는 제외).

🖤 아동이 다른 사람의 제스처를 이해하도록 돕기

ASD 아동은 종종 다른 사람의 비언어적 의사소통의 의미를 이해하지 못할 때가 많다. 흔히 '주세요'의 의미로 손바닥을 내미는 제스처를 하거나 흥미로운 사물을 보게 하거나 특정한 장소에 사물을 놓게 하도록 포인팅하는 의미를 이해하지 못한다. 또한 다른 사람의 화난 얼굴 표정의 의미를 이해하지 못할 수도 있다. 따라서 어린 ASD 아동들에게 몸의 움직임이 어떠한 의미를 가지는지를 집중적으로 가르칠 필요가 있다. 그렇다면 이를 어떻게 가르쳐야 할까? 여기에는 몇 가지 방법이 있다.

1. 사물을 이용하는 공동 활동에서 목표로 하는 제스처를 강조하고 과장한다. 간단한 언어와 제스처를 함께 사용하되, 제스처를 강조하고 아동이 목표로 하는 것을 얻기 전에 제스처를 하도록 하는 것이다. 아동이 제스처를 하도록 촉구하면서 사회적으로 그리고 원하는 사물이나 활동을 바로 얻게 하는 것으로 보상을 한다. 아동이 다른 사람에게 사물을 건네주도록 하는 '주세요' 제스처를 가르칠 경우, 사물을 넘겨 주는 것이 의도하지 않게 아동에게 처벌(아동 입장에서 자신의 사물을 빼앗기는)이 되지 않도록, 사물을 바로 아동에게 되돌려주어야 한다. 또한 목표로 하는 제스처를 자주 사용한다. 아동이 사물을 집으려고 하면 "이거."라고 말하고 포인팅하면서, 블록 탑의 꼭대기를 가리키면서 "여기." 혹은 "여기다 봐."라고 말하면서, 혹은 아동이 넣으려고 하는 퍼즐 조각의 구

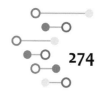

멍을 가리키며 "여기에 맞춰."라고 말하면서, 아동이 하려는 동작과 함께 제스처를 하도록 한다. 아동이 조각을 줍거나 건네주도록, 활동을 준비하거나 정리하도록, 다음 차례에 하도록 요청하기 위해 일과에서 제스처를 강조한다.

2. 사물을 이용하는 공동 활동 일과의 단계와 순서에서 생동감 있는 얼굴과 음성 표현을 덧붙인다. 예를 들어, 블록탑을 만들고 부수는 시간임을 알리기 위해 제스처를 사용한다. 활동과 관련한 사회적인 스크립트를 이용하여 이를 놀이의 일부분으로 만든다. 아동이 모방을 배우고 나면, 이러한 짧은 스크립트에서 제스처와 말을 따라 하도록 가르친다. 이는 사물을 이용한 일과에 사회적 요소와 재미를 더한다는 측면에서 중요하다.

3. 감각을 이용한 사회적 일과에서, 놀이의 신호를 줄 때 몸의 움직임과 얼굴 표현을 강조한다. 과장된 효과음, 제스처 혹은 자세는 사회적 일과의 특징이 되는데 이는 놀이 시작을 제안하는 '표시'가 된다. 의례적인 방법으로 이러한 놀이를 하는 것은 아동들이 제스처와 표정을 놀이와 연관시키도록 돕고, 성인들의 표정, 제스처와 몸에 더욱 집중하게 한다.

4. 아동이 혼자서 해내기 힘든 흥미로운 시각 변별 장난감이나 활동(퍼즐이나 모양 맞추기)을 주고, "여기."나 "말은 여기에 놓아."라고 말하며 아동에게 조각을 놓아야 하는 곳을 가리킨다. 조각을 바로 맞추는 것은 아동의 목표를 이루게 하며 동시에 강화제가 된다. 필요시에는 도움을 주어 조각을 쉽고 빠르게 맞추도록 해야 한다. 만약 아동이 조각을 맞추는 것을 힘들어 한다면, 당신이 포인팅하는 것을 따라가는 것에 대한 강화 작용을 하지 못한다. 시간이 지나면서, 이 방법은 아동에게 당신이 포인팅하는 것의 중요점을 가르칠 것이다.

 ## 관습적 제스처 사용 가르치기

〈표 8-1〉에서 본 바와 같이, 정상 발달에서는 관습적 제스처가 자연스러운 제

스처를 따라간다. 우리는 자폐스펙트럼장애가 있는 유아들에게 이러한 순서를 따라가도록 한다. 아동이 다른 사람의 행동을 조절하고, 양자 간의 사회적 상호작용을 개시 및 지속하고, 상대방과 함께 어떠한 사물이나 사건에 대해 주의를 조정할 수 있는 것과 같이 자연스러운 제스처를 다양하게 사용할 수 있을 때, 관습적 제스처를 가르치기 시작한다. 아동에게 가르칠 관습적 제스처를 선택할 때, 가르치는 제스처가 아동에게 의미가 있을 수 있도록 제스처의 근간이 되는 의사소통의 기능이 아동이 표현하는 것과 일치하도록 한다. 의미를 가르칠 때 효과적인 방법 중 하나는 상황에 적절한 언어를 같이 사용하거나 강조하여 자신의 행동으로 먼저 나타내는 것이다. 아동과 당신이 이미 하고 있는 일과에 이 행동을 포함하도록 한다. 이러한 제스처는 아동이 가장 좋아하는 사물을 이용한 공동 활동을 통해 개발한 사회적 스크립트의 일부가 될 수도 있다(예로, 동물농장 놀이에서 손가락을 까딱거리며 '이리 와'에 해당하는 제스처를 하면서 "사자야, 이리 와, 이리 와."라고 말하고 사자가 오게끔 한다.). 혹은 집안에서의 자연스러운 일과의 일부분을 사용해도 좋다. 간식 시간을 예로 들면, 맛있는 음식을 먹을 때 기쁨을 과장되게 표현하며 머리를 끄덕이고 미소를 짓는 것이다. 반대로 '맛없는' 음식이 나왔을 경우는 불쾌함을 과장되게 표현하며 고개를 강하게 흔들며 음식을 밀어내고, "김치 싫어, 싫어! 김치 싫어!"라고 말하는 것이다. 아동이 좋아하는 노래에 제스처를 넣을 수도 있다. 슬픈 표정을 과장되게 지으면서 "안녕, 안녕, 선생님, 안녕, 안녕, 친구들."같이 헤어질 때 부르는 노래를 부르는 것이다. 이러한 제스처는 일과를 통해 아동이 의미를 이해하게끔 한다. 〈표 8-1〉은 가르칠 수 있는 기본적인 제스처에 대한 아이디어를 제공한다. 정상 발달 아동과의 상호작용에서 다양한 아이디어를 얻어 이를 자폐스펙트럼장애가 있는 아동들을 가르치는 데 사용할 수 있다.

　관습적 제스처를 가르치기 위해서 제7장 내의 '제스처 모방 가르치기'에서 다루었던 제스처 모방 기술을 활용해야 한다. 일반적으로, 자연스러운 상황에서 관습적 제스처를 표현할 기회를 만들어 주고, 아동이 제스처를 모방할 수 있도록 관습적 제스처를 시연하여 아동을 촉구하고, 그 제스처가 표현된 후에 강화제가 되는 사물이나 활동을 제공한다. 이것이 독립적으로 나타나는 자발적인 제스처가 되도

록 수없이 반복하여 연습하여야 하고 적절하게 점진적으로 촉구를 제거하여야 한
다. 하나의 특정한 상황에서 제스처를 가르치는 것이 일반적인 경우이지만, 치료
회기의 다른 시간에도 아동이 동일한 의사소통의 기능을 표현할 수 있도록 해야
한다. 그다음 다양한 상황에서 그 제스처를 끌어 내야 한다. 이는 시간이 지남에
따라, 아동으로 하여금 그 제스처에 대한 일반적인 의미를 이해하게끔 한다.

제스처에 따르는 적절한 단어를 가르치는 것도 음성언어와 제스처를 연합함으
로써 같은 방식으로 진행한다. 그러나 지나치게 많이 가르치거나 매번 기회가 있
을 때마다 제스처와 그에 상응하는 단어를 요구하지 않도록 해야 한다. 제스처를
사용할 때 아동이 대본을 읽는 듯이 표현하는 것을 원하지는 않기 때문이다.

🌢 관습적 손/몸 제스처 가르치기

ASD 아동과 오랜 시간을 함께 하다 보면, 일반적으로 의사소통 시 얼마나 제
스처를 자주 사용하는지 잊을 때가 종종 있다. 예로, "식은 죽 먹기지." 하며 어깨
를 으쓱하는 제스처, 긍정과 부정을 표현하는 고개 끄덕임이나 고개 흔들기, 거절
을 표현할 때의 손 표현들이 이에 해당한다. 현재 치료하고 있는 ASD 아동과 같
은 수준의 음성언어를 구사하는 정상 발달 아동을 관찰하며 그 아동이 어떻게 의
사소통하는지 보라. 식료품가게, 식당과 공원에서 그 아동이 말할 때 하는 자세나
제스처를 기록해 보라. 이는 성인이 어떻게 시연을 해야 할지에 대한 안내서가 될
뿐 아니라, 치료하고 있는 아동에게 가르칠 제스처, 자세와 얼굴 표정의 출처가 될
것이다.

지금까지 논의해 왔던 것과 같은 접근법으로 이를 가르친다. 아동에게 제스처
가 내포하고 있는 의미('더' '아니' '~을 원해' '상관없어')를 이해하도록 유도하기 위
해 선호하는 사물과 선호하지 않는 사물 혹은 활동을 선택하는 상황을 만든다. 요
구를 하는 제스처에는 매우 선호하는 사물을 준다. 거절 혹은 저항하는 제스처에
는, 선호하는 사물과 선호하지 않는 사물을 선택하는 상황을 만든다. '상관없이'
의 경우는, 관심도가 낮은 사물 2개를 제공한다. 이를 제공하고, 아동의 행동에

서 표현된 '의미'를 이해한 후, 모방이나 신체적인 촉구를 통해 목표로 하는 제스처를 이끌어 낸다. 아동이 비슷한 제스처를 하면, 강화제로 작용할 수 있는 동기 요인을 제공한다. 요청하는 행동을 보일 시에는 원하는 사물을 준다. 항의나 거절, '상관없어' 제스처의 경우는, 선호하지 않는 사물을 없애자마자 매우 선호하는 사물을 선택하도록 한다(이와 상당히 유사한 절차의 효과에 대한 설명은 Ingersoll & Schreibman(2006)을 참고).

🌰 표현적 얼굴 표정 가르치기

아동들에게 얼굴 표정을 짓게 하는 것은 제7장에서 다룬 얼굴 모방에서부터 시작한다. 아동들에게 모방 놀이로 '웃긴 얼굴'을 모방하게 하는 것은 얼굴 표현의 측면—웃고, 입을 삐죽 내밀고, 찡그리고 구기는 얼굴 만들기—을 포함한다. 얼굴 표정은 촉구를 할 수 없기 때문에, 시간이 지남에 따라 나아질 수 있도록 행동형성을 이용해야 한다. 거울 놀이는 얼굴 모방을 연습하기 위한 재미난 방법이 될 수 있다. 거울의 특성으로 인한 즉각적 반응은 아동들을 촉구하고 표정 짓기를 강화할 수 있다.

아동들이 각각의 얼굴 동작을 잘 모방하게 되면, '놀이'에 얼굴 표정을 추가한 뒤, 놀이를 하면서 행복, 기쁨, 슬픔 등을 명명한다. 얼굴 모방 놀이에서 이러한 것을 하면서, 치료의 다방면에서 감정 표현과 감정 경험을 강조할 때가 된 것이다. 책의 그림을 흉내 낼 수 있게끔, 감정 표현이 확실하게 나타나 있는『괴물들이 사는 나라(Where the Wild Thing Are)』(Sendak, 1963) 같은 책을 사용하도록 한다.

치료 회기에서 발생한 감정 경험을 강조하고, 치료 동안에 아동이 느꼈던 효과적인 경험들을 표현과 연관시키는 과장된 감정을 사용한다. 경험들이라 함은 아동과 치료 동안에 느꼈던 기쁨, 슬픔, 분노와 공포를 말한다. 감정적인 단어들과 감정을 자연스러운 상황으로 연결시키고, 이를 시연하여 아동이 감정을 경험할 수 있도록 한다. 또한 경험을 다시 말하면서 간단한 표정에 있는 과장된 표현의 요소들로 이를 묘사할 수도 있다. 제7장에서 다루었던 '상징놀이 활동'처럼 일어

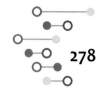

난 상황을 그림으로 만들어 이야기한다. 감정적인 음성과 표정을 더해 상황을 다시 살펴본다. 아동이 이것을 모방하도록 하고, 후에 스크립트에 얼굴 표정을 더해서 '읽게' 한다. 놀이의 '스크립트'를 적절히 이용하여, 인형, 동물이나 손가락 인형을 사용해서 감정이 풍부하게 드러나는 장면을 재연한다. 인사 노래에도 감정적인 표현—"안녕, 만나서 반가워."에서 기쁜 표정이나 "안녕, 보고 싶을 거야."에 슬픈 표정—을 추가한다.

🍃 합동주시 행동 발달시키기

이 장의 전반부에서 이미 다룬 것처럼, 합동주시 행동은 생후 6개월부터 12개월에 나타나는 매우 특별한 의사소통 방법이며 발달장애가 없는 아동들은 두 살에 그 빈도와 행동 범위가 증가한다(Legerstee et al., 2007). 합동주시는 두 사람 간의 사물이나 사건에 대한 의사소통의 공유를 포함한다. 합동주시가 발달되기 이전에, 아동은 놀이를 통한 상호작용에서 사물이나 사람에게 주의를 집중하지만, 동시에 집중하지는 못한다. 합동주시는 2가지 모두에 집중할 수 있는 아동의 능력을 나타낸다. 사람과 사물 간의 시선 이동을 통해 동시에 상대방과 사물을 볼 수 있다. 아동과 상대방, 사물의 의사소통 삼각형을 이루는 것이다. 아동은 상대방과 함께 사물에 관해 의사소통을 한다.

의사소통의 많은 의미는 눈맞춤과 정서로 공유된다. 아동은 흥미, 의도, 기쁨, 욕구나 경계심을 표현할 수 있다. 합동주시 행동은 어떠한 사물이나 사건에 대한 정신상태를 상대방과 공유하는 것을 목표로 한다.

합동주시는 일반적으로 몇 가지 특징적인 행동을 동반한다. 흥미가 있는 사물이나 상황이 있을 때 상대방으로 그리고 다시 반대로의 시선 이동은 합동주시의 최초이자 초기의 표현이다. 시선을 이동하다가, 아동은 관심이 있는 사물이나 상황에 감정을 담아 상대방에게 특정한 얼굴 표정을 보일 수도 있다. 감정을 공유하기 위해 합동주시를 사용할 때, 아동은 사물을 본 후 웃거나 찡그리는 표정으로 성인을 보게 된다. 이는 사물이나 상황에 대한 아동의 의사소통인 것이다.

합동주시는 개인의 감정과 생각을 표현—개인의 정신상태를 공유—할 뿐만 아니라 상대방의 반응을 읽고, 상대방의 사물에 대한 바람이나 감정을 이해하는 것도 포함한다. 즉, 상대방의 생각을 읽는 것이다. 아동은 상대방의 제스처, 얼굴 표정이나 시선을 읽으면서 상대방의 합동주시 의사소통에 응답한다. 그러므로 아동은 양쪽의 합동주시 활동들을 개시하면서, 상대방이 그것을 표현할 때 이를 이해한다.

그렇다면 합동주시를 어떻게 가르칠 수 있을까? 우리는 이미 아동의 눈맞춤을 증가시키고 이를 돕기 위해서 아동과 마주 보고 앉는 것에 대해 다루었다. 또한 제스처를 강조하고 초기의 제스처를 이끌어 내는 일반적인 방법도 다루었다. 상대를 향한 눈맞춤의 빈도를 높인 후, 합동주시를 나타내는 몇 가지 제스처(건네주기, 보여 주기와 포인팅하기)를 목표로 해야 한다.

🍀 도움을 받기 위해 건네기

우리는 아동이 누군가에게 손을 내미는 것이 사물을 달라고 하는 표시라는 것을 이해하도록 가르친다. 앞에서 강조했던 번갈아 하기는 이를 위한 좋은 기초가 된다. 주는 것을 통한 의사소통의 실용적 기능에는 크게 2가지가 있다. 하나는 도움을 받기 위해 주는 것이다. 즉, 본인의 목표를 이룰 수 있도록 상대방에게 영향을 주는 것이다(행동 조절, Bruner(1977)의 정의). 이 행동에는 강화제가 포함되어 있기 때문에 가르치기가 쉽다. 성인의 도움을 필요로 하는 활동(비눗방울 병, 주스 팩, 장난감 상자, 피리, 아동이 열 수 없을 정도로 단단히 잠긴 마커나 병)을 준비해 놓은 다음 아동이 주기를 통해 도움을 요청하게 한다. 아동에게 원하는 사물을 주고, 아동이 힘들어할 때 손을 펼쳐 보임으로써 아동이 도움을 요청하기 위해 사물을 건네는 행동을 하도록 이끌어 낸다.

우리의 목표는 아동이 도움을 받기 위해 건네는 행동을 시작하는 것이므로 손을 펼치고 있는 촉구는 빠른 시간 내에 제거해야 한다. 이 활동을 반복하면서, 손바닥을 펼쳐 보이기 전에 더 오래 기다리고(시간 지연 절차), 손짓을 최소화한다. 아

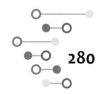

동의 손과 성인의 손 사이의 거리도 더 멀리 한다. 매번 이를 반복하면서, 촉구를 줄이고 더 오래 기다리도록 한다. 치료의 목적은 성인이 손을 움직이지 않아도 아동이 스스로 사물을 건네어 주는 것이다. 눈맞춤의 방법에 대해서는 추후에 다룰 것이다. 여기서는 도움을 받기 위해 건네는 행동에 대해서만 다룬다. 아동이 당신의 손에 사물을 건네면 "도움이 필요하구나." "도와주세요." "열어 주세요." "상자 열어 주세요." "내가 열게."라고 말하며 열어 준 다음 사물을 돌려주며 "과자 여기 있어." "마커 열었어."와 같이 말한다.

🔵 공유하거나 보여 주기 위해 건네기

공유하기(보여 주기) 위해 건네는 행동을 가르치기 위해서는, 사물을 받은 다음에 분명하게 감정적인 표현을 하며 바로 돌려주거나, 흥미를 유발하기 위해 장난감을 한 번 작동시킨 후 다시 돌려준다.

1. 손을 펼쳐서 건네주는 행동을 촉구하고, 사물을 받아 아동에게 보여 준 후, 큰 미소나 눈맞춤 같은 보상 행동으로 응답하며 "우와, 멋진 차네!" 하면서 아동의 배로 차를 가져가 굴린 다음 바로 돌려준다—"차 여기 있어."
2. 이러한 행동을 반복하면서, 아동이 사물을 집어 당신의 반응을 기대하는지를 관찰한다. '주는' 제스처로 응답하며 전체적으로 행동을 보여 준다.
3. 반복적으로 이러한 행동을 하면서, 아동이 당신이 제스처를 하기 이전에 사물을 주도록 기다려 본다. 이제 공유하기 위해 건네는 것을 알려 준 것이다. 항상 당신이 반응을 한 뒤 돌려주는 것을 잊지 말아야 한다.
4. 마지막 행동형성 단계는 '건네는 것'에서 '보여 주는 것'으로 만드는 것이다. 아동이 장난감을 줄 때, 가져가지 말고, 아동이 건네는 행동을 전체적으로 보여 준다(필요시, 행동이 끝날 때까지 아동의 손을 잡고 아동이 '주는' 손을 유지하도록 하되, 장난감을 가져가지는 않는다.). 이는, '보여 주기'를 촉구하고 강화를 하는 것이다.

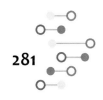

5. 추가적인 보여 주기의 방법으로, '보여 줘'라는 언어적 지시에 응답하여 보여 주도록 가르쳐야 한다. 이를 위해서는, '보여 줘'와 '줘'라는 단어를 아동이 들고 있거나 마주 보고 있는 사물을 향한 제스처와 연관 짓는다. 손을 내밀어 아동에게 사물을 건네 달라고 촉구한다. 하지만 아동이 사물을 주면 사물을 가져가지는 않는다. 자발적으로 보여 주면 위에서 반응했던 것과 같이 열정적으로 칭찬하여 보상한다.

눈맞춤과 제스처의 협응에 대한 기대치를 바꾸지 말라. 이렇게 되면 유지와 습득 과제를 섞어서 가르치는 규칙을 어기는 것이 되고, 주는 행동도 없앨 수 있다. 대신, 4번에 한 번 정도로 간간이 눈맞춤을 요구한다. 아동이 시선을 맞추는 행동을 자주 협응하기 시작하면 두 번째 혹은 세 번째의 주는 행동에서 이를 유도하기 시작한다. 아동이 그 수준에서 지속적으로 응하면, 매번 눈맞춤을 요구하되, 시선이 마주치지 않았을 경우는 보상하지 않는다. 학습을 진행하면서 주는 행동의 빈도를 모니터하고 있어야 한다. 아동이 주는 것을 무시하면 주는 행동이 사라질 위험성이 있으므로 아동의 행동을 무시하지 않도록 해야 한다. 또한 적절한 행동을 했을 때에는 확실하게 보상을 해야 한다.

공유하거나 도움을 받기 위해서 아동이 무언가를 건넬 때 정상 발달 아동들이 어떻게 눈맞춤을 발달시키는지에 주목하고 이를 참고하라.

이 순서의 마지막 단계는 지속성이다. 가끔 아동이 눈맞춤을 동반하여 요청을 하더라도 반응하지 말고, 다른 곳을 보는 척하며 아동이 요청을 반복하기를 기다린다. 첫 번째 대신 두 번째의 요청에 강화를 하도록 한다. 아동이 장난감을 성인의 얼굴 앞에 가져와 요구할 수 있도록 조형하며 꾸준하고 강하게 요청을 할 수 있을 때까지 이를 지속한다.

종종 성인의 합동주시 행동이 아동을 향하게 하라. 아동이 이러한 일과를 배우면서 아동이 당신을 돕고 사물을 공유할 수 있도록 사물을 건네주고, 이를 통해 아동이 이러한 행동을 하는 법뿐만 아니라 반응하는 법을 습득하도록 도우며 성인이 이 행동을 모델링할 수 있다. 이전에 다루었던 것처럼, 선행사건을 제시하거

나, 아동이 반응하도록 촉구하고(행동), 그 뒤 아동이 사용하기를 원하거나 갖고 싶어 하는 사물을 제공함으로써 강화하는 일반적인 학습법을 사용한다. 이것은 합동주시를 이해하고 표현할 수 있게 하고, 사회적인 파트너 간에 일어나는 역할 바꾸기나 협조를 용이하게 한다.

포인팅하기

우리는 아동에게 포인팅하기를 이해하고 이를 할 수 있게 가르쳐야 한다. 포인 팅하기의 의미를 가르치기 위해서 우리는 손가락으로 무언가를 포인팅하면서 아 동의 주의를 끌어야 한다. 퍼즐 조각을 맞춰야 하는 자리, 블록탑을 쌓는 자리, 누 르면 켜지는 장난감의 버튼, 책에 있는 그림, 다음에 집었으면 하는 과자의 위치 같은 곳을 포인팅한다. 아동이 포인팅하는 것을 눈으로 따라가고, 행동을 통해 포 인팅하는 것의 의미를 이해하는 것을 볼 수 있도록 한다. 다양한 상황에서 다양한 사물을 통해 우리가 포인팅하는 곳에 대해 아동이 의도적으로 행동을 할 경우, 아 동이 포인팅하는 것의 의미를 이해한다고 볼 수 있다.

요청을 하기 위해 포인팅하기

포인팅하기를 가르치기 위해서, 아동이 선택과 욕구를 표현하는 요청을 하기 위 해 먼 곳에 있는 물체에 손을 뻗어 닿을 수 있도록 해야 한다. 아동이 선택을 표현 하기 위해 먼 곳으로 손을 뻗는 행동을 하지 못한다면, 이 장의 앞에서 다뤘던 방 법을 사용해서 그것을 먼저 가르치도록 한다.

포인팅하기를 가르칠 때, 아동이 원하는 물체 가까이로 이끈 뒤, 재빨리 손가락 을 포인팅하는 모양으로 만든다. 아동이 원하는 물체를 포인팅하게 한 후, 그 사 물을 준다. 이때 "포인팅해."라고 말하며 지시한다. 둥근 점이나 스티커를 사물에 붙여 포인팅하는 것도 도움이 된다. 아동이 자발적으로 이 점을 포인팅하면서 요 청하면, 점을 뜯어내고 신체적 촉구나 단어 촉구로 행동을 지속히도록 한다. 그러 면 아동은 사물을 포인팅할 것이다. 퍼즐 조각이나, 모양 맞추기, 페그보드(타공

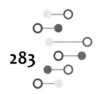

판)의 페그처럼 여러 조각으로 만들어진 사물을 이용하여, 아동이 포인팅을 통해 요청하도록 하면, 실습할 수 있는 기회를 많이 얻을 수 있다.

간식 시간에 컵을 사용하여 포인팅하기를 가르치는 것도 매우 효과적이다. 간식을 조금 넣은 다음, 스티커나 점을 컵에 붙여 놓거나 투명한 컵을 사용한다. 점이 아동을 향하도록 컵을 든 다음 아동이 컵을 향해 손을 뻗으면, 검지손가락이 점에 닿을 수 있도록 손의 모양을 만든다. 아동이 자발적으로 점을 포인팅하게 되면, 아동이 요청하는 다른 사물에도 점을 붙인다.

아동이 근처에 있는 물체를 향해 자발적이며 지속적으로 포인팅한다면, 물체를 아동이 닿지 않는 먼 곳으로 옮겨 아동이 계속 포인팅하되 만지지는 못하게 한다. 체계적으로 거리를 증가시켜서 아동이 몇 미터 거리에서도 "무엇을 원하니?"라는 질문에 응답하거나, 말로 하지 않고 시각적으로 선택지를 제공할 때에도 자발적이며 지속적으로 포인팅하게 한다.

요청을 하기 위해 포인팅할 때 눈맞춤 동반하기

보여 주기와 주기 제스처처럼, 포인팅하는 제스처도 처음에는 눈맞춤을 사용하지 않고 가르친다. 제스처가 숙련되고 자발적으로 사용하게 되면, 제스처를 하더라도 눈을 맞추기 전에는 사물을 주지 않고 기다리면서 아동의 기대를 충족시켜 주지 않는데, 필요시에는 아동의 이름을 함께 부르기도 한다. 그 후 초반에는 간헐적으로 눈맞춤과 요청을 위한 포인팅하기를 함께 하도록 하면서, 그 빈도를 점차 늘려 나간다. 그리하여 아동이 요청을 위해 포인팅하는 것을 확실히 학습하면, 눈맞춤과 포인팅을 함께 할 수 있도록 한다.

언급을 위한 포인팅하기

아동은 여러 의미(실용적 기능)를 표현하기 위해 포인팅을 사용한다. '이거 원해요'(요청), '이거 해 봐'(지시), '이거 봐'(보여 주기 혹은 언급하기) 같은 의미가 여기에 해당한다. 부모들은 일반적으로 관심이 있는 상황이나 물체에 이름을 붙이기 때문에 언급의 기능은 언어와 단어 발달에 있어 특히 중요하다. 우리는 요청을 위한 주기와 포인팅에 대해 이미 다루었다. 자폐가 있는 비언어 수준의 아동에게는 어떻게 언급하기를 발달시킬 수 있을까?

가장 좋은 방법은 페이지에 여러 그림이 있는 책이나, 사진 앨범이나 퍼즐 그림과 같은 언급하기 일과를 개발하는 것이다. 이러한 일과에서, 성인은 (아동을 바라보며) 그림을 하나씩 포인팅하며, 아동이 그 사진을 볼 때, 성인이 그 사진의 이름을 말한다. 아동의 관심을 끌기 위해 효과음을 사용해도 좋다. 성인은 아동이 이름 붙여진 물체를 보고 있는지 확인해야 한다. 아동의 흥미가 떨어지면, 활동을 종료한다. 같은 방식으로 같은 책을 사용해 아동이 일과에 대해 배우고 아동의 흥미와 주의력을 확장시킬 수 있도록 한다.

아동이 이러한 활동을 좋아하면, 성인은 포인팅을 통해 아동에게 그 물체에 대한 주의를 끌게 하는 방법을 계속 사용하되, 이름을 말하기 전에 잠시 기다린다. 아동은 왜 성인이 물체의 이름을 말하지 않는지 자주 쳐다볼 것이다(아동이 쳐다보면, 성인은 그 물체의 이름을 말한다. 이러한 변형을 통해서 다른 사람이 이름을 말할 수 있도록 할 때 아동이 눈맞춤을 사용하게 한다.). 이것이 바로 언급이다. 만약 아동이 쳐다보지 않거나 신호를 보내지 않고 페이지를 넘기려 한다면, 페이지를 넘기는 것을 제지한 후 아동이 쳐다보는지 확인하거나, 이름을 부르거나 제스처를 사용하여 직접적으로 아동이 쳐다보게 한다. 그 뒤 놀이를 계속한다.

그다음 포인팅하기 뒤에 언급이 따라온다는 것을 아동에게 가르친다. 그렇게 하기 위해서 다음과 같은 변형을 일과에 추가한다. 성인이 포인팅하는 대신 아동의 손을 잡아서 아동이 각 그림을 포인팅하도록 하고, 성인은 이전처럼 이름을 말하게 한다. 이것이 일과가 되면 성인은 도움을 점점 줄여 나가며, 아동이 주도적으로 포인팅하며 활동을 하게끔 하고 성인은 아동이 포인팅하는 것에 대해 이름을 말해 준다. 이 단계의 마지막 정교화 작업은 성인이 아동 앞에 앉아서, 아동이 무언가를 포인팅할 때 성인이 아동의 기대와 달리 눈맞춤을 기다리는 것이다. 이것을 통해 아동이 가끔 성인을 쳐다보도록 유도하고, 성인은 아동과 눈맞춤을 한 뒤 단어를 말한다. 이 아동은 이제 이름을 요청하기 위해 포인팅히는 것과 눈맞춤을 조정할 수 있게 되었다—정상 발달에서와 마찬가지로 말이다.

🌲 결론

앞의 설명처럼 우리는 아동들이 3가지의 실용적 기능을 위한 제스처의 의사소통을 이해하고 사용하게끔 하는 방법을 제시했다. 도움을 요청하는 것은 행동 조절이 필요하다. 놀이를 유지하고 계속하면서 감각을 이용한 사회적 일과에 반응하는 것은 양자 간 사회적 상호작용을 포함한다. 흥미를 나타내기 위해 포인팅하고, 보여 주고, 주는 행동을 가르치는 것은 합동주시를 포함한다. 이제 당신은 유아 시기의 일반적인 의사소통 발달에 있는 다양한 범위의 비언어 의사소통 제스처를 발달시키기 위한 방법을 알게 되었다.

이 방법들은 제7장에서 다루었던 제스처 모방을 가르치는 방법과 함께 다양한 의사소통 제스처를 발달시키는 데 사용될 수 있다. 과정은 항상 동일하다. 가르치고자 하는 제스처를 파악하고, 사회적 일과나 관련이 있는 아동이 좋아하는 활동을 통해 맥락에 맞게 모형을 만들고, 일과를 지속하기 전에 아동이 모방하도록 한 다음, 아동을 필요시에 촉구하는 것이다. 이러한 것들을 가르치면서, 치료 과정 내에서 광범위하게 사용하며, 의사소통 일과 내에서 제스처를 비정상적이고 기계적으로 사용하지 않도록 일반적으로 제스처에 동반되는 언어를 덧붙인다. 앞과 같이 비언어적 의사소통 레퍼토리를 발달시키고 ESDM 커리큘럼 체크리스트(〈부록 A〉)를 사용하면서, 아동의 눈맞춤, 제스처와 음성을 통합시켜 아동의 의도적인 의사소통을 위한 음성언어의 빈도를 늘릴 것이다. 이는 다음 장의 주제이기도 한 음성언어로 넘어가는 것을 준비하게 한다. 하지만 음성언어를 가르치면서, 비언어적 의사소통도 계속 가르쳐야 한다. 정상 발달에서 비언어적 의사소통은 항상 언어적 의사소통에 동반되며, 적절한 비언어적 의사소통의 부재는 ASD의 잘 알려진 증세일 뿐만 아니라, 말을 잘하는 자폐스펙트럼장애의 사람에게서도 나타나기 때문이다. 무언극을 사용한 놀이나 자폐스펙트럼장애의 치료를 위한 여러 활동을 통해 제스처를 발달시키려는 노력을 기울여야 한다.

제**9**장

언어적
의사소통의 발달

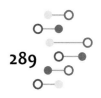

　언어적 의사소통은 표현 언어와 수용 언어로 구성된다. 언어에 대한 이해는 부분적·전체적 사용을 모두 포괄하므로 수용 언어와 표현 언어가 동시에 발달하기를 기대한다. 이 장에서는 어떻게 표현 언어의 기초가 발달하는지를 알아보지만, 두 단어 단계의 자발적이고 일반적인 언어적 의사소통의 발달을 촉진하는 데 사용되는 기술에 초점을 맞출 것이다.

　유용한 의사소통의 언어는 몇 가지의 기본적인 능력에 따라 결정된다. 언어 산출 체계에서 의도적인 통제와 적절한 성숙도를 갖는 것, 언어적 의사소통에서의 실용적인 유용성 또는 사회적인 효과를 이해하는 것 그리고 언어적 형태를 습득하기 위해 타인의 언어를 모방하는 능력, 단어의 뜻을 배우는 능력이 이에 해당한다. 음성언어는 고립된 의사소통 체계가 아니라 의미를 더해 주는 시선, 제스처 그리고 억양 패턴과 같은 비언어적인 행동들이 결합된 것이다. 언어적·비언어적 의사소통의 '패키지'를 만드는 것이 이 장의 목표다.

　비언어적 의사소통에서의 주된 목표는 아동들에게 실용적인 기능을 전달할 수 있는 언어를 가르치는 것이다. 여기에는 언급하기, 합동주시, 단언하기, 항의와 부정, 인사하기와 관심을 끄는 방법, 행동조절 등이 포함되어 있다. ESDM에서 음성언어 학습은 앞서 설명한 비언어적·실용적 의사소통을 목표로 한 공동 활동을 통해 이루어진다. 이 공동 활동에서, 치료는 의도적인 발성의 발달을 우선으로 한다. 자음-모음의 조합(예시로, 단어생성을 모방하는 음절)에서 시작하여 단일한 단어의 근사치 그리고 마지막으로 여러 단어로 구성된 조합의 순서로 진행한다. 이

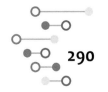

모든 것들은 함께 활동을 하면서 가르치게 되는데, 활동은 아동의 의사소통에 내용과 기능을 더한다.

이제부터는 이미 학습한 비언어적 의사소통 '패키지'에 의도적인 발성을 추가하는 것에 목표를 둔다. 언어를 만들어 내는 것은 비언어적 의사소통과 정확히 동일한 방법으로 이루어진다. 다음은 언어적 의사소통과 목소리의 의도적인 통제에서 아동의 발달을 고무시키며, 의도적인 소리의 레퍼토리를 만들어 내는 방법에 대해 설명할 것이다. 이것은 감각을 이용한 사회적 일과의 시작을 강조하는 공동 활동의 맥락 안에서 이루어질 것이다. 아동들이 비교적 쉽게 의도적으로 소리를 내고 어떤 종류의 소리들을 모방할 수 있게 되면, 성인들은 아동들이 이미 표현하고 있는 비언어적 의사소통에 위의 소리들을 추가하기 위한 촉구를 해야 할 것이다. 이와 동일한 절차를 이용하여 소리를 단어로 바꾸고, 단일 단어를 여러 단어로 만든다. 이 과정은 또한 공동 활동 일과 내에서 일어나는데 아동들이 이미 사용하고 있는 실용적인 기능과 아동과 성인 간 상호작용에서 나오는 새로운 기능을 만들어 간다. "초창기의 단어들은 사회적인 기능을 충족하기 위해 만들어졌으며 이것은 근본적으로 제스처에 의해 전달되어 왔다(Owens, 1996)."

따라서 의사소통의 실용성은 의사소통의 발달에 기반하며 지속적인 경험, 성인의 모델링 그리고 자연스러운 환경에서의 학습 기법을 통해 확장된다. 성인들은 적절한 언어와 아동 의사소통에 대한 지지를 통해 공동 활동 일과에서 아동의 관심과 동기를 따라간다. 정상 발달 아동과 ASD 아동 둘 다, 아동의 리드를 따라가고 관심을 두는 것에 초점을 맞추는 방법이 직접적으로 지시하는 방법보다 언어 학습 기법으로 더 효과적인 것으로 드러났다(Hart & Risley, 1975; Siller & Sigman, 2002). 이것이 ESDM의 장점 중 하나다. 이는 의사소통의 실용성을 가르치는 데 단단한 기초를 마련해 준다.

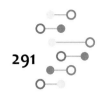

언어 생성의 발달 자극하기

언어는 아동의 의도적인 발성을 통해 발달한다. 이를 위해서는 음소를 많이 생성해 내고 타인의 언어를 모방하는 능력이 필수적이다.

🜲 일반적인 언어 발달

영아는 모국어에의 노출, 발성 놀이 그리고 언어 메커니즘에서의 신경학적인 성숙을 통해 무의식적으로 새로운 소리를 만들어 낸다. 영아의 언어 발달은 정상 발달에서 특징적인 순서를 따르는데, 주로 중간과 뒷부분의 모음 소리의 생성을 시작으로, 옹알이(타인의 언어에 대한 반응으로 자음과 모음 또는 모음과 자음의 소리를 내는 것)로 이어진다.

점점 더 성숙해지면서, 새로운 자음 생성이 추가되고 다양한 억양과 모음 생성이 가능해진다. 정상 발달에서는, 자음-모음 또는 모음-자음 음절을 반복하거나 옹알이를 반복(예를 들면, 바바, 디디 같은)하고 그다음에는 성인이 하는 말의 억양 패턴처럼 주변에서 들리는 소리를 모방하기 시작한다. 다음으로는 다양한 옹알이가 나타난다. 그것은 서로 다른 2가지 자음-모음 혹은 모음-자음의 조합(바다, 디디)으로 자음-모음-자음이나 모음-자음-모음 조합을 포함할 수도 있다(밥, 압). 마지막 단계의 초기 언어 발달은 영아들이 성인이 쓰는 전문용어 같은 억양 패턴을 사용하여 장음을 소리 내기 시작할 때 이루어진다.

정상 발달의 경우, 영아기 발성의 대다수의 자음은 비음(ㅁ, ㄴ), 파열음(ㅍ, ㅂ, ㅌ, ㄷ 등) 그리고 접근음(w, y)이다(Leonard, Newhoff, & Mesalam, 1980). 이 단계에서의 발성은 완전하게 형성되지 않을 뿐만 아니라 정확하지도 않다. 그러므로 개입 시 목표를 결정할 때에는 정상 발달 아동의 숙달연령을 반드시 고려해야 한다.

정상 발달에서도 모든 소리를 숙달하는 데에 오랜 시간이 필요하며 취학 전 아동들은 여전히 발음이 어려운 소리(예: ㅅ, ㄹ, ㅈ)를 정확하게 발음하지 못한다.

ㅍ, ㅂ, ㅁ, ㄴ, ㅎ을 포함한 음소들을 빠르게 숙달하는 경우도 있지만 이러한 소리들은 ㅋ, ㄱ, ㄷ, ㅌ의 숙달 이후에 이루어진다(Sander, 1972). 그러므로 이제 막 언어 발달이 시작된 ASD 아동들을 상대로 개입을 위한 활동과 도구를 선택할 때 이러한 언어 발달의 패턴을 숙지하는 것이 중요하고, 목표를 결정할 때 아동의 언어 생성 수준에 적절한 단어의 소리를 사용해야 한다. 어린 ASD 아동들은 정상 발달 아동들과 비슷한 음소의 레퍼토리 또는 언어 소리를 나타낸다(McCleery et al., 2006).

🖤 소리 레퍼토리의 발달

몇몇 어린 ASD 아동들은 특히 자음 소리를 거의 내지 못한다. 임상적으로, 그들은 발성을 할 수 있는 소리와 음소의 수가 적고, 음조 패턴이 일반적이지 않다. 전형적인 음의 높낮이와 영아 발성의 멜로디가 없다. 그들의 목소리는 비정상적으로 작거나 크며, 비정상적으로 음이 높거나 낮고, 억양이 단조로우며 말할 때의 강조 패턴이 일반적이지 않다(McCann & Peppe, 2003).

소리의 수와 그 변형이 부족한 아동들의 초기 목표는 아동이 만들어 낼 수 있는 소리의 변형과 빈도 수를 늘리는 것이다. 우리는 아동들이 발성을 보이는 활동을 탐색하고 그 발성이 일어날 때마다 그것을 보상한다. 신체 활동을 포함하는, 감각을 이용한 사회적 활동은 아동들의 무의식적인 발성을 자극하는 데 특히 효과적이다.

아동들의 발성을 모방하는 것은 강화 기능을 가지고 있다(그로 인해 발성을 멈추기도 하지만 아동의 발성을 모방하는 것은 효과적이다.). 다양한 소리를 내지 않는 아동에게, 발성에 대한 차별강화는 중요하며 이는 발성의 빈도를 늘리는 데 도움이 된다. 상호작용을 통해 이끌어 내고자 했던 목표행동이 무엇이든, 아동이 발성을 한다면 즉각적으로 보상을 해 주어야 한다. 의사소통 시 상대에게 반응을 하는 것이 자연적이며 유관적인 강화다. 성인은 자신이 하고 있는 것을 당장 멈추고, 아동을 모방하거나 발성함으로써 응답한다(성인의 모방이 아동의 반응에 주는 효과를 인지해야 한다.). 그리고 아동이 발성을 통해 표현하는 실용적인 목표를 아동에게

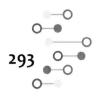

제공한다.

모방을 설명하는 장에서, 우리는 발성의 다양성과 빈도 수를 늘리는 방법을 다루었다. 성인들은 장난감과 책을 이용한 놀이 일과에 의례적인 효과음을 더하고 감각을 이용한 사회적 활동, 작은 소리를 만들어 내는 놀이를 통해 아동들의 소리 레퍼토리를 만들어 냈다. 아동들의 소리를 모방한 것을 들려주는 것과 모방을 여러 번 하는 발성 관련 놀이를 발달시키는 것은 매우 효과적이었다. 제7장에 나와 있는, 모방 놀이를 통해 의도적인 발성의 레퍼토리를 만드는 방법을 참고하라. 이는 언어 발달을 위해 반드시 필요한 능력이다. 아이들의 소리를 모방함으로써 아동이 의도적으로 소리를 내도록 돕고 성인이 개시하는 모방을 통해 아동이 소리를 내는 데 제약이 없도록 한 후 자발적인 발성을 만들어 내는 것이 목표다. 아동들이 확실하게 성인의 소리에 응답하는 발성을 할 때, 성인은 그 소리들을 단어로 바꾸어 주는 작업을 시작한다.

🖤 소리에서 단어로의 진화

소리를 단어로 바꾸는 방법에는 2가지가 있다. 첫째로, 성인은 아이의 소리와 관련성이 있는 활동에서 그것과 비슷한 단어를 짝지을 것이다. 예를 들면, 몰리(Molly)는 '무'라는 음절을 모방할 수 있다. 그리고 치료사 질(Jill)은 '마'와 관련성이 있는 활동을 선택한다—맘마, 물, 문, 멍멍. 질은 몰리가 좋아하는 물과 컵을 준비한다. "물 먹고 싶니?" 몰리는 손을 뻗으며 달라는 제스처를 한다. 질은 반복한다, "물? 무?" 그리고 몰리가 그것을 '무' 소리를 내며 모방한다. "그래, 물." 질이 말하며 바로 컵에 물을 따르기 시작한다. 그녀는 몰리에게 물이 담긴 컵을 건네다가 잠깐 멈추고 컵을 들고 있는다. 몰리는 몸을 비틀며 다시 달라고 한다. "물?" 질은 몰리에게 물어본다. 몰리가 '무'라고 대답하면 질을 그제야 끄덕이며, 웃으면서 말한다, "알았어, 물 먹어!" 그리고 물을 다시 건넨다. 이렇게 멈추고 다시 하는 일과를 6번 반복한다. 여섯 번째 차례에서는, 말을 하지 않고 몰리의 대답을 기다린다. 몰리가 자발적으로 '무'라고 말하지 않는다면 '무'라고 속삭인다. 이때 몰리는 '무, 무'

라고 반응한다. 그러면 질은 '물'이라고 말하며 물을 준다.

이 사례에서는 성인이 아동이 요청 시 단어를 모방하도록 하고 아동이 말을 했을 때 즉각적으로 보상을 제공하는 활동을 구성하였다. 이러한 상황에서, '무'는 특정한 사건과 연합되며 이는 단어로 변하는 과정이 된다.

두 번째 방법은 아동의 레퍼토리에 있는 소리들을 더욱 단어와 비슷해지도록 조형하는 것이다. 아동이 활동을 위해 습득한 소리를 만들어 내면, 성인은 아동의 레퍼토리 내에서, 실제 단어와 흡사하게 조금 수정된 소리를 가르치기 시작한다. 질과 몰리의 예로 돌아간다면, '무'라는 소리를 강아지 놀이에 이용할 수 있다. 강아지 놀이에서, '무' 소리가 잘 형성된 후 '멍멍이'을 위한 '머머'를 학습시키는 동안에 질은 단일 음절 '무'에 대한 보상을 멈추고 몰리가 '무'에서 '멍멍이'로 나아가기 위해 두 음절을 생성할 때 이전과 다른 보상을 제공한다. 이것을 연속적인 근사치라고 한다. 아동의 소리 생성은 성인의 단어 생성과 유사하게 연속하여 변화될 것이다. 유사하게 문 열기 놀이에서 몰리는 '운' 소리를 모방할 수 있게 된다. 따라서 요청을 하려고 '무' 소리를 잘 내게 된 후에 질은 '문'이라고 말하고 몰리는 '무'라고 응답한다. 그러면 질은 '운' 소리를 내고 이를 이끌어 내려 한다. 그녀는 문 열기 놀이를 하면서 계속해서 '무'와 '운' 소리를 이끌어 낼 것이다. 그리고 몰리가 지속적으로 그것들을 각각 모방할 수 있게 되면 '무운-'을 몰리가 따라 하게 하며 이 두 음절을 듣기 위해 노력할 것이다. 그녀가 이 조합을 계속해서 차별강화하면 몰리는 시간이 흐름에 따라 점차적으로 '문'을 '무운'이라고 말하며 모방하는 것을 지속할 것이다. 소리를 단어로 변화시키는 데에는 촉구, 행동형성, 용암법이 사용된다.

자발적인 소리에 의미 부여

아동들이 제스처를 이용한 의사소통에 동반하여 의도적인 발성을 배우기 시작하면서, 성인들은 이러한 발성을 단어로 바꾸는 시도와 간단한 단어를 모방하는 것을 시작해야 한다. 아동이 자발적으로 소리를 내면 상호작용을 하는 동안 문맥상 적절하고 아동이 내는 소리의 음소 패턴에 일치하며 실존하는 단어로 응답을 하는 것이 하나의 방법이다.

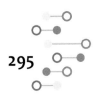

예를 들어, 제이슨(Jason)은 자연스러운 억양으로 자음과 모음을 포함하는 여러 음절을 말할 수 있다. 그가 자동차 공동 활동에서 '빠빠'라고 웅얼거리면 그의 치료사 로리(Laurie)는 그것을 즉시 '빵빵'으로 통합시키고 활기차면서도 흥미로운 자동차 활동으로 만들어 강화하였다. 그리고 나서 로리는 자동차를 미는 행동을 중단하고 제이슨의 반응을 기대하며 쳐다본다. 로리는 제이슨에게 "빵빵?"이라고 물어보며 제이슨이 자동차 일과의 결과로 "빠빠."라고 말하기를 기다린다. 만약 제이슨이 '빠빠'라고 소리 내지 않았다면, 로리는 "빠빠."라고 말하며 그것을 학습 시킬 것이다. 로리는 제이슨이 반복해서 말하기를 기다리면서 제이슨이 계속 말 하는 것을 관찰하며 게임을 진행한다. 로리는 제이슨의 자발적인 발성이 선호하 는 자동차 놀이를 통해 '빵빵' 소리와 짝을 짓게 하여 의미를 부여한다.

모방된 소리에 의미 부여

아동이 소리를 모방할 때에도 같은 방식을 사용한다. 음성 모방은 ESDM 안에서 의미 있는 공동 활동 일과 내에서 이루어진다. 이 모방에 의미를 부여하기 위해서 성인들은 이 활동에서의 핵심 단어에 부합하며 아동들이 선호하는 활동으로 그들 의 모방을 이끌어 낼 수 있는 모델을 선택한다. 이는 앞에서 제시한 질과 몰리의 예시와 유사하지만 아동의 소리를 변화시키는 것보다 아동의 소리에 의미를 더하 는 것에 초점을 둔다. 예시는 다음과 같다.

치료사 다이앤(Diane)은 케리(Kerry)가 강아지 인형을 원할 때 '머'라고 모방할 수 있도록 가르쳤다. 놀이를 하면서, 다이앤은 케리에게 강아지 인형과 드럼을 주 면서 각각의 명칭을 말해 준다. 아동이 강아지 인형에 손을 뻗으면 다이앤은 "멍 멍이, 멍멍이."라고 말한다. 첫 번째 음절을 강조하며 강아지 인형을 손에 든 상태 로 아동의 반응을 기대하면서 말한다. 케리가 '머' 소리를 내지 않을 때 다이앤은 '머'라고 말하기를 학습시킨다. 케리가 '머'라고 소리 내면 다이앤은 '머엉멍이'라 고 즉시 말하며 확장시킨다. 동시에 다이앤은 강아지 인형이 들어 있는 뚜껑이 닫 혀 있는 통을 케리에게 건넨다. 케리는 다이앤에게 뚜껑을 열어 달라고 통을 다시 건네는데 이때 다이앤은 케리가 모방할 수 있게끔 "도와줘."라고 말하며 학습시킨다. 케리가 "더."라고 말하면 다이앤은 응답한다. "도와줘, 그래 내가 도와줄게." 그리고 그녀는 뚜껑을 열어 주며 강아지 인형을 꺼내 먹이를 줄 준비를 한다. "먹어?"라고 그녀가 물어보면, 케리는 다이앤이 "먹어."라고 말한 것에 응답하여 "머." 라고 말한다. 다이앤은 강아지 인형에게 먹이를 주는 행동을 한다. 케리가 먹이를 꺼내면 다이앤도 먹이를 만지면서 "맘마."라고 말하며 강아지 인형놀이에 동참한다. 아이가 "머."라고 말하며 강아지에게 먹이를 먹이려고 하면 다이앤은 "멍멍이, 맘마 먹어"라고 말한다.

우리는 이 예시에서 아동의 모방이 항상 아동의 목표에 따라 이루어진다는 것을 볼 수 있으며 또한 성인은 아동이 발음하는 음소의 패턴에 일치하는 목표 단어로 반복적으로 응답하는 것을 볼 수 있다. 아동이 모방한 소리는 수용 언어가 만들어지는 것과 같이 사물을 이용하는 성인의 행동으로 의미가 부여된다.

ESDM에서, 의사소통은 공동 활동 일과 내에서 일어나기 때문에 아동의 의사소통에는 항상 기능과 의미가 존재한다. 아동이 목표 사물이나 목표행동으로부터 소리와 단어 근사치를 자연스럽게 말할 때, 아동이 그 목표 사물/행동을 요구할 때, 우리가 그 사물이나 행동들을 제공했을 때 아동의 소리와 단어 근사치는 의미를 가지게 된다고 확신한다. 그리고 그 아동은 자신이 이해하고 있음을 명확히 하는 방식으로 즉각적인 반응을 보인다. 그러므로 아동 스스로가 단어의 뜻을 이해하고 있음을 보여 줄 때, 우리는 모방에서 벗어나 자발어, 수용 언어 습득의 단계로 나아갈 수 있다. 이는 다음에 다룰 주제이기도 하다.

🜆 모방된 단어에서 자발어까지

자발어를 이끌어 내기 위해서는 단어를 꾸준하게 모델링해야 하고, 모델을 점차적으로 없애야 한다. 이 목표를 위해서 단어는 변하지 않아야 하고 순환고리처럼 반복한다. 여기 예시가 있다.

치료사 그레그(Greg)는 리(Lee)와 블록을 탑처럼 쌓아서 자동차 장난감으로 그것을 무너트릴 것이다. 이것은 리가 제일 좋아하는 놀이다. 그레그는 장난감들을

통제하고 있으며 모델링을 통해 블록을 보고 '바'라고 말하는 것을 이끌어 내고 있다. "블록?" 그가 리에게 블록을 건넬 때 말한다. 그 둘은 서로 마주 보고 앉아 있으며 그레그는 무릎 위에 블록상자를 놓는다. 그는 한 개 혹은 2개의 블록을 리에게 건네주고 그와 리 사이에 2개의 블록을 쌓는다. 리는 블록을 그 위에 쌓는다. 그러고 나서 그레그는 블록을 쌓으며 리에게 또 다른 블록을 주고자 한다. "블록?"이라고 물어보면 리는 "바."라고 대답한다. 그레그가 "블록."이라고 다시 반복하며 블록을 주고, 리는 그것을 쌓는다. 그레그는 이 과정을 두세 번 정도 반복하고 나서 다음번에 그가 리에게 블록을 제공할 때, 이 단어를 먼저 말해 주지 않는다. 만약 리가 '바'라고 말한다면 그레그는 블록을 주면서 '블록'이라고 말할 것이다. 만약 리가 '바'라고 말하지 않았는데 블록을 가져가려고 한다면, 그레그는 '블록'이라고 속삭이면서 '바'를 촉구하고 리에게 블록을 줄 것이다. 리는 전체 촉구 대신에 부분 촉구를 사용하였다. 그는 리가 물체에 반응하여 자발적으로 '바' 소리를 내기 전까지 점차적으로 촉구를 없앨 것이다.

이것은 언어 모방에서 자연스러운 단어 생성으로 가는 일반적인 절차다. 여러 번의 한 단어 반복으로 이루어진 의사소통 일과를 설계하고 음성 모방을 점차적으로 줄인다. 이 과정은 굉장히 많은 반복을 필요로 하는데 이 매뉴얼에는 반복을 너무 많이 하지 않도록 번갈아 하기, 언어의 변화, 정교화 등을 통한 정교한 공동 활동을 이용하는 방법이 포함되어 있다. 아동의 자연스러운 언어 생성을 이끌도록 '행동 관성'을 만들어 내기 위한 반복이 필요하다. 따라서 우리는 연속적으로 똑같은 단어를 네다섯 번 정도 사용할 것이다. '머 먹어'처럼, 우리가 '먹어'라고 하기 전에 아동이 각각 그 순간마다 '머'라고 모방하게 할 것이다. 그러고 나서 여섯 번째 시도에서 우리는 아동이 '머'라고 말하기를 기대하면서 바라보는 것 대신에 '머'라고 하는 것을 잠시 그만둘 것이다. 입 모양을 'ㅁ' 모양으로 만들면서 먹이는 행동을 하기 전에 아동이 '머'라고 말하기를 기다린다. 우리는 아동이 자연스러운 언어를 개시할 수 있도록 이와 같은 방법을 반복할 것이다. 자연스러운 언어의 생성이 몇 차례 있은 후에, 혹은 아동의 관심이나 동기가 시들해지기 시작하면 공동 활동 일과를 변화시키거나 정교화한다.

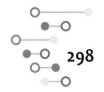

과잉일반화에 낙담하지 말자. 아동들은 일반적으로 그들의 첫 단어를 다양한 사물이나 요청에 과잉일반화한다(Rescorla, 1980). 이는 말의 힘은 알게 되었지만 그 말이 오직 그 단어의 뜻에 제한된다는 것을 이해하지 못하기 때문이다. 아동이 무엇인가를 요청할 때 올바르지 않은 단어를 사용한다면 그 아동이 근사치를 모방해 낼 수 있도록 올바른 단어를 말해 준다. 그리고 요청 받은 해당 사물을 준다. 아동의 표현 및 수용 언어 능력이 계속해서 발달하면 그 과정은 결과적으로 효과를 볼 것이다. 기억해야 할 중요한 사항은 아동이 표현 언어로 개시를 하면 보상을 해 줘야 한다는 점이다.

적은 수의 단어를 가르치되, 그것을 많이 반복해야 한다. 흥미를 많이 보이는 사물을 사용하며 소수의 단어만을 목표로 하고 반복하면 진전이 있을 것이다. 부모에게 아동이 집에서 자연스럽게 사용하는 단어의 목록을 받는다면 치료 과정에서 아동이 그 단어를 사용하는지 확인할 수 있고 목표로 해야 하는 단어가 무엇인지도 알 수 있을 것이다. 또한 언어와 어휘가 늘어남으로 인해 얻는 효과가 크기 때문에 아동의 단어 수가 증가한다고 하더라도 아동의 발음이 성인처럼 정확할 것을 요구하지 말아야 한다. 특정한 사물, 사람 혹은 행동에 대해 지속적으로 거의 유사한 말을 한다는 것은 발음이 정확하지는 않더라도 아동이 표현을 하고 있음을 의미한다. 이러한 발화 역시 아동의 단어 목록에 포함시켜야 한다. 마지막으로, 명사와 동사를 우선적으로 가르친다. '더' 혹은 '우와' 같이 매우 일반적인 단어는 너무 많이 사용하지 않도록 한다.

선택을 위한 스스로 말하기

아동이 특정한 물체를 요구하기 위해 자발어의 근사치를 사용하면서 확실하게 단어와 물체를 연관시킬 수 있을 때, 우리는 변별의 기회를 만들 수 있다. 리(Lee)는 탑을 쌓는 놀이에서 블록을 자연스럽게 요청하는 것을 배웠다. 아동이 그 물체를 변별할 수 있게 하려면 2가지 사물 중 하나를 선택하도록 한다. "블록 아니면 숟가락?"이라고 하며 사물의 명칭을 말해 준다. 만약 리가 '숟가락'이라고 대답한다면 리는 블록 탑을 쌓는 데 필요하지 않은 숟가락을 갖게 될 것이다. 숟가락을 얻는 것은 리에게 약간의 절망감을 줄 수 있다. 다시 제안을 하며, 리에게 물어본다. "숟가락 아니면 블록?" 이때 리는 블록을 요청할 것이다(아동들은 마지막으로 들은 소리를 따라 하는 경향이 있다. 이러한 특징을 학습에 적용한다.).

선택권을 주며 모델링할 때에는 순서를 다양하게 하여 들은 말을 따라 하는 것보다 아동으로 하여금 생각하게 함으로써 자연스럽게 결과가 만들어지도록 한다(숟가락이라고 하면 원하지 않는 물체를 받는 것). 이 상태로 진행한다면 리는 몇 번 더 실수를 할 것이다. 리가 '숟가락'이라고 할 때, 숟가락을 주고 아동이 좌절할 때 블록을 주지 않고 보여 주면서, "블록. 블록이 갖고 싶구나."라고 말한다. 그리고 리가 블록이라고 말하면 블록을 준다. 아동이 실수를 너무 많이 하여 동기를 잃지 않도록 주의해야 한다. 하지만 이 변별 단계는 아동의 언어가 모방에서 자발적인 언어로 발달하는 데 매우 중요한 역할을 한다. 아동의 비언어적 의사소통도 언어의 의미를 해석하는 데 효과적일 수 있다. 만약 그들이 하나의 사물을 원하면서 다른 하나의 이름을 말한다면, 그들이 손을 뻗는 사물의 이름을 정확히 말해 주고 그것을 건네주어야 한다. 우리는 그들의 비언어적 의사소통을 무시하지 말고 존중해 줘야 한다.

학습 목표로 삼을 자발어를 선택하는 방법

스스로 말하기를 위해 어떤 단어를 목표로 삼아야 하는지에 대한 몇 가지 규칙이 있다.

- 아동이 매우 좋아하는 것과 관련이 있는 단어들을 선택한다.
- 아동이 이미 가지고 있는 소리들을 사용하는 단어들을 선택한다.
- 발달 연령에 적합한 단어들을 선택한다(복자음이 포함되지 않는 단어들).
- 다양한 상황에서 쓰이는 단어들을 선택한다.
- 비언어적으로 아동이 꾸준히 요구하는 단어들을 선택한다.
- 동작(행동) 단어들을 포함하는 것을 잊지 말아야 한다.

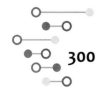

아동에게 중요한 것들을 의미하는 간단한 단어 목록을 만들고 아동이 이를 학습할 때까지 그 단어들을 자주 사용한다. 정상 발달 유아의 첫 번째 학습 단어들은 주로 동물, 음식 그리고 장난감들이다(Nelson, 1973). 아동이 주로 관심 보이는 것들을 간단한 단어로 말해 준다—가장 좋아하는 사회적 놀이, 음식, 장난감, 사람들과 동물. 행동 단어는 명사보다 조금 더 늦게 배우고 명사보다 자주 쓰이지는 않지만 사물의 명칭과 동일하게 강조할 만큼 중요하다(Nelson, 1973). 색깔, 숫자, 모양과 다른 추상적 개념에 관한 단어들은 나중에 배운다. 이러한 단어들은 초기 학습 단계에서 강조할 필요가 없다. 처음에는 간단하지만 명확한 행동과 명칭에 목표를 두도록 한다. '컵, 공, 뛰다, 먹다'와 같은.

마지막으로, 수많은 요구 상황에서 이용될 수 있는 일반화된 단어들을 목표로 하지 말아야 한다. 예를 들면, '더'라는 단어를 피해야 하는데 만약 특별한 이유로 이를 가르쳐야 한다면, 그 단어가 너무 일반화되지 않도록 해야 한다. 그렇지 않으면 다른 단어를 배울 가능성을 차단하게 된다. 그 대신 특정한 명사 또는 행동의 근사치를 이끌어 내도록 한다—주스, 과자, 책 그리고 비눗방울. 정상 발달 유아의 초기 단어들은 천천히 증가한다. 하지만 약 50개의 단어를 배우게 되면 단어를 배우는 속도가 매우 빨라지는데, 이를 '언어 폭발시기'라 부른다. 정상 발달에서는 이 시기에 매일 새로운 단어를 쉽게 배우는 것처럼 보인다.

♠ 동작 단어의 발달: 동사

아동이 학습한 단어가 100개에 가까워지면, 동사가 아동에 레퍼토리에 큰 부분을 차지하게 된다(Bates et al., 1994). 우리는 명사의 발달에서와 같이 모방, 활동 일과의 선택, 변별 그리고 흥미로운 활동을 요구할 때 촉구를 천천히 제거하는 것을 통해 동사의 발달도 촉진한다. 하지만 이제는 명사-사물의 선택보다는 행동의 선택을 강조한다. 몇 가지의 활동은 동사를 가르치기 좋은 상황을 만들어 준다.

• 아동과의 신체 활동 놀이에는, '뛰기' '밀기' '흔들기' '달리기' '숨기'가 있다.

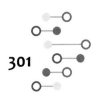

- 찰흙을 이용한 놀이에는 '찌르기' '굴리기' '꼬집기' '자르기' 그리고 '꼬기'가 있다.
- 모든 활동에 '멈춰'와 '계속해'를 포함할 수 있다.
- 공놀이 활동은 '던지기' '차기' '돌기' '튕기기' 혹은 '굴리기'를 포함할 수 있다.
- 신체 접촉이 있는 활동에는 '쓰다듬기' '누르기' 혹은 '간지럽히기'가 있다.
- 아동의 도구상자나 작업대에는 행동을 강조하기에 효과적인 사물을 놓는다.

아동이 이미 가지고 있는 소리를 사용하는 동사를 선택한다. 그리고 선택한 동사의 행동이 기반이 된 재미있는 일과를 개발한다. 활동을 만들어 나가면서 단어와 함께 행동을 보여 준다. 아동에게 몇 가지 행동들을 선택할 수 있게 하고 그렇게 선택한 행동 단어를 모방하게 한다. 모방을 하면 보상을 준다. 동사도 이전에 명사를 가르칠 때 했던 방법과 같은 과정을 거친다. 자발적인 동사의 생성을 만들기 위하여 앞서 기술한 명사의 생성 과정 절차를 사용할 것이다.

♠ 다단어의 표현

단단어를 자발적으로, 지속적으로 할 수 있는 아동은 언제 두 단어의 조합으로 말을 하게 되는가? 이와 관련하여 의사소통학계에서 보편적으로 통용되는 지침은 없다(Tomasello, 2006). 하지만 표현형 단어의 수와 문장 길이 사이에 긍정적인 관계가 있음은 확실하다. 영어 혹은 다른 언어에서도, 아동들은 그들의 단어 수가 100개를 넘었을 때, 구문론적 발전의 증거 또는 단어 조합에서의 성장을 보여 주기 시작한다(Caselli, Casadio, & Bates, 1999). ESDM에서 우리는 아동이 자신의 레퍼토리에서 최소 60 또는 80개의 단어를 자발적으로 구사하고 자발적인 발화가 높은 빈도로 나타날 때(예: 사회적인 상호작용 시 분당 여러 번 발화), 두 단어의 표현을 목표로 삼는다. 단단어 사용을 학습한 많은 ASD 아동들은 성인들이 사용하는 두 단어 형성을 시작할 수 있게 되고 이는 ESDM에서 제공하는 풍부한 언어 환경을 통해 다양한 단어 사용으로 이어진다. 그러나 ASD 아동이 그만큼의 단어를 사용할 수 있고 자주 언어적 의사소통을 개시하지만 공동 활동에서 성인의 두 단어 표현을 모방하지 못한다면 추가적인 다른 전략이 필요하다.

이러한 두 단어 표현을 이끌어 내기 위해서는 이미 학습된 아동의 음성언어 모방 능력을 사용해야 한다. 하지만 '나는, 나는' '원한다, 원한다' '주스, 주스'처럼 각각의 단어를 하나씩 모방하게 하여 긴 문장을 만들어 내는 방법은 사용하지 않도록 한다. 이는 반향언어를 촉구하고 자연스럽지 않을 뿐 아니라 언어의 구문론적인 발달에 방해가 된다.

다단어 발화를 위한 몇 가지의 방법은 다음과 같다. 첫째로 이는 기대의 변화로부터 이루어진다. 아동은 단단어를 말할 수 있고 당신은 이전에 논한 한 단어 늘리기 규칙을 따르기 때문에 두 단어를 발음하는 것을 보여 준다. 이 시점에서 많은 ASD 아동들은 이미 두 단어 모방을 학습하기 시작했을 것이다. 이제 두 단어 발화를 차별강화하기 시작한다. 아동이 자발적으로 발화를 하지 않으면, 아동이 목표를 이루기 전에 성인을 모방하도록 한다. "비눗방울 불고 싶어?"라고 일반적으로 물어본다면 아동은 "네. 비눗방울."이라고 대답할 것이다. 이때 "불어?"라고 말하고 아동이 이를 모방하면 "비눗방울 불어?"라고 묻고 아동이 두 단어를 모방하려고 시도하는지 지켜본다. 결과에 대한 기대를 변화시켜 두 단어 모두를 강조하면 아동이 두 단어 발음을 모방하려는 시도를 할 것이다. 만약 시도를 하지 않으면, 이러한 종류의 모델로 바꾸지 말고 두 단어 모델을 유지하도록 한다("불어? 불어." "비눗방울? 비눗방울.").

또 다른 기법은 아동이 요구를 표현하는 선택의 상황을 만들어 두 단어를 사용하는 것이다. 다음은 그 예시다.

탑 쌓기 놀이에서, 탑에 있는 다른 블록과 같은 크기의 블록 한 개와 아주 작은, 다른 크기의 블록 한 개를 준다. 그리고 나서 아동이 블록을 요청할 때 2가지 크기의 블록을 주며 "큰 블록 아니면 작은 블록?"이라고 물어본다. 아동이 "블록."이라고 말하며 큰 블록으로 손을 뻗으면 이를 막고 '큰 블록'이라고 말하며 두 단어 발화를 이끌어 내기 위한 모방을 사용한다. 이때 아동이 두 단어 발화에 가깝게 발음을 하자마자 해당하는 블록을 건네준다.

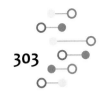

이 예시에서, 두 단어는 아동의 요구하는 바를 알아내기 위해 필요하다. 이러한 방식의 활동은 생각을 표현하는 데 있어 두 단어 발화의 유용성을 강조한다. 이와 같이 두 단어를 변별할 수 있는 유용한 모델은 수도 없이 많다(큰 과자 혹은 작은 과자? 주스를 마시는 것 또는 젓는 것? 아기 인형을 먹여 주는 것 혹은 곰돌이 푸우를 먹여 주는 것? 차를 운전하는 것 또는 차와 충돌하는 것? 찰흙을 찍는 것 혹은 미는 것? 빨간색 펜 또는 파란색 펜?).

🍂 두 단어 발화 이후 단계

두 단어 문장 이후에는 구문을 가르친다. 세 단어 발화로 발전할 준비가 된 아동들은 직접적인 언어치료를 받는 것이 좋다. 언어치료사의 자문을 얻어 ESDM 내에서 구문론적 · 의미론적 목표를 다룰 뿐 아니라 학습을 위한 공동 활동을 계속하면서 아동의 사회적인 필요를 폭넓고 중요하게 다루어야 한다.

🍂 성인 언어가 아동의 학습에 미치는 영향

성인이 아동에게 대화하는 방식은 영아기부터 유아기까지의 언어 학습에 큰 영향을 미친다(Huttenlocher, Vasilyeva, Cymerman, & Levine, 2002; Hart & Risley, 1995). 앞에서 예를 많이 들어 설명했지만, 성인의 언어 사용이 아동에게 어떤 영향을 주는지를 깊이 다루지는 않았다. 아동의 언어 학습에 대해서는 경험적으로 입증된 사실에 기반한 몇 가지의 방법이 있다. 한 가지는 아동의 표현 언어를 이끌어 내기 위하여 성인이 모델을 보여 줄 목표 단어를 선택하는 것이다. 아동이 자발적으로 말할 수 있고 모방을 할 수 있는 레퍼토리 내의 소리가 포함된 단어를 목표로 선택해야 한다는 것을 이미 앞에서 언급하였다. 또한 새롭게 나타나기 시작하는 소리를 목표로 해야 하는데 이때 아동 자신의 음운 발달과 발달학상의 음운 성장의 원리를 따른다.

ESDM에서 중요한 두 번째 방법은 이 전에 논했던, '한 단어 늘리기' 규칙이다.

이는 아동이 자발적으로 발화하는 단어에 하나를 더 붙이는 것이다. 말을 전혀 하지 않는 아동에게는 한 가지 단어의 발화를 강조하고 모델링하도록 한다. 단단어를 지속적이고 자발적으로 발화하는 아동에게는 두 단어 발화를 강조한다. 한 단어를 덧붙여 모방하도록 하고, 그것을 확장하며 그에 대한 적절한 언급을 한다. 아동은 자신이 말해야 할 다음 단계를 적절한 구문의 형태로 듣게 된다. 때때로 현재 수준에서 말을 잘하는 아동은 성인의 확장된 언어를 자발적으로 모방하기 시작할 것이다. 즉각적으로 모방하기 시작하여, 간헐적으로 표현하겠지만 점차 자주, 자발적으로 새로운 발화를 해 나갈 것이다.

ASD와 표현 언어장애를 함께 나타내는 아동에게는 한 단어 늘리기 규칙이 적절하지 않다. 이들은 우수한 수용 언어 능력을 가지고 있지만 발화에 상당한 어려움이 있다. ASD 아동 중에는 이처럼 특정한 언어장애를 가지는 경우가 있다 (Kjelgaard & Tager-Flusberg, 2001). 이와 관련해서는 언어치료 프로그램 팀의 자문이 필요하다. 이 아동들이 필요로 하는 것은 꽤나 특별하며, 여기에서 설명하는 일반적인 계획의 범위를 넘어설 수 있다.

세 번째 방법은 오류를 고쳐 주면서 다시 말해 주거나 재구성하여 다시 언급해 주는 성인 반응이다. 정상 발달 아동은 자신이 한 말에 오류가 있을 때 성인이 다른 방식으로 응답하는 것보다 적절한 형태로 재구성해 들려주었을 때 이를 더 많이 모방하며 학습한다(Farrar, 1992). 재구성을 통해 성인은 단어의 음운 체계, 조음, 의미, 구문, 문법, 다단어 구성을 모방하도록 할 수 있다. 재구성은 교정을 해 주는 것이 아니므로 아동에게 그들의 발화를 바꾸도록 요구하지 않을 뿐만 아니라 그들의 의사소통 목표를 달성하기 전까지 성인을 따라 하도록 요구하지 않는다. 다만 재구성은 아동의 목표를 다시 언급하는 것에 가깝다. 재구성은 '잘했다' 혹은 '~라고 잘 말했구나' 또는 '잘 물어봤네'라고 응답하는 것이 아니라 성인이 아동의 목표를 전달하면서 말하는 것이다. 우리는 아동 발화의 적절한 조음, 구문, 의미 (만약 아동이 단어를 잘못 쓰고 있다면)를 모델링의 방식을 사용하여 재구성할 수 있다. 재구성은 단어 혹은 단어의 조합과 그 의미의 관계를 다시 한번 강조한다. 이를 통해 자신들의 의사소통이 성공적이고 효과적이라는 것을 그들에게 인지시키

고 성인이 아동의 말을 이해하고 이를 따라가고 있다는 것을 인식하도록 한다.

음운의 예시는 다음과 같다. 두 살 실비(Sylvie)는 어머니 낸시(Nancy)가 실비에게 비눗방울 통을 보여 주면 "부부."라고 응답한다. 낸시는 "비눗방울! 여기 비눗방울이 있네!"라고 말하며 아직 완벽하지 않은 발음을 재구성하고 비눗방울을 불어 준다. 세 살인 맥스(Max)는 그림을 그리려고 "<u>파르은</u> 펜을 원해요."라고 말하며 빨간색 펜을 향해 손을 뻗는다. 치료사 폴은 의미론적인 재구성을 통해 말한다, "빨간 펜, 빨간 펜을 가지고 싶구나." 그리고 빨간색 펜을 건네준다. 고양이 털인형들을 가지고 노는 두 살 사샤(Sasha)는 인형끼리 서로 마주 보게 하며 "고이 뽀뽀해."라고 말한다. 사샤의 언니 베카(Becca)는 통사론 혹은 문법적으로 재구성하며 응답한다. "그래, 고양이들이 뽀뽀하고 있어." 그리고 쪽쪽 소리를 낸다. 이는 한 단어 늘리기 규칙의 사용 예로, 성인이 아동의 언어를 보다 완전한 형태로 바꾸어 재구성하며 아동의 의사소통 목표에 맞게 응답한다. 성인이 빨간 펜을 건네주기 전에 "빨간 펜을 원해요."라고 말하지 않기 때문에 이는 교정이 아니다.

성인 언어와 반향어를 하는 아동

자발적으로 말하기보다 주로 반향어를 하는 아동들이 쉽게 언어 모방을 한다. 그들은 요청, 사회적 상호작용, 항의와 같은 실용적 기능을 표현하거나 의도적인 의사소통 시에도 반향어를 사용한다(Prizant & Duchan, 1981; Rydell & Mirenda, 1994). 그러나 그들은 언어가 다른 사람들이 해석을 통해 고유한 의미를 파악할 수 있는 단어의 조합이라는 것을 알지 못한다. 그들은 언어를 그저 모방하는 어떤 것이라고 생각한다. 반향어보다 자발적 발화에 도움이 되는 4가지 주요 개입은 다음과 같다.

- 간단하게 말하라. 반향어에는 한 단어 늘리기 규칙을 적용하지 말고 자발적인 언어에만 적용하라. 만약 자발어가 전혀 없는 아동이라면, 아동이 세 단어 혹은 네 단어를 반향어로 따라 할 수 있다 하더라도, MLU 수준을 한 단어로 해야 한다.

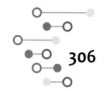

- MLU 수준을 아동에게 적용 시 아동의 생활 관련 다른 주요 성인들을 포함시 켜라.
- 요청을 할 때 모방을 요구하지 마라. 아동이 자발적으로 모방을 하더라도 그 것을 밀어붙이거나 기대하지 마라. 공동 활동에서 한 단어 발화로 의사소통 하라. 아동의 한 단어 발화가 마치 자발적이고 충분히 의미를 가지고 있는 것 처럼 아동에게 응답하라.
- 모방한 단어로부터 자발어를 이끌어 내기 위해 앞서 설명한 기법들을 적용하 고 자발어가 나올 때까지 성인의 단단어 모델을 점차적으로 없앤다.

반향어를 주로 사용하는 아동을 치료할 때에는 앞에서 설명한 원칙들을 따라 진 행하라. 마치 그 아동이 말을 하지 못하는 것처럼 자발어를 차별강화하고, 선호하 는 활동에서 소수의 단어를 가르치고, 천천히 진행하되 자발적이고 의미를 가지 고 있는 명사와 동사의 견고하고 간단한 토대를 갖게 하라. 또한 아동들이 그들 자신의 발화를 할 때까지 기다리고 기다려라. 그리고 나서 모방을 하거나 모방과 확장을 한다. 아동의 의미 있고, 자발적으로 나타나는 언어를 위한 한 단어 늘리 기 규칙을 따르자. 아동의 자발어는 이러한 조건하에서 이루어질 것이다.

⬧ 언어 발달에 진전을 보이지 않는 아동들

때때로 사물 및 손을 이용한 모방과 간단한 지시순응, 놀이 기술에는 빠른 습득 을 보이지만, 말을 하지 못하는 아동들이 있다. 우리는 이러한 아동들은 거의 경 험하지 못했지만 임상 현장에서는 만날 수 있다. 이러한 무발화 문제를 다루는 것은 우리의 영역을 넘어서서 전문적인 언어치료를 필요로 한다. 이러한 아동들 의 언어 발달 계획은 언어치료 프로그램에 기반해야 한다. 언어치료사와의 협업 을 통해 [그림 9-1]에 나와 있는 의사 결정 트리를 따라 진행을 해야 하며 만약 아 동이 계속해서 어려움을 보인다면 시각적인 효과를 이용한 대안 체계를 고려해야 할 것이다. 수화, 그림, 글자를 단어와 연관 짓는 비언어적인 접근으로 변화를 준

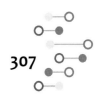

다. 아동들의 그 고유한 특성이 언어치료사에게 도움이 될 것이며 당신은 어떤 방식이 가장 효과적인지를 알게 될 것이다. [그림 9-1]은 어떤 보완 혹은 대안 체계를 사용할 것인가에 대한 결정을 도와주는 의사 결정 트리다.

대안적인 언어학습방법을 선택하고 나면, 대안언어 체계를 사용하여 ESDM의 커리큘럼과 목표를 따르는 모든 단계들을 수행해야 한다. 모든 활동에서 대안언어 체계를 언어와 짝지으면서 의사소통을 한다. 우리의 경험에 따르면 말을 하지 못하는 아동들도 말을 하는 아동과 동일하게 다단어 발화, 표현과 이해, 그림을 벨크로가 붙어 있는 단어 줄에 붙이는 것을 모두 할 수 있다. 워싱턴주립대학교에서 프로젝트를 통해 [그림 9-1]에 있는 의사 결정 트리를 검증하였다. 여기에서는 18~30개월의 아동들을 대상으로 2년 동안 강도 높은 ESDM(매주 25시간)을 실시하였다. 이 결과 24명 중 22명은 혹은 92%가 자발적인 의사소통 언어를 발달시켜 이 방법이 효과적인 것이 과학적으로 입증되었다(Rogers et al., 2006; Vismara et al., 2009, 혹은 이 방법의 언어 발달에 대한 단기 효과 자료 참고).

🌳 수용 언어

대다수의 ASD 아동들은 그들의 수용 언어를 발달시키는 데 큰 어려움을 겪으며, 그들의 수용 언어 발달은 표현 언어 발달만큼 지연되는 경향이 있다(Lord, Risi et al., 2005; Stone et al., 1999; Rogers & DiLalla, 1991). 그들의 언어 이해 능력의 부족은 몇 가지 방법으로 확인할 수 있다.

1. 아동들은 비언어적인 신호에 반응하고 있는 것일 수 있다. 그들은 실제로 이해하고 있는 것보다 더 많이 이해하는 것처럼 보일 수 있다. 왜냐하면 그들은 전체적인 상황을 읽는 방법을 배우기 때문에 과거의 경험에 따라 다음에 벌어질 일을 잘 추측해 낸다. 이는 아동들이 수용 언어를 배울 때 자신이 받은 음성 지

시에 어떻게 반응해야 하는지를 결정하기 위해 상황에 따른 단서를 찾거나 혹은 일과를 따라 하는 것처럼 발달상 매우 자연스러운 단계다. ASD 아동들은 이 발달 단계에 머물며 이 방법을 오래 사용하고 있을 수도 있다. 왜냐하면 단서 없이 음성으로 이루어진 지시를 따르는 것에 지속적으로 어려움을 겪기 때문이다. 예를 들면, 어머니의 "차에 타자."는 말에 아동이 차고로 가면 어머니는 아동이 그녀가 말한 것을 이해했다고 생각한다. 하지만 어머니가 그 말을 하는 동시에 열쇠와 가방을 들었고, 코트를 입은 것이 아동에게는 해석을 위한 신호가 될 수 있다.

2. 아동들이 음성언어를 무시할 수도 있다. 때때로 ASD를 가진 어린 아동들은 그들을 향한 언어를 무시한다. 성인은 말로 놀이를 훌륭하게 설명해 주고 한 단어 늘리기 규칙에 따라 적절하게 언어를 입력시켜 주고 있지만 그 단어들이 아동의 관심을 자극하지 못할 수도 있다. 성인이 무엇인가를 지시했을 때 아동이 이를 완전히 무시하는 것은 흔한 일이다.

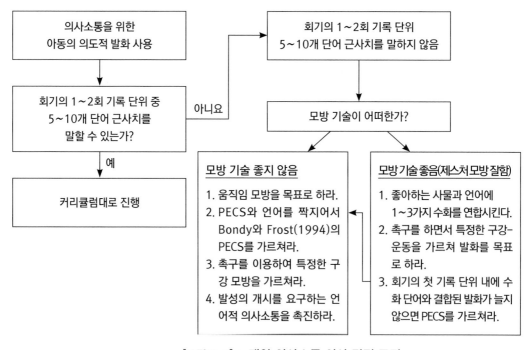

[그림 9-1] ◆ 대안 의사소통 의사 결정 트리

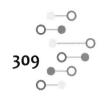

우리는 아동들에게 음성언어가 중요하다는 것을 가르쳐야 한다. 그들은 지시에 반응해야 하고, 말을 하고 있을 때 들어야 하며 관심을 가져야 한다. 큰 맥락에서, 우리가 방금 말한 표현적 음성언어를 발전시키는 모든 방법들은 아동들에게 음성 의사소통의 의미를 가르치는 것과 같다. 자연스러운 전략을 사용하여 표현 언어를 가르치는 것은 동시에 수용 언어를 가르치는 셈이다. 하지만 ESDM에는 수용 언어 발달을 강조하기 위한 몇 가지 특정한 방법이 있다.

🌢 반응에 대한 예상과 요구

아동에게 적합한 길이의 문장으로 지시한다

아동이 반응하기를 잠시 기다린다. 만약 아무 반응이 없다면, 최대한 빨리 아동이 올바른 반응을 할 수 있도록 물리적인 단서를 준다. 이 방법은 아동에게 이 지시의 뜻이 무엇인지 알게 하고 또한 그 언어에 반응해야 함을 가르친다.

시간을 오래 끌어서는 안 된다!

아동이 원하는 사물을 주지 않으면서 지시만 한다면 아동이 관심과 집중을 잃어버릴 수 있어 위험하다. 그러므로 빨리 진행하고, 적절히 촉구하는 것은 매우 중요하다. 그리고 아동이 지시에 반응을 하면 그것이 촉구로 인한 것이었다고 해도, 반응을 하자마자 아동이 처음부터 원했던 것을 주어야 한다.

이 전에 소개한 번갈아 하기 일과는 이 개념의 좋은 예시다. 성인의 차례일 때, 성인이 손을 내밀며 "줘." 혹은 "내 차례야."라고 말하고 아동이 줄 때까지 잠시 기다린다. 그리고 아동이 성인의 손에 요구했던 사물을 주도록 촉구한다. 그러고 나서 성인은 빠르게 자신의 차례를 완료하고 아동에게 사물을 바로 다시 건네준다. 아동이 처음부터 원했던 사물을 가지게 되면 이 일과는 끝이 난다. 이러한 활동 속의 맥락에서 쉽고 자주 할 수 있는 지시와 상호작용을 만들고 마무리를 요구하는 것은 아동의 단어 이해 능력을 기르며 성인의 언어에 대해 관심을 가지고 반응하게 하는 중요한 교육 기법이다.

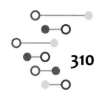

🫧 음성 지시 따르기

아직 소개하지는 않았지만 주로 수용 언어를 학습하는 상황은 음성 지시에 따르는 것이다. 다음은 이와 관련한 몇 가지 고려사항이다.

1. 지시는 **짧게 해야 한다**(한 단어 늘리기 규칙을 기억해야 한다!). 그리고 일반적인, 아동 지향어를 사용한다. 다른 상황에서도 사용 가능한 동일한 지시를 사용한다.
2. 음성 지시 이후 제스처, 촉구 혹은 사물이 있어야 함을 명심하라. 단어의 의미를 배우기 위해서, 아동이 단어를 듣고 그 의미를 경험할 수 있도록 해야 한다.

이 상황을 생각해 보자. 당신은 '앉아'라는 지시를 아동에게 가르치고 싶다. 아동을 앉도록 촉구하고 "앉아."라고 얘기한다면, 이 지시어는 순서에 따른 효과를 갖지 못한다. 아동은 신체적 촉구에 따라 앉았을 뿐 지시어는 선행사건 혹은 촉구가 아니다. 여기서 지시어는 거의 의미를 가지지 않는다.

이번에는 반대의 경우를 생각해 보자. 아동은 "앉아."라는 지시어를 듣고 나서 다른 사람에 의해 의자에 앉혀진다. 그리고 나면 아동이 원하는 사물 혹은 활동이 따라온다. 앉을 때마다 매번 이러한 순서로 진행된다. 여기에서 "앉아."는 선행사건이며 신체적 조작은 촉구다. 점차적으로 촉구를 없애면서 결과에 대한 강화 효과를 통해 선행사건이 행동과 관련이 있다는 것을 알게 한다.

3. **끝까지 마무리하라.** 만약 당신이 지시를 한다면, 끝까지 마무리를 해야 한다. ASD 아동들에게 지시를 하고 반응을 요구하거나 이를 기대하지 않는 사람들이 꽤 많다. 아동은 언어에 의미가 있다는 것을 배워야 하며 다른 사람들의 소리에 집중해야 된다는 것을 알아야 한다. 이는 지시 순응을 위한 싸움을 매번 해야 한다는 뜻은 아니며 자발적으로 다른 활동으로 전환을 했을 때 다시 이전 활동으로 아동을 끌고 와서 정리를 하게 만드는 것도 아니다. 우리는 합리적으로 임해야 하며 학습의 기회를 극대화하고자 한다. 이는 아동이 집중

할 수 있고 관심을 기울이는 '가르칠 수 있는 순간'에 아동을 촉구하고 마무리를 할 수 있는 시기를 판단해야 함을 의미한다.

4. 보상하라! '앉아'를 할 수 있게 됐을 때를 위한 장난감이나 물체를 준비한다. 앉아서 신발을 벗게 하기 혹은 헤어지는 인사를 하는 일과는 이러한 일과가 매우 강력한 강화제가 되기 전까지는 보상으로 삼기에 충분하지 않다. 빠르고 강력한 보상을 제공할 준비가 되어 있어야 한다.

결론

이 책에서는 의미가 있는 맥락에서, 제스처를 동반하고 목표 단어를 제한하며 간단한 구문의 성인 언어의 사용을 강조하였다. 음성언어를 모든 활동에 동반하며 모든 활동에서 아동들은 적절한 언어 발음을 듣게 된다. 비언어적 의사소통과 표현 언어를 가르치기 위해 우리가 계획한 절차는 수용 언어 학습에도 영향을 미친다.

표현 언어가 모든 활동에 스며들어 있듯이, 수용 언어 또한 모든 활동에 스며들어 있다. 주어진 보기 중에 선택을 하는 것은 수용 언어 관련 활동이다. 또한 모든 지시, 모든 응답, 모든 본보기 그리고 모든 확장은 수용 언어의 학습 기회다. 신중을 기해 맥락과 언어 관련 경험을 짝지으면 표현 언어와 수용 언어의 학습을 위한 좋은 기회가 만들어진다. ASD 아동들 대부분은 수용 언어와 표현 언어가 함께 발달할 것이다.

이들은 표현적 음성언어를 이해하는 것, 의도적인 비언어적 의사소통에 극심한 어려움을 나타낸다. 하지만 이러한 부분들에서 아동들은 많은 성장을 할 수 있다. 중요한 기법은 성인이 아동들에게 의도적으로 하루 종일 의사소통을 하게끔 많은 기회를 만들어 주는 것을 포함한다. 다양한 공동 활동 내에서 조형하는 것, 모델링, 모방, 발성 놀이를 사용하여 다단어 발화를 만들어 내는 것을 통해 아동

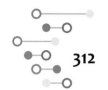

의 표현 언어를 발달시키는 것 그리고 언어적 의사소통과 비언어적 의사소통 모두를 사용하면서 아동 지향어를 사용하고 간소화하게 말함으로써 아동의 수용 언어 발달을 이루어 내는 것 그리고 아동이 응답하기를 기대하는 것이 이에 해당한다. 의미 있는 의사소통이 이루어지는 상호교환에서 아동의 비언어적·언어적 의사소통이 발달하도록 도울 때 아동은 그들만의 고유한 생각과 감정을 기반으로 한 기능적 언어 능력을 학습할 수 있다. 이것이 대부분의 아동이 언어를 이해하고 사용하는 것을 배우는 방법이다(Tager-Flusberg, 1993; McCune, 1995; Tomasello, 1995; Prizant & Wetherby, 1998; Yoder & Warren, 2001; Charman et al., 2001; Csibra & Gergely, 2005).

우리는 ASD의 중심이 사회성 장애라고 서술하면서 이 책을 시작하였다. 이번 장은 모방, 놀이, 비언어적 의사소통 그리고 언어적 의사소통에서 사회적인 목표를 강조하지 않는 것처럼 보일 수 있다. 그러나 레벨 1과 2의 사회기술에 있는 ESDM 커리큘럼 체크리스트(〈부록 A〉)를 면밀히 살펴본다면, 우리가 다룬 모든 행동들을 보게 될 것이다. 사회적 행동은 그 하나로 확립되지 않으며 놀이, 요청하기, 감정과 관심을 공유하기, 인사하기, 작별인사하기 그리고 도구를 공유하는 것을 포함한 상호작용에서 일어난다. 핵심이 되는 사회적 행동은 이러한 다른 활동들의 부분이며 우리가 지금까지 다룬 4개의 영역에 융합될 것이다.

우리가 아직 자세히 다루지 않은 2개의 내용 영역은 또래관계와 자조기술이다. 이 영역은 집단 교실 상황에서 ESDM을 시행하고 설계하는 맥락을 통해 다음 장에서 다룰 것이다.

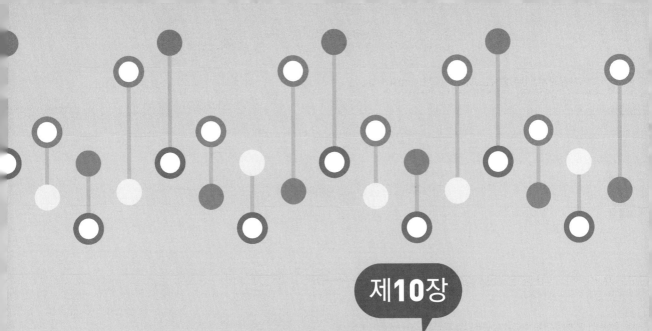

제**10**장

집단 환경에서
조기 자폐증 치료
ESDM을 사용하기

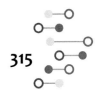

지금까지 ESDM에 대한 설명은 ESDM을 사용하는 성인과 아동의 1:1 상호작용을 강조하였다. 그러나 제1장에서 언급했듯이 ESDM은 집단 유치원 교실 프로그램뿐만 아니라 다양한 환경에서 사용할 수 있는 교육과정과 일련의 학습 과정을 포함하고 있다. 이것이 이번 장의 초점이다. 이 모델은 특수 유치원 내 집단 모델에서 시작되었으며 초기 4개의 덴버 모델 효용 논문의 데이터는 이러한 집단 환경에서 나왔다(Rogers, 1977; Rogers et al., 1986, 1987; Rogers & Lewis, 1989; Rogers & DiLalla, 1991). 또한 덴버 모델은 다양한 공공 세팅에서 포괄적인 초기 아동 프로그램의 스태프들에 의해 시행되었으며, 자폐스펙트럼장애(ASD) 아동의 특별한 학습 요구를 충족하고 모든 아동들을 위한 학습 환경을 개선한다. 언뜻 보기에는 ESDM을 사용하는 집단 환경이 잘 설계되거나 구조화된 유아 혹은 유치원 교실과는 이질적으로 보인다. 그러나 우리는 ASD 아동들의 필요로 인해 특수화가 일반적인 환경에 스며들 수 있다는 것을 발견하였다. 또한 전형적인 방식으로 교실 환경을 만드는 것은 일반적으로 아동들의 참여를 도모한다. 집단 환경에서 개별 아동 학습을 위한 우리의 목표는 광범위한 발달 목표를 포함한다. 아동들은 다음과 같은 것을 배우게 된다.

1. 매일의 일과를 따르고 독립적으로 전환하기
2. 대집단 혹은 소집단 활동에 독립적으로 참여하기
3. 집단 환경에서 또래 및 성인들과 의도적으로 의사소통하기

4. 목적에 맞는 놀이 참여 및 적절하게 사물 이용하기

5. 소지품, 일상생활 그리고 안전 기술을 관리하는 데 필요한 자조기술 개발하기(예: 코트와 가방 정리하기, 식사 후 컵과 그릇 씻기, 장난감 치우기, 옷 입기, 손 닦기, 화장실 사용, 식사)

6. 또래 및 성인들과 자발적으로 상호작용하기

7. 모든 영역에서 발달 기술을 확장시키기

8. 그다음 학습 환경에 참여할 수 있도록 필요한 기술들을 익히기

교실 활동은 평가 과정을 통해 확인된 각각의 아동의 개별적인 학습 목표뿐만 아니라 이러한 일반적인 발달 목표들을 성취할 수 있도록 구성되어 있다. 각 아동의 개별적인 목표들은 매일 다루어지고, 일반적으로 진행되는 활동에 포함되며, 간단한 1:1 상황 또는 소집단 활동을 통해 가르쳐진다. 또한 더 빠른 진행이 필요할 경우 하루에 한 번 혹은 두 번 개별적인 수업을 하기도 한다.

집단 환경에서는 앞에서 다룬 많은 내용의 영역(의사소통, 놀이 및 모방)을 가르친다. 가르치는 과정과 내용은 앞에서 서술했던 것과 정확히 동일하다. 아동과 상호작용하는 성인은 다른 아동들과 성인들이 사용하는 것과 같은 도구와 주제를 사용하며 현존하는 교실 활동 내에서 흥미로운 공동 활동 일과를 만든다. 성인은 아동의 관심을 끌고 나서 학습 기회를 만든다. 앞서 설명한 집단 환경에서의 상호작용 형식은 교실 스케줄 내에 예정된 집단 활동 목록의 일부다. 활동이 개별 활동(예: 센터)보다 집단 활동(예: 책 활동)인 경우, 성인은 3, 4명의 아동들로 이루어진 소집단을 이끌면서 한 아동에서 다른 아동으로 빠르게 이동한다. 그리고 각 아동이 적극적으로 참여하고 학습 기회를 많이 가질 수 있도록 순차적으로 각 아동과 상호작용한다. 한 명 이상의 성인들은 아동들 뒤에 앉아서 필요할 때 개입하거나 조용히 도와줄 준비를 하지만 아동들의 눈에 띄지는 않도록 한다. 그렇게 하면 리더를 향한 아동들의 관심도가 방해받지 않으며 아동들이 누구에게 관심을 주는지가 명확해진다. 이번 장은 이미 앞에서 설명한 가르치는 전략과 계획을 사용하며, 센터 기반의 포괄적인 집단 교실 환경에서의 ASD 아동을 위한 ESDM 기반 교

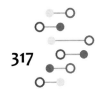

육을 설계 및 시행하는 방법에 대해 기술한다.

 교실 구조에서 자폐증의 특성들을 고려하는 것

ASD 아동들을 위한 성공적인 교실 학습 환경을 계획할 때에는 특정한 학습 특성들을 고려해야 한다. 특히 경쟁 감각 자극을 줄여서 주의집중을 도와주는 것, 언어적·시각적 자극을 사용함으로써 의사소통을 지원하는 것 그리고 시간 순서를 지원하는 것이라는 3가지에 특별히 관심을 두어야 한다.

주의집중

여러 감각이 관여하며 매우 많은 자극을 주는 환경은 유치원에서 흔히 볼 수 있지만 일부 ASD 아동들은 주제와 관계없거나 중요하지 않은 정보를 거르는 등 주요한 정보를 선택하고 원활하게 주의를 환기시키는 데 어려움이 있다(Courchesne et al., 1993; Frith & Baron-Cohen, 1987). 따라서 교실의 물리적인 환경 자체는 중요한 학습 과제를 강조하는 한편 다른 자극은 강조하지 말아야 한다. 한 영역에 모든 것을 두되 보이지 않도록 잘 정돈하며 체계적인 교실 환경을 갖추는 것이 좋다.

여러 양식을 통한 의사소통

초기 자폐증의 특징으로 종종 설명되는 시각, 지각 학습의 강점들과 청각적 학습, 언어적 처리 과정 중 수반되는 약점들(Schopler et al., 1995)은 현재 활동과 환경에 적응하는 데 어려움을 가져올 수 있다. 따라서 시각적·청각적 신호를 계획적이고 지속적으로 사용하고 현재와 다음 활동을 아동들에게 언어로 알려 주면 이 문제를 해결할 수 있다.

일의 순서 이해 및 행동의 순서 정리

유치원 교실의 하루 동안에는 많은 시간의 변화가 있다. 이는 네 단계로 볼 수 있다.

- 집단의 전체적인 일정
- 주요 대집단 전환 전략
- 한 아동의 개인적인 전환 전략
- 계획된 활동 내에서 한 활동에서 다음 활동으로 넘어가는 간단한 변화

낮 동안 스태프는 아동들의 활동 순서, 아동들과 의사소통을 어떻게 할지 그리고 활동이 전환되었을 때 어떻게 아동이 활동에 집중할 수 있도록 도와줄지를 고려해야 한다. 교실 안에서 이러한 노력에 관심을 기울이는 것은 계획된 활동 안에서 실제로 아동들의 참여를 이끌어 내는 계획 과정 중 일부다. 각 학습 활동을 하는 동안 각 변화를 통해서 무엇을 얻을지에 주의를 기울여야 한다.

물리적 환경 구성

ESDM 교실 구성은 인증된 초기 아동 교육의 최고 실행과 기준을 참고한다. 그리고 이 분야에는 기초적이며 이해가 쉬운 원리를 설명하는 훌륭한 자원이 많이 있다(Cook, Tessier, & Klein, 1999; Bricker, Pretti-Frontczak, & McComas, 1998). 물리적인 환경은 감각 자극을 선택, 집중 그리고 조직화한다. ESDM 교실 안에서의 모든 활동은 다음 사항을 주의해야 한다.

- 아동의 집중을 고려하여 물리적 환경을 조성한다.

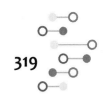

- 방 배열과 자료에 대한 결정을 내릴 때 영역의 주요 목표와 활동들을 명확하게 확인해야 한다.
- 활동 영역은 하나의 주요 목표를 시각적 및 기능적으로 일관되게 구성한다.

교실들을 활동 중심 센터들로 나눈다. 이때 각각의 특별한 발달 영역을 염두에 두어야 한다. 일반적인 교실은 탁자에서 가지고 놀 장난감, 연극놀이, 블록 조립, 책, 미술 그리고 감각적 경험을 위한 영역을 포함한다. 조용하고 시끄러운 활동은 서로 분리한다.

🌢 제한되고 명확히 정의된 공간과 도구

제한된 열린 공간에 다양한 활동을 위한 구체적이며 물리적인 경계가 있고 한 장소에서 다른 장소로 가는 명확한 길이 있는 교실 배치가 좋다. 활동 영역은 가구나 이동 가능한 칸막이를 사용하여 분리한다. 멈춤 표지판 같은 장애물이 필요한 경계를 만들기도 한다. 범위를 정하는 열린 공간과 명확한 길의 표시는 아동들을 활동 영역에 머무를 수 있게 도와줄 뿐만 아니라 아동들이 한 영역에서 다른 영역으로 독립적으로 전환하도록 도와준다.

🌢 활동과 관련 없는 사물 시야에서 치우기

활동과 관련 없는 사물은 시야에서 치운다. 하나의 물리적인 공간은 별도의 시간에 각각의 활동들과 자료들을 위해 활용되어야만 한다. 따라서 시각적으로 숨겨 두거나 손이 닿지 않는 수납장을 두는 것은 교실 설계에 있어 중요하다. 이는 오직 한 세트의 자료만 특정 시간에 사용 가능하게 한다.

성인용 선반이 이상적이지만, 밀폐된 용기 혹은 시트나 유사한 재질로 덮인 선반 역시 사용 가능하다. 이 방법은 아동들에게 사물의 원래 목적 및 적절한 사용법에 집중하도록 하는 데 도움이 된다. 다른 사물들도 여기에 보관했다가 더 어려

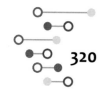

운 활동을 할 준비가 된 아동들을 위해 가져온다.

예를 들어, 연극놀이 공간에서는 일상생활과 공동체 활동을 포함하여 정교하면 서도 상징적인 놀이 계획을 용이하게 하기 위해 굉장히 다양한 사물들을 포함하는 것이 일반적이다. 그러나 소품들이 너무 많으면 상징적인 놀이를 거의 혹은 전혀 하지 못하는 아동들에게는 그저 뒤죽박죽이거나 관련 없는 사물들이 될 뿐이다.

덴버 모델 교실에서는 연극놀이 활동을 위한 주제에 관한 기본적인 소품과 사 물만 포함시켜 아동들이 명확하게 이를 확인하고 선택하도록 한다. 그 공간에 보 관한 다른 사물들은 성인이 활동을 정교하게 하기 위해 필요할 때 쉽게 이용할 수 있게 한다. 간단한 사물을 조금만 준비하면 집중을 강화하고 간단한 수준의 상징 적인 놀이들을 하도록 자극할 수 있다. 이것이 기능이 높은 아동들에게 부족하거 나 흥미롭지 않다는 것을 의미하지는 않는다. 다양한 사물을 제공하되, 계획적으 로 정리가 되어 있어야 한다. 정리된 사물은 ASD 아동들을 포함한 모든 아동에게 도움을 준다.

🌢 시각적 단서

유치원 교실 내 많은 활동 공간은 인쇄된 글씨, 그림 혹은 그 기능을 알리는 고 유의 기호들로 명확하게 표시해 놓는다.

일상적으로 둥글게 앉아 이야기하는 시간이나 식사 시간처럼 앉아서 하는 집단 활동은 아동들의 의자를 같은 장소에 배치하고, 아동들의 이름과 사진으로 각각 의 자리를 확실하게 표시해 놓는다.

물놀이를 위해 옷을 갈아입을 때에는 아동의 이름이 표시된 의자와 옷을 넣을 상자 혹은 바구니를 물놀이하는 탁자 주변에 놓아 활동하는 데 도움을 준다. 특정 한 활동에 필요한 사물은 활동 직전에 구비해 놓고 활동 후 바로 치운다. 이는 아 동에게 어디에서 무엇을 해야 할지에 대한 명확한 단서를 제공해 준다.

전환 계획

ESDM의 중요한 목적은 아동들이 자발적으로 임하고, 자신의 행동에 있어 목표 지향적으로 일상생활 내에서 독립적으로 활동하는 것이다.

교실 안에서 독립적인 전환을 하는 것은 아동들이 어디로 갈 것인지 그리고 다음에 무엇이 일어날지 알고 있다는 분명한 신호다. 아동들의 독립적인 전환을 위해, 아동들에게는 다음에 어디를 가는지, 거기에서 무엇이 일어날지 그리고 거기에 도달하기 위한 명확하고 짧은 경로 지시가 필요하다.

예를 들어, 간식을 먹는 탁자는 아동들이 손을 씻는 장소와 가까워야 한다. 그래야 아동들이 스스로 손을 씻는 곳에서 자기들의 자리로 이동할 수 있다. 마찬가지로, 간식을 먹고 난 후 활동 공간은 간식을 먹던 탁자와 가까워야 아동들이 다른 사람의 도움 없이 이동할 수 있다. 그리고 다른 아동들이 탁자에서 식사를 마쳤을 때 보이는 곳에서 감독할 수 있다.

계획에 도움을 주는 질문들

앞서 언급했던 것처럼 인력 배치 패턴, 물리적인 공간, 특정 집단 아동들의 필요사항과 활동성은 교실의 틀 및 구조를 결정한다.

다음의 질문을 통해 초기 교실 계획 및 현재 교실 계획의 적절성을 평가할 수 있다.

- 물리적 공간의 배치가 대집단, 소집단 및 일대일 활동들을 적절하게 도와주는가?
- 해결해야 할 안전 문제가 있는가? 그것들은 적절하게 관리되고 있는가?
- 매일 얼마나 많은 인력이 교실에 지속적으로 있는가? 계획된 활동을 하기에 충분한가?
- 얼마나 많은 아동들이 전체 집단 안에 있는가? 각 아동들은 매일의 계획에 참

여하는가?

- 얼마나 많은 아동들이 특별한 성인의 도움 없이 적절한 놀이에 참여할 수 있는가?

- 얼마나 많은 아동들이 적절한 놀이와 사회적 상호작용에 참여하는 데 특별한 도움을 필요로 하는가? 누가 도움이 필요한 아동들을 도와줄 수 있는가? 그리고 도움이 필요한 각 활동 안에서 누가 도와줄 수 있는가?

- 집단의 전반적인 기술 수준과 특정한 집단 역동을 고려할 때, 성인들의 감독을 덜 필요로 하고 성인들이 쉬는 동안에 할 수 있는 활동이 무엇인가? 반대로 더 많은 성인들의 감독을 필요로 하고 인력 충당이 항상 필요한 활동은 무엇인가?

- 성인들의 도움 없이 위험하고, 파괴적이고, 공격적인 행동들을 하는 아동들이 집단에 있는가? 그러한 아동들을 위해 집단 활동을 하는 동안 모두가 안전하게 참여할 수 있게 도와주는 계획이 있는가?

- 어떤 성인들이 간헐적으로 교실에서 도움을 주는가? 그들의 기술 수준과 역할은 무엇인가? 어떻게 성인들의 도움이 교실 교육을 최고로 향상시킬 수 있는가?

이 질문 목록들은 지도하는 선생님들이 새로운 교실 환경을 설정하고 현존하는 교실 문제들을 해결하는 데 도움이 된다.

성인들이 교실 검토를 위해 이 질문을 이용할 때, 이는 아동들, 인력 혹은 활동 관련 환경적인 문제를 명확하게 식별하는 데 도움을 준다. 아동들이 독립적으로 활동하고 한 활동에서 다른 활동으로 목적을 가지고 매끄럽게 전환을 하기 위해 공간의 물리적인 배열 및 일상 활동 계획은 동시에 계획되어야 한다. 이러한 계획은 다음에서 설명한다.

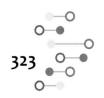

 일상 계획과 일과 계획하기

교실 계획은 스태프의 목표 및 집단과 개인들의 목표에 맞도록 세워져야 한다. 성인들과 아동들에게 도움이 되려면, 계획은 지속적이고 예측 가능한 구조를 가져야 한다. 마지막으로 3가지 요구와 계획이 포함된다. ① 전체 아동들 집단을 위한 계획, ② 교실에서 일하는 인력을 위한 계획, ③ 개별 아동을 위한 계획이 그것이다.

집단 일과

하루하루 집단의 일상 일과가 더 정확하고, 지속적이며 예측 가능할수록, 일상의 여러 사건과 상황을 이해하기 어려운 아동이 안정감을 느낀다. 지속적이고 예측 가능한 집단 일과는 아동들이 목표 지향적인 행동을 조직화 및 예측하고 미래를 계획하도록 도와준다. 일상 일과는 일관된 장소와 활동 순서를 포함한다.

매일의 일상 속에서, 모든 발달 영역 간 균형을 유지하며 매우 구조화된 활동을 하도록 하고 보다 성인 중심의 활동과 활동적이고 조용한 활동 사이의 전환을 하도록 한다.

스태프의 역할

스태프의 역할과 업무가 하루 활동 기간에 분명히 표현되고 매일 지속될 때 아동들의 예측 가능성이 크게 향상된다. 예를 들어, 동일한 스태프가 매일 간식이나 식사를 하기 전에 싱크대에서의 손 씻기 일과를 담당한다.

이렇게 장소, 사물 그리고 동일한 스태프와의 상호작용은 아동들의 손 씻기를 도와준다. 스태프들이 모두 다른 스타일을 가지고 있는 것을 고려해 볼 때, 스태프의 지속성 또한 매일의 수업을 일관되게 하고 개별적인 아동들의 진행 상황에

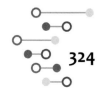

대한 데이터 수집을 가능하게 한다. 따라서 모든 스태프, 하루의 활동 및 전환에 대한 구체적인 계획을 매일의 일정에 포함한다.

물론 스태프가 때때로 아프거나 쉴 때도 있다. 그래서 스태프들은 모든 활동에 대한 스태프 '스크립트'에 대해 알아야 한다. 이러한 스크립트의 사용과 관련해서는 추후에 설명할 것이다.

🖤 개별 일과

마찬가지로 각 아동의 일과를 소집단 및 대집단 활동뿐만 아니라 일대일 수업, 작업치료, 언어치료 혹은 다른 개별 치료와 결합하기 위한 개별적인 계획이 필요하다.

집단 구조가 하루의 일반적인 틀을 만들지만, ASD 아동의 경우, 많은(수백의) 개별적인 학습을 돕기 위해 집단 일정에 이를 계획한다. 하루 동안 많은 시간을 보내기 때문에 개별 활동을 계획하는 데 선택권이 많다. 개별적인 지시를 할 스태프의 가용성뿐만 아니라 아동의 개인적인 경험 또한 고려해야 할 또 다른 변수다. 각 개별 아동의 일정 역시 고려해야 한다. 계획을 할 때에는 다음과 같은 사항을 고려해야 한다.

- 개별 아동을 위한 적절한 활동 순서와 장소가 있는가?
- 설명 없이 아동들이 정기적으로 놀 수 있는 시간이 있는가?
- 하루 종일 아동이 여러 다른 사람들과 상호작용하는가?

우리는 아동의 집중과 참여를 높이기 위해 각 아동의 일상 경험 순서를 알아야 한다. 예를 들어, 현재 케빈(Kevin)의 목표는 옷 입기 및 옷 벗기다. 그래서 케빈은 물놀이를 하기 위해 옷을 갈아입는다. 그는 물놀이 전과 후에 할 이런 행동을 위해 성인의 상당한 도움을 필요로 하는 교육을 받는다. 그는 물놀이를 좋아하는데, 물놀이는 사물 모방을 가르치기에 매우 좋은 활동이다. 하지만 스태프가 케빈의

옷 입기를 도와주려면 케빈이 마지막으로 물놀이에 참여해야 하고 물놀이를 가장 빨리 끝내야 해서 10분 정도의 놀이 시간이 줄어든다. 자유롭게 놀이 시간을 가지면서 케빈이 모방 및 또래들과 상호작용을 연습하는 시간이 충분하지 않다. 뿐만 아니라 케빈은 매일 일찍 끝내기를 싫어해서 다시 옷을 입는 데 시간이 걸린다.

다음 활동은 언어치료로, 이는 언어치료사의 일정을 고려해 다른 일정을 잡는 것이 힘들다. 하지만 그 이전 활동은 간식 먹기이고 케빈은 먹는 것을 딱히 좋아하지 않는다. 어느 정도 음식을 먹고 나면 케빈은 더 많이 먹지 않는다. 담당 선생님은 케빈이 도움을 필요로 하기 때문에 제일 첫 번째 순서로 손을 씻고 간식 먹는 탁자로 가도록 한다. 또한 그는 간식 탁자를 가장 빨리 떠나고 다른 아동들보다 먼저 옷 입기/물놀이 활동을 하러 간다. 이제 그는 옷 입기를 빨리 끝내고 물놀이를 가장 먼저 하러 간다. 이러한 변화로 인해, 물놀이 하는 시간은 2배로 길어졌고, 어렵지 않게 물놀이에서 다른 활동으로 전환할 수 있게 되었다.

각각의 아동 관점에서 보면 케빈의 일정 중 이 부분은 그가 선호하거나 필요로 하는 것이 아니다. 그는 이 3가지의 활동 모두에서 일대일 도움을 필요로 하기 때문에 그의 개인적인 일과를 바꾸면 스태프의 일정도 바꾸어야 한다. 하지만 이 변화로 인해 케빈은 물놀이 후의 활동인 옷 입기 및 언어치료에 완전히 참여할 수 있게 됐다.

각각의 아동 관점에서 일상 일과를 주의 깊게 평가한다면 아동의 참여 및 학습을 방해하는 순서와 그것의 개선 방법을 찾을 수 있다.

🜄 개별 아동 목표를 집단 활동에 적용

각각의 집단 활동 기간에 대한 계획은 그 활동 기간에 각 아동의 일일 데이터 기록지에 어떤 목표들을 성취할지로 표시해야 한다. 각 아동의 활동 목표로 게시한 것은 그 활동 기간 안에 배워야 한다. 일반적으로, 발달 영역은 특정 활동에 적합하다. 소근육 운동 기술은 예술, 반죽 놀이, 작업 센터, 식사 시간 그리고 물놀이에 적합하다.

대근육 운동 기술은 놀이터와 집단 마루 활동 중에 나타난다. 언어 및 사회기술은 모든 활동에 포함된다. 인지 활동은 활동 센터들 및 소집단 활동에 적합하다. 기능적 및 상징적인 놀이 기술은 연극놀이 센터에서 배우게 된다.

인사, 음악 및 집단 책 활동과 같은 소집단 동아리 활동은 수용 및 표현 언어, 감각적 및 사회적 일과, 제스처 및 음성 모방 그리고 인지 및 사회기술 실습을 위한 기회를 만든다.

집단 환경 내의 개별적인 지시사항

집단 환경에서 여전히 초기 언어 습득 단계에 있는 어린 ASD 아동은 습득 기술의 학습률을 높이기 위해 매일 개별 교육 시간을 갖는다. 센터 기반 및 통합 교육에서, 우리는 ASD 아동들에게 매일 15분에서 20분의 개별 지도 시간을 할애한다. 스태프들이 진행하는 이 시간들은 교실 안 혹은 밖에서 할 수도 있고 언어치료나 작업치료처럼 진행되기도 한다. 교실 수업뿐 아니라 일대일 교육의 초점은 집단 활동에서 빠르게 배우지 못하는 목표의 습득이다. 일대일 교육을 통해 목표 기술을 배우자마자, 일반화를 위한 다른 활동으로 이동해야 한다. 이런 식으로, 아동이 친숙한 사람과 동일한 사물로 숙련된 기술을 새로운 환경에서 일반화하도록 한다. 새로운 사람과 다른 장소에서 다른 개별 치료를 통해 일반화할 수 있도록 연습하는 데에 중점을 둔다.

1:1 교육 기간을 언제, 어떻게 해야 하는지는 아동마다 다를 수 있지만, 매일의 일과 안에서 각 아동과 지속적인 활동을 위해 배정된 스태프에 맞춰 일정을 짜야 한다.

특정 아동을 위해 개별화하는 집단 활동은 어려울 수 있다. 그 아동을 위한 놀이터 활동을 단축하면 1:1 교육에 좋은 시간을 제공할 수 있다. 아동들은 1:1 교육을 받기 위해 교실에 일찍 오거나 늦게까지 남아 있을 수 있다. 나이가 많고 고기능인 아동들은 집단 활동에 포함된 개별 지도의 양을 고려할 때 일대일 교육이 필요하지 않을 수도 있다.

그러나 시작한 지 얼마 되지 않고 아직 말을 잘 못하는 아동들이거나, 대부분의 목표에 개별 도움이 필요한 아동들은 발달을 위해 하나 혹은 그 이상의 개별적인 일일 교육 시간이 필요하다.

매일 기록하기

아동들에 대해 요약 시트를 매일 기록하는 것은 각 교육 활동 후 아동들의 일일 데이터 기록지를 작성하는 것을 포함하는데 이는 매일 아동들의 목표를 스태프들에게 상기시켜 준다. 그때 행동, 강화 등에 대한 추가 기록도 포함한다. 주말에는, 다음 주를 위한 일일 데이터 기록지를 업데이트하여 지난 주 학습을 토대로 다음 주에 할 새로운 습득 및 유지 단계를 확인한다. 진전이 없는 목표들도 확인할 수 있어, 앞에서 언급한 것처럼 교육 계획을 변경할 수도 있다. 각 스태프는 2명 정도의 아동들에 대한 기록에 대해 책임을 지고, 다음 주 계획을 짜기 위해 팀 회의에서 노트, 데이터 기록지 및 스태프 계획을 업데이트해야 한다.

휴식 시간

마지막으로 아동의 일정에 고려해야 할 사항은 휴식 시간이다. 우리의 목표는 아동들이 하루 종일 적절하게 참여하는 것이지만, 일정량의 휴식 시간은 피할 수 없으며 이는 우리가 커피를 마시는 시간을 갖는 것처럼 아동들에게도 꼭 필요하다. 그러나 많은 아동들은 구조화되어 있지 않은 시간에 고립되거나, 참여하지 않는 형태로 반응한다. 그리고 목표가 있는, 구조적인 활동에 다시 참여하는 데까지 약간의 시간이 걸린다. 각 아동을 면밀히 관찰함으로써, 우리는 쉬는 시간이 될 만한 활동을 파악할 수 있을 뿐 아니라 적절한 놀이를 지원하고 학습을 돕기 위한 적절한 행동을 선택할 수 있다.

예를 들어, 린지(Lindsay)는 흙을 파고, 용기에 담고, 손으로 훑는 것을 좋아해서 밖에서 노는 시간을 즐긴다. 놀이터에서 교실 집단으로 전환하는 것이 린지에게는 매우 어렵다. 왜냐하면 린지는 모래를 굉장히 좋아해서 두고 가자고 하면 오랫동안 화를 내는데는 집단 활동에 참여하는 것을 어렵게 하기 때문이다. 한편 놀

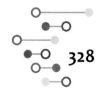

이터에서 노는 시간은 스태프들에게 휴식을 제공하며 린지가 모래놀이를 하지 않고 다른 활동에 참여하게 할 수 있는 인력이 충분하지 않다. 또한 린지는 작업치료 시간을 굉장히 좋아하고 이는 그녀가 매우 선호하는 활동이다. 그녀는 작업치료를 마친 후 다음 활동으로 전환을 잘한다. 그래서 모래놀이 후 작업치료를 하는 것으로 계획하였다. 작업치료사가 공을 가지고 모래밭에서 그녀에게 다가가면, 린지는 공을 가지고 하는 작업치료 활동으로 쉽게 전환을 할 수 있었다. 집단 활동 중 그녀가 이루어야 했던 목표가 작업치료에 포함되어 있었고 린지는 이 학습에 온전히 참여하였다.

ESDM에서 전반적인 계획 중 필수적인 부분은 아동이 스스로 선택하고, 즐거움을 보이며, 적절한 휴식 시간 활동을 가지는 몇 가지 활동을 확인하는 것이다.

통합적으로 계획하기

집단의 필요와 활동, 각각의 아동들의 필요 및 스태프의 역할 통합을 위한 계획을 하기 위해서는 팀 내 의사소통이 원활히 이루어져야 한다. 계획이 복잡하므로 모두가 볼 수 있는 3가지 유형의 스케줄을 개발하고 이를 게시하는 것이 도움이 된다.

첫 번째는 하루 동안 주요 활동들의 순서와 시간을 포함한 기본적인 집단의 일과 스케줄이다.

〈표 10-1〉은 이와 관련한 예시다. 두 번째는 〈표 10-2〉에서 볼 수 있듯이 일일 집단 스케줄에 대한 아동들의 개별 스케줄을 겹쳐서 표시한다. 세 번째 유형은 〈표 10-3〉과 같이 일일 집단 스케줄에 대한 스태프들의 개별 스케줄을 겹쳐서 표시한다.

〈표 10-1〉 일일 집단 스케줄 예시

시간	활동
8:45~9:00	도착
9:00~9:15	소집단 시작
9:15~9:45	손 씻기 → 간식 먹기
9:45~10:15	옷 입기 프로그램 → 감각적 경험
10:15~11:00	센터 활동 → 개별 학습
11:00~11:15	소집단 음악 및 운동
11:15~11:45	놀이터: 대근육 운동
11:45~12:30	손 씻기 → 점심 먹기
12:30~12:45	책/쉬는 시간
12:45~1:15	두 번째 센터 활동
1:15~1:30	소집단 음악 및 움직임 → 마무리

〈표 10-2〉 스태프의 일일 스케줄 중 초반부 예시

시간	활동	메리	제인	조
8:45~9:00	도착	부모님과 인사하기	외투 입기/화장실	교실 감독하기
9:00~9:15	집단 시작	담당	보조	보조
9:15~9:45	손 씻기 → 간식 먹기	집단에서 아동들을 '빼기'—시간차 두기 마지막 소집단이 세면대에서 전환하도록 도와주기, 간식 먹을 도구 및 사물 적절하게 준비하기 그리고 간식 테이블에 합류하기	손 씻기 및 간식 탁자로 이동하는 첫 소집단 아동들을 도와주기, 간식 테이블에서 채우기 활동 시작하기, 탁자에 모든 아동들이 있을 때, 간식 노래를 지도하고, 음식 옆으로 넘기기	첫 소집단 아동들이 손 씻기 다할 때까지 도와주기, 두세 번째 집단의 손 씻기 및 이동 도와주기, 수지의 개별 식사 프로그램 진행하기

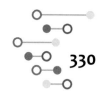

〈표 10-3〉 아동의 일일 스케줄 중 첫 3시간의 예시

시간	활동	조니	수지	마크
8:45~9:00	도착	외투 입고 화장실 가기-제인	외투 입고 운동 활동-조	외투 입고 운동 활동-조
9:00~9:15	집단 시작	집단	집단	집단
9:15~9:45	손 씻기 → 간식 먹기	제인과 씻기 제인과 탁자	조와 씻기 먹기 프로그램- 조	메리와 씻기 제인과 탁자
9:45~10:15	옷 입기 프로그램 → 감각 경험	메리와 옷 입기 제인과 감각 경험: 토, 목, 금 언어치료: 월, 수	조와 일대일 수업: 월~금	메리와 옷 입기 제인과 감각 경험: 월, 수, 금 언어치료: 화, 목
10:15~11:00	센터 활동 개별 학습	10:45까지 센터 10:45 메리와 일대일	센터: 화, 목, 금 언어치료: 월, 수	센터

　　주로 일일 집단 스케줄은 유아교육 전문가가 나머지 팀의 조언을 수렴하여 계획한다. 이것은 일련의 활동 기간을 중심으로 구성한다. 각 활동은 일반적인 도구를 활용하는 일반 유치원 활동을 따른다. 각 활동 기간은 함께하는 활동 일정(교육을 제공하는) 및 혼자 하는 놀이를 위한 요소를 제공한다. 후자는 연습 시간, 다른 아동들을 모방하는 기회, 독립적이며 사회적이고, 자발적인 놀이를 제공한다.

 ## 스태프 계획 및 의사소통

　　계획의 정확성 및 교실 관리 관련 시행은 광범위한 스태프 의사소통을 필요로 한다. 교실 스태프는 수업이 끝난 후 매일 함께 만나 진행 상황 노트를 작성하고, 데이터를 완성하며, 그 날에 일어난 문제에 대해 논의하고, 다음 날 계획을 검토한다. 오후에는 다음 주 활동을 계획하고, 자료를 준비하며, 공간을 정리하기 위해

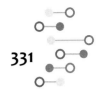

보다 긴 회의를 가진다.

스태프들의 역할, 지도 기술 및 의사소통은 지속적으로 평가되고 개선되어야 한다. 또한 전체 집단 스태프 및 개별 치료사는 아동들이 도착하기 전에 하루 중 첫 시간 동안 간단한 15분 회의로 매주 각 아동의 진행 상황을 검토한다. 이러한 진행 상황 검토 회의를 통해 데이터를 검토하고 앞으로 아동의 계획을 업데이트한다.

아동의 팀 감독자는 토론을 감독하고 앞에서 설계한 의사 결정 트리대로, 다양한 목표 및 기능적·행동적 계획에서 학습률을 향상시키기 위해 필요한 모든 변경 사항과 함께 새로운 획득 단계를 확인한다.

마지막으로, 이런 종류의 일에 대한 감정적인 어려움을 인정해야 한다. 직원들의 사기와 업무 관계에 관한 지속적인 논의를 할 수 있는 문화가 되어야 한다. 갈등은 즉각적인 도움을 통해 해결해야 한다. 이런 종류의 일을 하면 실패 및 부정확성에 관한 개인적인 느낌을 피할 수 없다. 몇 번이고, 스태프들은 이 느낌과 마주한다. '만약 내가 잘했다면, 이 아이가 더 나아졌을 텐데……' 그러한 좌절, 분노, 실패, 실망의 감정은 팀 안에서 공개적이며 협조적인 논의를 통해 표현하고, 공유하며, 해결해야 한다.

소집단 및 대집단 지시사항

집단 경험은 추후 학교 환경에 잘 적응하기 위한 필수적인 준비요소다. 따라서 집단 활동의 주된 목적은 집단 학습을 통해 얻는 이익과 아동들이 잘 참여하기 위해 필요한 기술을 개발하는 것이다.

- 집단 내에서 다른 아동들과 가깝게 앉아 있을 수 있는 능력
- 지시하는 성인에게 집중하고 관심을 유지하는 능력
- 소집단 및 대집단 안에서 숙달한 기술을 사용하는 능력

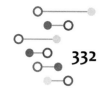

• 집단 안에서 다른 아동들의 제안에 적절하게 반응하는 능력

한 집단에서 어린 ASD 아동의 참여를 어떻게 이끌어 낼까? 이끌어 내는 방법에는 여러 가지가 있다. 우선 ASD 아동뿐만 아니라 다른 아동들에게도 의미 있는 집단 참여를 위한 활동을 고른다. 그리고 친숙한 노래 및 운동 게임, 리듬 밴드 활동 그리고 주변의 사물을 전달하는 것을 포함한 보여 주거나 말하기를 한다.

언어 일과는 언어를 이해하지 못하는 아동들을 위해 소품을 사용한다(사진, 기호, 지도용 게시판 혹은 다른 종류의 아동에게 의미 있는 소품).

매 30초 정도 아동과 개별화된 학습 관련 상호작용을 하는 것은 성공적인 집단 참여의 핵심이다. 모든 아동들이 대부분의 시간에 적극적으로 참여할 수 있도록 활기 넘치는 태도를 유지한다.

부주의하거나 부적절한 행동을 하는 아동은 적극적으로 참여할 충분한 기회가 없었으며, 목표나 활동하기에 충분한 동기가 부여되지 않았고, 충분히 전달되지 않았거나, 그 활동의 실행 혹은 설계 자체가 아동이 참여하기 힘들다는 것을 의미한다.

집단 상황에서 높은 빈도로 아동이 기술 유지를 하는 것을 기대하라. 아동을 집단의 리더 바로 앞 가까이에 있도록 한다. 그 활동이 의미가 있고 아동이 원했던 사물이나 활동에 대한 접근을 통해 활동 참여가 확실히 강화가 되도록 해야 한다.

특히 초기 단계에서는, 다른 환경에서 아동이 이미 배운 사회성, 인지, 운동 그리고 언어 기술을 집단 활동을 통해 일반화하고 유지하기 어려울 수 있다. 아동들이 어떻게 행동해야 하는지를 잘 알고 있는 집단 활동을 계획하면 참여와 집중을 도울 수 있다. 따라서 성공적인 집단 경험은 여러 요소에 달려 있다.

• 집단 활동은 짧아야 한다. 10분을 넘지 않는 것이 제일 좋다.
• 적극적이고 성공적인 참여를 위해 각 아동들은 자주(최소 매 30초 정도) 기회를 얻어야 한다.
• 집단 활동은 흥미롭고, 즐길 수 있으며, 각각의 아동이 움직이거나 사물을 조

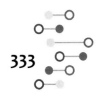

작할 수 있는 기회를 가질 수 있어야 한다. 흥미를 유지하도록 보조를 맞추어
야 한다.

• 아동들이 행동할 수 있는 방법으로 참여하도록 도와줘야 하며, 질문해야 한
다. 수동적으로 앉아서 관찰하는 것은 어린 아동의 치료 목표로 부적절하다.

집단 활동을 정하기

집단 활동은 집단 내의 다양한 수준의 기술을 적용하기 위한 활동의 적응성뿐만
아니라 전반적인 기술 수준 및 집단의 관심사를 고려하여 선택한다. 각각의 아동
을 위한 하나 혹은 그 이상의 목표를 가르치며, 집단 활동은 각 개별 아동의 목표
를 고려하여 계획한다. 따라서 집단 활동은 동일한 사물을 사용하여, 간단하거나
좀 더 복잡하게 적용되며 모든 것은 활동의 주제와 관련이 있지만, 각각의 아동이
활동 안에서 하는 일은 상당히 다를 수 있다.

활동은 매일 바뀌지 않고, 일주일간 유지하는데, 대신 변화가 필요한 아동들에
게는 정교화를 통해 적절히 변화를 준다. 따라서 어린 ASD 아동들은 충분히 일주
일 동안 활동을 예상하는 것을 학습할 수 있다.

예를 들어, 눈사람을 만들기 위해 원 3개를 잘라 만드는 활동을 계획했다면 어
떤 아동들은 모양을 자르고 종잇조각에 이를 붙이는 것을 연습할 준비가 되어 있
을 것이다. 다른 아동에게는 종잇조각에 윤곽을 그리기 위해 여러 개의 미리 자른
원들을 맞출 것을 시킬 수 있다. 세 번째 아동은 적절한 시간에 풀을 짜고 멈추는 것
을 연습하면서 종잇조각에 미리 자른 원들을 풀칠하여 붙이도록 할 수 있다.

활동의 목표는 비록 그 활동이 비슷한 사물을 사용하여 집단 전체를 위해 준비
되었을지라도 매우 구체적이고 독특하다.

스태프의 지시 역할 정하기

이러한 활동을 계획하는 과정에는 어떤 스태프가 어떤 목표를 어떤 아동들에게
가르칠지를 결정하는 일이 포함된다.

어떻게 이루어질까

아동들이 다른 활동에 비해 도구를 더 독립적으로 사용하는 센터, 간식 먹기 혹은 놀이터와 같은 활동에 먼저 중점을 둔다. ASD 아동과 스태프의 비율이 1:2라고 가정하고, 스태프는 목표를 가르치기로 계획한 활동 일과에서 아동과 함께 5분 정도를 보낸다. 습득 및 유지 단계의 목표와 관해 나타난 첫 번째 응답을 일일 데이터 기록지에 기록한다. 그리고 다른 아동 차례로 넘어가면서 다른 한 명의 아동이 적절하게 참여하는지를 확인한다.

이 교육 활동은 같은 스태프가 할 것이다. 아동이 습득 단계를 완료하면 스태프는 다음 교육 단계로 넘어간다. 둥글게 둘러 앉아 인사하기와 같은 선생님 주도의 소집단 활동에서, 지시하는 사람은 모든 아동들에게 목표를 설명할 것이다. 다른 스태프들은 아동들 뒤에 배치되어 지시에 반응하도록 촉구가 필요한 아동을 촉구할 준비를 한다. 그러나 보조자는 조용히 있어야 하고 아동들의 눈에 띄지 않아야 한다.

지시사항, 상호작용 그리고 보상은 지시하는 사람이 하므로 아동은 집단 지시자에게 집중해야 한다. 센터 기반 활동에서, 각각의 스태프는 센터로 오는 아동에게 센터와 관련한 개별 교육을 설명하며 해당 센터를 담당하게 된다.

활동을 미리 계획하기

ASD 아동을 집단 활동에 적극적으로 참여시키려면 사전 계획이 필수다. 이 활동에서 지시하는 성인은 ASD 아동이 무엇을 할 것인지 생각하고, 계획에 따라 실행할 소품과 아이디어를 준비해야 한다. 핵심 집단 활동과 동일한 사물을 사용하고, 전반적인 집단의 목적에 따라 ASD 아동이 보일 구체적인 행동 혹은 반응을 계획한다. 지시하는 성인은 사전에 활동 전반을 생각하고, 소품, 목표 및 아이디어를 기록해야 한다. 활동은 일주일 동안 실행되고, 일단 계획이 완성되면, 일주일 동안 계획을 완료한다. 〈표 10-4〉는 색깔, 모양, 및 숫자를 강조하는 3명 혹은 4명 아동들의 집단에 대한 게시판 활동 계획을 예시로 보여 준다. 수용·표현 언어, 사회적·인지적 기술을 가르치기 위한 도구의 사용이 계획에 포함되어 있다.

〈표 10-4〉 게시판 활동에 대한 계획

핵심 활동 및 자료

숫자 세기: 4가지 색깔별로 모양 짝 맞추기가 가능한 게시판

계획 및 가능한 목표

- 간단한 것부터 보다 복잡한 단계의 모방은 활동 전체와 관련한 노래를 통해 촉구할 수 있다.
- 개별 아동에게 한 단계 지시를 할 수 있다(예: "일어나" "앉아" "이리 와" "나에게 줘").
- 다른 아동에게 사물을 주도록 지시하고 사회적인 언어를 이용하여 촉구할 수 있다 (예: "네 차례야." "여기 있어.").
- 다른 아동들은 숫자 세기를 하나씩 해야 하지만 일부 아동들은 간단하게 암기를 할 수 있다.
- 일부 아동들은 모양 혹은 색깔 짝 맞추기를 할 수 있다.
- 일부 아동들은 모양 혹은 색깔을 식별할 수 있다.

스태프들을 위한 소품

가끔 오는 치료사 혹은 자원봉사자뿐만 아니라 스태프들에게 매우 유용한 것으로 입증된 전략은 커닝 쪽지를 사용하는 것이다. 커닝 쪽지를 각 활동 공간에서 아동들의 눈높이보다 위에 게시해 가까이에서 읽을 수 있도록 한다. 또한 커닝 쪽지는 각각의 아동들의 목표에 대한 단서를 포함하도록 한다.

예를 들어, 소근육 운동 영역의 커닝 쪽지는 다음과 같다.

- 조니—3cm 조각 자르기, 타격 행동 모방하기, 3조각에서 5조각 퍼즐 맞추기, 구슬 끼우기
- 메리—선 따라 자르기, 구상화 그리기, 구슬 순서대로 놓기
- 데이비드—종이에 표시하기, 한 조각 퍼즐 맞추기, 모양 맞추기

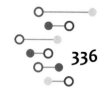

사회적인 목표 및 의사소통의 목표는 종종 각 영역과 관련된 적절한 여러 장소에 게시된다. 이러한 커닝 쪽지는 목표들을 완전히 설명하는 것이 아니라 단순히 상기시켜 주는 존재다. 각 아동의 전체 목표 또한 교실의 중앙에 게시하고 기록지와 마찬가지로 쉽게 볼 수 있도록 한다.

스태프의 물리적인 위치

개별 아동의 활동 목표는 아동의 관심도와 상호작용에 초점을 맞춰야 한다. 이것은 성인과 아동의 물리적인 위치를 결정한다. 아동의 뒤, 옆 혹은 앞에 성인이 적절히 위치하는 것은 활동의 핵심 요소를 향한 아동의 주의를 집중시킨다. 스스로 해야 하는 활동 혹은 소근육 운동인 경우, 아동을 뒤에서 도와준다.

이렇게 해서 아동은 활동과 사물(예: 숟가락과 그릇, 종이와 펜, 싱크대와 비누)에 집중한다. 사회적 교환 및 의사소통을 가능하게 하는 활동 시에는 아동 앞에 있어야 한다.

 ## 교실 행동 관리

행동 관리에 대한 접근에는 3가지 주요 목표가 있다. 모두의 안전을 극대화하기, 학습에 좋은 교실 분위기를 극대화하기, 적응적이고 수용 가능한 행동에 대해 개별 아동의 학습 극대화하기가 이에 해당한다.

제6장에서, 문제행동 기록, 기초선 자료 수집, 기능 평가 또는 분석의 실시 그리고 행동분석가나 유사한 전문성을 갖춘 다른 스태프가 긍정행동 지원 계획을 수립하는 절차에 대해 논의했다. 그 계획은 아동과 함께 일하는 모든 팀원들과 공유한다. 잠재적으로 위험한 행동에 대한 계획은 즉각적으로 시행한다.

만약 아동의 문제행동이 잠재적인 위험을 가지고 있다면, 아동이 교실 프로그램에 참여하기 시작하자마자 해당 계획을 시행한다. 그러나 만약 아동의 부적절한

행동이 누구에게도 위험하지 않다면, 아동을 교실에 들어오도록 하고 처음 며칠 간은 아동을 담당하는 스태프가 문제행동을 계속 기록하면서 동시에 아동이 일과 를 배우도록 한다. 만약 데이터상에 문제행동이 감소하면, 우리는 기초선 단계에 서 했던 것처럼 계속해서 차트를 만들고 행동을 관리한다.

반면에 만약 데이터가 처음 2주가 지나도 변화가 없거나 문제행동이 증가한다 면, 긍정적인 행동 계획을 시행한다. 또한 ASD 아동들은 자신의 감각 각성 수준이 나, 쉽게 불안해하거나, 공격적이거나, 지나치게 수동적으로 되는 것을 조절하는 것이 어렵다(Baranek, David, Poe, Stone, & Watson, 2006). 만약 이것이 아동들에게 지속적인 어려움을 가져온다면, 아동이 이를 잘 조절할 수 있도록 하는 감각적인 사회 활동을 찾는 데 작업치료사의 도움을 받을 수도 있다. 진정 혹은 자극이 되 는 활동을 우선적으로 시행해야 한다. 만약 부정적 행동이 일어난 후에 진정하는 활동을 제공한다면, 그것이 부정적인 행동을 강화할 수 있다는 것을 주의해야 한 다. 이 말은 우리가 감각 과부하로 인해 통제에서 벗어난 아동들을 진정시키려는 시도를 해서는 안 된다는 것이 아니다. 그것은 신중히 선택된 감각을 이용한 사회 적 활동을 통해 각성 수준을 조절할 수 있는 아동들에게 사전적 조치가 중요함을 강조하는 것이다(Anzalone & Williamson, 2000).

🌳 전환 및 개별 스케줄 체계

활동 사이의 전환은 모든 교실에서 특별히 어렵다. 성공적인 전환은 집단 전체 가 한 활동에서 다음 활동으로 순조롭게 진행되는 것이다. 또한 활동 없는 '대기 시간' 없이 독립적으로 전환이 이루어지고, 화를 내거나, 방해하는 행동을 하지 않 거나, 목적 없이 방황하지 않고 다음 활동에의 참여가 이루어지는 것이 좋다. 원 활한 전환은 교육과 학습 기회를 극대화한다. 원활하지 않은 전환은 아동들이 다 음 활동의 학습 활동에 참여하는 것을 방해할 수 있다.

예를 들어, 3세인 멜라니(Melanie)는 모래놀이를 제일 좋아하며 이를 매우 즐긴다.

그녀는 활동이 끝나가도 모래놀이를 굉장히 즐기고, 놀이 막바지에는 화를 내기 때문에 계속해서 모래놀이를 하도록 둔다. 놀이가 끝날 때, 지시 선생님인 재키(Jackie)는 멜라니에게 가서 말한다. "모래놀이 끝났어." "멜라니, 놀이는 끝났어." 라고 말하며 상자 뚜껑을 닫고, 멜라니의 손을 잡고 간다. 하지만 멜라니는 저항하며 더 있으려 하고 재키는 그녀를 데리고 이동한다. 멜라니는 울기 시작하고 재키가 둥글게 앉아 이야기하는 집단 활동에 그녀를 데려가 자리에 앉히고 그녀를 달래려고 앞에 앉지만 멜라니는 몸부림을 친다. 다른 아동들은 이미 활동을 위해 이동하고 활동을 하기 위해 선생님을 기다리는 동안 음악이 나온다. 멜라니는 계속해서 울고, 소리 지르고, 몸부림치며, 양쪽에 있는 아동들을 때린다. 아동들은 멜라니를 피하고 속상해한다. 아동들은 음악에 집중하는 것을 멈추고 몸부림치는 멜라니에게 집중한다. 그리고 재키는 집단 활동을 계속하기 위해 멜라니를 이동시키기로 한다. 재키는 멜라니를 푹신한 의자 안쪽에 앉히고 진정시키려고 한다. 그동안 음악 재생을 도와주는 러셀(Russell)은 리듬 악기를 나누어 주고 아동들을 참여시키려고 최선을 다하며 아동들이 다시 흥미를 느끼도록 한다. 그러나 집단에 보조치료사는 부족하고, 몇 명의 아동들은 뒤에서 싸운다. 러셀은 선동하는 아동을 혼내고 의자를 치운다. 어떤 아동들은 음악에 맞춰 악기를 흔들고, 다른 아동들은 구경을 하고 있다. 활동으로 인한 학습이 잘 이루어지지 않고, 멜라니는 활동에 참여할 정도로 진정되지 않는다. 선생님의 활동 계획은 무산되고 전체 집단은 멜라니를 조용히 하게 하고 다시 참여하도록 하는 15분 동안 그 상태를 유지한다. 이때 전체 집단을 위해 간식 먹는 시간 10분을 더 가진다.

이는 형편없는 전환 계획의 예시다. 이는 문제를 일으킨 아동뿐만 아니라 전체 교실에 영향을 끼친다. 이 교실에 있는 모든 사람, 아동과 성인 둘 다 전환 문제로 인해 부정적으로 영향을 받는다. 그리고 멜라니와 모든 다른 아동들에 관해 계획된 시간 30분이 영향을 받았다.

ESDM에서 전환은 다른 활동처럼 주의 깊고 세심하게 계획해야 한다. 독립적인

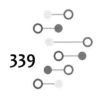

전환은 행동을 순서화하고 심적 계획을 따르는 것을 어려워하는 아동들에게 복잡한 과제일 수 있다. 매일의 반복은 아동들이 다음에 무엇을 할지 예측하는 것을 도와준다. 다음과 같이 원활한 전환을 위해 ESDM 교실에서 사용되는 많은 방법이 있다. 다수의 단서, 성인의 활용, 개별적인 계획 그리고 여러 형태의 지원이 그것이다.

집단 전환을 위해 청각 및 시각 신호 사용

모든 전환은 구두 신호뿐 아니라 조명을 껐다 켜거나 종을 울리는 청각 및 시각 신호를 포함하여 활동이 끝나는 구체적인 신호로 시작한다. 구두 지시는 짧고, 정확하게, 매일 지속한다. 끝날 때와 시작할 때 일관되게 노래를 하는 것은 특별히 모든 아동들에게 효과적이고, 특히 구두 지시를 잘 이해하지 못하는 아동들에게 효과적이다.

각각의 전환을 위해 스태프에게 역할을 배정하기

집단 전환 시 명확하게 정의된 스태프의 역할은 전환의 흐름에 매우 중요하다. 3가지 주요 스태프의 역할을 배정한다. 시작하는 스태프, 연결하는 스태프 그리고 마치는 스태프.

시작하는 스태프

배정된 시간에, 한 스태프는 다음 활동을 시작한다. 그는 먼저 새로운 장소로 가서 조명을 켜고, 사물을 준비하고, 가구를 정리한다. 시작하는 스태프의 목표는 새로운 활동을 설정하고 자석처럼 새 활동 영역으로 이동할 준비가 된 아동들을 이끄는 것이다. 만약 다음 활동이 센터 활동이라면, 그 스태프는 한 센터를 설정하고 들어오는 각각의 아동과 함께 활동을 시작한다. 다음 활동이 집단 활동이고 전체 집단이 이를 시작한다면, 다른 스태프가 이전 활동을 마치고 집단을 이동시

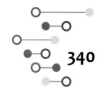

키는 동안 시작하는 스태프는 노래를 하며 손가락 연주, 비눗방울 혹은 첫 아동들을 참여시키기 위한 다른 간단한 활동을 덧붙인다. 이렇게 새로운 활동은 아동들을 새 공간으로 끌어당기고 독립적인 전환을 가능하게 한다.

연결하는 스태프

두 번째 스태프는 아동들이 이전 활동을 끝내는 것과 이전 활동에서 새 활동 공간으로 이동하는 것을 도와준다. 그는 이전 활동 공간에 계속 있지만 아동들을 새로운 활동의 공간으로 이동하는 것을 도와준다. 또한 연결하는 스태프는 사물을 치우고 아동들이 활동을 마치면서 다음 활동으로 이동하는 것을 도와준다. 이 스태프는 다음 활동에서 배정된 역할을 계속하기 위해 아동들과 함께 새로운 공간으로 이동한다. 그리고 시작하는 스태프가 아동들을 그 활동에 참여시키는 것을 도와주어 아동들이 기다리거나 방황하지 않게 한다.

마치는 스태프

마치는 스태프는 마지막으로 전환을 하는 사람이다. 이 스태프는 남아 있는 사물을 치우고, 조명을 끄고, 다음 환경으로 이동하는 아동들을 도와주고, 공간을 마무리한다. 이제 이전 활동은 끝났고, 불이 꺼지고 모든 것은 정리되었다. 그리고 모든 스태프와 아동들은 이미 시작한 새로운 활동을 위해 모여 있다.

🖤 개별적인 전환 계획

우리는 하루 종일 움직이고 각 시간에 무엇을 했는지 정리하기 위해 종종 목록, 손에 들고 쓰는 장치 그리고 주간 시간표와 같은 일정 체계를 사용한다. 시각 혹은 사물 스케줄 및 전환 계획은 내부적으로 조직화가 어렵고 미리 계획을 세울 수 없으며, 구두 신호 혹은 지시사항을 이해하기 어려운, 언어 능력이 없는 아동들에게 효과적이다. 어떤 아동들은 매일 일정을 반복하는 것이 매일 일과를 배우게 하고 독립적인 전환을 하게 하기에 충분하지만, 다른 아동들은 추가 지원이 필요하

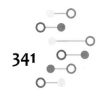

다. 시각 스케줄 체계 및 전환 대상의 사용은 구두 설명 혹은 지시보다 더 구체적이고 지속적이므로 필요한 경우 이를 제공한다.

집단 환경 안에서 아동이 집단 교실에 합류한 후 처음 몇 주 동안, 아동은 배정된 스태프와 함께 각각의 전환을 익힌다. 이때 개별적인 소품 혹은 지원은 사용되지 않는다. 우리의 목표는 아동이 활동 흐름을 경험하는 것 그리고 각각의 새로운 활동과 장소에 대해 배우는 것이다. 그들이 일어서 있거나 앉아 있는 곳, 무엇을 하는지, 누구와 함께 하는지에 대해서 말이다.

아동은 배정된 스태프와 일대일로 활동에 참여한다. 그 활동이 소집단 활동이라면, 보조자는 뒤에서 도와주면서 아동을 집단 내에 참여하게 한다. 새로운 아동이 그 활동에 더 이상 참여하지 못할 때, 아동은 집단을 떠나 다른 아동들 주변에 있는 스태프와 놀이를 한다. 전환 신호가 있을 때, 새로운 아동은 새 장소로 걸어간다.

일부 아동들은 이런 식으로 일과를 배우고, 몇 주 후에는 집단 전환 신호에 의해 홀로 다음 활동에 참여한다. 그 아동들에게는, 개별적인 성인의 도움 대신 일반적인 전환 도움이 사용된다. 그 아동들은 이제 스스로 전환이 가능하다.

독립적인 전환을 위한 시각적 도움의 사용

준비 기간 후 다음 활동에 참여하지 못하는 아동들을 위해, 독립적인 전환에 대해 개별적으로 시각적 및 물리적 도움을 준다. 앞에서 언급한 것처럼 아동의 독립적인 전환에 관해 목표를 기록하고, 교육 계획을 개발한다.

독립적인 전환에서 일련의 단계를 가르치는 것은 행동 연쇄를 포함하며, 아동들에게 독립적으로 4가지의 개별 단계를 수행하는 것을 가르치기 위해 촉구, 용암법, 행동형성 및 행동 연쇄를 사용한다. 도움 받기, 새로운 위치로 이동하기, 있어야 할 자리에 두기 및 새로운 활동하기가 이에 해당한다.

초기에는 이러한 전환 지원의 사용을 가르치기 위해 많은 보조와 물리적/언어적 촉구를 사용한다. 촉구 시에는 핵심 구문을 일관되게 사용해야 한다(예: 스케줄을 확인하세요, ~할 시간입니다, ~로 이동합니다).

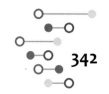

아동이 옳은 방향으로 이동하자마자 도움을 없앤다. 그러나 아동이 전환하는 동안 산만해지기 시작하면 즉각적으로 도움을 제공한다. 반복을 통해, 아동은 목표, 그림 혹은 기호 및 활동 혹은 가야 하는 장소 사이의 연결성을 만들기 시작하고 스스로 전환을 완료할 것이다. 이것은 전환을 통해 아동이 따라오고 아동의 뒤에서 촉구하며 가르치는 기술이다. 그로 인해 아동은 스스로 이동하거나 이끄는 감각을 가진다.

만약 친숙한 스태프가 지속적으로 촉구하고 도와준다면 아동은 더 빨리 전환 지원의 사용을 배우게 된다. 집단 전환 동안, 앞서 말한 것처럼, 특별한 전환 없이 각 아동을 향한 개별적인 주의는 힘들다. 경우에 따라서는, 특정 아동이 온종일 오직 하나 혹은 두번의 전환을 위해 사물을 사용하는 것을 적절하다. 이와 같은 '누가, 언제'에 관한 결정은 각각의 아동들의 목표, 필요 및 기술, 집단 역동 및 스태프 가용성과 관련하여 내려야 한다.

🖤 각각의 아동에 대한 최고의 지원을 선택하기

개인에게 가장 적절한 스케줄 및 구체적인 전환 체계를 개발할 때 개별 아동의 인지 및 언어 능력을 고려한다. 다음은 사물, 그림, 기호 및 복잡한 일정표 사용의 대략적인 위계를 보여 준다. 일부 아동들은 오직 기본 언어, 모든 전환을 표시하는 청각 및 시각적 신호만으로도 잘할 것이다. 그러나 다른 아동들은 다음에 나오는 전략 중 하나 이상의 도움을 받아야 할 것이다. 아동의 행동을 보고 아동들에게 추가적인 도움이 필요한지를 결정한다. 목표는 한 활동에서 다른 활동으로 이끌지 않아도 아동들이 이동하는 것이다. 이것이 이러한 지원과 성공을 평가하는 기준으로 삼는 결과물이다.

사물 전환

마무리 짓는 활동에서, 아동은 새로운 활동 공간과 기능적으로 관계 있는 사물을 받고 전환을 한다.

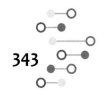

예를 들어, 아동이 식탁으로 옮기려고 숟가락 혹은 컵을 받거나, 세면대로 옮기려고 치약을 받거나, 놀이터로 가져가려고 공을 받거나 책 읽는 장소로 가져가려고 제일 좋아하는 책을 받는다. 아동은 특정한 장소에 사물을 두도록 배운다. 또한 사물의 그림과 함께 표시하여 분명히 구분할 수 있도록 한다. 반복을 통해 아동은 이 간단하고, 구체적인 과제를 배우고 스스로 전환을 할 수 있을 것이다.

사물 스케줄

전환하는 사물에 아동이 익숙해진 후 이를 시행한다. 이 체계에서, 각각의 전환 사물은 일종의 분류된 상자 안에 보관한다. 사물은 일정에 따라 왼쪽–오른쪽, 위–아래 순서로 정리한다.

전환 시간에, 아동은 스케줄 상자로부터 다음 사물을 가져가고 다음 활동 영역에 가져다 놓는다. 아동은 특정한 장소에 사물을 두도록 배운다. 그것은 또한 사물의 그림과 함께 표시하여 분명히 구분되도록 한다. 반복을 통해 아동은 이 간단하고, 구체적인 과제를 배우고 스스로 전환을 할 수 있다.

여기에서 물리적인 장소는 중요하다. 사물 스케줄은 아동이 각 활동에서 스스로 달성할 수 있도록 중앙에 배치해야 한다. 만약 아동이 사물 스케줄 상자에 도달하는 것이 주된 경로에 있지 않아서 도움을 받아야 한다면, 그것은 목표였던 독립적인 전환을 돕는 것이 아니다.

그림, 기호 및 인쇄된 낱말 스케줄

각각의 활동을 묘사하는 사진, 그림 혹은 인쇄된 낱말을 스케줄에 따라 왼쪽에서 오른쪽, 위에서 아래 순서로 작은 하드보드지나 서류철에 정리한다. 이것은 중앙에 배치한다. 전환할 때, 아동은 다음 활동에 다음 항목을 가지고 간다. 그리고 다음 활동 영역에 게시된 동일한 그림, 기호 혹은 인쇄된 낱말에 짝을 맞춰 붙인다 (벨크로를 이용하여).

만약 시각적 지원 체계를 사용하는 아동들이 지원 없이 스스로 전환을 한다면 (예: 아동이 꾸준히 스스로 집단 전환 신호에 따라 다음 활동으로 가고 즉시 돌아오고 스케

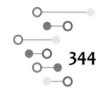

줄을 체크한다.), 스케줄 체계 사용을 중단한다. 스케줄 체계를 사용하지 않고 독립적으로 전환하는 것을 목표로 한다(전환을 위한 시각적 지원에 대한 추가적인 정보는 Dettmer, Simpson, Myles, & Ganz, 2000; Hodgdon, 1995; Cohen & Sloan, 2007 참고).

 또래관계 및 자조기술에 대한 커리큘럼

아직 언급하지 않은 내용 영역은 또래관계 및 자조기술이다. 또래관계 및 자조기술은 모든 미취학 집단 환경에서의 주요 학습 목표다. 이러한 주제는 다음에서 설명하도록 하겠다.

♠ 또래관계

교실 환경의 큰 이점은 또래들을 만나는 것이다. 또래에게 흥미가 없는 아동들의 경우, 간단한 상호적인 사회관계의 개발 및 성인과의 모방 과정을 통해 또래들과 상호작용하는 데 필요한 행동을 학습한다. 우리는 교실 활동과 짧은 일대일 교육 활동에서 개별 교육으로 아동들에게 이러한 기술들을 가르친다. 그리하여 이를 또래와의 상호작용에 일반화하도록 한다.

또래 상호작용은 모방과 유사한 장난감의 흥미를 공유하는 것에서부터 시작한다. 사물에 관해 공유한 흥미는 병행놀이를 하게 하고 다른 아동 및 그 아동이 그 사물로 무엇을 할 수 있는지에 대해 인식하도록 한다. 또래 인식 및 상호작용은 계획된 활동을 통해 이끌어 낼 수 있다. 그 활동은 동일한 물리적인 공간 내에서 함께하는 활동이다. 특히 두 세트의 장난감, 또래를 향한 관심을 촉구하기 위해 마주 보게 하기, 친구를 모방하기 및 병행놀이를 강조한다.

두 세트의 장난감을 가지고 작은 탁자에서 서로 맞은편에 앉아 있으면 서로를 마주 보기에 좋다. 물놀이 활동, 원을 그리며 노래하고 춤추다가 신호에 따라 웅

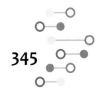

크리는 놀이 혹은 소집단에서 아동들이 서로 마주 보고 비눗방울 불기와 같은 집단 신체 활동 게임은 그런 활동의 예시다. 처음 동기는 활동과 사물로부터 나오지만, 결과적으로는 병행놀이를 한다.

병행놀이 상황에서 또래 인식 및 상호작용을 증진시키는 전략에는 똑같은 사물 여러 개 주기, 서로 마주 보게 자리 배치하기 그리고 모델링하기 혹은 레퍼토리 안에서 모든 사회적 · 의사소통적 기술을 사용하도록 촉구하기를 포함한다. 이 활동들을 중요한 성인들과 함께 완수한다면, 사물 보상뿐 아니라 다른 사회적 보상이 있을 것이다. 강력한 사회적 보상을 제공할 또래 파트너와 함께 이러한 활동을 시작하자. 목표 기술은 다음과 같다.

- 다른 아동들이 무엇을 하는지 보기
- 다른 아동 모방하기
- 다른 아동에게 무언가 보여 주기
- 다른 아동에게 무언가 주기
- 차례 요청하기
- 사물 요청하기

아동들은 또래와 상호작용을 하기 위해 구두 스크립트를 필요로 하는데, 이는 성인과 함께하는 공동 활동 일과를 통해 배운다. 다음과 같은 활동이 이에 포함된다.

- 차례 지키기 단계(예: "내 차례야" "네 차례야" "저에게 ×를 주세요" "저는 ×를 원해요")
- 아동들에게 "기다려" "내가 끝낼래" 가르치기
- 상호작용 및 갈등 해결에 관한 간단한 스크립트 주기(예: "내 거야" "돌려줘")
- 상호작용의 개시와 유지를 위해 또래 촉구하기(예: "이거 해" "다시 해" "더 해")
- 원을 그리며 노래하다 신호에 따라 몇 명씩 팔짱 끼는 놀이, 원을 그리며 노래

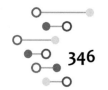

하고 춤추다가 신호에 따라 웅크리는 놀이, 같은 그림 찾기, 주사위 놀이 같은
보드게임 가르치기

순서대로 번갈아 할 수 있고 다수의 성인과 함께 하는 활동 일과를 수행하는 것
을 배운 아동들의 경우, 교실에서 '친구와 놀이하기' 시간을 갖는다. 서로에게 관
심이 있고 함께 놀이를 만들어 가는 2명의 아동들은 상호작용하기 위해 성인과 함
께 놀이하는 기회를 가진다. 성인이 활동 센터 안에서 상호작용을 만들 수도 있고
혹은 아동들에게 보장된 시간이 필요할 수 있다. 이는 언어치료사, 작업치료사,
혹은 다른 스태프와 분리되어 있는 시간 동안 일어날 수 있다. 만약 이러한 것들
을 확립하기 위해 떨어져 있는 시간이 필요하다면, 일반화와 유지를 위해 교실 안
에서 활동 기간 동안 연습을 꼭 해야 한다.

주의사항: 성인은 쉽게 그리고 의도치 않게 아동들의 대화 혹은 그들의 관심을
중단시킴으로써 또래 상호작용을 방해할 수 있다. 목표가 또래 간 직접적인 상호
작용일 때, 성인은 아동들 뒤에 있거나 떨어져 있음으로써, 진행 중인 상호작용을
방해하지 않아야 한다. 만약 촉구가 필요할 경우에는, 아동의 뒤에서 조용히 빠르
게 촉구한다.

목표가 아동 간 상호작용일 때 성인의 존재는 보이지 않아야 한다. 성인은 사회
적 행동에 대한 선행사건(및 강화)이 성인이 아닌 다른 아동에게서 나올 수 있도록
열심히 노력해야 한다.

🜨 일상생활/ 자조기술

집단 환경의 다른 이점은 일상생활 및 자조기술 개발 활동이 평범한 일상 속의
일부로 가능하다는 것이다. 기능적으로 적절한 많은 기회들이 자연스럽게 일어나
거나 이를 교실 활동 구조에 쉽게 끼워 넣을 수 있다.

옷 입기

물놀이 활동은 주로 상당히 동기부여가 잘되고 일반적으로 사회적 혹은 놀이 목표를 가르치기 위해 계획된다. 그러나 물놀이 활동은 아동들이 젖지 않은 상태로 있기 위해 옷을 벗도록 하는 기능적인 이유로 시행하기도 한다. 개별적인 옷 입기 및 옷 벗기 목표를 지원하기 위해 교실 일상생활 안에서 여러 형태의 물놀이를 한다. 옷 입기 목표는 물놀이 전후로 다른 감각적 도구(예: 마른 콩, 쌀)를 이용한 놀이를 할 때도 이용할 수 있다. 각각의 아동의 옷 입기 프로그램을 물놀이 활동의 일부로 구성하고 구체적이고 일관된 장소를 마련한다. 각 아동의 이름이 적힌 의자와 비슷한 그림으로 표시를 한 옷을 넣을 바구니를 준비한다.

간식/식사 시간 이후에 물놀이 활동 일정을 짜는 것이 유용하다. 이렇게 하면 스태프가 아동들이 모두 자리에 앉아 식사를 마치기 전에 개별 옷 입기 활동을 빠르게 준비할 수 있다. 게다가 각각의 아동들의 먹는 속도가 모두 다르기(혹은 그렇게 하도록 권장할 수 있음) 때문에 개별적으로 준비할 게 많은 옷 입기 프로그램에 도움이 된다.

이미 옷 입기 기술을 갖추기 시작한 아동들인 경우, 한 명의 성인이 한 번에 여러 아동들을 보조할 수 있다. 그러나 일부 아동들은 옷 입기 목표를 성취하기 위한 직접적인 일대일 교육과 동기를 부여할 계획이 필요하다. 모든 활동과 함께, 옷 입기 목표 및 순서는 아동들의 목표를 기반으로 하여 아동들마다 개별화한다.

일부 아동들은 특정 옷 혹은 옷의 잠금 장치에 대한 연습이 필요한 반면 모든 단계를 가르쳐야 하는 아동도 있다. 각각의 아동의 기록지 및 발달과제 분석은 당일의 데이터 기록 과정, 습득 및 유지 교육의 단계를 목표로 한다.

위생

교실 내 일상생활에서는 손 씻기, 세수하기 그리고 양치를 배우거나 연습하는 것과 같은 여러 가지의 자연스러운 일들이 일어난다.

손 씻기, 식사 후 양치하기는 식사 시간 및 간식 시간 전후의 전형적인 일과다. 이를 위해 일정을 짤 때 시간과 스태프 수를 고려해야 한다. 손 씻기와 양치 둘 다

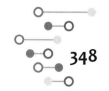

아동 뒤, 보이지 않는 곳에 위치한 성인이 언어로 촉구하는 것보다 물리적으로 도와주며 가르치는 것이 가장 좋다. 그래야 아동이 과정 속에서 각각의 행동 단계를 통해 순조롭게 도움을 받는다. 각 아동의 기술 순서에 따른 개별적인 발달 과제 분석은 아동들의 교육 단계를 결정한다.

집단 식사 시간

집단 학습 경험으로써 식사 시간 및 간식 시간 구조화가 갖는 큰 교육상의 이점은 이를 가족과 앉아서 식사하는 것을 연습하는 기회로 삼을 수 있다는 것이다. 각 아동의 개별 목표는 교육 내용을 만들어 낸다. 탁자의 양 끝에 성인이 앉아서 부모 역할을 맡는다. 동시에 아동에게 음식을 주고 의사소통하며, 상호작용을 권한다. 카트에 있는 음식은 성인들의 손에 닿지만 아동의 손이 닿지 않는 곳에 두어 성인이 접시, 컵, 냅킨뿐만 아니라 음식을 통제할 수 있도록 한다. 세 번째 성인은 집단 안에서 역할이 없지만 기본적인 식사도구 사용법을 배우기 위해 도움이 필요한 아동에게 개별적으로 뒤에서 신체적 촉구를 한다. 가족 같은 분위기에서 음식을 주고 아동은 음식을 접시와 컵에 받아간다. 음식은 아동의 요청에 따라 주는데 계속해서 여러 차례 요구를 할 수 있도록 적은 양을 제공한다.

자리 배치는 사회적 및 의사소통 목표의 전환에 영향을 끼친다. 또래와 상호작용하는 목표를 가진 아동은 서로 맞은편에 앉게 하고 성인이 아동의 대화와 상호작용을 도와준다. 음식을 요구하는 목표를 가진 아동 경우에, 성인이 아동의 맞은편 혹은 대각선상에 앉는다. 제일 좋아하는 음식은 근처에 위치하지만, 성인에게 요구하지 않으면 가질 수 없다. 식탁에서 다양한 기술 수준의 아동들을 섞어 놓는 것은 모든 아동을 위한 사회적 파트너와 모델을 제공한다. 식탁에서 성인은 식사를 하는 내내 앞서 언급한 기본적인 ESDM 커리큘럼을 사용한다.

- 아동들은 깔개, 냅킨, 그릇, 은식기류 그리고 컵을 가져가거나 식탁에 옮기며 식사 준비에 참여한다. 음식이 담긴 그릇과 음료를 옮긴다. 식사를 마치면 먹었던 자리를 치우고, 식기를 싱크대로 옮기고, 냅킨을 버리고, 흘린 것을 닦고

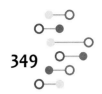

손이나 입을 닦는다. 식탁과 관한 자조기술과 집안일을 포함한 목표에 의해 아동에 대한 기대치가 결정된다.

- 적절한 식사 시간 목표는 간단한 제스처 및 언어적 요청을 포함한 의사소통이다. 기다리기, 또래와의 상호작용, 사회적 언어, 식기 · 냅킨 · 식사도구 사용, 요청했을 때 주기, 음식 차리기 · 음료 따르기 그리고 옮기기, 예의 바른 말하기, 그리고 상차림 및 치우기.
- 다른 기술 영역 또한 식사 시간에 적용한다. 수용 및 표현 언어, 상차리는 데 필요한 짝 맞추기 기술을 포함한 인지적 목표 · 개수 세기(과자 개수 세기) 그리고 색깔 및 모양 변별 목표(색깔별로 과일 혹은 모양별로 과자 요청하기), 사회적 행동, 그리고 조리기구를 집기 · 자르기 · 도구를 나누어 주기 관련 소근육 운동.

각 스태프와 아동의 교실 스케줄은 식사 시간 동안 성인의 교육 필요조건 및 아동의 학습 목표를 결정한다. 앞서 언급한 것처럼, 모든 성인이 각 아동의 목표가 무엇인지 기억하기 위해 벽에 아동의 활동 목표를 적은 작은 카드를 게시하는 것이 도움이 된다. 스태프가 다음 아동에게 주의를 기울이는 동안, 모든 아동은 개별적으로 5분 동안 활동할 수 있으며 사회적 환경에서 식사를 계속할 수 있는 자유가 주어진다.

식기 관련 기술 교육

아동 뒤에서 식기 사용을 가르치는 것은 매우 도움이 된다. 필요하다면 그릇이나 접시를 움직이지 않게 촉구하고, 식기를 적절하게 내려놓고 냅킨을 사용하게 하며 식기 사용을 신체적으로 촉구한다. 이를 통해 성인은 행동패턴의 연쇄에 집중할 수 있으며, 성인이 언어적 및 사회적 촉구를 사용하지 않게 되어 아동이 촉구에 의존하는 것을 막을 수 있다.

식사 활동을 지도하는 성인은 아동의 사회적 파트너다. 아동 뒤에 있는 성인은 필요한 행동을 촉구하기 위해 보이지 않는 도움을 준다. 음식을 향한 아동의 초기

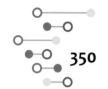

행동에 촉구가 따라오도록 하라. 자발적인 식사 행동의 개시를 지원하라. 아동이 음식을 향해 손을 뻗으면, 손을 숟가락으로 향하게 촉구한다.

촉구는 선행사건을 따른다. 자발적인 행동에서는, 음식에 대한 아동의 욕구가 아동의 접근 행동에 대한 선행사건이 된다. 거기에서부터 행동형성한다. 촉구를 빠르게 없애야 한다!

최소-최대 촉구 전략을 사용하여 아동의 손에 도움을 주는 시간을 최소화한다. 손목, 어깨 혹은 팔꿈치를 만져서 촉구하고 모든 팔을 이용하기보다 팔꿈치로 쿡 찌른다. 접시에 손을 넣거나 입을 접시에 대는 행동과 같은 부적절한 행동을 저지한다. 만약 아동들이 저항한다면 접시를 잠시 치운다.

결론적으로 식사 시간은 매우 풍부한 사회적·의사소통 및 기술 기반의 교육 기회를 제공한다. 그러나 식사 시간 동안 최대한의 학습 기회를 제공하려면 분명하게 각각의 아동의 식사 시간에 대한 목표가 있어야 하며 목표에 따른 스태프들의 역할, 자리 배열 및 식단 배치를 해야 한다. 모든 목표는 합법적이며 식사 시간의 경험으로서 가치가 있지만 모든 활동 기간과 마찬가지로 전환은 신중한 계획, 의사소통 및 준비를 요한다.

유치원 전환

이번 장의 마지막 주제는 유치원 밖에서 유치원으로의, 반드시 필요한 전환이다. 이 전환에서의 가장 큰 염려는 아동들을 지원하지 못하거나 이끌어 내지 못하는 새로운 환경에서 아동들의 발달 기술의 잠재적 손실이다. 스태프는 아동의 기술 레퍼토리, 그 기술들을 어떻게 끌어내고 도와줄지 그리고 새로운 학습을 어떻게 잘 촉구할지를 알아야 한다. 아동의 이전 학습을 지원하고 추가적인 학습을 위해 새로운 교실이 정해진 후 가능한 빨리 시작하여 상당한 양의 정보를 얻어야 한다.

다음 환경에서 아동을 담당하는 스태프에게 현재 환경에서 아동을 관찰하고 현

재 교육 계획을 받는 것에 대한 계획을 전달한다. 이는 새 프로그램이 이전 프로그램을 바탕으로 하기 때문에 꼭 필요하다. 따라서 아동이 필요로 하는 부분에 대한 계획을 공유할 필요가 있고 아동이 다음 환경에 잘 적응할 수 있도록 철저하게 준비한다. 이런 것들이 가능하고 적절하다면, 그림 스케줄 체계와 같이 아동이 사용하는 구체적인 자료는 전환 이전에 새로운 환경에 적용된다. 이런 식으로 구체적인 자료가 새로운 환경으로 아동을 인도하게 하며 아동의 전환을 돕는 것은 좋다. 또한 새로운 환경에서 아동이 성공적으로 적응하도록 도와주는 기술은 분명해지고 개발될 수 있다. 같은 방법으로 현재 스태프가 새로운 프로그램을 관찰하는 것은 스태프들에게 전환을 준비하는 아동을 도와줄 방법에 대한 많은 아이디어(아동이 새로운 환경에서 필요로 할 새 기술과 현재 기술을 새로운 환경의 요구에 맞춰 적용시킬 방법)를 준다.

ESDM에서 진행 중인 계획이 발달상의 필요성에 기반하지만, 발달 준비도와는 별개로 특정 유치원에 대한 준비 기술도 있다. 유치원으로 전환이 예정되어 있는 몇 개월 전부터 적절한 유치원 준비에 대한 계획이 진행되고 있는지 확인하기 위해서 이러한 기술을 신중하게 평가한다. 아동이 유치원 환경에 올 때 일반적으로 예상되는 구체적인 기술 개발을 위해 유치원 스태프와 함께 미팅을 하는 것은 굉장히 큰 도움이 된다. 게다가 이를 통해 몇 가지 초기 유치원 필요 기술을 확인하고 학습을 시작할 수 있다. 이런 식으로 개별화한 유치원 필요 기술(Barnes, 1997)을 개발하고 진행 중인 목표의 기초로 삼는다. 일반적인 유치원 필요 기술은 〈표 10-5〉에 있다.

〈표 10-5〉 일반적인 유치원 필요 기술

행동
• 줄을 서서 기다리고 아동 집단과 함께 줄을 따라 걸어가기
• 짧은 이야기를 듣는 동안 조용히 앉아 있기
• 정리 활동에 참여하기
• 필요할 때 도움 요청하기

- 소집단 안에서 활동하기
- 선생님이 주신 과제 완성해 보기
- 자유 선택 과제 선택하기
- 자유 선택 활동 완료하기

자조기술
- 스스로 화장실 사용하기(변기 물 내리기, 손 씻기, 옷 입기 등)
- 스스로 입기(양말, 외투, 신발 끈 묶기)
- 소지품 챙기기(코트 챙기기 혹은 도시락 가방 챙기기 등)

언어 및 의사소통
- 이름을 묻는 질문에 답하기
- 두 단계 간단한 지시 수행하기
- 의견, 생각 혹은 경험 공유하기
- 다양한 이야기 듣고 의견 덧붙이기
- 사회적으로 적절한 언어적 상호작용에 반응하기 및 개시하기("안녕" "이름이 뭐야?")
- 또래들과 함께 일상적인 놀이에 참여하기(집 놀이, 인형 놀이, 역할놀이 등)
- 일반적인 신체 부분 식별하기(등, 배, 머리, 다리, 얼굴 특징 등)
- 손을 들어 도움 요청하기

기초학업 기술
- 1부터 10 세기
- 1~5개의 구체적인 대상과 일대일 대응하기
- 대상 구별하기, 짝 맞추기, 분류하기
- 색상, 크기 및 모양에 따라 분류하기 및 짝 맞추기
- 이름 인식하기
- 글자와 숫자 인식하기
- 이름 철자 인식하기
- 기본 색깔 이름 알기 및 변별하기
- 알파벳 노래 부르기

소근육 운동 기술

- 크레용, 마커 펜 및 연필 바르게 잡기
- 가위 바르게 잡기 및 선 따라 자르기
- 베껴 쓰기, 그림 그리기 및 선, 원, 사각형 및 삼각형 그리기
- 이름 쓰기
- 물, 모래, 찰흙, 쌀, 손가락 그림, 기타 등을 이용한 촉각 활동해 보기
- 퍼즐, 구슬, 레고 등 같은 간단한 조작 활동 수행하기
- 이젤에서 그림 그리기

대근육 운동 기술

- 통나무 굴리기, 뛰기, 한 발로 서 있기, 전속력으로 달리기, 줄넘기, 깡충깡충 뛰기 및 빙 돌기
- 크고 작은 공을 던지기 및 잡기
- 놀이터 기구 사용하기(기어 올라가기, 미끄럼틀, 그네 등)
- 집단 신체 활동 및 음악 활동 경험하기

전환할 때, 아동이 익숙한 스태프와 새 학교에 방문하는 것은 도움이 된다. 아동이 집에서 볼 수 있는 새 환경에 대한 영상을 만드는 것(예: 교실, 놀이터, 화장실)도 아동이 새 환경에 익숙해지는 데 도움이 된다. 현재 익숙한 스케줄에서의 아동 모습을 녹화하는 것 또한 아동의 현재 목표 및 기술을 인계받는 스태프를 익숙하게 만드는 데 굉장히 유용하고, 효과적으로 아동과 수행하는 일반적인 계획을 서술하는 데 도움이 된다.

또한 서면 보고서, 서면 개별 프로그램 및 기록 보관 서식을 제공하고 검토해야 한다. 일반적으로 새로운 환경에 대해 아동을 효과적으로 준비시키고, 아동이 전환을 하는 데 가급적 높은 일관성 및 친밀도를 제공하기 위해 팀 간 광범위한 의사소통은 필수적이다.

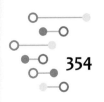

 결론

　ESDM 교실에서의 프로그램 시행은 개별화된 커리큘럼을 일관되고 예측 가능한 교실 내 일과를 통해 제공하도록 하며 이는 센터 기반 세팅과 통합 집단 세팅 모두에 적용 가능하다. 정밀한 계획 및 집중적인 상호작용은 ASD 아동의 일반적인 발달 및 학습 필요성을 고려한다. 발달 중점적이고 놀이 지향적이며 관계에 기반을 둔 접근을 사용하여 집중적인 개별 지도를 하는 것 또한 잘 구조화된 환경에서 이루어진다. 지속적인 데이터 수집 및 해석을 통한 교육의 시행은 ABA에 기반하며 신중한 지도 편달 및 경험적인 접근을 확실히 한다. 미국의 모든 유아기 교육 환경처럼 ESDM을 사용하는 교실은 아동들의 독립성 발달, 사회적 관계 및 상호작용 장려 그리고 점점 더 복잡한 의사소통 기술의 발달을 강조한다. 또한 관계의 질, 아동의 긍정적인 정서적 경험에 대한 강조와 놀이에 기반을 둔 활동을 포함한 집중적인 지도는 개별적으로 제공하는 것과 마찬가지로 교실 모델을 지향한다.

부록

A. ESDM 커리큘럼 체크리스트와 항목 설명

◗ 소개

ESDM 커리큘럼 체크리스트는 개입을 위한 학습 목표를 세우기 위해 조기 덴버 모델에서 사용하는 도구다. ESDM을 실행하는 것과 유사하게 아동에게 놀이 기반 형태로 매 12주마다 실행한다. 주로 직접 시행을 하지만, ESDM 치료가 다루는 주요 발달 영역(언어, 사회성, 자조기술, 인지, 놀이, 모방과 소근육 및 대근육 발달)에 걸친 아동의 현재 기술에 대한 정확한 평가를 위해 부모나 아동과 일하는 다른 전문가로부터 얻은 정보도 사용한다. 커리큘럼 체크리스트의 최신판은 수년간 이루어진 임상 연구의 산물이며, 각 항목과 그 순서는 임상 경험과 발달 관련 문헌 및 발달 검사 도구에서 밝힌 정보의 산물이다.

제4장에서 기술했듯이, ESDM 커리큘럼 체크리스트는 수용 언어, 표현 언어, 사회기술, 놀이 기술, 인지 기술, 소근육 및 대근육 기술 그리고 자조기술 등 다양한 발달 영역에서 기술의 발달적 순서를 평가하는 준거-기반 도구다. 기술 수준은 9~12개월부터 48개월까지 있다. 체크리스트는 4개 레벨로 구성되는데, 대략 발달 연령 12~18개월, 18~24개월, 24~26개월 그리고 36~48개월과 일치한다. 그러나 커리큘럼 체크리스트는 또래에 비해 상대적으로 발달된 시각운동 기술 그리고 상대적으로 덜 발달된 사회 및 의사소통 기술을 보이는 어린 ASD 아동을 위해 개발되었다. 따라서 정상 발달을 기준으로 비교하면, 각 레벨에서 언어와 사회적 항목들은 소근육 및 대근육 기술에 비해 발달적으로 미숙하다. 레벨 1의 모방 항목과 레벨 2의 공동주의 항목처럼, ASD에게 강조되어야 하는 특별히 중요한 기술의 경우에는 보다 세밀한 수준까지 개발하였다. 모방은 사회성 발달과 공동주의 그리고 언어 발달의 하위 영역으로 간주되지만, 이런 기술들은 ASD에 지대한 영향을 미치며, 치명적이므로 ESDM 커리큘럼 체크리스트에서 특히 강조하였다. 각 영역의 순서는 정상 발달 아동의 문헌 리뷰에서 참고하였다. 특정 레벨에 해당 항목을 포함시키는 것은 정상 아

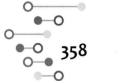

동의 발달 연구와 여러 ESDM 다학제적 팀이 지난 25년간 수백 명의 ASD 아동과 일한 임상 경험에 근거하였다.

◑ 실시

커리큘럼 체크리스트는 조기교육 전문가에 의해 실시되도록 개발되었으며 이는 팀의 구성이나 개입 프로그램에 따라 여러 가지 방식으로 실시될 수 있다. 체크리스트는 다양한 영역의 발달에 대한 다학제적인 지식을 갖추고 있고, 도구 및 채점에 대해 훈련을 받은 조기 교육 전문가라면 누구나 실시할 수 있다. ESDM이 하나의 치료로 제공되거나, 혹은 제너럴리스트 시행 모델에 따라 집중적인 1:1 형태로 제공되면, 팀 리더가 이 체크리스트를 실시할 수 있다. 치료자가 자신의 전문 영역이 아닌 항목을 다룰 때에는 해당 영역에 대한 훈련이 필요하다. 다학제적 팀에 의해 운영되는 프로그램이라면 각 전문가가 해당 전문 영역을 담당해도 좋다.

다양한 영역의 기술 수준을 평가하는 다른 평가 도구들과 마찬가지로, 커리큘럼 체크리스트의 목표는 전체를 다 마치는 것이 아니라 아동의 현재 능력 수준을 평가하는 것이다. 평가 후 검사자는 아동에게 가장 잘 발달되어 있는 기술뿐 아니라 어려워하는 기술을 파악할 수 있어야 한다. 평가를 통해 검사자는 아동의 현재 기술 목록 및 아동이 습득하지 못한 기술 목록을 작성할 수 있어야 한다. 대부분의 아동은 모든 영역에서 특정 레벨에 속하게 될 것이다. 하지만 아동이 특정 레벨의 기술의 초반 항목을 수행하는 것으로 평가되었다면, 아동이 그 전 레벨에서 중요한 기술을 습득하지 못한 것은 아닌지 확인하기 위해 전 레벨의 마지막 항목들을 수행할 수 있는지 확인해 보아야 한다. 같은 맥락에서, 아동이 어떤 레벨의 특정 영역에서 거의 실패를 하지 않고 대부분의 항목을 통과한다면, 검사자는 그 영역에서 아동의 현재 행동 레퍼토리에 대한 정확한 정보를 얻기 위해 해당 영역 다음 레벨의 초반 문항을 검사해야 한다. 다른 발달 검사들처럼 검사자의 목표는 아동의 최저 및 최대 수준을 결정하고, 특히 각 영역에서 실패를 보이는 기술을 파악하는 것이다. 이것은 추후 개입의 목표 영역이 된다.

커리큘럼 체크리스트는 개입을 할 때와 같은 방식으로 시행된다. 즉, 공동 활동 구조를 사용하는 놀이 기반의 상호작용 형태로 이루어진다. 놀이 기반 평가는 한 가지 활동을 통해 다양한 기술을 측정 가능하게 하는데, 이는 대부분의 장난감을 매개로 하는 성인과 아동 간의 상호작용이 운동 기술, 인지 기술, 언어 기술 그리고 사회기술을 포함하고 있기 때

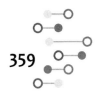

문이다. 놀이 기반 평가는 또한 영유아의 일반적인 사회적 상호작용 패턴 안에서 사회적 요소 및 의사소통 요소를 살펴볼 수 있게 해 준다. 검사자는 항목을 평가하는 데 필요한 도구가 포함된 놀이 회기를 기획하고, 아동과 함께할 놀이 활동을 개발한다. 부모의 참여 정도는 검사자의 판단에 달려 있다. 검사자는 도구를 제공거나, 어려운 기술에 대해 모델을 여러 번 보여 주거나, 부모가 도움을 줄 수 있게 유도하며, 일상생활에서 아동이 보여주는 기술에 대해 질문한다. 검사자는 아동이 흥미 있어 하는 놀이 활동을 통해 아동의 관심을 끌고, 자연스럽게 놀이를 마치거나 더 이상의 새로운 행동을 끌어 내지 못할 때까지 아동과 활동을 계속한다. 한 활동을 마치면 커리큘럼 체크리스트에 관찰된 행동 및 시도 했으나 이끌어 내지 못한 행동을 기록한다. 그리고 나서 검사자는 또 다른 놀이 활동을 반복한다. 각 놀이 활동을 마칠 때마다 검사자는 멈추고, 기록하고, 항목을 확인하고, 평가가 더 필요한 항목이 있는지 살핀다. 또한 나머지 항목에서 행동을 이끌어 낼 수 있는 도구 및 놀이 활동을 선택한다. 검사 상황에서 관찰이 어려운 항목(예: 목욕)에 대해서는 부모와 인터뷰를 진행한다. 다른 치료사의 보고서가 있다면, 그 정보를 사용한다. 체크리스트에는 직접 관찰, 부모 보고, 다른 치료사 및 선생님 보고와 같이 각 보고원을 기록하는 란이 있다.

커리큘럼 체크리스트는 1시간에서 1시간 30분 동안 진행되는 놀이 회기 내에서 완료한다. 작은 테이블과 의자, 빈백, 바닥 놀이를 할 수 있는 공간, 부모를 위한 편안한 의자 그리고 커리큘럼 체크리스트에 있는 기술들을 이끌어 내는 데 필요한 도구들이 갖춰진 치료실에서 진행하는 것이 가장 좋다. 필요한 도구의 목록은 커리큘럼 체크리스트의 앞부분에 제시되어 있다. 검사에 사용되지 않는 도구는 안 보이게 치움으로써, 시간을 절약할 뿐 아니라 검사에 유용한 정보를 주지 못하는 사물에 아동의 주의가 분산되는 것을 방지할 수 있다. 평가 장면을 녹화하는 것이 필수는 아니지만, 추후에 참고할 수 있는 정보가 될 수 있고 치료 시작 시점을 문서화한다는 점에서 유용하다.

◑ 채점

체크리스트에는 다음과 같은 3가지 채점 기호를 사용한다. 통과 또는 P 또는 +(일관적인 수행 및 완수), 통과/실패 또는 P/F 또는 ±(비일관적인 수행), 실패 또는 F 또는 −(행동이 관찰되지 않았거나 해당 행동을 이끌어 내기 어려웠을 때). 커리큘럼 체크리스트 항목 설명에는 각 항목을 통과하는 데 필요한 반응 수준이 구체화되어 있다. 검사자는 부모 보고 및 직접 관찰한 내용을 해당 체크란에 기록하고, 가능할 경우 다른 팀 구성원에게 제공받은 추가적인 정보도 함께 기록한다. 검사자는 통과 및 실패 항목 모두에 대해 해당 행동이 집 또는 다른 세팅에서 나타나는지 파악해야 하며, 얼마나 일관적으로 나타나는지도 확인해야 한다. 자조기술과 같은 행동은 검사 상황에서 관찰하기 어려운데, 이 경우 부모로부터의 정보가 매우 중요하다. 평가 완료 후 검사자는 각 항목에 대한 정보를 종합하여 항목당 채점을 하는데, 이는 특정 수준 안에 속한 각 영역 내의 해당 항목에 대해 통과 혹은 실패로 아동의 행동 습득 수준을 표시한다(주: 완벽히 습득되었거나 통과된 항목은 개입을 위한 목표행동으로 잡지 않기 때문에 아동의 수행을 되도록 보수적으로 평가해야 한다. 통과(Pass)는 반드시 항목 설명에 기술된 내용이 일관적이고 안정적으로 나타나고, 다양한 세팅, 사람 그리고 도구에 대해 일반화된 경우에 채점한다.). 검사자가 아동이 가진 기술의 레퍼토리를 충분히 파악하고, 커리큘럼 체크리스트의 각 영역에서 P, P/F, F를 통해 아동의 현재 기술 수준이 반영되면, 평가를 마감하고 학습 목표를 수립할 준비를 한다.

◑ 학습 목표로 전환하기

커리큘럼 체크리스트를 이용해 학습 목표를 세우는 과정은 제4장에 기술되어 있다. ESDM 커리큘럼 체크리스트에서 얻은 정보를 이용해 어떻게 개별 학습 계획을 세우는지에 대한 자세한 정보는 제4장을 참조하라.

◑ 필요한 도구

- 작은 테이블과 아동이 잘 앉을 수 있는 2개의 나무 의자
- 앉을 수 있는 큰 빈백
- 서랍이 달린 카트나 장난감을 보관할 수 있는 통
- 바닥에 카펫이 깔려 있지 않은 경우 앉아서 하는 놀이를 위한 작은 깔개
- 여러 가지 사물을 담을 수 있는 여러 개의 작고 투명한 뚜껑이 있는 통
- 풍선, 비눗방울, 스프링 장난감, 동물 그림책이 들어 있는 작은 박스
- 서로 다른 크기의 색칠하기 책
- 마커 세트와 종이
- 농장 놀이용 동물과 농장 동물 그림 두 세트

- 농장 동물 관련 아동용 그림책, 탈것 관련 아동용 그림책
- 2~3개의 자동차와 트럭
- 15~20cm에서 65cm 지름의 4~5개 공을 담은 통과 서로 다른 크기의 빈백을 담은 통
- 컵 쌓기 세트
- 고리 끼우기 장난감
- 여러 개의 퍼즐
- 뚜껑 달린 모양 맞추기 장난감
- 두꺼운 페그와 페그보드
- 식기 세트—적어도 2개의 컵, 접시, 스푼, 포크, 찰흙, 롤러, 과자 모형 틀, 플라스틱 칼, 포크, 아동용 가위
- 모자, 양말 등 옷을 입은 큰 아기 인형(60cm 이상)과 큰 동물(인형과 비슷한 크기)
- 아동용 담요, 작은 침대 혹은 침대를 대신할 박스
- 꼬리빗, 브러시, 거울, 모자, 목걸이 등 꾸미기 용품
- 구슬 끼우기 구슬
- 큰 레고 세트
- 망치와 못, 공과 같은 장난감
- 다양한 버튼을 눌러 여는 팝업 장난감
- 먹는 기술을 평가할 수 있는 스낵: 컵, 주스, 스푼이 필요한 볼 등
- 연결이 가능한 비즈 줄과 비즈
- 가족과 자신의 사진

ESDM 커리큘럼 체크리스트

아동 이름: _____

날짜: _____

부모님 면담 내용:

_____

_____

관계자 면담 내용:

_____

_____

지침: 이 체크리스트는 아동이 이미 학습한 기술과 현재 학습 과정 중에 있는 행동, 아동의 레퍼토리 안에 없는 행동을 각 영역별로 알아보기 위해 사용한다. 각 항목에 대한 자세한 내용은 부록 A ESDM 커리큘럼 체크리스트: 항목 설명을 참고한다.

- 지속적으로 일관된 수행을 보이는 행동에 대해서는 +/P(통과)를 사용하고,
- 비일관적인 수행을 보이는 행동에 대해서는 +/− 혹은 P/F(통과/실패)로 표기한다.
- 수행하기 힘든 행동의 경우−혹은 F(실패)로 표기한다.
- 이 코드들을 해당 칸(직접 관찰, 부모 보고, 선생님/다른 사람의 보고)에 표기한다.

채점코드 칸에는 다음과 같이 기록한다.
- A(acquired 이미 습득한 행동)−아동이 확실하게 그 기술을 보이고, 부모 보고에서 역시 일관적으로 수행을 잘할 때
- P(partial or prompted 부분적으로 혹은 도움을 주면 수행하는 행동)−아동이 비일관

적으로 행동을 수행하거나 추가적인 도움이 필요하고, 부모나 다른 사람의 보고에서 도 이와 같은 결과가 나타날 때, 혹은 아동이 그 기술의 단계 중 일부만 할 수 있을 때

- N–아동이 그 행동을 할 능력이 없으며 부모와 다른 사람의 보고 역시 일치할 경우
- X–행동할 기회가 없거나, 해당 아동에게 적합하지 않은 행동일 경우

  각 영역에서 아동의 기술 수준은 4가지 레벨 중 한 레벨에 속할 것이다. 그러나 한 레벨 에서 숙달한 것으로 보이는 기술도 이전 레벨에서는 실패하는 경우가 있기 때문에, 이전 레벨의 마지막 항목을 체크하여 그 기술을 성공적으로 수행하는지 확인한다. 아동이 어떤 레벨에서 거의 모든 기술을 수행한다면, 다음 레벨로 넘어가 각 영역 별로 항목의 절반을 먼저 평가하여 아동의 현재 레퍼토리에 대한 아이디어를 얻는다. 각 영역에서 통과(pass) 가 실패(fail)로 되는 되는 시점이 가르치기를 시작해야 하는 목표 영역(target area)이다.

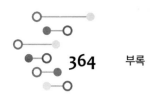

레벨 1	관찰	부모 보고	그 외/ 선생님 보고	채점 코드
수용 언어				
1 고개를 돌려 소리가 나는 쪽을 쳐다본다.				
2 혀를 입술 사이로 진동시키거나 휘파람 등 입으로 내는 재미있는 소리가 나는 쪽을 바라본다.				
3 고개를 돌려 말하는 사람 쪽을 바라본다.				
4 성인이 가리키는 책의 그림을 쳐다본다.				
5 통 안에 사물을 넣거나 퍼즐 조각을 맞추는 등 가리키는 곳에 사물을 넣는다.				
6 사물을 보여 주며 "○○야, 여기 봐" 하면 쳐다본다.				
7 이름을 부르면 상대방을 쳐다본다.				
8 가까이에 있는 사물이나 장소를 가리키면 쳐다본다.				
9 멀리 있는 장난감을 가리키면 쳐다본다.				
10 사회적 놀이를 할 때 성인의 제스처나 목소리에 대한 반응으로 쳐다보고, 다가가고 미소 짓는다.				
11 성인이 노래를 부를 때 가사나 제스처에 대한 반응으로 쳐다보고, 다가가고 미소 짓는다.				
12 제지하는 말(예: 안 돼, 그만해)에 잠시 하던 일을 멈춘다.				
13 성인이 사물을 달라고 말하며 손을 내밀면 사물을 건네준다.				
14 언어나 제스처 단서와 결합된 몸을 움직여야 하는 간단한 일상적 지시(예: 앉아, 이리 와, 정리해)를 따른다.				
15 제스처 단서 없는 몸을 움직여야 하는 간단한 일상적 지시(예: 앉아, 이리 와, 정리해)를 따른다.				
표현 언어				
1 요청의 의미로 손을 뻗는다.				
2 의도적으로 소리를 낸다.				
3 도움을 '요청'하기 위해 성인에게 사물을 건넨다.				
4 대화 상대와 음성을 교환한다.				
5 사물을 밀쳐내거나 다른 사람에게 되돌려줌으로써 거절 의사를 표현한다.				
6 근거리에 있는 원하는 사물을 가리킨다.				
7 원하는 사물을 못 가지도록 막거나 감췄을 때 달라는 표시로 눈을 맞춘다.				
8 두 개의 사물 중 원하는 것을 가리킨다.				
9 요청하기 위해 의도적으로 상대를 응시하면서 소리를 낸다.				
10 멀리 있는 원하는 사물을 가리킨다.				
11 멀리 있는 두 개의 사물 중 원하는 것을 가리킨다.				
12 '자음-모음-자음-모음'으로 구성된 중복된 옹알이를 한다(단어와 유사할 필요 없음).				
13 5가지 이상의 자음 소리를 자발적으로 낸다.				
14 자음-모음 순서를 달리하여 '자음-모음-자음-모음'으로 된 소리를 낸다(다양한 옹알이).				

	레벨 1	관찰	부모 보고	그 외/ 선생님 보고	채점 코드
	사회기술				
1	짧은 감각 자극이 수반된 사회적 놀이와 접촉을 받아들인다.				
2	감각 자극이 수반된 사회적 활동을 시작하고 유지하려는 제스처를 보인다.				
3	다른 사람과 잠시 눈을 맞춘다.				
4	2분간 감각 자극이 수반된 사회적 접촉을 유지한다.				
5	응시, 접근, 웃음, 움직임을 통해 좋아하는 사물 활동에 반응한다.				
6	병렬 장난감 놀이(같은 장소에서 놀이를 하지만 서로 상호작용하지 않고 독립적으로 놀이를 하는 경우)를 하는 동안 모방을 주도하는 성인을 쳐다보고 반응한다.				
7	감각 자극이 수반된 사회적 놀이 레퍼토리가 5~10가지 있다.				
8	고개를 돌리거나 쳐다보는 등 인사에 반응한다.				
9	인사에 제스처나 음성으로 반응한다.				
10	협동놀이 시 상대방과 미소를 나눈다.				
	모방				
1	물체를 가지고 하는 간단한 활동 8~10가지를 모방한다.				
2	노래나 게임에서 자기가 하면서 볼 수 있는 동작 10가지를 모방한다(예: 손뼉치기, 어깨 손 올리기, 발 구르기).				
3	노래나 게임에서 자기가 하면서 볼 수 없는 동작 6가지를 모방한다(예: 머리에 손 얹기, 귀 만지기, 볼에 손바닥 대기).				
4	6개의 서로 다른 구강-얼굴 동작을 모방한다.				
	인지				
1	같은 사물끼리 짝 맞추기/분류하기를 한다.				
2	같은 그림끼리 짝 맞추기/분류하기를 한다.				
3	같은 사물과 그림끼리 맞추기/분류하기를 한다.				
4	같은 색깔끼리 짝 맞추기/분류하기를 한다.				
	놀이				
1	5가지 사물을 기능에 맞게 가지고 논다.				
2	10가지 간단한 장난감을 독립적으로 적절하게 가지고 논다.				
3	같은 동작을 요하는 여러 개로 구성된 사물(예: 고리 끼우기, 컵 쌓기)을 독립적으로 가지고 논다.				
4	간단한 수준의 영아용 장난감을 적절하게 가지고 논다(예: 공 던지기, 블록 쌓기, 페그 보드 끼우기, 자동차 밀기 등).				
5	두 가지 다른 동작이 요구되는 장난감을 독립적으로 가지고 논다(예: 꺼내기/넣기).				
6	여러 가지 다른 동작들이 요구되는 장난감을 독립적으로 가지고 논다(예: 끼우기, 열기, 빼기, 닫기 등).				
7	다양한 사물을 가지고 그 사물에 맞는 행동을 한다.				
8	놀이를 끝내고 치운다.				

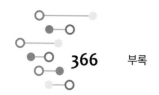

레벨 1	관찰	부모 보고	그 외/ 선생님 보고	채점 코드
소근육 운동				
1 도형 맞추기 장난감에서 1~2개는 끼운다.				
2 고리 끼우기를 한다.				
3 세 조각의 꼭지 퍼즐(역주: 퍼즐조각에 꼭지가 달려 쉽게 집어 이동이 가능한 퍼즐)을 맞춘다.				
4 페그보드에 페그를 끼운다.				
5 5가지 서로 다른 인과관계(cause-effect) 장난감의 버튼을 누른다.				
6 이미 꿰어 있는 구슬이나 조립된 블록을 해체한다.				
7 두 손가락을 사용하거나 세 손가락을 사용하여 장난감을 집는다.				
8 3개의 대형 블록으로 탑을 쌓거나 컵을 쌓는다.				
9 크레파스나 마커를 사용하여 낙서, 선, 마크, 점 등을 그린다.				
10 장난감 망치로 공이나 페그 등을 두드린다.				
11 모래, 물, 쌀알 등으로 뜨기, 긁어내기, 쏟기를 한다.				
12 큰 레고 블록을 쌓는다.				
대근육 운동				
1 큰 공을 찬다.				
2 도움을 받아 계단을 안정적으로 오르내린다. 발을 바꾸지 않는다.				
3 낮은 사다리를 1~2계단 오른다.				
4 승용완구(예: 목마, 의자, 자동차, 자전거 등)에 오르내린다.				
5 몸의 균형이 무너졌을 때 넘어지지 않으려는 동작을 한다.				
6 사물을 밟지 않고 비켜서 지나간다.				
7 여러 방향으로 공이나 콩주머니를 던진다.				
8 다른 사람과 공을 굴려 주고받는다.				
행동				
1 심각한 행동 문제가 거의 없다.				
2 의자에 혹은 성인과 마주 앉아 어려움 없이 1~2분간 즐거운 활동을 한다.				
3 의자나 바닥에 앉아 5분간 성인과 간단한 게임을 한다.				
4 성인과 가까이 앉아 약 20분간 문제행동 없이 상호작용을 한다.				
5 다른 가족들과 적절히 상호작용한다(예: 공격성이나 부적절한 상호작용을 하지 않음).				
자조기술: 식사				
1 밥과 간식을 상(식탁)에서 먹는다.				
2 식사를 독립적으로 한다.				
3 컵을 사용한다.				
4 숟가락을 사용한다.				
5 포크를 사용한다.				
6 다양한 질감, 형태, 종류의 음식을 먹는다.				

레벨 1	관찰	부모 보고	그 외/ 선생님 보고	채점 코드
7 새로운 음식을 제시했을 때 거부하지 않는다.				
8 빨대로 마신다.				
자조기술: 의생활				
9 도움을 받아 옷을 벗는다.				
10 도움을 받아 옷을 입는다.				
자조기술: 위생				
11 흐르는 물에 손을 가져다 댄다.				
12 수건으로 손을 닦는다.				
13 목욕 수건이나 수건으로 몸을 문지른다.				
14 머리 빗기, 코 풀기, 이 닦기를 견뎌 낸다.				
15 머리 빗기를 도와준다.				
16 입에 칫솔을 넣는다.				
자조기술: 집안일				
17 더러운 옷을 바구니에 넣는다.				
18 휴지를 쓰레기통에 버린다.				

레벨 2	관찰	부모 보고	그 외/ 선생님 보고	채점 코드
수용 언어				
1 촉구나 제스처 없이도 "멈춰" 혹은 "기다려"라는 지시에 따른다.				
2 신체 동작과 사물 활동을 요하는 8~10가지 단순한 지시를 따른다.				
3 자신 혹은 다른 사람의 신체 부위를 변별하여 가리키거나 보여 준다.				
4 일상생활(예: 놀이/옷 입기/먹기)에서 8~10개의 특정한 사물(예: 아기, 의자, 장난감 자동차, 블록, 컵, 곰인형 등)을 주거나 가리키거나 보여 주라는 지시에 따른다.				
5 책 안에 있는 그림의 이름을 말하면, 3개 정도 가리키고, 눈으로 따라가며 변별할 수 있다(예: 컵, 자동차, 강아지, 고양이, 아기 포함).				
6 기초적인 공간개념을 이해한다(예: 안, 위).				
7 가족, 반려동물, 선생님의 이름을 말하면 그 사람이나 사진을 쳐다본다.				
8 아동 눈앞에 없으나 방 안에 있는 8~10개의 사물들을 언어로 요청하면 가져온다.				
9 언어 지시에 따라(제스처 단서가 있는 경우), 한 가지 사물로 2개의 동작을 할 수 있다.				
10 그림에서 신체 부위를 가리킨다.				
표현 언어				
1 소리와 함께 적절한 사인 혹은 제스처로 의사를 표현한다(예: 요구, 완료, 공유, 도움, 거부 표현).				

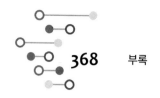
레벨 2		관찰	부모 보고	그 외/ 선생님 보고	채점 코드
2	익숙한 일, 감각 자극이 수반된 사회적 활동, 노래를 할 때 6~10개 정도의 단어나 유사단어를 말할 수 있다.				
3	자발적으로 놀이와 관련된 다양한 단어를 말할 수 있다(예: 굴러, 가, 멈춰 등)				
4	명사(사물/동물/사람 이름)와 명사가 아닌(동사 혹은 다른 관계를 가리키는) 단어를 20개 혹은 그 이상 기능적으로 사용한다.				
5	자발적으로 사물과 그림에 이름을 붙인다.				
6	다양한 억양으로 노래한다.				
7	눈맞춤을 하면서 한 단어로 요구하고 거절한다.				
8	맥락에 맞게 동작에 이름을 붙인다(예: 신체나 사물을 움직이며 동작을 할 때).				
9	중요한 세 사람의 이름을 말한다(자신을 포함).				
10	고개를 저으며 "아니요"라고 거절한다.				
11	고개를 끄덕이며 "예"라고 한다.				
12	모르는 것을 봤을 때 "저게 뭐야?"라고 질문한다.				
합동주시 행동					
1	"이거 봐."라고 말하며 사물을 제시하면 반응한다. 시선을 움직이고 몸의 방향을 돌려, 제시된 사물을 보는 등의 반응을 보인다.				
2	"저기 봐."라고 말하며 가리키면 멀리 있는 사물이나 사람을 바라보는 등의 반응을 보인다.				
3	다른 사람의 눈을 쳐다보면서 사물을 주고받는다.				
4	"보여 줘."라고 했을 때 해당 사물을 성인에게 보여 준다.				
5	자발적으로 사물을 보여 준다.				
6	언어적 지시 없이, 지시자가 가리키거나 응시하는 목표물을 쳐다본다.				
7	흥미로운 사물을 자발적으로 가리킨다.				
8	사물을 이용한 즐거운 활동을 하는 동안 성인과 눈을 맞추며 미소를 짓는다.				
사회기술: 성인 혹은 또래집단					
1	대화하는 동안 눈맞춤을 시작하고 유지한다.				
2	익숙한 사회적 놀이를 언어적으로 요구하거나 시작한다.				
3	애정 표현을 한다(예: 친숙한 사람들에게 포옹, 입맞춤 등).				
4	성인의 관심을 끌기 위해 제스처나 언어를 사용한다.				
5	인사에 "안녕?"이라 하고 손을 흔들며 반응한다.				
6	언어 혹은 제스처로 도움을 요청한다.				
7	대화할 때 언어 혹은 제스처와 함께 눈맞춤을 한다.				
8	놀이할 때 음악에 맞춰 다른 사람들과 춤을 춘다.				
9	술래잡기 놀이에서 다른 사람과 함께 뛰어다닌다.				
10	상대방이나 놀이의 이름을 말해 관심을 얻은 후, 사회적 놀이나 활동을 시작한다.				
사회기술: 또래집단					
11	친구가 요구하면 사물을 건네준다.				
12	집단에서 익숙한 노래/손가락 놀이에 참여한다.				

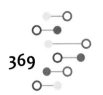

레벨 2	관찰	부모 보고	그 외/ 선생님 보고	채점 코드
13	친구가 병렬놀이(같은 장소에서 놀이를 하지만 서로 상호작용하지 않고 독립적으로 놀이를 하는 경우)를 하면 같이 한다.				
14	친구가 인사할 때 적절하게 반응한다.				
15	친구가 요구하면 간단한 장난감을 번갈아 가며 서로 주고받는다.				
16	집단으로 친구들과 앉아 성인의 지시에 집중한다.				
17	친구가 사물을 건네줄 때 받는다.				
18	시키면, 집단 안의 친구들에게 사물을 전달한다.				
19	놀이 상황에서 때때로 친구의 행동을 모방한다.				
20	혼자 혹은 친구와 같은 그림 맞추기 게임(예: 메모리게임, 로또게임 등)을 한다.				
모방				
1	의미 있는 의사소통을 할 때 다양한 모음과 자음을 모방한다.				
2	동물 소리 및 그 외의 소리를 모방한다.				
3	상호작용을 하는 동안 간단한 단어를 자주 그리고 자발적으로 모방한다.				
4	5가지 노래에 대한 율동을 모방한다. 적어도 10개의 다른 동작을 모방한다.				
5	노래하는 동안 새로운 동작을 모방한다.				
6	여러 단계 놀이 동작으로 구성된 사물을 이용한 모방을 한다.				
7	미니어처를 이용해 혼자 혹은 상대방과 가상놀이 행동을 모방한다.				
8	노래/놀이에서 2개의 연속된 동작을 모방한다.				
9	두 단어 문장을 모방한다.				
인지				
1	도형에 대해 짝 맞추기/분류하기를 한다.				
2	크기에 대해 짝 맞추기/분류하기를 한다.				
3	디자인이나 선으로 그린 그림에 대해 짝 맞추기/분류하기를 한다.				
4	비슷한 사물을 같은 집단으로 분류한다.				
5	일상적 사물을 기능에 따라 분류한다.				
6	없어진 사물을 찾거나 찾아달라고 요청한다.				
7	2가지 차원에서 짝 맞추기/분류하기를 한다.				
8	1~3개까지 짝 맞추기를 한다.				
놀이: 표상				
1	연관된 사물을 함께 가지고 논다(예: 컵을 컵받침에, 숟가락을 그릇에).				
2	놀이에서 소리 효과를 낸다/모방한다(예: 전화에 대고 말하기, 차 소음 내기, 동물 소리 내기).				
3	사람 인형 혹은 동물 인형 놀이를 할 때 소품을 이용해 한 가지 활동을 할 수 있다.				
4	놀이 주제에 따라 기능적으로 관련된 행동들을 함께 한다(예: 음료를 먹이거나 준다, 침대에 눕히고 이불을 덮는다).				
5	만들기 장난감으로 시행착오를 거쳐 문제 해결하는 것을 보여 준다. 도식은 융통성 있고 반복적이지 않다.				
놀이: 독립적 놀이				
6	성인이 가끔씩 관심을 주면, 10분 동안은 적절하고 다양하게 놀이한다.				

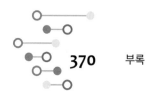

	레벨 2	관찰	부모 보고	그 외/ 선생님 보고	채점 코드
7	성인이 가끔씩 도와주면, 자유롭게 확장 가능한 도구를 가지고 최소 10분간 적절하게 혼자 시간을 보낼 수 있다.				
8	도구를 책상으로 가져가서 놀이를 하고 정리한다.				
	소근육 운동				
1	모양 끼우기 장난감에 3개 이상의 모양을 정확히 끼운다.				
2	약 3cm 정도의 블록을 8~10개 쌓는다.				
3	단순한 블록 모형을 3개 이상 따라 만든다.				
4	5개 이상 다양한 방식으로 블록, 레고, 구슬, 팅커토이 등 쌓기, 끼우기 장난감을 조작한다.				
5	찰흙으로 5개 이상의 단순한 행동을 모방한다(예: 굴리기, 찍기, 두드리기, 꼭 쥐기 등).				
6	종이에 여러 개의 스티커를 붙인다.				
7	돌려 여는 뚜껑을 포함해 다양한 통을 열고 닫는다.				
8	큰 지퍼를 열고 닫는다.				
9	큰 사물을 로프, 굵은 실, 고무호스에 길게 꿸 수 있다.				
10	마커펜, 크레용으로 선 긋기, 낙서하기, 점 찍기를 모방한다.				
11	가위로 종이를 자른다.				
12	장난감 칩과 동전을 구멍에 넣는다.				
13	여러 모양의 비즈를 다양한 종류의 줄에 꿴다.				
14	4~6개로 구성된 조각 퍼즐을 완성한다.				
	대근육 운동				
1	다양한 자세(앉거나 서거나 움직이는 동안)로 대근육 활동을 모방한다.				
2	계단에서 뛰어내리고 바닥의 장애물을 넘는다.				
3	놀이터에 있는 기구를 사용한다(예: 철봉, 미끄럼틀).				
4	세발자전거에 앉아서 발로 밀거나 페달 밟기를 시작한다.				
5	수레(wagon)를 끌거나 손수레(wheelbarrow)를 민다.				
6	목표 지점으로 공을 찬다.				
7	삽으로 구멍을 판다.				
	자조기술: 식사				
1	신호를 주면 냅킨을 사용한다.				
2	혼자서 식기구를 가지고 그릇에서 음식을 담는다.				
3	지시를 하면 음식이 담긴 용기를 건네준다.				
4	음식을 다 먹은 후 그릇, 컵, 숟가락을 싱크대 혹은 카운터로 가져다 놓는다.				
5	식사를 하는 동안 타인과 함께 식탁에 앉아 있는다.				
6	패스트푸드점에서 적절하게 먹고 행동한다.				
7	여러 번 소개된 새로운 음식을 만지거나 먹는다.				
8	모든 음식군을 먹는다.				
9	스스로 물을 마신다.				

	레벨 2	관찰	부모 보고	그 외/ 선생님 보고	채점 코드
	자조기술: 의생활				
10	혼자 옷을 벗고 바구니에 넣는다(단추나 지퍼 없는 옷).				
11	혼자서 옷 입기를 한다(예: 단추나 지퍼 등은 도움이 필요함).				
12	재킷이나 모자(단추나 지퍼 없음)를 벗고 고리에 건다.				
	자조기술: 위생				
13	지시가 있을 때 젖은 수건으로 얼굴을 닦는다.				
14	지시가 있을 때 코를 닦는다.				
15	손 씻기의 모든 단계를 수행한다.				
16	머리 감기/자르기에 협조한다.				
17	5개의 목욕 장난감을 적절하게 가지고 논다.				
18	목욕이 끝날 때 장난감을 치우라고 하면 치운다.				
19	로션 바르는 것을 돕는다.				
20	이를 닦는다.				
21	취침 일과를 마치고 스스로 자러 간다.				
22	취침 일과의 순서를 안다.				
	자조기술: 집안일				
23	식기류를 식기세척기에서 정리대로 옮긴다.				
24	건조기에서 빨래를 바구니로 옮겨 담는다.				
25	양말 짝을 맞춘다.				
26	반려동물 그릇에 물/음식을 담는다.				

	레벨 3	관찰	부모 보고	그 외/ 선생님 보고	채점 코드
	수용 언어				
1	성인이 단순한 문장을 사용해서 익숙한 책을 읽어 줄 때 5~10분 동안 흥미를 보이며 주의를 기울이고 참여한다.				
2	익숙한 사물/행동을 포함하는 간단한 새로운 지시를 따른다.				
3	일상적 사물이나 그 사물의 사진을 변별한다. 옷, 식사, 위생, 놀이, 음식과 관련된 사물들				
4	'예/아니요' 질문에 선호에 따라 적절하게 대답한다.				
5	그림과 책에서 5개 이상의 행동을 구별한다.				
6	매일 일과에서 2개 이상의 지시를 따른다(예: 취침 시간-책을 가져오고 침대에 누워, 칫솔질-칫솔과 치약을 가져와).				
7	사물과 관련된 공간적인 관계를 이해한다(예: 아래, ~ 옆에).				
8	크기(크다/작다)를 구분한다.				
9	적어도 4개의 다른 색깔을 구분한다.				

레벨 3	관찰	부모 보고	그 외/ 선생님 보고	채점 코드
10	다양한 소리 20가지를 구별할 수 있다(예: 동물, 전화기, "'야옹야옹' 소리를 내는 동물은 무엇이지?").				
11	일상적 사물의 기능을 이해한다(예: 타기, 자르기, 먹기, 자기, 신기, 마시기 등).				
12	'내 것'과 '네 것'을 뜻하는 대명사를 이해한다.				
13	그림, 선택지 또는 행동하기에서 10개의 행동을 구별한다.				
14	새로운 상황에서 관련 없는 2가지 이상의 지시를 따른다.				
표현 언어					
1	의사소통을 목적으로 다양한 2~3개 단어 조합을 사용한다(예: 요청하기, 인사하기, 주의 끌기, 저항하기).				
2	다른 사람에게 말할 때 2개 이상의 단어를 사용한다.				
3	그림과 책에 있는 행동을 명명할 수 있다.				
4	위치를 나타내는 용어(예: 위, 아래, 안, 꼭대기 등)를 사용해 말하거나 요청한다.				
5	소유대명사(예: '내 것'과 '네 것')를 사용해 말하거나 요청한다.				
6	상황에 맞게 "몰라요"라고 제스처를 취하거나 말한다.				
7	상대의 주의를 끌기 위해 이름을 부른다.				
8	단순 메시지를 다른 사람에게 전달한다(예: "엄마에게 '안녕'이라고 말해").				
9	적절하게 "안녕"과 "잘 가"를 먼저 말하기도 하고 답하기도 한다.				
10	자신과 다른 사람에게 적절한 대명사를 사용한다.				
11	간단한 단어나 제스처를 사용해 자기의 경험을 말한다.				
12	색깔 이름 1~2개를 말한다.				
13	"무엇이야?" 질문에 적절히 대답한다.				
14	"어디야?" 질문에 적절히 대답한다.				
15	"누구야?" 질문에 적절히 대답한다.				
16	말끝을 올려 간단히 '예/아니요'로 답할 수 있는 질문을 한다(한 단어의 말을 끝을 올려 질문하는 것도 포함).				
17	"무엇?"과 "어디?"를 사용하여 질문한다.				
18	간단한 정보를 묻는 질문을 한다(예: 이름, 나이, 옷 색깔 등).				
사회기술: 성인과 또래집단					
1	간단한 대근육 활동 게임을 한다(예: 공놀이, 숨바꼭질, '둥글게 둥글게' 등).				
2	상대방이 요구했을 때 사물을 공유해 보여 준다.				
3	집단 활동을 할 때 새로운 노래와 손놀이를 모방하고 따른다.				
4	친구의 간단한 요청이나 지시에 적절하게 반응한다.				
5	친구를 모방하거나 상호작용을 시작한다.				
6	또래와 병렬적(같은 놀이를 하나 서로 상호작용하지 않고 독립적으로 노는 것)으로 익숙한 드라마 놀이를 한다.				
7	간단한 보드게임을 할 때 차례를 지킨다.				
8	정중한 표현인 "~해 주세요" "고맙습니다" "저기요~"를 사용한다.				
9	'나 따라 해 봐요'나 '동물 걷기 흉내 내기' 등 일어서서 움직여야 하는 다양하고 새로운 대근육 활동을 모방한다.				

	레벨 3	관찰	부모 보고	그 외/ 선생님 보고	채점 코드
10	구두 언어가 포함된 놀이 활동에 참가한다.				
11	말하고, 보여 주고, 공유하고, 요청할 목적으로 언어나 제스처를 이용해 타인의 관심을 사물로 집중시킨다.				
12	타인의 합동주시(동시에 한곳을 같이 쳐다보는 것) 시도에 눈맞춤이나 언어로 반응한다.				
13	사진이나 그림에서 정서를 파악한다(예: 기쁨, 슬픔, 화남, 두려움).				
14	사진이나 그림의 정서를 말로 표현할 수 있다(예: 기쁨, 슬픔, 화남, 두려움).				
15	정서(기쁨, 슬픔, 화남, 두려움)를 나타내는 얼굴 표정을 지을 수 있다.				
	인지				
1	자기 이름의 글자를 짝 맞추기 한다.				
2	글자를 짝 맞추기 한다.				
3	단어를 짝 맞추기 한다.				
4	숫자를 짝 맞추기 한다.				
5	글자, 숫자, 모양, 색깔을 알아듣고 말한다.				
6	숨겨진 사물을 기억해야 하는 게임을 한다.				
7	사물/사진을 8가지 군으로 분류할 수 있다.				
8	5까지 양과 숫자의 관계를 이해한다.				
9	5까지 정확하게 사물을 셀 수 있다.				
10	3개 혹은 그 이상의 그림을 일련의 순서대로 놓고, '처음, 그다음'이라는 표현을 사용하여 이야기한다.				
	놀이				
1	관련된 사물을 가지고 복잡한 도식을 순서대로 연결시키는 만들기 놀이를 한다(예: 구슬로 목걸이 만들기, 블록으로 빌딩 만들기, 길 위에 트럭 등).				
2	한 가지 놀이에서 3가지 이상의 연관된 행동을 한다.				
3	지시를 하면 인형이나 동물을 가지고 2가지 이상 관련된 행동을 한다.				
4	모형을 모형가구나 탈것 등에 적절하게 배치한다.				
5	자발적으로 인형이나 동물 모형이 액션을 하게 만들며 논다.				
6	주제에 맞게 소품을 배치한다.				
	소근육 운동				
1	5~6개 조각 퍼즐을 완성한다.				
2	원, 십자, 네모, 대각선을 따라 그린다.				
3	블록, 레고, 조립식 인형 조각 등을 가지고 다양한 구조물을 따라 만들 수 있다.				
4	바늘땀을 위아래로 드문드문 성기게 꿰맨다.				
5	손가락이나 필기구로 선이나 곡선을 따라 그린다.				
6	물체를 잡거나 놓기 위해 다양한 도구를 활용한다(예: 집게, 포크).				
7	다양한 모양을 따라 그린다.				
8	가위를 바르게 잡고 반대 손은 종이를 고정하거나 돌리는 데 사용하여 가위질을 한다.				
9	가위를 가지고 선대로 자른다(예: 직선과 곡선).				

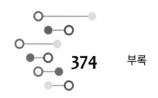

레벨 3		관찰	부모 보고	그 외/ 선생님 보고	채점 코드
10	두 단계로 구성된 간단한 미술 활동을 한다(예: 자르고 붙이기, 잉크패드를 사용하여 도장 찍기, 종이를 접고 선대로 자르기).				
11	찰흙으로 다양한 주제의 놀이를 한다. 다양한 도구를 사용한다.				
대근육 운동					
1	세발자전거를 잘 탄다(예: 페달 밟기, 조종하기, 길 따라가기 등).				
2	바르고 균형된 자세로 공을 찬다.				
3	도움을 받아 놀이터의 도구를 모두 사용한다.				
4	성인 혹은 또래와 잡기 놀이를 할 때 자연스럽게 달리고, 균형 있게 방향을 전환할 수 있다.				
5	노래와 음악에 맞춘 대근육 활동을 따라 한다.				
6	목표물을 향해 공을 던진다.				
7	두 발을 모아서 앞으로 점프한다.				
8	한쪽 발로 점프한다.				
개인적 독립					
1	숟가락, 포크, 컵 등을 흘리지 않고 적절히 사용한다.				
2	앉아서 식사하는 식당에서 적절히 행동한다.				
3	필요한 경우 가정이나 학교에서 선택과 스케줄 등을 나타내는 기호나 상징체계를 독립적으로 사용한다.				
4	학교, 차, 집에서(혹은 집으로) 자기의 사물을 가져간다(가져온다).				
5	책가방을 혼자서 열거나 닫는다. 지시하면 사물을 가방에 집어넣거나 꺼낸다.				
6	적절할 때 옷을 입거나 벗는다(예: 지퍼나 똑딱이 단추를 푼다).				
개인적 독립: 위생					
7	화장실에 데려가거나 보냈을 때, 모든 단계를 독립적으로 수행한다.				
8	화장실에서 지퍼나 단추를 여닫는 것을 제외한 옷 입기를 한다.				
9	손 씻기 모든 단계를 혼자서 할 수 있다.				
10	물수건을 주면 얼굴을 닦는다.				
11	빗으로 머리를 빗는다.				
12	기침이나 재채기를 할 때 입을 가린다.				
13	목욕하는 것과 물기를 말리는 것을 잘 돕는다.				
14	적어도 몇 번의 칫솔질을 하며 이를 닦는다.				
개인적 독립: 집안일					
15	반려동물에게 밥이나 물을 먹인다.				
16	식탁 치우는 것을 돕는다.				
17	식기세척기 비우는 것을 돕는다.				
18	세탁한 옷을 서랍에 넣는다.				
19	요청하면 소지품을 가져온다.				

레벨 4	관찰	부모 보고	그 외/ 선생님 보고	채점 코드
수용 언어				
1 다수의 물리적 관계를 설명하는 개념을 이해한다.				
2 2~3가지 단서(예: 크기, 양, 색깔, 라벨)를 주면 10~15가지 사물을 가져온다.				
3 남성/여성의 대명사를 이해한다(예: 그/그녀).				
4 비교급을 이해한다: 더 큰, 더 짧은, 더 작은, 최대, 최소, 몇몇의, 많은 등				
5 사물의 위치를 표현하는 말의 공간적 관계를 이해한다(예: ~ 뒤에, ~ 앞에).				
6 부정어를 이해한다(예: 공이 없는 상자, 앉아 있지 않은 아이).				
7 소유격과 부분 전체 관계를 이해한다.				
8 짧은 이야기를 듣고 주의를 기울이며 "그게 뭐야?" "누구야?" 등의 질문에 대답하고 이해한다.				
9 누구/무엇인지에 대해 '예/아니요'로 묻는 질문에 대답한다.				
10 신체적 상태에 대한 질문에 대답한다.				
11 개인적 정보를 묻는 질문에 대답한다.				
12 '같다'와 '다르다'를 이해한다.				
13 양적 개념을 이해한다.				
14 사물의 특징을 파악한다.				
15 사물/그림이 어떤 분류에 속하는지 묻는 질문에 대답한다.				
16 과거형과 미래형을 이해한다.				
17 수동태를 이해한다.				
18 시간적 관계를 이해한다.				
19 서로 관련이 없는 3가지 언어적 지시를 따른다.				
표현 언어				
1 "왜?" "어떻게?"와 같은 복잡한 질문에 대답한다.				
2 질문에 대한 대답으로 사물의 기능을 설명한다(예: "숟가락으로 뭘 하지?").				
3 일관적으로 3~4가지 단어로 구성된 문장을 사용한다.				
4 다양한 명사구를 사용한다.				
5 사물의 위치를 표현하는 구문을 사용한다(예: ~ 아래, 옆에, ~ 뒤에, ~앞에).				
6 다양한 동사구문을 사용한다(예: 그가 운다, 영희가 철수를 좋아한다, 그가 넘어졌다, 그가 기뻤다, 그가 기쁘다, ~할 수 있다, ~해야 한다, ~하곤 했다).				
7 말 속에 포함된 모든 자음과 겹자음을 적어도 80% 이상 정확하게 발음한다.				
8 3~4가지 단어로 된 문장을 사용하여 최근의 경험을 이야기한다.				
9 어떤 활동을 하기 위해 허락을 구한다.				
10 복수형을 사용한다.				
11 3인칭 소유격을 사용한다(예: 그의, 그녀의, 엄마의 모자).				
12 과거형을 사용한다.				
13 대명사를 적절히 사용한다.				
14 비교급과 최상급을 사용한다.				
15 보조동사를 이용해 부정문을 사용한다.				

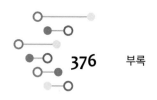

	레벨 4	관찰	부모 보고	그 외/ 선생님 보고	채점 코드
16	현재진행형을 사용한다.				
17	신체적 상태를 언어로 표현한다.				
18	신체적 상태에 대한 질문에 응답한다: ~할 때 뭘 하니?				
19	친근한 사물에 대한 범주 이름을 사용한다.				
20	사물의 특징을 기술한다.				
21	'나 자신' '스스로'라는 표현을 사용한다.				
22	전화 바꿔 주기를 포함해 전화 응대를 적절하게 한다.				
23	성인이 시작한 대화에 다양한 기능(예: 상호적인 코멘트, 정보에 대해 반응하거나 요청)이 포함된 대화를 2~3회 주고받는다.				
24	자기가 선택한 주제로 성인과 대화를 시작하고 지속한다.				
25	2~3가지 사건으로 구성된 활동을 기술한다(예: 할머니 댁 가기).				
26	제스처와 함께 '몰라요'를 표현한다.				
27	말을 이해하지 못하면 설명을 요청한다.				
28	다양한 주제로 대화한다.				
29	듣는 사람이 이해하지 못하면 의사소통 방법을 수정한다.				
30	자신과 타인에 대한 질문에 답한다.				
	사회기술				
1	또래를 놀이에 초대한다.				
2	"고맙습니다" "죄송합니다"와 같은 예의 바른 말을 사용한다.				
3	집단에서 위안을 얻기 위해 다른 사람을 찾는다.				
4	자신의 감정을 적절하게 표현한다.				
5	자유 놀이 중 알아서 순서를 지킨다.				
6	친구에게 경험 또는 사건을 이야기한다.				
7	자기를 행복하고, 슬프고, 화나고, 두렵게 하는 것이 무엇인지 안다.				
8	상황 요인을 감안하여 타인의 감정을 파악한다.				
9	화나거나 두려움을 느끼는 것에 대한 대처 전략을 개발하기 시작한다.				
	인지				
1	20까지 센다.				
2	사물을 10개까지 하나씩 일대일 대응하며 센다.				
3	'하나' '몇 개' '많이' '조금' '모두' '더' '가장 많이' 등을 알고 준다.				
4	10개까지 수를 알고 준다.				
5	수 개념에 대한 용어를 안다.				
6	공간 관계에 관한 용어를 안다.				
7	5~10개까지 사물/단어 연계를 이해하고 짝을 맞춘다.				
8	몇 개의 단어를 읽는다.				
9	5개의 선택지 중 자신의 이름을 고른다.				
10	기호와 상징을 안다.				
11	글자와 숫자를 안다.				

레벨 4	관찰	부모 보고	그 외/ 선생님 보고	채점 코드
12	반대어와 유사어를 말한다.				
놀이					
1	놀이에서 인물의 행동을 보여 준다.				
2	놀이에서 대체물을 이용해 필요한 사물을 상징적으로 사용한다.				
3	놀이에서 활동과 상징적인 사물을 기술한다.				
4	한 가지 놀이 주제에서 3가지 이상의 관련된 행동을 한다.				
5	놀이할 때 상대에게 지시한다.				
6	다양한 생활사건을 놀이(언어 표현 포함)로 보여 준다(예: 생일파티, 맥도날드, 의사놀이 등).				
7	다양한 이야기 주제를 가지고 놀이한다.				
8	역할을 맡아 연기한다.				
9	놀이에서 다른 사람의 리드를 따른다.				
소근육 운동					
1	다양한 색을 사용하여 그림을 정확하게 색칠한다.				
2	적절한 필기구를 사용하여 삼각형, 글자를 모방한다.				
3	선, 도형, 글자, 숫자를 기억해서 그린다.				
4	다양한 수, 글자, 도형을 모방하고 복사한다.				
5	보지 않고 자기 이름을 쓴다.				
6	모양과 글자를 따라 그린다.				
7	윤곽이 있는 도형을 색칠한다.				
8	그리기 도구를 사용해서 점을 연결한다.				
9	그림, 단어, 도형을 구성하는 선을 적절히 연결한다.				
10	여러 가지 간단한 상징적 그림을 따라 그린다(예: 얼굴, 나무, 집, 꽃 등).				
11	종이를 반으로 접고 편지봉투에 넣는다.				
12	모서리, 직선, 곡선을 자른다.				
13	간단한 도형을 자른다.				
14	3단계로 구성된 미술 활동을 할 수 있다. 자르기, 색칠하기, 붙이기				
15	미술 활동 중 붓, 도장, 마커, 연필, 지우개를 사용한다.				
16	그리기 도구를 세 손가락으로 잡아 사용한다.				
17	다양한 구조물로 자기가 디자인한 것을 만들거나 그림이나 3D의 간단한 모델을 보고 만든다.				
18	일반 퍼즐, 매트 퍼즐, 판 퍼즐을 맞춘다.				
19	테이프, 클립, 열쇠를 적절하게 사용한다.				
대근육 운동					
1	야외용 공으로 친구와 주고받기 놀이를 한다.				
2	오버핸드스로(팔을 어깨 위에서 아래로 내리면서 공을 던지는 것)로 타인을 향해 테니스 공이나 야구공을 던진다.				
3	그네와 회전목마를 포함한 운동장에 있는 모든 놀이기구를 독립적으로 사용할 수 있다.				

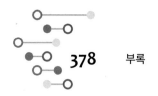

	레벨 4	관찰	부모 보고	그 외/ 선생님 보고	채점 코드
4	움직이는 공을 찬다.				
5	공을 활용한 다양한 놀이를 한다. 바구니에 공 던지기, 야구, 공 튀기기, 골프, 콩주머니 던지기				
6	보조바퀴가 달린 자전거를 탄다. 속도, 동작, 정지 여부를 조절할 수 있다.				
7	도약 뛰기나 제자리 뛰기를 한다.				
8	평균대, 철도선, 보도블록 길에서 떨어지지 않고 걷는다.				
9	신체를 이용한 놀이를 한다(예: 신호등 놀이, 우리 집에 왜 왔니, 얼음땡).				
	자조기술				
1	또래와 비슷한 수준으로 화장실 이용의 모든 단계를 독립적으로 수행한다.				
2	필요하면 혼자서 화장실에 간다.				
3	또래와 비슷한 수준으로 혼자 손 씻기를 한다.				
4	혼자서 물수건으로 얼굴을 닦는다.				
5	혼자 빗질을 한다.				
6	목욕하고 물기를 말리는 것에 적극적으로 협조한다.				
7	성인이 다시 깨끗하게 닦아 주더라도, 독립적으로 양치하기의 모든 단계를 수행 한다.				
8	단추, 똑딱단추, 지퍼를 이용하여 옷을 잠근다.				
9	단서를 주면 코를 풀고, 재채기를 할 때 휴지를 사용하며, 기침하거나 재채기 할 때 입을 가린다.				
10	같이 길을 건널 때, 건널목에서 멈추고 양쪽을 확인한 후 건넌다.				
11	주차장, 슈퍼 등에서 성인 옆에서 혼자서 안전하게 걷는다.				
12	식탁 차리는 것을 돕는다.				
13	잼, 버터 등을 바르는 데 나이프를 사용한다.				
14	흘린 것을 치운다.				
15	작은 용기에 마실 것을 따른다.				
16	접시를 싱크대/조리대/식기세척기에 넣는다.				
17	두 단계의 준비가 필요한 간식을 만든다.				
18	요리하는 것을 돕는다. 휘젓기, 붓기 등				

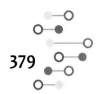

ESDM 커리큘럼 체크리스트: 항목 설명

	레벨 1	설명
	수용 언어	
1	고개를 돌려 소리가 나는 쪽을 쳐다본다.	눈이나 고개를 돌려 소리를 인식했음을 보여 준다.
2	혀를 입술 사이로 진동시키거나 휘파람 등 입으로 내는 재미있는 소리가 나는 쪽을 바라본다.	보다 적극적인 움직임, 눈이나 고개 돌리기, 사람 바라보기 등으로 소리를 인식했음을 보여 준다.
3	고개를 돌려 말하는 사람 쪽을 바라본다.	눈이나 고개 돌리기, 사람 바라보기 등을 통해 목소리를 인식했음을 보여 준다.
4	성인이 가리키는 책의 그림을 쳐다본다.	시선 주기나 제스처(예: 그림에 손 대기)를 통해 성인이 가리키는 그림을 따라간다.
5	통 안에 사물을 넣거나 퍼즐 조각을 맞추는 등 가리키는 곳에 사물을 넣는다.	바라보기, 포인팅한 위치에 물체 놓기 등을 통해 가리키기에 반응한다.
6	사물을 보여 주며 "○○야, 여기 봐" 하면 쳐다본다.	사물이 있는 방향으로 눈과 고개를 돌린다.
7	이름을 부르면 상대방을 쳐다본다.	상대방의 몸이 있는 방향으로 눈과 고개를 돌린다.
8	가까이에 있는 사물이나 장소를 가리키면 쳐다본다.	사물이 있는 방향이나 위치로 고개를 돌리며 가리키기에 반응한다.
9	멀리 있는 장난감을 가리키면 쳐다본다.	장난감에 접근하거나 장난감을 집어 들면서, 멀리 있는 장난감에 대한 가리키기에 반응한다.
10	사회적 놀이를 할 때 성인의 제스처나 목소리에 대한 반응으로 쳐다보고, 다가가고 미소 짓는다.	관심을 보이며, 한 차례 또는 그 이상 반응한다. 사회적 놀이에는 까꿍놀이, 손가락놀이(잡으려는 시늉이나 놀래기), 간지럽히기가 포함된다.
11	성인이 노래를 부를 때 가사나 제스처에 대한 반응으로 쳐다보고, 다가가고 미소 짓는다.	위와 동일하다. 관심을 보이며 한 곡 또는 그 이상 반응한다.
12	제지하는 말(예: 안 돼, 그만해)에 잠시 하던 일을 멈춘다.	"안 돼, 멈춰"라는 말을 들었을 때 하고 있던 활동을 멈추거나 일시적으로 정지하기, 눈이나 고개를 성인 쪽으로 돌리기, 짜증내기(예: 울기)를 보여 줌으로써 지시를 인지했음을 보여 준다.
13	성인이 사물을 달라고 말하며 손을 내밀면 사물을 건네준다.	손에 사물을 놓거나 시도함으로써 성인의 제스처나 말에 반응한다.

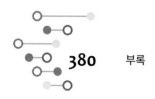
	레벨 1	설명
14	언어나 제스처 단서와 결합된 몸을 움직여야 하는 간단한 일상적 지시(예: 앉아, 이리 와, 정리해)를 따른다.	언어/제스처 단서에 따라 동작을 수행한다. 첫 번째 시도 시 적어도 5개의 동작을 수행했을 때 '통과(Pass)'로 채점한다. 예시에는 동작을 강조하는 제스처가 포함된 성인의 반복적인 지시(예: 앉아의 의미로 의자 두드리기, 정리하라는 의미로 통을 들어 올리기) 또는 아이가 동작을 수행하는 동안 부분적인 촉구를 주는 것이 포함된다.
15	제스처 단서 없는 몸을 움직여야 하는 간단한 일상적 지시(예: 앉아, 이리 와, 정리해)를 따른다.	성인의 제스처나 신체적 도움 없이 동작을 수행함으로써 지시를 완수한다. 지시자는 제스처 단서 없이 지시를 2번 반복해도 좋다.
	표현 언어	
1	요청의 의미로 손을 뻗는다.	성인의 손에 있는 원하는 사물을 향해 요구의 의미로 손을 뻗는다. 제스처는 눈맞춤이나 소리 내기/말을 동반하지 않아도 된다. 단지 잡기 위해 손을 뻗은 것은 포함되지 않는다.
2	의도적으로 소리를 낸다.	원하는 사물이나 물체를 요구하기 위해 눈맞춤 그리고/또는 제스처(예: 접근하기)와 함께 소리 내기
3	도움을 '요청'하기 위해 성인에게 사물을 건넨다.	사물을 성인의 손에 놓기, 사물을 성인에게 주기, 언어 표현 또는 성인을 바라보기를 통해 도움이 필요함을 표현한다. 눈맞춤 또는 소리 내기/말과 함께 제스처를 할 필요는 없다.
4	대화 상대와 음성을 교환한다.	적어도 두 차례 눈맞춤과 함께 옹알이 그리고/또는 소리 내기를 한다.
5	사물을 밀쳐내거나 다른 사람에게 되돌려 줌으로써 거절 의사를 표현한다.	눈맞춤 또는 소리 내기/말과 함께 제스처를 할 필요는 없다. 다른 의사소통의 의미가 있는 제스처(고개 흔들기, 수화) 또는 말("싫어" "아니")을 사용하는 경우도 점수를 준다.
6	근거리에 있는 원하는 사물을 가리킨다.	요청의 의미로 15~30cm 거리 내의 사물을 엄지나 두 번째 손가락(손가락을 모두 펼치지 않음)으로 만지거나 가리킨다. 사물은 성인의 손에 있거나 아동이 접근할 수 있는 거리에 있다.
7	원하는 사물을 못 가지도록 막거나 감췄을 때 달라는 표시로 눈을 맞춘다.	사물을 요청하기 위해 제스처와 함께 또는 제스처 없이(예: 손 뻗기, 잡기) 성인을 향해 고개나 눈을 돌려 1~2초간 눈맞춤을 한다. 소리 내기/말을 할 때 눈맞춤과 제스처가 동반될 필요는 없다.
8	두 개의 사물 중 원하는 것을 가리킨다.	성인이 양손에 하나씩 사물을 들고 있다. 엄지 또는 두 번째 손가락(손가락을 모두 펼치지 않음)으로 원하는 사물을 만지거나 가리킨다. 소리 내기/말을 할 때 눈맞춤과 제스처가 동반될 필요는 없다.
9	요청하기 위해 의도적으로 상대를 응시하면서 소리를 낸다.	원하는 사물을 요청할 때 성인을 향해 고개와 눈을 돌려 눈맞춤을 한다. 비슷한 소리를 내면 된다. 예로 공을 달라고 하며 '오', 가자는 의미로 '아'라는 소리를 낸다.
10	멀리 있는 원하는 사물을 가리킨다.	엄지 또는 두 번째 손가락(손가락을 모두 펼치지 않음)을 이용하여 자신으로부터 1m 또는 그 이상의 거리에 있는 원하는 사물을 가리킨다.
11	멀리 있는 두 개의 사물 중 원하는 것을 가리킨다.	성인이 아동이 닿을 수 없는 거리에서 양손에 하나씩 2개의 사물을 들고 아동에게 보여 주며 각 사물의 이름을 말해 준다. 엄지 또는 두 번째 손가락(손가락을 모두 펼치지 않음)을 이용하여 자신이 닿을 수 없는 거리에 있는 원하는 사물을 가리킨다. 소리 내기/말을 할 때 눈맞춤과 제스처가 동반될 필요는 없다.
12	'자음-모음-자음-모음'으로 구성된 중복된 옹알이를 한다(단어와 유사할 필요 없음).	예로 '바-바' '마-마'를 들 수 있다. 소리 내기/말을 할 때 눈맞춤과 제스처가 동반될 필요는 없다
13	5가지 이상의 자음 소리를 자발적으로 낸다.	성인의 음성 모델 유무에 관계없이 소리를 낸다. 소리 내기 놀이도 포함된다.

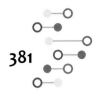

	레벨 1	설명
14	자음-모음 순서를 달리하여 '자음-모음-자음-모음'으로 된 소리를 낸다(다양한 옹알이).	'바-부' '마-와' 의미 없는 긴 소리도 포함된다.
	사회기술	
1	짧은 감각 자극이 수반된 사회적 놀이와 접촉을 받아들인다.	아이가 회피, 위축 또는 부정적인 정서를 보이지 않는다.
2	감각 자극이 수반된 사회적 활동을 시작하고 유지하려는 제스처를 보인다.	접근하기, 성인의 움직임을 모방하기, 성인에게 사물이나 물체를 건네주기 등의 제스처를 포함한다. 제스처 시 눈맞춤이 동반될 필요는 없다.
3	다른 사람과 잠시 눈을 맞춘다.	약 2초간 타인을 바라보거나 눈맞춤을 유지한다.
4	2분간 감각 자극이 수반된 사회적 접촉을 유지한다.	다가오기, 관찰하기 또는 활발하게 참여하기를 통해 감각 자극이 수반된 사회적 놀이에 흥미를 보이며, 눈맞춤, 제스처(예: 다가가기, 성인의 움직임을 모방하기) 또는 소리 내기를 통해 놀이를 지속할 것을 요구한다.
5	응시, 접근, 웃음, 움직임을 통해 좋아하는 사물 활동에 반응한다.	반응 시 눈맞춤을 할 필요는 없다.
6	병렬 장난감 놀이(같은 장소에서 놀이를 하지만 서로 상호작용하지 않고 독립적으로 놀이를 하는 경우)를 하는 동안 모방을 주도하는 성인을 쳐다보고 반응한다.	관찰하기, 성인의 놀이 모방하기를 통해 활동에 대한 흥미를 보이며, 놀이 모방을 계속한다.
7	감각 자극이 수반된 사회적 놀이 레퍼토리가 5~10가지 있다.	놀이 중 2회 이상 활발하게 다양한 동작을 보여 준다(접근하기, 모방하기, 소리 내기). 눈맞춤 및 미소 짓기만으로는 충분하지 않다. 예로, 까꿍놀이, 노래(거미가 줄을 타고 올라갑니다, 우리 모두 다 함께), 놀이(둥글게 둥글게, 비눗방울, 풍선, 책, 비행기)등이 포함된다.
8	고개를 돌리거나 쳐다보는 등 인사에 반응한다.	고개나 몸 돌리기, 2~3초간 성인을 바라보기를 통해 인사에 반응한다. 반응 시 제스처나 소리 내기가 동반될 필요가 없다.
9	인사에 제스처나 음성으로 반응한다.	2~3초의 눈맞춤과 함께, 고개나 몸 돌리기, 손 흔들기 또는 "안녕"이라는 말을 통해 인사에 반응한다.
10	협동놀이 시 상대방과 미소를 나눈다.	성인과의 놀이 활동 중 2~3초간의 눈맞춤과 함께 미소를 나눈다.
	모방	
1	물체를 가지고 하는 간단한 활동 8~10가지를 모방한다.	성인 모델을 따라 5초 이내에, 8개 이상의 사물 활동 모방을 한다. 예시로 2개의 물체를 모으기, 물체를 해당하는 상자에 넣기, 물체 굴리기 등이 있다.
2	노래나 게임에서 자기가 하면서 볼 수 있는 동작 10가지를 모방한다(예: 손뼉 치기, 어깨 손 올리기, 발 구르기).	성인 모델을 따라 5초 이내에, 10개의 각기 다른 동작을 모방한다. 노래 한 곡당 2개의 다른 동작을 모방하거나 그 외 활동에서 4~5개의 다른 동작을 모방했을 경우 '통과(Pass)'로 채점한다. 예시로 노래의 율동(예: 반짝반짝 작은 별, 거미가 줄을 타고), 동작 놀이(예: 비행기, 둥글게 둥글게) 또는 다른 놀이 일과(예: 까꿍놀이) 등이 있다.
3	노래나 게임에서 자기가 하면서 볼 수 없는 동작 6가지를 모방한다(예: 머리에 손 얹기, 귀 만지기, 볼에 손바닥 대기).	자신이 하면서 볼 수 없는 6개의 다른 동작을 모방한다. 예시로 머리에 손 얹기, 귀 만지기, 볼에 손바닥 대기를 들 수 있다.
4	6개의 서로 다른 구강-얼굴 동작을 모방한다.	성인 모델을 따라 5초 이내에 구강-얼굴 움직임을 모방한다. 예시로 혀 움직이기, 불어서 구슬 움직이기, 볼에 바람 넣기가 있다.

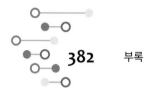

레벨 1	설명
인지	

1	같은 사물끼리 짝 맞추기/분류하기를 한다.	처음 몇 번은 성인의 지시(예: "여기에 놔")나 신체적 단서(예: 손을 잡아 이끌어 주기)에 의한 반응이어도 되지만, 아동은 적어도 5개의 다른 사물을 독립적으로 짝 맞추거나 분류해야 한다. 예시로 기차와 트럭, 크레용과 종이 또는 막대기와 원을 각각 다른 상자에 짝 맞추기/분류하기 등을 들 수 있다.
2	같은 그림끼리 짝 맞추기/분류하기를 한다.	처음 몇 번은 성인의 지시(예: "여기에 놔")나 신체적 단서(예: 손을 잡아 이끌어 주기)에 의한 반응이어도 되나, 아동은 적어도 5개의 다른 그림을 독립적으로 짝 맞추거나 분류해야 한다.
3	같은 사물과 그림끼리 맞추기/분류하기를 한다.	처음 몇 번은 성인의 지시(예: "여기에 놔")나 신체적 단서(예: 손을 잡아 이끌어 주기)에 의한 반응이어도 되나, 아동은 적어도 5개의 다른 사물-그림의 짝을 독립적으로 짝 맞추거나 분류해야 한다.
4	같은 색깔끼리 짝 맞추기/분류하기를 한다.	5개 이상의 색에 대해 짝 맞추기/분류하기를 한다. 처음 몇 번은 성인의 지시(예: "여기에 놔")나 신체적 단서(예: 손을 잡아 이끌어 주기)에 의한 반응이어도 되나, 아동은 독립적으로 짝 맞추기/분류하기를 완수해야 한다. 예시로 빨간 블록/파란 블록, 주황색 막대/초록색 막대, 노란색 공/보라색 공을 각각 다른 상자에 짝 맞추기/분류하기를 들 수 있다.

놀이	

1	5가지 사물을 기능에 맞게 가지고 논다.	성인의 모델 없이 아동 스스로 사물을 가지고 활동을 시작해야 한다. 활동은 사물의 목적에 적합해야 한다. 예시로 마라카스 흔들기, 망치로 두드리기, 공을 굴리거나 튀기기, 블록 쌓기 등을 들 수 있다.
2	10가지 간단한 장난감을 독립적으로 적절하게 가지고 논다.	놀이가 발달적으로 적절해야 하며(예: 제한적이거나 상동적이지 않다), 사물과 관련된 활동이며, 한 단계의 간단한 사물 조작을 포함한다. 예시로 블록을 틀에 끼워 맞추기, 미로에 공 넣기, 구멍에 막대 끼우기, 팝비즈를 분리하기 등이 있다.
3	같은 동작의 반복이 필요한 여러 개로 구성된 사물(예: 고리 끼우기, 컵 쌓기)을 독립적으로 가지고 논다.	놀이를 할 때 스스로 사물과 관련된 활동을 완수할 수 있어야 한다. 5개 이상의 장난감에 대해 각각을 가지고 놀이를 끝냈을 때 '통과(Pass)'로 채점한다. 예시로 고리 끼우기, 컵 쌓기용 컵을 꺼내기/넣기, 블록 쌓기, 페그보드가 포함된다.
4	간단한 수준의 영아용 장난감을 적절하게 가지고 논다(예: 공 던지기, 블록 쌓기, 페그보드 끼우기, 자동차 밀기 등).	놀이는 사물과 관련된 활동으로, 한 단계의 간단한 사물 조작을 포함한다. 8~10개의 영아용 장난감에 대해 각각을 가지고 놀이를 끝냈을 때 '통과(Pass)'로 채점한다. 예시에는 공 던지기, 자동차 밀기, 북치기가 있다.
5	두 가지 다른 동작이 요구되는 장난감을 독립적으로 가지고 논다(예: 꺼내기/넣기).	놀이를 할 때 스스로 사물과 관련된 두 가지 동작을 해야 한다. 8~10개 이상의 장난감에 대해 각각을 가지고 두 가지 동작을 했을 때 '통과(Pass)'로 채점한다. 예시로 블록을 상자에서 꺼내거나 넣기, 찰흙을 굴리거나 뭉치기, 팝비즈를 연결하거나 분리하기가 있다.
6	여러 가지 다른 동작들이 요구되는 장난감을 독립적으로 가지고 논다(예: 끼우기, 열기, 빼기, 닫기 등).	놀이를 할 때 스스로 사물과 관련된 다양한 동작을 해야 한다. 6~8개의 장난감에 대해 여러 가지 동작을 했을 때 '통과(Pass)'로 채점한다. 예시에는 통을 열기/닫기, 사물을 꺼내기/넣기, 사물로 여러 가지 동작 수행하기가 있다.
7	다양한 사물을 가지고 그 사물에 맞는 행동을 한다.	여러 가지 사물로 사회적으로 용인되는 관습적인 동작을 한다. 자신의 몸을 써서 사물을 이용하는 동작들이다. 성인의 모델에 반응한 것일 수 있으나 적어도 한 가지 동작은 독립적이고 자발적으로 수행되어야 한다. 예시에는 전화기를 귀에 대기, 빗으로 머리 빗기, 숟가락/포크를 입에 넣기, 티슈로 코 닦기, 컵을 입에 대기, 장신구 착용하기가 있다.

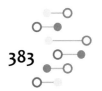

	레벨 1	설명
8	놀이를 끝내고 치운다.	활동을 적절하게 종료하고 정리하는 모습을 보여 준다(예: 사물을 정리함에 넣기, 사물을 성인에게 건네주기). 성인의 지시 또는 제스처 단서에 의해 정리를 시작할 수 있으나, 신체적 촉구 없이 정리해야 한다.
	소근육 운동	
1	도형 맞추기 장난감에서 1~2개는 끼운다.	성인의 도움을 얻어 시작할 수 있으나, 1~2개의 도형은 독립적으로 맞춰야 한다.
2	고리 끼우기를 한다.	성인의 도움을 얻어 시작할 수 있으나, 3개 이상의 고리를 독립적으로 끼워야 한다.
3	세 조각의 꼭지 퍼즐(역주: 퍼즐조각에 꼭지가 달려 쉽게 집어 이동이 가능한 퍼즐)을 맞춘다.	성인의 도움을 얻어 시작할 수 있으나, 3개 이상의 조각을 독립적으로 맞춰야 한다.
4	페그보드에 페그를 끼운다.	성인의 도움을 얻어 시작할 수 있으나, 3개 이상의 페그를 독립적으로 끼워야 한다.
5	5가지 서로 다른 인과관계(cause-effect) 장난감의 버튼을 누른다.	성인의 도움을 얻어 시작할 수 있으나, 독립적으로 버튼을 눌러야 한다.
6	이미 꿰어 있는 구슬이나 조립된 블록을 해체한다.	성인의 도움을 얻어 시작할 수 있으나, 3개 이상의 구슬이나 블록을 혼자 힘으로 해체한다.
7	두 손가락을 사용하거나 세 손가락을 사용하여 장난감을 집는다.	성인은 아동의 손이 닿는 거리에 장난감을 둘 수 있으나 그 외의 다른 도움을 주어서는 안 된다.
8	3개의 대형 블록으로 탑을 쌓거나 컵을 쌓는다.	성인의 도움을 얻어 시작할 수 있으나, 적어도 3개 이상의 블록/컵을 독립적으로 쌓아야 한다.
9	크레파스나 마커를 사용하여 낙서, 선, 마크, 점 등을 그린다.	성인의 도움을 얻어 시작할 수 있으나, 사물을 쥐고 그리는 것은 독립적으로 수행해야 한다. 그리는 것은 인식 가능한 형태가 아니어도 된다.
10	장난감 망치로 공이나 페그 등을 두드린다.	성인의 도움을 얻어 시작할 수 있으나, 장난감을 잡고 두드리는 것은 독립적으로 수행해야 한다.
11	모래, 물, 쌀알 등으로 뜨기, 긁어내기, 쏟기를 한다.	성인의 도움을 얻어 시작할 수 있으나, 장난감을 잡고 뜨기/긁기/쏟기를 하는 것은 독립적으로 수행해야 한다.
12	큰 레고 블록을 쌓는다.	성인의 도움을 얻어 시작할 수 있으나, 적어도 3개 이상의 레고 블록을 독립적으로 쌓아야 한다.
	대근육 운동	
1	큰 공을 찬다.	성인이나 물체(테이블, 의자)를 잡고 공을 차는 것은 안 된다. 균형을 유지한다. 넘어지지 않는다. 서툴어도 된다.
2	도움을 받아 계단을 안정적으로 오르내린다. 발을 바꾸지 않는다.	안전대나 성인의 손을 잡고 해도 좋으며, 계단 하나에 양발을 놓을 수 있다. 손이나 무릎이 계단에 닿는 것은 안 된다.
3	낮은 사다리를 1~2계단 오른다.	도움 없이 수행해야 한다.
4	승용완구(예: 목마, 의자, 자동차, 자전거 등)에 오르내린다.	도움 없이 수행해야 한다. 예시로 탈 수 있는 장난감, 장난감 말, 아이나 성인 크기의 의자를 들 수 있다.
5	몸의 균형이 무너졌을 때 넘어지지 않으려는 동작을 한다.	보호하려는 동작 또는 균형을 취하려는 동작(예: 손으로 막기, 팔 뻗기, 머리 보호하기)을 취한다.
6	사물을 밟지 않고 비켜서 지나간다.	사물 위로 올라서거나 사물 주변으로 돌아 걸어가는 등 사물과의 관계 안에서 신체를 인식하고 있음을 보여 준다.
7	여러 방향으로 공이나 콩주머니를 던진다.	도움 없이 수행해야 하며, 사물을 앞쪽으로 던져야 한다.

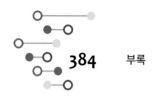

	레벨 1	설명
8	다른 사람 공을 굴려 주고받는다.	성인이 놀이를 시작할 수 있으나 아동이 사람이 있는 쪽으로 공을 굴림으로써 흥미가 있음을 보여 줘야 한다.
	행동	
1	심각한 행동 문제가 거의 없다.	자해행동, 공격행동, 빈번한 그리고/또는 심각한 떼쓰기를 예로 들 수 있다.
2	의자에 혹은 성인과 마주 앉아 어려움 없이 1~2분간 즐거운 활동을 한다.	성인과 상호작용하는 동안 적어도 60초 동안 차분하고/기분 좋게 앉아 있을 수 있다.
3	의자나 바닥에 앉아 5분간 성인과 간단한 게임을 한다.	'까꿍놀이', 노래 부르기, 신체 활동 일과(예: 간지럽히기, 성인의 무릎 위에 올라갔다 내려갔다 하기)가 포함된다.
4	성인과 가까이 앉아 약 20분간 문제행동 없이 상호작용을 한다.	성인은 아이가 현재 갖고 있는 기술 범위 내의 것을 요청해야 한다. 짜증낼 수는 있으나 공격행동은 없어야 한다.
5	다른 가족들과 적절히 상호작용한다(예: 공격성이나 부적절한 상호작용을 하지 않음).	부모가 공격행동 및 다른 부적절한 상호작용을 보고하지 않는다.
	자조기술: 식사	
1	밥과 간식을 상(식탁)에서 먹는다.	식사 내내 테이블에 앉아 있는다(예: 아이가 식사하는 동안 일어나거나 돌아다니지 않는다; 가족 전체 식사 동안 앉아 있을 필요는 없다).
2	식사를 독립적으로 한다.	성인이 식사를 차려 주지만 그 이상의 도움은 필요하지 않다.
3	컵을 사용한다.	도움 없이 컵을 들고 입에 댄다. 마시는 동안 약간 흘리는 것은 괜찮다.
4	숟가락을 사용한다.	식사 동안 도움 없이 숟가락을 들고 입에 넣을 수 있다. 이따금씩 흘리는 것은 괜찮다.
5	포크를 사용한다.	식사 동안 도움 없이 포크를 들고 입에 넣을 수 있다. 이따금씩 흘리는 것은 괜찮다.
6	다양한 질감, 형태, 종류의 음식을 먹는다.	부모 보고로 충분하다.
7	새로운 음식을 제시했을 때 거부하지 않는다.	접시에 새로운 음식이 있는 것에 문제를 보이지 않고, 그것을 먹으려고 시도할 수도 있다(예: 만지기, 냄새 맡기 또는 입에 넣기). 반드시 먹을 필요는 없다.
8	빨대로 마신다.	한 번도 경험해 본 적이 없다면 성인이 아이의 입에 빨대를 대줘도 괜찮다.
	자조기술: 의생활	
9	도움을 받아 옷을 벗는다.	단추풀기나 지퍼내리기는 못해도 옷(예: 셔츠, 바지, 신발, 양말)을 도움 없이 벗을 수 있어야 한다. 예시로 성인이 아이가 셔츠에서 팔을 꺼내고 머리를 뺄 수 있도록 도와주기, 성인이 신발 끈을 풀어 주고 아이가 발을 꺼내기, 성인이 바지의 지퍼를 내려주고 아이가 발까지 바지를 내리기를 들 수 있다.
10	도움을 받아 옷을 입는다.	단추 잠그기나 지퍼 올리기는 못해도 옷(예: 셔츠, 바지, 신발, 양말)을 도움 없이 입을 수 있어야 한다. 예시로 성인이 셔츠를 말아 올려주면 아이가 머리를 끼워 넣기, 성인이 신발을 잡고 있으면 아이가 신발에 발을 집어넣기, 성인이 아이가 바지에 다리를 넣을 수 있도록 도와주면 아이가 바지를 올려 입기를 들 수 있다.
	자조기술: 위생	
11	흐르는 물에 손을 가져다 댄다.	필요할 경우 촉구할 수 있지만, 적어도 5초 동안 스스로 물에 손을 대고 있어야 한다. 부모 보고로 충분하다.
12	수건으로 손을 닦는다.	필요할 경우 촉구할 수 있지만 양손을 닦기 위해 수건을 사용한다. 부모 보고로 충분하다.

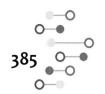

	레벨 1	설명
13	목욕수건이나 수건으로 몸을 문지른다.	필요할 경우 촉구할 수 있지만 목욕수건/수건으로 신체 대부분(예: 얼굴, 손, 배, 다리)을 닦을 수 있다. 부모 보고로 충분하다.
14	머리 빗기, 코 풀기, 이 닦기를 견뎌 낸다.	성인이 도와주는 동안 짜증을 낼 수는 있으나 공격행동, 자해행동 또는 심각한 문제행동은 보이지 않는다.
15	머리 빗기를 도와준다.	예로 빗을 들고 있기, 번갈아 가며 머리 빗기를 들 수 있다.
16	입에 칫솔을 넣는다.	칫솔을 입에 넣기, 치약 맛보기. 이를 닦을 필요는 없다.
	자조기술: 집안일	
17	더러운 옷을 바구니에 넣는다.	필요할 경우 다시 알려 주기나 신체적 촉구를 할 수 있다(예: 성인이 옷을 건네주기, 바구니를 가리키기). 하지만 스스로 옷을 바구니에 넣을 수 있어야 한다.
18	휴지를 쓰레기통에 버린다.	필요할 경우 다시 알려 주기나 신체적 촉구를 할 수 있다(예: 성인이 옷을 건네주기, 바구니를 가리키기). 하지만 스스로 휴지를 쓰레기통에 버릴 수 있어야 한다.

	레벨 2	설명
	수용 언어	
1	촉구나 제스처 없이도 "멈춰" 혹은 "기다려"라는 지시에 따른다.	아동은 지시가 주어졌을 때 독립적으로 반응한다. 멈춰서, 성인을 바라보며, 성인의 지시가 있을 때까지 기다린다.
2	신체 동작과 사물 활동을 요하는 8~10가지 단순한 지시를 따른다.	아동은 동사가 포함된 지시에 따른다(예: 마라카스를 흔들기, 막대기를 두드리기, 아기를 안아 주기, 찰흙을 쿡 찌르기, 자르기, 일어나기, 박수치기, 귀 만지기; 아동은 신체 동작 및 사물 활동을 모두 따라야 한다).
3	자신 혹은 다른 사람의 신체 부위를 변별하여 가리키거나 보여 준다.	5개 이상의 신체 부위를 변별하였을 때 '통과(Pass)'로 채점한다.
4	일상생활(예: 놀이/옷 입기/먹기)에서 8~10개의 특정한 사물(예: 아기, 의자, 장난감 자동차, 블록, 컵, 곰인형 등)을 주거나 가리키거나 보여 주라는 지시에 따른다.	설명되어 있는 바와 동일하다.
5	책 안에 있는 그림의 이름을 말하면, 3개 정도 가리키고, 눈으로 따라가며 변별할 수 있다(예: 컵, 자동차, 강아지, 고양이, 아기 포함).	"○○ 어디 있어?" 또는 "○○ 보여 줘"라는 질문에 대상을 검지손가락으로 가리키며 바라본다.
6	기초적인 공간개념을 이해한다(예: 안, 위).	사물을 사용하는 지시를 따를 수 있고, 3개 이상의 위치 관련 단어에 대해 이해했음을 보여 주면 '통과(Pass)'로 채점한다.
7	가족, 반려동물, 선생님의 이름을 말하면 그 사람이나 사진을 쳐다본다.	4개 이상의 다른 이름에 반응했을 때 '통과(Pass)'로 채점한다. 만약 이름이 불린 사람이나 반려동물이 실제 눈 앞에 있다면, 아동은 이름이 불렸을 때 분명하게 그 사람이나 반려동물을 바라보아야 한다(가리키기를 할 수도 있다). 만약 그림이라면, 아동은 이름이 불렸을 때 그림을 만지거나 가리킨다.
8	아동 눈앞에 없으나 방 안에 있는 8~10개의 사물들을 언어로 요청하면 가져온다.	아동이 "○○ 가져와"라는 지시에 반응하여, 방안에 있으나 눈앞에 없는 사물을 찾아온다. 이 과제는 방 안을 시각적으로 탐색하기에 충분한 시간 동안 지시를 기억하고, 바닥, 테이블, 의자, 선반에서 사물을 찾아와야 한다.

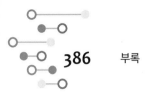

	레벨 2	설명
9	언어 지시에 따라(제스처 단서가 있는 경우), 한 가지 사물로 2개의 동작을 할 수 있다.	아동은 제스처가 포함된 지시에 따라 하나의 사물과 관련된 2가지 동작을 순서대로 수행한다. 3가지 이상의 다른 연속 동작을 수행했을 때 '통과(Pass)'로 채점한다(예: 신발을 들고 나에게 가져와).
10	그림에서 신체 부위를 가리킨다.	커다란 사진이나 선으로 된 그림을 보고 질문 받은 5개 이상의 신체 부위를 가리킨다.
	표현 언어	
1	소리와 함께 적절한 사인 혹은 제스처로 의사를 표현한다(예: 요구, 완료, 공유, 도움, 거부 표현).	제시된 4가지 목적의 의사소통을 위해 특정 제스처와 소리 내기 또는 말(완벽하지 않아도 됨)을 결합하여 사용한다.
2	익숙한 일, 감각 자극이 수반된 사회적 활동, 노래를 할 때 6~10개 정도의 단어나 유사단어를 말할 수 있다.	친숙한 사회적 활동 중 5개 이상의 서로 구별되는 말(완벽하지 않아도 됨)을 한다. 자발적이거나 자발적으로 모방된 형태로 촉구 없이 해야 한다.
3	자발적으로 놀이와 관련된 다양한 단어를 말할 수 있다(예: 굴러, 가, 멈춰 등).	자신이 하고 있는 동작이나 사물이 포함된 5개 이상의 서로 구분되는 동사 형태의 말을 한다. 자발적이거나 자발적으로 모방된 형태로 촉구 없이 해야 한다.
4	명사(사물/동물/사람 이름)와 명사가 아닌(동사 혹은 다른 관계를 가리키는) 단어를 20개 혹은 그 이상 기능적으로 사용한다.	자발적으로 동작이나 사물을 요청하기 위해 사용된 말(완벽하지 않아도 됨)이 포함된다. 명사와 명사가 아닌 단어가 모두 사용되어야 '통과(Pass)'로 채점한다.
5	자발적으로 사물과 그림에 이름을 붙인다.	5개 이상의 실제 사물과 5개 이상의 그림에 대해 자발적으로 명칭을 말했을 때 '통과(Pass)'로 채점한다.
6	다양한 억양으로 노래한다.	노래를 하거나 흥얼거릴 때 억양을 변화시켜, 노래나 표현에 특정한 음률이 있음을 보여 준다.
7	눈맞춤을 하면서 한 단어로 요구하고 거절한다.	눈맞춤을 하면서 한 단어를 사용해 요청·저항·거절·거부한다.
8	맥락에 맞게 동작에 이름을 붙인다(예: 신체나 사물을 움직이며 동작을 할 때).	자신, 타인, 사물의 움직임에 대해 자발적 또는 모방하여 10개 이상의 동사로 표현한다.
9	중요한 사람의 이름을 세 사람 말한다(자신을 포함).	다른 사람의 사진, 거울 또는 실물을 보며 이름 붙이거나 주의를 끌기 위해 이름을 말한다. "저게 누구야?"라는 질문에 대한 반응일 수도 있다.
10	고개를 저으며 "아니요"라고 거절한다.	거절의 의미로 자발적으로 고개 흔들기를 하면서 "아니요"라고 말한다.
11	고개를 끄덕이며 "예"라고 한다.	수용의 의미로 자발적으로 고개 끄덕이기를 하면서 "예"라고 말한다.
12	모르는 것을 봤을 때 "저게 뭐야?"라고 질문한다.	여러 맥락에서 "저게 뭐야?"라고 질문하면서 자발적으로 성인을 바라보며 손으로 사물을 가리키거나 시선을 옮긴다.
	합동주시 행동	
1	"이거 봐"라고 말하며 사물을 제시하면 반응한다. 시선을 움직이고 몸의 방향을 돌려, 제시된 사물을 보는 등의 반응을 보인다.	설명되어 있는 바와 동일하다.
2	"저기 봐"라고 말하며 가리키면 멀리 있는 사물이나 사람을 바라보는 등의 반응을 보인다.	설명되어 있는 바와 동일하다.
3	다른 사람의 눈을 쳐다보면서 사물을 주고받는다.	자발적인 주고받기가 포함된다. 사물을 받는 상황에서 성인이 사물을 제공해서는 안 된다. '요청'의 의미로 눈맞춤이 이루어져야 한다.
4	"보여 줘"라고 했을 때 해당 사물을 성인에게 보여 준다.	설명되어 있는 바와 동일하다.

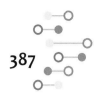

	레벨 2	설명
5	자발적으로 사물을 보여 준다.	일반적인 보여 주기를 말한다—장난감을 성인의 얼굴을 향해 두기, 성인을 바라보기 그리고 성인의 말을 기다리기. 1시간 동안의 놀이 중 여러 번 관찰되었을 때 '통과(Pass)'로 채점한다.
6	언어적 지시 없이, 지시자가 가리키거나 응시하는 목표물을 처다본다.	얼굴을 마주 보고 상호작용 하는 동안, 아동과 눈맞춤 한 뒤 사물을 향해 시선을 돌린다. 아동이 시선을 따라 고개 돌리기나 무엇을 찾는 동작을 했을 때 '통과(Pass)'로 채점한다. 사물을 찾아낼 필요는 없다.
7	흥미로운 사물을 자발적으로 가리킨다.	일상적인 행동을 관찰한다—시간당 여러 번 발생해야 한다. 아동이 대상을 가리키고 성인을 바라보며 반응을 기다려야 '통과(Pass)'로 채점한다.
8	사물을 이용한 즐거운 활동을 하는 동안 성인과 눈을 맞추며 미소를 짓는다.	즐거움을 공유하기 위해, 분명한 대상에서 성인의 눈으로 그리고 다시 대상으로 시선 옮기기를 해야 한다. 10분간의 사회적 놀이 중 여러 차례 관찰되어야 '통과(Pass)'로 채점한다.
사회기술: 성인 혹은 또래집단		
1	대화하는 동안 눈맞춤을 시작하고 유지한다.	눈맞춤과 함께 (어느 유형이든) 의사소통을 시작하고, 의사소통을 하는 동안 자연스러운 방식으로 눈맞춤을 유지한다.
2	익숙한 사회적 놀이를 언어적으로 요구하거나 시작한다.	특정 놀이를 나타내는 동작이나, 제스처 또는 소리 내기를 통해 사회적 놀이를 시작하거나 신호를 보낸다. 3개 이상의 놀이를 할 수 있어야 '통과(Pass)'로 채점한다.
3	애정 표현을 한다(예: 친숙한 사람들에게 포옹, 입맞춤 등).	자발적이고 일관적으로 친숙한 성인을 팔과 몸으로 포옹하고, 입을 오므려 볼이나 입술에 뽀뽀한다.
4	성인의 관심을 끌기 위해 제스처나 언어를 사용한다.	말 또는 어떤 제스처(손 흔들기, 보여 주기, 고개 돌리기, 두드리기 등)를 통해 성인으로부터 관심을 끈다.
5	인사에 "안녕"이라 하고 손을 흔들며 반응한다.	촉구 없이 말과 제스처를 함께 사용하여 인사에 반응한다.
6	언어 혹은 제스처로 도움을 요청한다.	도움을 구하기 위해 눈맞춤과 함께 관습적인 제스처나 말(완벽하지 않아도 됨)을 사용한다. 눈맞춤 및 적절한 말과 동반되지 않은 손 및 몸 움직임은 해당되지 않는다.
7	대화할 때 언어 혹은 제스처와 함께 눈맞춤을 한다.	일관적으로 눈맞춤이 동반된 자발적인 의사소통을 한다.
8	게임할 때 음악에 맞춰 다른 사람들과 춤을 춘다.	다양한 그룹 놀이를 하며 음악에 맞춰 춤추는 동작을 모방한다(호키포키, 둥글게 둥글게, 그대로 멈춰라)
9	술래잡기 놀이에서 다른 사람과 함께 뛰어 다닌다.	술래잡기 놀이를 하는 동안 다른 사람을 쫓아가서 잡거나 도망간다.
10	상대방이나 게임의 이름을 말해 관심을 얻은 후, 사회적 게임이나 활동을 시작한다.	눈맞춤과 함께 상대에게 친숙한 사회적 놀이를 의미하는 제스처, 이름 부르기 또는 움직임을 나타내는 말(예: 간지럼, 잡기)을 하면서 그 놀이를 자발적으로 시작한다.
사회기술: 또래집단		
11	친구가 요구하면 사물을 건네준다.	또래가 사물을 요구하는 말을 했을 때 상대를 바라보며 사물을 건네준다.
12	집단에서 익숙한 노래/손가락 놀이에 참여한다.	특별한 단서 없이 소그룹 활동(1~2명의 다른 아이와 함께하는) 시 친숙한 노래 및 사회적 놀이에 율동을 하며 참여한다.
13	친구가 병렬놀이(같은 장소에서 놀이를 하지만 서로 상호작용하지 않고 독립적으로 놀이를 하는 경우)를 하면 같이 한다.	놀이 중 또래가 다가왔을 때 이를 인지하며, 거부하지 않고 놀기를 계속한다. 자기가 가지고 노는 장난감을 가리거나 접근을 거부하지 않는다.

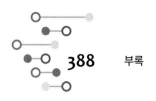

	레벨 2	설명
14	친구가 인사할 때 적절하게 반응한다.	또래가 '안녕' 하고 인사를 했을 때 바라보기, 제스처 그리고 적절한 말을 사용하여 자발적으로 반응한다.
15	친구가 요구하면 간단한 장난감을 번갈아 가며 서로 주고받는다.	병렬놀이에서 요청 받은 사물을 건네주거나 언어적 또는 비언어적으로 또래와 주고받는 상호 교환에 반응한다. 이때 어느 정도 눈맞춤이 동반된다.
16	집단으로 친구들과 앉아 성인의 지시에 집중한다.	소그룹 활동 시 성인의 특별한 도움 없이 착석하며, 성인이 하는 일에 주의를 기울이고, 알아들을 수 있는 지시가 주어졌을 때 이에 따른다. 성인은 지시를 내리기 위해 아동의 이름을 부를 수 있으나 그 외 도움을 주어서는 안 된다.
17	친구가 사물을 건네줄 때 받는다.	또래가 사물을 건네줄 때 눈맞춤과 함께 이를 받는다.
18	시키면, 집단 안의 친구들에게 사물을 전달한다.	소그룹 활동 시 사물 요청이 있을 때 적절하게 반응한다(예: 바닥에 앉아서 하는 그룹활동, 간식 시간, 미술 시간, 역할극).
19	놀이 상황에서 때때로 친구의 행동을 모방한다.	병렬놀이 동안 아동은 몇몇 또래의 동작을 자발적으로 모방한다.
20	혼자 혹은 친구와 같은 그림 맞추기 게임(예: 메모리게임, 로또게임 등)을 한다.	상대와 순서를 주고받으며 맞추기를 완료하면 '통과(Pass)'로 채점한다.
모방		
1	의미 있는 의사소통을 할 때 다양한 모음과 자음을 모방한다.	4~5개의 각기 다른 모음 소리, 4~5개의 각기 다른 자음 소리를 낸다.
2	동물 소리 및 그 외의 소리를 모방한다.	적어도 5개의 다른 소리를 모방한다.
3	상호작용을 하는 동안 간단한 단어를 자주 그리고 자발적으로 모방한다.	완벽하지 않아도 비슷하게 10개 이상의 말을 모방한다.
4	5가지 노래에 대한 율동을 모방한다. 적어도 10개의 다른 동작을 모방한다.	익숙하게 촉구 없이 모방해야 한다.
5	노래하는 동안 새로운 동작을 모방한다.	처음 보여 주는 5개의 새로운 동작을 비슷하게 모방한다.
6	여러 단계 놀이 동작으로 구성된 사물을 이용한 모방을 한다.	3개 이상의 관련된 동작을 순서에 따라 모방한다(예: 모양 맞추기 뚜껑 열기, 조각 꺼내기, 덮개를 닫기, 모양을 맞추기).
7	미니어처를 이용해 혼자 혹은 상대방과 가상놀이 행동을 모방한다.	미니어처를 이용해 4개 이상의 자연적으로 발생한 동작을 모방한다. 혼자하거나 타인에게 보여 주는 동작을 모두 포함한다.
8	노래/게임에서 2개의 연속된 동작을 모방한다.	자발적으로 한 곡의 노래에서 2개 이상의 동작을 도움 없이 즉각적으로 모방한다.
9	두 단어 문장을 모방한다.	다양한 두 단어 문장을 모방한다.
인지		
1	도형에 대해 짝 맞추기/분류하기를 한다.	적어도 5개의 다른 모양을 짝 맞추기 하거나 분류한다.
2	크기에 대해 짝 맞추기/분류하기를 한다.	적어도 다른 3가지 크기의 같은 모양의 사물을 짝 맞추기 하거나 분류한다.
3	디자인이나 선으로 그린 그림에 대해 짝 맞추기/분류하기를 한다.	선으로 그린 그림이나 디자인 패턴을 짝 맞추기 하거나 분류한다.
4	비슷한 사물을 같은 집단으로 분류한다.	모양이 완전히 똑같지 않은 같은 종류의 사물을 짝 맞추기 하거나 분류한다(예: 자동차, 말, 공, 양말, 신발, 컵).
5	일상적 사물을 기능에 따라 분류한다.	기능에 따라 사물을 분류한다. 음식, 의복, 장난감, 그리기
6	없어진 사물을 찾거나 찾아달라고 요청한다.	세트에서 빠진 사물을 알아차리고 그것을 요구하거나 직접 찾는다(예: 사라진 퍼즐 조각, 신발 한 짝, 컵).

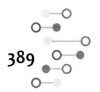

	레벨 2	설명
7	2가지 차원에서 짝 맞추기/분류하기를 한다.	사물을 색깔과 모양 또는 모양과 크기 등에 따라 짝 맞추기 하거나 분류한다.
8	1~3개까지 짝 맞추기를 한다.	다양한 사물을 가지고 1~3개까지 수에 따라 짝 맞추기 한다(예: 도미노 조각, 접시의 동물 모양의 크래커).
	**놀이: 표상**	
1	연관된 사물을 함께 가지고 논다(예: 컵을 컵받침에, 숟가락을 그릇에).	놀이와 정리를 통해 여러 사물 세트의 기능적인 연관성을 인식하고 있음이 관찰된다.
2	놀이에서 소리 효과를 낸다/모방한다(예: 전화에 대고 말하기, 차 소음 내기, 동물 소리 내기).	놀이에서 5개 이상의 사물에 대해 적절한 소리를 낼 경우 '통과(Pass)'로 채점한다.
3	사람 인형 혹은 동물 인형 놀이를 할 때 소품을 이용해 한 가지 활동을 할 수 있다.	자발적인 동작이어야 한다. 모방만 할 경우 통과로 채점하지 않는다.
4	놀이 주제에 따라 기능적으로 관련된 행동들을 함께 한다(예: 음료를 먹이거나 준다, 침대에 눕히고 이불을 덮는다).	자발적으로 적어도 2가지 이상의 연관된 동작을 연이어 해야 한다. 모방만 할 경우 통과로 채점하지 않는다.
5	만들기 장난감으로 시행착오를 거쳐 문제 해결하는 것을 보여 준다. 도식은 융통성 있고 반복적이지 않다.	아동이 사물 놀이에서 시행착오를 통한 문제 해결을 보여 줄 경우 '통과(Pass)'로 채점한다.

놀이: 독립적 놀이

	레벨 2	설명
6	성인이 가끔씩 관심을 주면, 10분 동안은 적절하고 다양하게 놀이한다.	성인이 구성놀이 세트나 시공간 도구를 세팅해 줄 수 있지만, 아동이 2회 이상의 지시 없이 대부분의 놀이 활동을 혼자 적절히 할 경우 '통과(Pass)'로 채점한다. 적절한 놀이 활동 중 나타나는 반복 및 상동행동은 괜찮다.
7	성인이 가끔씩 도와주면, 자유롭게 확장 가능한 도구를 가지고 최소 10분간 적절하게 혼자 시간을 보낼 수 있다.	성인이 도구(찰흙, 미술도구, 책, 가상놀이 장난감)를 세팅해 줄 수 있지만, 2회 이상의 지시 없이 대부분의 놀이 활동을 혼자 적절히 할 경우 '통과(Pass)'로 채점한다. 적절한 놀이 활동 중 나타나는 몇몇 반복 및 상동행동은 괜찮다.
8	도구를 책상으로 가져가서 놀이를 하고 정리한다.	독립적으로 도구 가져오기, 놀이를 위한 공간으로 이동하기 그리고 마지막에 정리하기를 하며 논다. 확장 가능한(open-ended) 놀이 또는 활동이 정해진 놀이(closed-ended)가 포함된다.

소근육 운동

	레벨 2	설명
1	모양 끼우기 장난감에 3개 이상의 모양을 정확히 끼운다.	독립적으로 모양 끼우기 장난감을 가지고 논다. 시행착오가 있을 수 있으나 도움이나 촉구는 없어야 한다.
2	약 3cm 정도의 블록을 8~10개 쌓는다.	독립적으로 8~10개의 블록을 균형을 맞춰 쌓아 블록탑을 만든다.
3	단순한 블록 모형을 3개 이상 따라 만든다.	적어도 3조각 이상의 블록을 이용하여 여러 다른 형태의 모양을 따라 만든다(예: 세로로 탑 쌓기, 가로로 길게 만들기, 다리 만들기).
4	5개 이상 다양한 방식으로 블록, 레고, 구슬, 팅커토이 등 쌓기, 끼우기 장난감을 조작한다.	다양한 종류의 조립장난감을 사용해, 5개 이상의 조각을 다양한 방식으로 조합한다.
5	찰흙으로 5개 이상의 단순한 행동을 모방한다(예: 굴리기, 찍기, 두드리기, 꼭 쥐기 등).	설명되어 있는 바와 동일하다.
6	종이에 여러 개의 스티커를 붙인다.	성인은 스티커의 한 귀퉁이를 떼어내 아동이 잡을 수 있게 해 줄 수 있으나, 아동이 독립적으로 스티커를 종이에서 떼어내 다른 종이에 붙여야 한다.

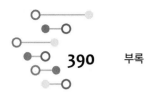

	레벨 2	설명
7	돌려 여는 뚜껑을 포함해 다양한 통을 열고 닫는다.	힘의 강도를 측정하는 것이 아니다. 쉽게 열리는 뚜껑이어야 한다.
8	큰 지퍼를 열고 닫는다.	성인이 지퍼의 양쪽을 모아 주면, 아동이 스스로 지퍼를 끝까지 아래로 내리거나 위로 올릴 수 있다.
9	큰 사물을 로프, 굵은 실, 고무호스에 길게 꿸 수 있다.	도움이나 촉구 없이 굵은 끈에 5개 이상의 비즈, 파스타 조각, 반지 등을 꿸 수 있다.
10	마커펜, 크레용으로 선 긋기, 낙서하기, 점 찍기를 모방한다.	적어도 3가지 그리기 도구를 이용한 다른 형태의 동작을 모방한다.
11	가위로 종이를 자른다.	종이를 실제로 자를 필요는 없다. 아동용 또는 성인용 가위를 사용할 수 있다. 성인이 어떻게 가위를 잡는지를 보여 줄 수 있으나 아동 스스로 잘라야 한다. 가위를 완벽하게 잡을 필요는 없다. 자르는 동작을 3번 수행해야 한다.
12	장난감 칩과 동전을 구멍에 넣는다.	혼자서 테이블에서 5개 이상의 조각을 집어 가로 및 세로 형태의 구멍에 모두 넣어야 한다. 돕거나 일러주기 없이 해야 하며, 10원짜리 동전 사이즈도 성공해야 한다.
13	여러 모양의 비즈를 다양한 종류의 줄에 꿴다.	다양한 종류의 사물을 다양한 형태의 끈에 꿴다.
14	4~6개로 구성된 조각 퍼즐을 완성한다.	독립적으로 퍼즐을 완성한다. 시행착오는 있을 수 있으나 도움 및 촉구를 제공해서는 안 된다.
대근육 운동		
1	다양한 자세(앉거나 서거나 움직이는 동안)로 대근육 활동을 모방한다.	일관되고 자발적으로 위치와 상관없이 대근육 활동을 모방한다(지시가 주어질 수 있다). 완벽하지 않아도 된다. 정확도보다는 일관성이 중요하다.
2	계단에서 뛰어내리고 바닥의 장애물을 넘는다.	낮은 계단에서 뛰어내리거나 바닥에서 점프하여 앞으로 이동한다.
3	놀이터에 있는 기구를 사용한다(예: 철봉, 미끄럼틀).	일관적으로 놀이터에 있는 여러 가지 낮은 구조물에서 여러 적절한 동작을 시작한다.
4	세발자전거에 앉아서 발로 밀거나 페달 밟기를 시작한다.	독립적으로 세발자전거 위에 정확한 자세로 타서 앉고, 페달 밟기를 시도하지만 도움이 필요할 수 있다.
5	수레(wagon)를 끌거나 손수레(wheelbarrow)를 민다.	수레를 조작해서 혼자 사물을 옮길 수 있다.
6	목표 지점으로 공을 찬다.	큰 공을 특정 방향으로 찬다.
7	삽으로 구멍을 판다.	독립적으로 삽으로 땅을 파고, 사물을 퍼내, 통에 넣는다. 여러 차례 수행한다.
자조기술: 식사		
1	신호를 주면 냅킨을 사용한다.	지시는 하되 그 이상의 도움은 없는 상황에서, 아동이 냅킨을 들어 지시에 따라 몸의 부분을 적절하게 닦아낸다. 완벽할 필요는 없으나 대충하는 것 이상이어야 한다.
2	혼자서 식기구를 가지고 그릇에서 음식을 담는다.	성인이 그릇이나 접시를 아이에게 대 주었을 때, 독립적으로 식기를 사용하여 자신의 그릇에 음식을 담는다. 미숙할 수 있다. 성인이 덜어야 할 양을 알려 줄 수 있다.

	레벨 2	설명
3	지시를 하면 음식이 담긴 용기를 건네준다.	식탁에서 다른 사람이 사물을 건네 달라고 하면, 아동은 그 사물을 바라보고, 들어 올려 사람의 왼쪽 혹은 오른쪽으로 건네준다. 아동은 요청에 대해 독립적으로 사물을 찾고 그것을 집어 올리는 것을 시도한다. 만약 어떤 사람이 상자를 주며 그것을 옆 사람에 건네주라고 지시했을 때, 아동은 도움 없이 지시를 수행한다.
4	음식을 다 먹은 후 그릇, 컵, 숟가락을 싱크대 혹은 카운터로 가져다 놓는다.	식탁을 떠날 때, 성인의 지시를 따라 특정 사물을 특정 장소에 도움 없이 가져다 놓는다.
5	식사를 하는 동안 타인과 함께 식탁에 앉아 있는다.	식사 내내 착석하며, 식사를 마치거나 성인이 가도 좋다고 할 때까지 촉구나 도움 없이 자리를 뜨지 않는다.
6	패스트푸드점에서 적절하게 먹고 행동한다.	패스트푸드점에서 모든 식사 단계(기다리기, 주문하기, 음식 옮기기, 앉기, 먹기, 정리하기, 나가기)를 도움 없이 혼자 수행한다. 식사가 끝나고 성인이 음식을 다 먹을 때까지 앉아 있는다. 성인과 함께 출입문과 테이블로 걸어간다. 성인이 곁에 두기 위해 손을 잡고 있을 필요가 없다.
7	여러 번 소개된 새로운 음식을 만지거나 먹는다.	익숙한 음식을 맛보거나 먹어 보기 또는 마셔 보라는 지시에 따른다.
8	모든 음식군을 먹는다.	과일/야채, 유제품, 곡물, 고기류(가족의 제한이 없는 경우)를 자발적으로 먹는다.
9	스스로 물을 마신다.	성인의 지시나 도움 없이 컵을 들고 싱크대, 선반, 냉장고에서 물을 따른다. 싱크대를 이용할 경우 수도꼭지를 자발적으로 잠가야 한다.
	자조기술: 의생활	
10	혼자 옷을 벗고 바구니에 넣는다(단추나 지퍼 없는 옷).	지시가 주어졌을 때, 단추나 지퍼를 제외하고는 셔츠, 바지, 속옷, 양말, 신발을 스스로 벗으며, 모든 옷을 빨래 바구니에 넣는다. 전체 절차에 대해 한두 차례 언어 또는 제스처로 촉구할 수 있으나, 전체 또는 부분적인 신체적 촉구가 필요하지 않다.
11	혼자서 옷 입기를 한다(예: 단추나 지퍼 등은 도움이 필요함).	설명되어 있는 내용과 동일하다.
12	재킷이나 모자(단추나 지퍼 없음)를 벗고 고리에 건다.	품이 넉넉한 재킷과 모자를 스스로 벗는다. 고리에 걸도록 촉구할 수 있다.
	자조기술: 위생	
13	지시가 있을 때 젖은 수건으로 얼굴을 닦는다.	성인이 물에 적신 수건을 주며 "얼굴을 닦아"라고 지시했을 때, 얼굴 전체를 도움 없이 문지르며, 닦은 수건을 되돌려주거나 내려놓는다.
14	지시가 있을 때 코를 닦는다.	코를 닦거나 코를 풀라고 지시했을 때, 티슈 박스에서 티슈를 꺼내 코를 풀거나 닦은 후 휴지를 버린다. 한 번의 언어 촉구만 주어질 수 있으며, 신체적인 도움은 없어야 한다.
15	손 씻기의 모든 단계를 수행한다.	신체 촉구 없이 수도꼭지를 트는 것 외에 손 씻기에 필요한 모든 단계의 손동작을 수행한다. 성인은 몇몇 단계에서 제스처 또는 부분 신체 촉구를 줄 수 있다.
16	머리 감기/자르기에 협조한다.	머리 감기 또는 자르기를 하는 동안 거부하기, 울기 또는 그 외 저항을 하지 않는다. 머리를 문지르거나 말리는 것을 도와주며 참여한다. 이 과정에서 강력한 강화물을 사용할 수 있다.
17	5개의 목욕 장난감을 적절하게 가지고 논다.	설명되어 있는 내용과 동일하다. 일반적으로 사용하는 목욕 장난감이 해당된다.
18	목욕이 끝날 때 장난감을 치우라고 하면 치운다.	첫 번째 지시가 주어졌을 때 더 이상의 촉구 없이 모든 목욕 장난감을 정리함에 넣는다.

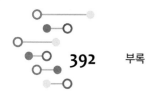

	레벨 2	설명
19	로션 바르는 것을 돕는다.	부모를 도와 손, 팔, 다리, 배에 로션을 바른다.
20	이를 닦는다.	지시가 주어졌을 때 칫솔을 아래위로, 앞에서 뒤로 문지른다. 신체적으로 다 도와주지 않지만 각각의 레벨에서 촉구를 할 수 있다.
21	취침 일과를 마치고 스스로 자러 간다.	취침 일과를 마치고 불을 껐을 때 침대로 가서 성인 없이 잠이 든다. 잠자리에 든 후 거의 침대에서 나오거나 방 밖으로 나오지 않는다.
22	취침 일과의 순서를 안다.	한 가지 이상의 활동을 시작함으로써 취침 일과에 대해 인식하고 있음을 보여 주며, 취침 일과의 여러 단계를 도움 없이 혼자 수행한다.
	자조기술: 집안일	
23	식기류를 식기세척기에서 정리대로 옮긴다.	성인이 세팅해 줄 수 있지만, 세팅 및 처음 지시 이후에는 아동 스스로 도움 없이 식기세척기에서 20개 정도의 식기를 정리대로 옮겨 놓는다.
24	건조기에서 빨래를 바구니로 옮겨 담는다.	성인이 건조기 문을 열고 빨래 바구니를 알려 주면, 아동이 더 이상의 도움 없이 건조기에서 빨래를 모두 꺼내 바구니로 옮긴다. 꺼내기 어려운 의복의 경우 약간의 도움을 받을 수 있다.
25	양말 짝을 맞춘다.	바구니에 있는 또는 무더기로 있는 10쌍 이상의 양말의 짝을 맞추고, 접거나 고정하여, 정리함에 넣는다.
26	반려동물 그릇에 물/음식을 담는다.	성인은 재료를 준비해 주고 지시를 할 수 있으나, 아동은 더 이상의 도움 없이 동작을 수행해야 한다.

	레벨 3	설명
	수용 언어	
1	성인이 단순한 문장을 사용해서 익숙한 책을 읽어 줄 때 5~10분 동안 흥미를 보이며 주의를 기울이고 참여한다.	성인 곁에 앉아 집중하며 성인이 읽어 주는 이야기를 듣는다. 예시에는 책과 성인을 번갈아 가며 보기, 책의 그림을 가리키기, 책 넘기기, 책에 있는 그림의 이름을 말하기 등이 포함된다.
2	익숙한 사물/행동을 포함하는 간단한 새로운 지시를 따른다.	성인의 제스처 단서나 신체적 도움 없이 성인을 보면서 지시한 동작을 완수한다. 성인은 제스처 단서 없이 지시를 한 번 더 반복해 줄 수 있다.
3	일상적 사물이나 그 사물의 사진을 변별한다. 옷, 식사, 위생, 놀이, 음식과 관련된 사물들	50개 이상의 일상적인 사물을 변별한다.
4	'예/아니요' 질문에 선호에 따라 적절하게 대답한다.	요청 및 거절 맥락에서 '예/아니요'를 적절하게 사용한다. 제스처(예: 끄덕이기/고개 흔들기)가 동반되지 않더라도 눈맞춤은 반드시 보여 줘야 한다. 정중함을 나타내는 어구를 사용할 수도 있다(예: 부탁드려요, 감사하지만 괜찮습니다).
5	그림과 책에서 5개 이상의 행동을 구별한다.	성인의 질문에 말 그리고/또는 제스처(예: 가리키기)로 반응한다. 예시에는 "아기 어디서 자고 있어?" 또는 "달리고 있는 강아지가 보이니?"가 있다. 반응에는 눈맞춤이 동반될 필요가 없다.
6	매일 일과에서 2개 이상의 지시를 따른다(예: 취침 시간-책을 가져오고 침대에 누워, 칫솔질-칫솔과 치약을 가져와).	잘 학습된 일과 중 2~3개 단계에서 동작과 사물이 포함된 지시를 일상적으로 잘 따른다.
7	사물과 관련된 공간적인 관계를 이해한다(예: 아래, ~옆에).	예시로 질문을 받았을 때 적절하게 반응하는 것을 들 수 있다("공을 자동차 옆에 둬." 또는 "공을 테이블 아래에 둬.").

	레벨 3	설명
8	크기(크다/작다)를 구분한다.	성인의 질문에 말 또는 제스처(예: 가리키기, 사물 건네주기)로 반응한다. 예시에는 "큰 공 어디 있어?" 또는 "작은 자동차 보여 줘."가 있다. 반응은 눈맞춤이 동반될 필요가 없다.
9	적어도 4개의 다른 색깔을 구분한다.	성인의 질문에 말 또는 제스처(예: 가리키기, 사물 건네주기)로 반응한다. 예시에는 "파란색 크레용이 어떤 거야?" 또는 "빨간색 트럭 보여 줘."가 있다. 반응은 눈맞춤이 동반될 필요가 없다.
10	다양한 소리 20가지를 구별할 수 있다(예: 동물, 전화기, "'야옹야옹' 소리를 내는 동물은 무엇이지?").	성인의 질문에 말 또는 제스처(예: 가리키기, 사물 건네주기)로 반응한다. 예시에는 "어떤 동물이 야옹야옹 울지?" "강아지는 어떤 소리를 내?" 또는 "어떤 소리가 들리니?"가 있다. 반응은 눈맞춤이 동반될 필요가 없다.
11	일상적 사물의 기능을 이해한다(예: 타기, 자르기, 먹기, 자기, 신기, 마시기 등).	성인의 질문에 말 또는 제스처(예: 가리키기, 사물 건네주기)로 반응한다. 예시에는 "타는 것에는 무엇이 있어?" 또는 "물 마실 때 무엇을 사용하지?"가 있다. 반응은 눈맞춤이 동반될 필요가 없다. 3개 이상의 사물의 기능을 알면 '통과(Pass)'로 채점한다.
12	'내 것'과 '네 것'을 뜻하는 대명사를 이해한다.	성인의 질문에 말 또는 제스처(예: 가리키기, 사물 건네주기)로 반응한다. 성인은 아동의 이해 정도를 알아보기 위해 아동의 사물을 사용할 수 있다. 예시에는 "누구 차례지?" 또는 "이 신발은 누구 것이지?"가 있다. 반응은 눈맞춤이 동반될 필요가 없다.
13	그림, 선택지 또는 행동하기에서 10개의 행동을 구별한다.	성인의 질문에 말 또는 제스처(예: 가리키기, 사물 건네주기)로 반응한다. 예시에는 "공을 어떻게 던지는지 보여 줘." 또는 "돼지가 어떻게 먹는지 보여 줘."가 있다.
14	새로운 상황에서 관련 없는 2가지 이상의 지시를 따른다.	지시가 주어졌을 때 성인을 바라보고 제스처 또는 신체적 도움 없이 지시를 완수한다. 성인은 제스처 단서 없이 지시를 2번 반복할 수 있다. 예시에는 "자동차를 (내게) 주고 책 덮어." 또는 "공을 통에 넣고 인형을 테이블 위에 올려놔."가 있다.
	표현 언어	
1	의사소통을 목적으로 다양한 2~3개 단어 조합을 사용한다(예: 요청하기, 인사하기, 주의 끌기, 저항하기).	말하기는 반드시 눈맞춤이 동반되어야 한다. 예시에는 "주스 더 먹을래." "셀리야 안녕." "여는 것 도와줘." 또는 "공이 아니야."가 있다. 발음은 완벽하지 않아도 좋다.
2	다른 사람에게 말할 때 2개 이상의 단어를 사용한다.	말하기는 반드시 눈맞춤이 동반되어야 하며 사물이나 행동을 요청하기 위한 것이 아니어야 한다. 예시에는 "소 봐." "비행기 빠르다." 또는 "강아지"가 있다. 발음은 완벽하지 않아도 좋다.
3	그림과 책에 있는 행동을 명명할 수 있다.	말하기는 눈맞춤이 동반되지 않아도 좋다. 예시에는 "아기가 먹는다." 또는 "새가 난다."가 있다. 발음은 완벽하지 않아도 좋다.
4	위치를 나타내는 용어(예: 위, 아래, 안, 꼭대기 등)를 사용해 말하거나 요청한다.	말하기는 반드시 눈맞춤이 동반되어야 한다. 예시에는 "의자 위에 토끼" 또는 "저 안에 공"이 있다. 발음은 완벽하지 않아도 좋다.
5	소유대명사(예: '내 것'과 '네 것')를 사용해 말하거나 요청한다.	말하기는 반드시 눈맞춤이 동반되어야 한다. 성인은 아동의 사물을 이용할 수 있다. 예시에는 "저것은 (컵) 내 것이야." "네 차례" 또는 "내 아기"가 있다. 발음은 완벽하지 않아도 좋다.
6	상황에 맞게 "몰라요."라고 제스처를 취하거나 말한다.	말하기 또는 제스처(어깨 으쓱 하기, 손을 위로 올리기)와 함께 눈맞춤이 반드시 동반되어야 한다.
7	상대의 주의를 끌기 위해 이름을 부른다.	말하기는 반드시 눈맞춤이 동반되어야 한다. 발음은 완벽하지 않아도 좋다.
8	단순 메시지를 다른 사람에게 전달한다(예: "엄마에게 '안녕'이라고 말해.").	말하기는 반드시 눈맞춤이 동반되어야 한다. 예시에는 "엄마에게 가서 '안녕'이라고 해." 또는 "아빠에게 가서 이리 오시라고 해."가 있다. 발음은 완벽하지 않아도 좋다.

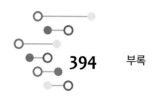

	레벨 3	설명
9	적절하게 "안녕"과 "잘 가"를 먼저 말하기도 하고 답하기도 한다.	말하기는 반드시 눈맞춤이 동반되어야 한다.
10	자신과 다른 사람에게 적절한 대명사를 사용한다.	말하기는 반드시 눈맞춤이 동반되어야 한다. 이를 확인하기 위해 거울을 이용할 수 있다. 반응에는 반드시 '나' '너'와 관련된 대명사가 포함되어야 한다. 예시에는 "저건 나야." 또는 "나는 네가 보인다."가 있다.
11	간단한 단어나 제스처를 사용해 자기의 경험을 말한다.	말하기와/또는 제스처(예: 재현하기)에는 반드시 눈맞춤이 동반되어야 한다. 한 단어 말이나 간단한 구를 사용할 수 있다. 예시에는 "강아지" "공 잡았어." 또는 "풍선이 위로 갔어."가 있다. 발음은 완벽하지 않아도 좋다.
12	색깔 이름 1~2개를 말한다.	말하기는 눈맞춤이 동반되지 않아도 괜찮다. 성인이 "자동차가 무슨 색깔이야?"라고 질문하면, 아동 스스로 대답을 해야 한다("빨간 자동차" "그건 파란 풍선이에요."). 완벽하지 않지만 근접한 대답도 허용된다.
13	"무엇이야?" 질문에 적절히 대답한다.	말하기는 눈맞춤이 동반되지 않아도 괜찮다. 성인은 2번 질문을 할 수 있다.
14	"어디야?" 질문에 적절히 대답한다.	말하기는 눈맞춤이 동반되지 않아도 괜찮다. 성인은 2번 질문을 할 수 있다.
15	"누구야?" 질문에 적절히 대답한다.	말하기는 눈맞춤이 동반되지 않아도 괜찮다. 성인은 2번 질문을 할 수 있다.
16	말끝을 올려 간단히 "예/아니요"로 답할 수 있는 질문을 한다(한 단어의 말을 끝을 올려 질문하는 것도 포함).	말하기는 반드시 눈맞춤이 동반되어야 한다. 질문은 끝을 올려 말하는 한 단어 형태일 수 있다. 예시에는 "쿠키?" 또는 "빠이빠이할까?"가 있다.
17	"무엇?"과 "어디?"를 사용하여 질문한다.	말하기는 반드시 눈맞춤이 동반되어야 한다. 두 질문을 모두 해야 '통과(Pass)'로 채점한다.
18	간단한 정보를 묻는 질문을 한다(예: 이름, 나이, 옷 색깔 등).	말하기는 눈맞춤이 동반되지 않아도 괜찮다. 예시에는 "이름이 뭐야?" "몇 살이야?" 또는 "네 윗도리는 무슨 색이니?"가 있다.
사회기술: 성인과 또래집단		
1	간단한 대근육 활동 게임을 한다(예: 공놀이, 숨바꼭질, 둥글게 둥글게 등).	3가지 이상의 게임에서 2회 이상 적극적인 행동(접근하기, 모방하기, 소리 내기)을 한다. 눈맞춤이나 미소만으로는 충족되지 않는다. 예시에는 '숨바꼭질' '둥글게 둥글게', 공놀이 등이 있다.
2	상대방이 요구했을 때 사물을 공유하고 보여 준다.	상대방의 요구에 3초 이내에 반응한다. 상대방은 한 번 더 요청할 수 있다. 반응에는 말하기(예: "아기") 또는 제스처(예: 사물 가져다주기, 손에 사물을 들고 있기)가 포함된다.
3	집단 활동을 할 때 새로운 노래와 손 놀이를 모방하고 따른다.	2가지 이상의 일과에서 2회 이상 적극적인 행동을 한다. 눈맞춤과 미소만으로는 충족되지 않는다. 예시에는 '손가락 움직이기' '간지럼 피우기' 또는 '거미가 줄을 타고'가 있다.
4	친구의 간단한 요청이나 지시에 적절하게 반응한다.	부모 보고로 채점할 수 있다. 예시에는 "공 가져와." "엄마처럼 해 봐." 또는 "여기에 놔."가 있다.
5	친구를 모방하거나 상호작용을 시작한다.	부모 보고로 채점할 수 있다. 3개 이상 연령에 맞는 게임(예: '잠기놀이' '숨바꼭질' 기차놀이 또는 치장하고 놀기)에서 2번 이상 모방을 하거나 상호작용을 시작한다.
6	또래와 병렬적(같은 놀이를 하나 서로 상호작용하지 않고 독립적으로 노는 것)으로 익숙한 드라마 놀이를 한다.	부모 보고로 채점할 수 있다. 2번 이상 참여한다. 행동에는 말하기(예: "아기가 배고파."), 모방하기 또는 상대방의 놀이를 관찰하기가 포함된다. 놀이의 예로 인형놀이, 치장하기, 역할놀이가 있다.

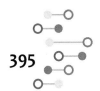

	레벨 3	설명
7	간단한 보드게임을 할 때 차례를 지킨다.	3가지 이상 연령에 적합한 게임에서 2판 이상 참여한다. 예시에는 '4목 게임' '카리부 크래니엄' 또는 '빙글빙글 오리 유치원'이 있다.
8	정중한 표현인 "~해 주세요" "고맙습니다" "실례합니다~"를 사용한다.	예시에는 "~해 주세요" "고맙습니다" 또는 "실례합니다"가 있으며, 자발적으로 적절하게 사용해야 한다. 완벽하지 않지만 비슷한 형태일 경우도 허용된다. 3번 중 2번 사용할 경우 '통과(Pass)'로 채점한다.
9	'날 따라 해 봐요'나 '동물 걷기 흉내 내기' 등 일어서서 움직여야 하는 다양하고 새로운 대근육 활동을 모방한다.	예시에는 "날 따라 해 봐요" "~가 가라사대" 또는 동물 움직임 흉내 내기가 있다. 10개 이상의 새로운 동작을 자발적으로 모방해야 한다. 동작은 부정확할 수 있다.
10	구두 언어가 포함된 놀이 활동에 참가한다.	3개 이상의 활동에 적극적인 행동(말하기, 행동하기, 모방하기)을 하며 참여해야 한다. 눈맞춤 및 미소만으로는 충족되지 않는다. 예시에는 인형놀이, 선생님 놀이 또는 아기 재우기 놀이 등이 있다.
11	말하고, 보여 주고, 공유하고, 요청할 목적으로 언어나 제스처를 이용해 타인의 관심을 사물로 집중시킨다.	3번 이상 눈맞춤과 함께 행동을 시작한다. 예시에는 제스처(예: 성인에게 사물을 주거나 들어 보이기, 사물을 가리키기)와 함께 하는 말하기(예: "엄마, 저기 봐, 고양이." "블록이 무너졌어." 또는 "과자 더 주세요, 아빠.")가 있다.
12	타인의 합동주시(동시에 한곳을 같이 쳐다보는 것) 시도에 눈맞춤이나 언어로 반응한다.	성인의 제안에 3초 이내에 반응한다. 성인은 한 번 더 반복할 수 있다.
13	사진이나 그림에서 정서를 파악한다(예: 기쁨, 슬픔, 화남, 두려움).	성인의 질문에 3초 이내에 반응한다. 성인은 한 번 더 반복할 수 있다. 2개 이상의 감정(예: 행복, 슬픔, 화남, 두려움, 놀람)을 파악한다. 눈맞춤은 말하기와 동반되지 않아도 된다.
14	사진이나 그림의 정서를 말로 표현할 수 있다(예: 기쁨, 슬픔, 화남, 두려움).	2개 이상의 감정(예: 행복, 슬픔, 화남, 두려움, 놀람)을 파악한다. 눈맞춤은 말하기와 동반되지 않아도 된다.
15	정서(기쁨, 슬픔, 화남, 두려움)를 나타내는 얼굴 표정을 지을 수 있다.	2가지 이상의 감정을 나타내는 표정을 보여 준다(예: 행복, 슬픔, 화남, 두려움, 놀람). 반응에는 눈맞춤이 동반되지 않아도 좋다.
인지		
1	자기 이름의 글자를 짝 맞추기 한다.	이름의 모든 글자가 맞아야 한다.
2	글자를 짝 맞추기 한다.	5개 이상의 글자를 짝 맞춘다. 성인의 언어적 단서(예: "가 어디 있어?")가 주어지거나 성인이 처음 몇몇 시도를 보여 줄 수 있으나, 아동이 적어도 5번을 혼자 힘으로 맞춰야 한다.
3	단어를 짝 맞추기 한다.	5개 이상의 단어를 짝 맞추거나 분류한다. 성인의 언어적 단서(예: "고-양-이 어디 있어?")가 주어지거나 성인이 처음 몇몇 시도를 보여 줄 수 있으나, 아동이 적어도 5번을 혼자 힘으로 맞춰야 한다.
4	숫자를 짝 맞추기 한다.	5개 이상의 숫자를 짝 맞추거나 분류한다. 성인의 언어적 단서(예: "6 어디 있어?")가 주어지거나 성인이 처음 몇몇 시도를 보여 줄 수 있으나, 아동이 적어도 5번을 혼자 힘으로 맞춰야 한다.
5	글자, 숫자, 모양, 색깔을 알아듣고 말한다.	각 카테고리에서 5개 이상을 찾는다. 성인의 언어적 단서(예: "6 어디 있어?" "파란색 크레용 보여 줘." 또는 "글자 어디 있어?")가 주어지거나 성인이 처음 몇몇 시도를 보여 줄 수 있으나, 아동이 적어도 5번을 혼자 힘으로 찾는다.

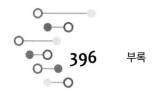

	레벨 3	설명
6	숨겨진 사물을 기억해야 하는 게임을 한다.	3개 이상의 숨겨둔 사물을 찾는다. 성인은 이를 확인하기 위해 3개의 물체(예: 동전, 작은 공, 막대기)를 아동에게 보여 준 뒤 각 물체를 컵 아래에 숨긴다. 성인은 7초를 기다린 후 숨긴 것과 같은 모양의 사물을 보여 주며(예: 작은 공) "공 또 어디 있지?"라고 묻는다. 반응은 말('저기')이나/또는 제스처(예: 가리키기, 컵을 들어 올리기)일 수 있다. 눈맞춤은 동반되지 않아도 된다. 성인은 3회 이상 시도해야 한다.
7	사물/사진을 8가지 군으로 분류할 수 있다.	사물을 3개에서 8개의 군으로 분류할 수 있다.
8	5까지 양과 숫자의 관계를 이해한다.	언어(예: 5개의 대상을 소리 내어 센다) 또는 제스처(예: 5개의 대상을 만지거나 모아놓는다)로 관계를 이해한다.
9	5까지 정확하게 사물을 셀 수 있다.	5개 이상의 사물에 값을 매긴다. 성인이 아동에게 체스 말, 사탕, 기차, 블록과 같이 좋아하는 사물을 세어 보도록 할 수 있다. 성인은 첫 번째 사물을 수 세기를 시작하기 위해 셀 수 있으나 아동이 이를 이어 혼자 힘으로 마지막까지 세어야 한다.
10	3개 혹은 그 이상의 그림을 일련의 순서대로 놓고, '처음, 그다음'이라는 표현을 사용하여 이야기한다.	성인이 언어적 단서(예: "다음은 뭐지?")를 줄 수 있다. 아동은 독립적으로 순서를 배열하고 "무슨 이야기인지 얘기해 줘."라는 지시에 3개 이상의 배열을 순서대로 설명할 수 있다.
	놀이	
1	관련된 사물을 가지고 복잡한 도식을 순서대로 연결시키는 만들기 놀이를 한다(예: 구슬로 목걸이 만들기, 블록으로 빌딩 만들기, 길 위에 트럭 등).	3개 이상의 도식을 구성한다. 도로 위의 트럭, 건물을 짓기 위한 블록, 목걸이를 만들기 위한 비즈를 사용할 수 있다.
2	한 가지 놀이에서 3가지 이상의 연관된 행동을 한다.	예시로 기찻길 만들기, 기차 밀기, 기차끼리 부딪히기 또는 찰흙 꺼내기, 모양틀로 찍어서 테두리를 잘라내기가 있다(주: 이 예시로 인지 10번 문항의 그림 배열을 할 수 있다).
3	지시를 주면 인형이나 동물을 가지고 2가지 이상 관련된 행동을 한다.	예시에는 주스 따르기, 인형에게 먹이기, 담요로 덮어 인형 재우기 또는 동물을 자동차에 싣고 자동차 밀기 등이 포함된다.
4	모형을 모형가구나 탈것 등에 적절하게 배치한다.	놀이 동안 모형 장난감을 적절하게 배치한다. 예시에는 아빠를 의자에 앉혀 TV 보게 하기 또는 엄마를 차에 태워 가게로 운전해서 가게 하기 등이 있다.
5	자발적으로 인형이나 동물 모형이 액션을 하게 만들며 논다.	성인의 촉구 없이 3개 이상의 동작을 완수해야 한다.
6	주제에 맞게 소품을 배치한다.	3개 이상의 다른 놀이에서 2개 이상의 소품을 배치한다. 예시에는 아기에게 밥을 주기 위해 포크와 접시를 세팅하기, 변장 놀이를 위해 직접 모자를 쓰거나 다른 사람에게 모자를 씌워 주기 등이 있다.
	소근육 운동	
1	5~6개 조각 퍼즐을 완성한다.	설명되어 있는 바와 동일하다.
2	원, 십자, 네모, 대각선을 따라 그린다.	각각을 적어도 1회 모방한다. 성인이 모델을 보여 주고 언어적인 단서를 줄 수 있다(예: "이거 그려 봐.")
3	블록, 레고, 조립식 인형 조각 등을 가지고 다양한 구조물을 따라 만들 수 있다.	3개 이상의 각기 다른 구조물을 만들기 위해 5개 이상의 블록을 사용한다. 쌓기 재료는 블록, 레고, 팅커토이 등이다.
4	바늘땀을 위아래로 드문드문 성기게 꿰맨다.	3개 이상의 고리/구멍에 실을 꿴다. 성인이 언어적 도움(예: "여기에 꽂아.")을 주거나 첫 번째 시도를 보여 줄 수 있다.
5	손가락이나 필기구로 선이나 곡선을 따라 그린다.	적어도 3~4번 이내에 선이나 곡선을 손가락이나 필기구로 따라간다. 성인이 첫 번째 시도에서 모델을 보여 줄 수 있다.

	레벨 3	설명
6	물체를 잡거나 놓기 위해 다양한 도구를 활용한다(예: 집게, 포크).	2개 이상의 사물을 집어 올리거나 내려놓기 위해 2가지 이상의 도구를 사용한다. 예시에는 음식 조각을 들어 올리거나 내려놓기 위해 큰 숟가락 사용하기, 블록을 들어 올리거나 내려놓기 위해 커다란 집게를 사용하기가 있다.
7	다양한 모양을 따라 그린다.	3개 이상의 도형의 선 위를 따라 그린다(예: 사각형, 원, 삼각형, 직사각형). 플라스틱 틀을 사용하거나 종이에 그려진 선을 따라 그릴 수 있다.
8	가위를 바르게 잡고 반대 손은 종이를 고정하거나 돌리는 데 사용하여 가위질을 한다.	자르기는 선을 따라갈 필요는 없으나 긴 종이를 2조각으로 잘라야 한다. 성인이 가위를 어떻게 잡고 종이를 따라 어떻게 자르는지 보여 줄 수 있다.
9	가위를 가지고 선대로 자른다(예: 직선과 곡선).	선을 따라 상당히 정확하게 종이를 자른다. 성인이 첫 번째 시도에서 모델을 보여 줄 수 있다.
10	두 단계로 구성된 간단한 미술 활동을 한다(예: 자르고 붙이기, 잉크패드를 사용하여 도장 찍기, 종이를 접고 선대로 자르기).	성인이 언어적인 단서를 주거나(예: "먼저 이것을 한 다음, 저것을 하렴.") 첫 번째 시도에서 각 단계를 보여 줄 수 있다. 예시에는 자르고 붙이기, 잉크를 묻히고 도장 찍기, 종이를 접고 선을 따라 자르기가 있다.
11	찰흙으로 다양한 주제의 놀이를 한다. 다양한 도구를 사용한다.	3개 이상의 도식을 만든다. 2개 이상의 도구를 사용해야 '통과(Pass)'로 채점한다. 예시에는 핀과 함께 찰흙을 굴리고 칼로 잘라 뱀 만들기 또는 공 모양으로 찰흙을 굴려 포크로 먹는 시늉하기가 있다.
대근육 운동		
1	세발자전거를 잘 탄다(예: 페달 밟기, 조종하기, 길 따라가기 등).	페달을 밟고 방향을 조정하며, 협응을 보여 주며 독립적으로 길을 따라간다.
2	바르고 균형된 자세로 공을 찬다.	사물/사람을 잡지 않은 상태에서 공을 찬다. 비틀거리거나 넘어지지 않는다. 3회 이상 공을 찬다.
3	도움을 받아 놀이터의 도구를 모두 사용한다.	기어오르기, 낮은 놀이기구(예: 그네, 낮은 미끄럼틀, 시소) 및 높은 놀이기구(예: 정글짐, 원숭이 타기, 높은 미끄럼틀)를 이용한다. 안전대를 잡을 수 있다.
4	성인, 혹은 또래와 따라 잡기 놀이를 할 때 자연스럽게 달리고, 균형 있게 방향을 전환할 수 있다.	적어도 5분 이상 놀이를 한다.
5	노래와 음악에 맞춘 대근육 활동을 따라 한다.	3개 이상의 노래에서 5가지 이상의 동작을 모방한다. 예시에는 '우리 모두 다 같이' '버스를 타고' 노래에서 신체 동작 모방하기가 있다. 모방은 자발적이고 즉각적이어야 한다.
6	목표물을 향해 공을 던진다.	3회 이상 아래에서 위로 공을 던진다. 목표물을 완벽하게 맞출 필요는 없다. 성인이 2번까지 모델을 보여 줄 수 있다.
7	두 발을 모아서 앞으로 점프한다.	3회 이상 점프해서 앞으로 이동한다.
8	한쪽 발로 점프한다.	적어도 1번 한 발로 점프한다. 다른 사람이나 고정된 사물을 잡고 점프할 수 있으나 넘어지면 안 된다.
개인적 독립		
1	숟가락, 포크, 컵 등을 흘리지 않고 적절히 사용한다.	숟가락이나 포크를 정확하게 잡지 않아도 괜찮다.
2	앉아서 식사하는 식당에서 적절히 행동한다.	가족이 큰 어려움 없이 식사 전체를 마칠 수 있다(예: 던지기, 때리기, 테이블 아래로 기어 다니기, 달려 나가기). 아동이 이따금씩 짜증을 낼 수 있지만 관심을 돌려 주면 그에 따를 수 있다(예: 테이블에서 그림 그리기, 작은 장난감을 갖고 놀기).

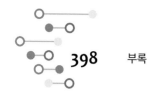

	레벨 3	설명
3	필요한 경우 가정이나 학교에서 선택과 스케줄 등을 나타내는 기호나 상징체계를 독립적으로 사용한다.	도움 없이 기호/그림/상징책을 찾아, 적절한 것을 선택하고, 선택한 것이나 활동을 마친다. 가정 및 학교에서 적어도 80% 이상 독립적으로 사용할 수 있어야 한다. 만약 아동이 기호나 상징체계를 사용하지 않는다면, 이 문항은 넘어간다.
4	학교, 차, 집에서(혹은 으로) 자기의 사물을 가져간다(가져온다).	적어도 스스로 1개의 사물을 옮긴다. 예시에는 배낭, 도시락, 재킷 등이 있다.
5	책가방을 혼자서 열거나 닫는다. 지시하면 사물을 가방에 집어넣거나 꺼낸다.	요청했을 때 스스로 적어도 3개의 사물을 넣거나 꺼낸다. 예시에는 도시락, 파일 폴더, 장난감 등이 있다.
6	적절할 때 옷을 입거나 벗는다(예: 지퍼나 똑딱이 단추를 푼다).	독립적으로 지퍼나 똑딱 단추를 연다.
	개인적 독립: 위생	
7	화장실에 데려가거나 보냈을 때, 모든 단계를 독립적으로 수행한다.	수건에 손이 닿지 않을 때 도움을 요청할 수 있다. 개수대에 손에 닿지 않을 때에는 손 씻는 것을 도와달라고 요청할 수 있다.
8	화장실에서 지퍼나 단추를 여닫는 것을 제외한 옷 입기를 한다.	속옷과 바지를 내리거나 올릴 수 있다. 성인이 아이가 걸어갈 때 사물을 들어 줄 수 있으나(옷을 벗었을 경우) 아이 스스로 옷을 올리고 내려야 한다.
9	손 씻기 모든 단계를 혼자서 할 수 있다.	수도꼭지를 잠그거나 열고, 비누를 사용하며, 손을 비비고, 물기를 말린다. 상기시켜 줄 수 있다.
10	물수건을 주면 얼굴을 닦는다.	젖은 수건을 얼굴에 대고 문지른다. 상기시켜 줄 수 있다.
11	빗으로 머리를 빗는다.	상기시켜 줄 수 있다.
12	기침이나 재채기를 할 때 입을 가린다.	손이나 티슈로 입을 가린다. 상기시켜 줄 수 있다.
13	목욕하는 것과 말리는 것을 잘 돕는다.	성인이 수건, 비누, 샤워타월을 제공하고 비누를 샤워타월에 묻혀 줄 수 있으나 아동이 씻고 몸을 말리는 것을 도와야 한다(예: 얼굴, 배, 팔, 다리).
14	적어도 몇 번의 칫솔질을 하며 이를 닦는다.	적어도 5번 이상 윗니와 아랫니를 위해 아래위로 양치질을 한다. 성인이 칫솔에 치약을 짜 줄 수 있다. 양치질을 계속하라고 말해 줄 수 있다.
	개인적 독립: 집안일	
15	반려동물에게 밥이나 물을 먹인다.	음식/물을 그릇에 담고 반려동물에게 가져다준다. 성인이 보조를 해 주거나(예: 캔 열기, 양을 측정하기) 상기시켜 줄 수 있다.
16	식탁 치우는 것을 돕는다.	적어도 2개 이상의 식기(예: 접시, 컵, 그릇 등)를 싱크대로 옮긴다. 상기시켜 줄 수 있다.
17	식기세척기 비우는 것을 돕는다.	5개 이상의 식기를 꺼낸다. 성인이 어디에 식기를 놓아야 하는지 보여 줄 수 있다. 적어도 2개 이상의 식기(예: 접시, 컵, 그릇 등)를 싱크대로 옮긴다. 상기시켜 줄 수 있다.
18	세탁한 옷을 서랍에 넣는다.	3개 이상의 잘 접은 옷을 반듯하게 서랍에 넣는다. 옷을 갤 필요는 없다. 상기시켜 줄 수 있다.
19	요청하면 소지품을 가져온다.	요구했을 때 소지품(예: 옷, 장난감, 신발 등)을 들어 적절한 장소에 가져다 놓을 수 있다. 상기시켜 줄 수 있다.

레벨 4	설명

	수용 언어	
1	다수의 물리적 관계를 설명하는 개념을 이해한다.	2개의 사물 중 맞는 것을 정확하게 골라내거나, 성인에게 주거나, 가리키거나 보여 준다. 아동은 5개의 다른 개념을 정확하게 알고 있다. 예시: 뜨거운/차가운, 빈/가득 찬, 젖은/마른, 딱딱한/부드러운, 무거운/가벼운, 긴/짧은, 큰/작은.
2	2~3가지 단서(예: 크기, 양, 색깔, 라벨)를 주면 10~15가지 사물을 가져온다.	맞는 사물을 정확하게 골라내거나, 성인에게 주거나, 가리키거나, 보여 준다. 예시: 성인이 '부러진 파란색 크레용을 갖다줄래?'라고 지시하면 아동은 해당되는 사물을 가져다준다.
3	남성/여성의 대명사를 이해한다(예: 그/그녀).	'그 또는 그녀'가 포함된 지시에 남성 또는 여성 캐릭터, 피겨 또는 실제 인물을 정확하게 골라내거나, 주거나, 가리키거나, 보여 준다. 예시: '그를 자동차에 태워' 또는 '그녀가 아이스크림을 먹고 싶대'. 아동은 적어도 한 명의 여성과 한 명의 남성 대명사를 성공해야 '통과(Pass)'로 채점한다.
4	비교급을 이해한다. 더 큰, 더 짧은, 더 작은, 최대, 최소, 몇몇의, 많은 등	4~5개의 보기가 나열되어 있을 때 정확한 사물을 골라내거나, 주거나, 가리키거나, 보여 준다. 아동이 3개 이상의 비교급을 이해하고 있어야 '통과(Pass)'로 채점한다.
5	사물의 위치를 표현하는 말의 공간적 관계를 이해한다(예: ~뒤에, ~앞에).	3개의 개념을 이해하고 있음을 보여 준다. '~뒤' '~앞'에 대한 지시를 했을 때 정확한 위치에 사물을 놓거나 정확한 위치를 쳐다본다(예: "소파 뒤를 봐.").
6	부정어를 이해한다(예: 공이 없는 상자, 앉아 있지 않은 아이).	사물의 부재(체리가 없는 그릇), 대상이 아닌 사람(파란 눈이 아닌 아이), 해당되지 않는 행동(자고 있지 않은 사람)에 대해 알고 정확하게 골라내거나, 주거나, 가리키거나, 보여 준다.
7	소유격과 부분 전체 관계를 이해한다.	요청하면 사물 및 그림에서 해당 사물의 부분을 가리키거나 보여 준다(예: 토끼의 코, 자전거의 바퀴, 자동차의 문).
8	짧은 이야기를 듣고 주의를 기울이며 "그게 뭐야?" "누구야?" 등의 질문에 대답하고 이해한다.	짧은 이야기를 듣고 있는다(다섯 페이지). 책을 들고 있는 성인을 바라보면서 집중하고 있음을 보여 주며, 페이지마다 '무엇' '누구'와 관련된 질문에 언어 또는 가리키기로 정확하게 반응한다. 마지막에 2~3개의 질문에 대답한다.
9	누구/무엇인지에 대해 묻는 질문에 '예/아니요'로 대답한다.	성인이 "이거 ○○야?" 또는 "네 이름이 ○○이야?"라고 질문했을 때 언어 또는 고개 끄덕이기/흔들기로 정확하게 대답한다.
10	신체적 상태에 대한 질문에 대답한다.	"○○할 때 뭐 해?"라는 질문에 4가지 이상(아플 때, 졸릴 때, 배고플 때, 목마를 때) 구로 정확하게 대답한다.
11	개인적 정보를 묻는 질문에 대답한다.	3개 이상의 개인적 정보를 묻는 질문에 대답한다. 예시: "이름이 뭐야?(성/이름)" "집 전화번호가 뭐야?" "집 주소가 뭐야?"
12	'같다'와 '다르다'를 이해한다.	같은 사물이나 다른 그림/사물을 찾으라는 지시에 정확한 사물을 골라내거나, 주거나, 가리키거나, 보여 준다.
13	양적 개념을 이해한다.	양과 관련된 단어(하나, 몇 개, 모두, 조금, 대부분/거의 다)에 대한 질문에 정확한 사물이나 그림을 골라내거나, 주거나, 가리키거나, 보여 준다. 모두 통과해야 '통과(Pass)'로 채점한다.
14	사물의 특징을 파악한다.	성인이 말하는 특성을 가진 대상을 골라내거나, 주거나, 가리키거나, 보여 준다. 예시: 성인이 "꼬리가 긴 강아지 보여 줘."라고 했을 때 아동은 정확하게 답한다. 특성에는 크기, 모양, 질감, 신체 상태가 포함된다. 10~15개의 특징을 이해하고 있어야 '통과(Pass)'로 채점한다.
15	사물/그림이 어떤 분류에 속하는지 묻는 질문에 대답한다.	다음의 분류를 이해한다. 색깔, 모양, 크기 또는 기능(파란 것, 둥근 것, 큰 것, 먹을 때 쓰는 것)

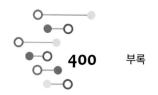

	레벨 4	설명
16	과거형과 미래형을 이해한다.	과거에 발생했던 일을 기술하는 과거 시제를 이해한다(예: 점프했던 남자아이를 보여 줘"). 같은 내용에 대한 미래 시제도 이해한다. 과거와 미래 시제에 모두 정확하게 반응해야 한다.
17	수동태를 이해한다.	사물을 조작하거나 그림을 선택함으로써 수동태를 이해하고 있음을 보여 준다(예시: "개가 공에 맞았어." "여자아이가 친구에게 쫓기고 있어.").
18	시간적 관계를 이해한다.	3가지 시간적 관계가 포함된 지시에 정확하게 반응한다. 처음/마지막, 전/후, 동시에.
19	서로 관련이 없는 3가지 언어적 지시를 따른다.	3개 이상의 요소가 포함된 성인의 요청에 따른다. 예시: 성인이 "컵 줘." "곰에게 뽀뽀해." "상자 닫아."라고 말한다. 5개의 지시 세트를 정확히 수행해야 '통과(Pass)'로 채점한다.
	표현 언어	
1	"왜?" "어떻게?"와 같은 복잡한 질문에 대답한다.	복잡한 질문에 정확하게 대답한다(예: "손을 왜 씻어?" "이는 어떻게 닦아?")
2	질문에 대한 대답으로 사물의 기능을 설명한다(예: "숟가락으로 뭘 하지?").	단순한 구를 사용하여 5개 이상의 친숙한 사물의 기능을 묘사할 수 있다.
3	일관적으로 3~4가지 단어로 구성된 문장을 사용한다.	다양한 맥락, 상대, 활동에서 3~4단어로 구성된 문장을 사용한다.
4	다양한 명사구를 사용한다.	소유, 형용사, 수량이 포함된 4단어 수준의 명사구를 조합해서 만들 수 있다(예: "저 작은 집" "내 빨간 펜" "이 트럭" "쿠키 2개" "그 큰 빨간 네모" "초콜릿 밀크셰이크" "감자튀김 몇 개 더").
5	사물의 위치를 표현하는 구문을 사용한다(예: ~아래, ~ 옆에, ~ 뒤에, ~ 앞에).	일상에서 혹은 구조화된 맥락 모두에서 기술하고, 질문에 대답하고, 다른 사람에게 지시하기 위해 사물의 위치를 표현하는 구문을 사용한다.
6	다양한 동사구문을 사용한다(예: 그가 운다, 영희가 철수를 좋아한다, 그가 넘어졌다, 그가 기뻤다, 그가 기쁘다, ~할 수 있다, ~해야 한다, ~하곤 했다).	설명되어 있는 내용과 동일하다.
7	말 속에 포함된 모든 자음과 겹자음을 적어도 80% 이상 정확하게 발음한다.	대화 중 80% 이상을 정확하게 발음한다. 상대방이 아동의 발음이 양호하다고 평가한다.
8	3~4가지 단어로 된 문장을 사용하여 최근의 경험을 이야기한다.	질문을 받았을 때, 적어도 다음 2가지 요소를 포함하여 최근의 경험을 묘사한다(누구, 무엇을, 어디에서, 언제). 예시: "생일파티에 무엇을 했니?" "나는 데이비드에게 선물을 받았어요."
9	어떤 활동을 하기 위해 허락을 구한다.	허락이 필요한 활동을 시작하기 전에 허락을 구한다. "(스프를) 저어도 되나요?(가스레인지 위의 냄비)" "내가 해도 돼요?(성인용 도구)". 또한 아동이 활동을 전환하고 싶을 때에도 그렇게 한다. "음악 틀어도 돼요?"
10	복수형을 사용한다.	일관적이고 자발적으로 복수형을 정확하게 사용한다(예: 어린아이들, 사람들).
11	3인칭 소유격을 사용한다(예: 그의, 그녀의, 엄마의 모자).	일상적으로 사용한다.
12	과거형을 사용한다.	자발적이고 일상적으로 과거 시제를 사용한다.
13	대명사를 적절히 사용한다.	문장 및 구에서 일상적으로 사용한다.
14	비교급과 최상급을 사용한다.	5개 이상의 비교급과 최상급을 정확하게 사용한다: 더 좋은, 가장 좋은, 더 큰, 제일 큰, 더 작은, 제일 작은, 뚱뚱한, 가장 뚱뚱한.

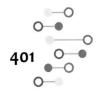

	레벨 4	설명
15	보조동사를 이용해 부정문을 사용한다.	예시: "나는 울고 있는 것이 아니에요." "내가 때리지 않았어요." "나는 앉지 않을 거예요."
16	현재진행형을 사용한다.	'~는 ○○하고 있어' 형태의 현재진행형 문장을 사용한다. 예시: "친구가 타고 있어."
17	신체적 상태를 언어로 표현한다.	자신의 상태를 표현하기 위한 단어를 5개 이상 사용한다: "나는 배고프고, 춥고, 목 마르고, 졸리고, 아파."
18	신체적 상태에 대한 질문에 응답한다: ~할 때 뭘 하니?	5개 이상의 질문에 적절하게 대답한다.
19	친근한 사물에 대한 범주 이름을 사용한다.	범주의 이름을 사용하여 사물이나 사물의 그룹을 말한다: 예시로 동물, 탈것, 음식, 옷(의복)을 들 수 있다.
20	사물의 특징을 기술한다.	"○○에 대해 말해 줘."라는 질문에 5개의 일상적인 사물에 대해 3개 이상의 특징을 말할 수 있다.
21	'나 자신' '스스로'라는 표현을 사용한다.	대상을 지칭하는 대명사인 재귀대명사(예: '○○자신' '○○ 스스로')를 2가지 이상 사용한다.
22	전화 바꿔 주기를 포함해 전화 응대를 적절하게 한다.	전화벨이 울리면 전화기로 가서 수화기를 들고 귀에 댄 후, 인사를 하고 전화를 건 사람이 하는 요청을 따른다.
23	성인이 시작한 대화에 다양한 기능(예: 상호적인 코멘트, 정보에 대해 반응하거나 요청)이 포함된 대화를 2~3회 주고받는다.	덧붙이기, 질문하기, 언급하기, 자신의 경험을 공유하기 등을 통해 대화를 지속해 나간다. 아동은 구로 된 표현을 할 수 있으나 자기 차례에서 2~3회 대화를 주고받아야 한다.
24	자기가 선택한 주제로 성인과 대화를 시작하고 지속한다.	질문하기나 기술하기로 상대와 대화를 시작하고 동일 주제를 가지고 적어도 4회 대화를 주고받는다.
25	2~3가지 사건으로 구성된 활동을 기술한다(예: 할머니 댁 가기).	열린 질문(예: "할머니 집에 갔던 일 이야기해 줘.")을 받았을 때, 구를 사용해 2~3개의 활동이나 사건을 묘사한다.
26	제스처와 함께 '몰라요'를 표현한다.	답을 알지 못하는 질문을 받았을 때, 적절히 반응한다.
27	말을 이해하지 못하면 설명을 요청한다.	다른 사람의 말, 질문, 자신을 향한 지시를 제대로 듣지 못하거나 이해하지 못했을 때 "뭐라고요?" 또는 비슷한 반응을 한다.
28	다양한 주제로 대화한다.	다양한 주제의 대화를 시작하고, 다양한 주제의 대화에 참여한다.
29	듣는 사람이 이해하지 못하면 의사소통 방법을 수정한다.	상대가 이해하지 못했을 때 의사소통을 명료화하기 위해 수정 전략을 사용한다(예: 반복해 주기, 다른 표현을 사용하기, 제스처를 함께 사용하기, 강조해 주기).
30	자신과 타인에 대한 질문에 답한다.	자신과 관련된 다양한 간단한 질문에 대답할 수 있으며, 가족, 반려동물, 친한 친구 등 매우 가까운 타인과 관련된 질문에도 대답할 수 있다.
	사회기술	
1	또래를 놀이에 초대한다.	한 가지 이상의 언어 또는 제스처로 친구에게 놀이를 제안한다("같이 기차 가지고 놀자!" "체스하자." 또는 친구를 흔들기).
2	"고맙습니다" "죄송합니다"와 같은 예의 바른 말을 사용한다.	"괜찮아요." "고맙습니다." "천만에요." "죄송합니다."와 같이 예의 바른 말을 사용한다.
3	집단에서 위안을 얻기 위해 다른 사람을 찾는다.	겁을 먹거나, 다치거나, 짜증이 났을 때 성인 가까이 가거나 성인에게 신체적인 접촉을 한다(포옹, 무릎에 앉기, 손잡기).
4	자신의 감정을 적절하게 표현한다.	자신의 감정을 "나 화났어." 등의 말로 표현한다.
5	자유 놀이 중 알아서 순서를 지킨다.	명확히 순서를 정해 주지 않아도 놀이 활동을 하면서 성인/또래와 순서를 주고받는다.
6	친구에게 경험 또는 사건을 이야기한다.	또래나 형제/자매에게 적어도 3가지 세부 정보를 포함한 말로 대화한다.

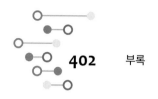

	레벨 4	설명
7	자기를 행복하고, 슬프고, 화나고, 두렵게 하는 것이 무엇인지 안다.	각 주제당 1개 이상의 예시를 말로 설명한다(예: 행복, 슬픔, 화남, 두려움). 예시: 성인이 "너는 언제 슬퍼?"라고 물었을 때 아동은 "친구가 내 책을 가져갔을 때 슬퍼요."라고 말한다.
8	상황 요인을 감안하여 타인의 감정을 파악한다.	책 읽기 또는 대화를 하는 동안, "친구가 왜 울고 있지?" 또는 "친구가 왜 무서워하지?"라는 질문에 적절하게 답할 수 있다.
9	화나거나 두려움을 느끼는 것에 대한 대처 전략을 개발하기 시작한다.	1개 이상의 대처 전략을 사용한다. 예시: 휴식 요청하기, 도움을 요청하기, 안기기, 편안함을 주는 대상을 찾기.
인지		
1	20까지 센다.	1~20까지 소리 내어 정확하게 순서대로 셀 수 있다.
2	사물을 10개까지 하나씩 일대일 대응하며 센다.	순서대로 세는 동안 그림이나 사물을 각 숫자당 한 번씩 만지거나 가리킨다.
3	'하나' '몇 개' '많이' '조금' '모두' '더' '가장 많이' 등을 알고 준다.	성인이 요청했을 때 정확한 개수의 사물을 건네준다.
4	10개까지 수를 알고 준다.	성인이 요청했을 때 정확한 개수의 사물을 건네준다("쿠키 5개 줘." 또는 "베개 2개만 줄래?").
5	수 개념에 대한 용어를 안다.	"한 개" "몇 개" "모두"를 포함한 2개 이상의 개념을 말한다.
6	공간 관계에 관한 용어를 안다.	뒤에, 뒤쪽에, 앞에를 포함한 2개 이상의 위치 개념을 사용한다.
7	5~10개까지 사물/단어 연계를 이해하고 짝을 맞춘다.	3~4글자로 된 단어와 그에 해당하는 사물을 5개 이상 짝 맞춘다.
8	몇 개의 단어를 읽는다.	친숙한 동작이나 사물과 관련된 3~4개 글자로 이루어진 10개 이상의 단어를 읽거나 발음한다.
9	5개의 선택지 중 자신의 이름을 고른다.	자기 이름과 같은 글자로 시작하는, 다른 이름이 한 개 포함된 3개의 이름 중 자신의 이름을 주거나, 가리키거나, 보여 주거나, 그 이름 쪽으로 간다.
10	기호와 상징을 안다.	3개 이상의 친숙한 기호와 상징의 의미를 이해하거나 말한다. 예시: 멈춤 사인, 초록 신호등, 일반적으로 사용하는 '안 돼' 사인.
11	글자와 숫자를 안다.	글자와 0~30까지의 숫자를 들었을 때 찾을 수 있으며 말로 표현할 수 있다.
12	반대어와 유사어를 말한다.	성인이 개념을 말하면, 그와 반대되는 개념을 말할 수 있다. 예시: 성인이 "생쥐는 작아, 하지만 코끼리는?"이라고 했을 때 아동이 "커요."라고 말한다.
놀이		
1	놀이에서 인물의 행동을 보여 준다.	3개 이상의 놀이 시나리오에서 장난감을 가지고 5개 이상의 동작을 한다. 예시: 엄마가 가게로 운전을 해서 간다, 동생이 누나를 잡으러 쫓아간다, 또는 강아지가 밥을 먹는다.
2	놀이에서 대체물을 이용해 필요한 사물을 상징적으로 사용한다.	3개 이상의 중립적인 대체물을 사용한다(중립적=그것 자체로는 용도가 없는). 예시: 블록을 전화기로 사용하기, 튜브를 병으로 사용하기 또는 작은 박스를 자동차로 사용하기.
3	놀이에서 활동과 상징적인 사물을 기술한다.	3가지 이상의 놀이에서 10개 이상의 상징적인 동작이나 사물을 자발적으로 언급하거나 질문을 받았을 때 대답한다.
4	한 가지 놀이 주제에서 3가지 이상의 관련된 행동을 한다.	예시: 냄비에 물 붓기, 음식을 젓기, 음식을 그릇에 담기. 소방관 모자를 쓰기, 불자동차를 운전해서 가기, 불을 끄기.
5	놀이할 때 상대에게 지시한다.	2~3개 이상의 놀이 에피소드에서 상대방이 놀이 주제와 관련된 반응을 할 수 있게 3개 이상 관련된 지시를 한다.

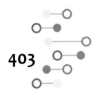

	레벨 4	설명
6	다양한 생활사건을 놀이(언어 표현 포함)로 보여 준다(예: 생일파티, 맥도날드, 의사놀이 등).	3개 이상의 생활 사건을 놀이로 표현하면서, 각각 적어도 3가지의 활동(항목 4 참고)을 포함하며, 대화를 주고받고 사물을 가지고 동작을 하며 상대방과 상호작용한다.
7	다양한 이야기 주제를 가지고 놀이한다.	위 항목에서 설명했던 다양한 동작과 대사를 하며 상대방과 함께 3개 이상의 이야기를 시연한다(예시: 빨간 망토, 아기돼지 3형제).
8	역할을 맡아 연기한다.	자신의 역할을 정하고(예: "나는 엄마야.") 역할에 어울리는 언어로 된 대사, 동작, 제스처를 사용하여 생활에서 있었던 장면을 시연하면서, 상대방과 3개 이상의 시나리오에서 상호작용을 주고받는다.
9	놀이에서 다른 사람의 주도를 따른다.	상대방의 동작을 모방하거나 상대방의 지시에 반응하면서 5회 이상 상대방의 언어적/비언어적 놀이와 관련된 지시를 따른다.
	소근육 운동	
1	다양한 색을 사용하여 그림을 정확하게 색칠한다.	도형의 안쪽에 색칠을 하며 다른 색을 사용해 색칠놀이 책 속의 그림을 완성한다.
2	적절한 필기구를 사용하여 삼각형, 글자를 모방한다.	원, 사각형, 삼각형 그리고 몇몇 글자를 알아볼 수 있게 따라 그린다.
3	선, 도형, 글자, 숫자를 기억해서 그린다.	몇 개의 도형 및 글자, 숫자를 알아볼 수 있게 혼자 그린다.
4	다양한 수, 글자, 도형을 모방하고 복사한다.	4~5개의 도형과 4~5개의 글자, 몇 개의 숫자를 알아볼 수 있게 따라 그리거나 혼자 그린다.
5	보지 않고 자기 이름을 쓴다.	설명되어 있는 바와 동일하다.
6	모양과 글자를 따라 그린다.	설명되어 있는 바와 동일하다.
7	윤곽이 있는 도형을 색칠한다.	윤곽 안쪽에 색칠을 한다.
8	그리기 도구를 사용해서 점을 연결한다.	점선을 따라 도형을 그리거나 숫자를 따라 쓴다.
9	그림, 단어, 도형을 구성하는 선을 적절히 연결한다.	도형이나 단어 또는 관련된 사물의 그림을 선으로 연결할 수 있다(아동용 학습지 활동 같은 것).
10	여러 가지 간단한 상징적 그림을 따라 그린다(예: 얼굴, 나무, 집, 꽃 등).	5개 이상의 선으로 된 그림을 따라 그리며, 알아볼 수 있는 그림을 혼자 힘으로 2~3개 그린다.
11	종이를 반으로 접고 편지봉투에 넣는다.	설명되어 있는 바와 동일하다. 모델을 따라서 수행한다.
12	모서리, 직선, 곡선을 자른다.	아동용 가위를 이용하여 혼자 힘으로 큰 종이의 귀퉁이나 모서리를 잘라낸다(7cm 이상).
13	간단한 도형을 자른다.	7cm 정도의 도형을 오린다.
14	3단계로 구성된 미술 활동을 할 수 있다. 자르기, 색칠하기, 붙이기	성인이 모델을 보여 주면, 활동을 순서대로 할 수 있으며, 활동이 혼자서 충분히 할 수 있는 단계로 구성된 경우 독립적으로 완수할 수 있다.
15	미술 활동 중 붓, 도장, 마커, 연필, 지우개를 사용한다.	미술 활동 시 완성품을 만들어 내기 위해 다양한 미술도구를 사용한다. 성인의 모델을 따라 각 도구를 사용할 수 있다.
16	그리기 도구를 세 손가락으로 잡아 사용한다.	필기구를 세 손가락 잡기로 잘 사용한다.
17	다양한 구조물로 자기가 디자인한 것을 만들거나 그림이나 3D의 간단한 모델을 보고 만든다.	다양한 쌓기 재료를 모아 복잡한 형태를 만들고 다른 사람이 만든 3D 모델과 사진 또는 그림 형태의 모델을 따라 만들 수 있다. 5개 이상의 다른 형태를 만들 수 있다.
18	일반 퍼즐, 매트 퍼즐, 판 퍼즐을 맞춘다.	설명되어 있는 바와 동일하다.
19	테이프, 클립, 열쇠를 적절하게 사용하다.	모든 도구를 독립적으로 사용한다.

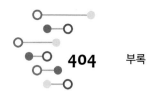

레벨 4		설명
대근육 운동		
1	야외용 공으로 친구와 주고받기 놀이를 한다.	6회 이상 공을 주고받으며 공놀이를 지속할 수 있다.
2	오버핸드스로(팔을 어깨 위에서 아래로 내리면서 공을 던지는 것)로 타인을 향해 테니스공이나 야구공을 던진다.	설명되어 있는 바와 동일하다.
3	그네와 회전목마를 포함한 운동장에 있는 모든 놀이기구를 독립적으로 사용할 수 있다.	설명되어 있는 바와 동일하다. 연령대에 적합한 모든 기구가 해당된다.
4	움직이는 공을 찬다.	신체를 이동해 움직이는 공을 찬다.
5	공을 활용한 다양한 게임을 한다. 바구니에 공 던지기, 야구, 공 튀기기, 골프, 콩주머니 던지기	공을 이용한 5개 이상의 놀이를 한다.
6	보조바퀴가 달린 자전거를 탄다. 속도, 동작, 정지 여부를 조절할 수 있다.	설명되어 있는 바와 동일하다.
7	도약 뛰기나 제자리 뛰기를 한다.	두 동작을 모방하며, 동작이 유연하다.
8	평균대, 철도선, 보도블록 길에서 떨어지지 않고 걷는다.	설명되어 있는 바와 동일하다. 잘 걷고 속도가 느리지 않다
9	동작 게임을 한다. 신호등 놀이, 얼음땡	5개 이상의 놀이를 한다—규칙을 알고 게임에 적극적으로 참여하고, 촉구나 코치가 필요 없다.
자조기술		
1	또래와 비슷한 수준으로 화장실 이용의 모든 단계를 독립적으로 수행한다.	필요한 경우 (화장실에 가는 성인의 촉구가 필요할 수는 있음) 변기를 사용할 수 있으며, 혼자서 바지와 속옷을 내렸다 올리고, 물을 내리며, 손을 씻는다.
2	필요하면 혼자서 화장실에 간다.	필요한 경우 스스로 화장실에 간다(성인의 촉구가 필요 없다).
3	또래와 비슷한 수준으로 혼자 손 씻기를 한다.	수도꼭지를 열어 물을 틀고, 물에 손을 대며, 비누칠을 하고, 양손을 비비고, 비누를 씻어내고, 물을 잠근 후 수건으로 손의 물기를 닦는다.
4	혼자서 물수건으로 얼굴을 닦는다.	씻을 때 혼자서 물수건을 적시고, 비누를 묻혀, 얼굴을 문지른다.
5	혼자 빗질을 한다.	머리를 빗으라고 하면, 빗을 찾아 머리를 빗는다. 길고 곱슬거리는 머리일 때 어려움이 있을 수 있다.
6	목욕하고 건조시키는 것에 적극적으로 협조한다.	타월로 몸을 문지르고, 몸에 비누를 바르며, 샴푸를 묻혀 주면 두피를 문지른다. 혼자서 수건으로 몸의 물기를 잘 닦는다. 마무리 도움이 필요할 수는 있다.
7	성인이 다시 깨끗하게 닦아 주더라도, 독립적으로 이 닦기의 모든 단계를 수행한다.	화장실에 들어가서 칫솔과 치약을 제자리에 놓을 때까지, 모든 단계를 독립적으로 수행한다.
8	옷을 잠근다. 단추, 똑딱단추, 지퍼	겉옷에 단추, 똑딱이 단추, 지퍼, 클립 등이 있을 때 스스로 잠근다.
9	단서를 주면 코를 풀고, 재채기를 할 때 휴지를 사용하며, 기침하거나 재채기할 때 입을 가린다.	"코풀어"라고 하면 휴지를 뽑아 코에 대고 코를 푼다. 재채기를 할 때, 손이나 팔로 입을 가린다.
10	같이 길을 건널 때, 건널목에서 멈추고 양쪽을 확인한 후 건넌다.	다른 사람과 함께 건널목이나 도로로 나가면, 스스로 멈추고, 기다리며, 다른 사람이 아동이 건너도 된다고 알려 줄 때까지 바라보면서 기다린다.

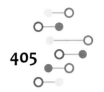

	레벨 4	설명
11	주차장, 슈퍼 등에서 성인 옆에서 혼자서 안전하게 걷는다.	성인이 손을 잡고 걷지 않아도 성인 가까이에서 걸어가며, 성인의 위치를 계속 살피고, 스스로 근거리를 유지하려고 한다.
12	식탁 차리는 것을 돕는다.	혼자서 그릇, 컵, 냅킨, 식사도구를 식탁의 자리를 찾아 비교적 정돈되게 놓을 수 있다. 성인이 놓아야 할 자리를 알려 줄 수 있으며 식탁에 놓아야 하는 사물을 건네줄 수 있다.
13	잼, 버터 등을 바르는 데 나이프를 사용한다.	젤리타입의 내용물을 적절하게 빵 위에 바를 수 있다.
14	흘린 것을 치운다.	테이블 위에 흘린 것을 자발적으로 치우기 시작하며 깔끔하게 치울 수 있다.
15	작은 용기에 마실 것을 따른다.	2~4컵 크기의 주전자에서 작은 컵으로 음료를 흘리지 않고 독립적으로 따를 수 있다.
16	접시를 싱크대/조리대/식기세척기에 넣는다.	식사를 마친 후, 먹은 자리를 정리하고 식기를 올바른 장소에 스스로 가져다 놓는다.
17	두 단계의 준비가 필요한 간식을 만든다.	2가지 다른 간식을 보관함에서 꺼내 접시에 놓으며, 테이블로 가져간다. 예시: 잘라놓은 채소와 소스, 치즈와 크래커, 크림치즈와 크래커, 시리얼과 우유를 세팅한다.
18	요리하는 것을 돕는다. 휘젓기, 붓기	쿠키, 팬케이크, 스크램블드에그 만들기와 같이 여러 단계가 필요한 요리 활동에 참여한다.

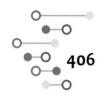

B. ESDM 교수충실도 평가 시스템

◑ 치료교수충실도를 평가하기 위한 절차

채점자를 위한 지침

1. 녹화한 동영상을 보며 충실도를 평가하기 위해, 가능한 한 소음이나 시각적 자극이 없는 장소에서 동영상을 본다.

2. 코딩하기 바로 전에 아동의 목표와 학습 내용을 검토하고, 필요할 경우 확인할 수 있게 한다.

3. 각 행동에 대한 정의와 각 점수에 해당하는 지표를 읽고, 점수가 기준에 부합하는지 살핀다. 교수법이나 평가 기준에 대한 기억 또는 지식에 의존하지 않는다.

4. 어떤 단계의 학습 목표가 확실하지 않다면, 강화되고 있는 행동이 무엇인지 파악한다. 강화되고 있는 행동이 그 단계 동안의 목표행동일 가능성이 높다. 어떤 단계든지 보통 한 가지 이상의 행동을 목표로 삼는 것이 일반적이다.

5. 목표, 아동의 의사소통, 효과를 기억하기 위해 관찰하고 있는 활동 단계 동안 메모한다. 녹화된 것은 한 번만 재생하도록 정해져 있으므로, 선행사건, 강화물, 촉구, 의사소통과 이것들의 기능 및 정교화에 대해 기록한다.

6. 평가 시, 어떤 단계에서 관찰된 교수법의 어떤 문제가 그 단계 또는 다른 단계에서 다른 행동에 대한 평가에 영향을 끼치지 않도록 후광(halo effect) 또는 최신 효과(recency effect)와 같은 채점자의 편견에 주의하라.

7. 각 활동은 특정 도구와의 다양한 상호작용 또는 다양한 사회적 상호작용을 모두 포함한다. 각 활동은 활동 구조가 형성되는 시작 단계, 교수 상호작용인 교환을 가르치는 중간 단계 그리고 치료도구를 치우거나, 감각을 이용한 사회적 일과가 끝나고 새로운 활동이 시작되는 마지막 단계로 구성된다. 장소가 아닌 활동에 따라 코딩을 해야 한다.

치료 도구 및 활동이 바뀌면, 이를 새로운 활동으로 간주한다. 아동이 활동에 참여하지 않거나, 가르치는 것이 불가능할 때, 활동은 1~2분 내에 중단된다. 이 경우 평가하지 말고, 채점 란에 '중단'이라고 표기한다.

8. 활동 코딩 시에는 활동 전 후 전환행동도 포함해야 한다. 일반적으로, 새로운 활동으로 전환한 후 관찰을 시작하고, 다음 활동으로 전환이 될 때까지 지속한다. 각 활동의 끝에 발생하는 전환행동도 코딩한다. 피치 못할 사정으로 전환을 기록하지 못했다면, 처음 그 활동으로의 전환행동을 코딩한다.

9. 각 활동을 멈추지 말고 한 번에 관찰한다. 필요하면 메모한 후에 코딩을 시작한다. 메모가 충분하지 않다면, 특히 아동의 의사소통과 치료사의 반응을 녹화한 장면은 필요한 경우 다시 재생해서 두 번 관찰한다. 천천히 재생하지 말고, 되도록이면 한 번만 관찰한다.

10. 교수법에 문제가 있다고 판단되면, 가장 큰 어려움이 무엇인지 파악하고, 문제와 가장 연관 있는 항목에 코딩한다. 한 가지 문제행동이 다수의 항목에 코딩되지 않게 한다. 하지만 어떤 문제가 다른 문제를 초래하면(예: 단서에 민감하지 않으면 아동이 화를 내고, 연이어 아동이 부정적 각성을 조절하는 데 문제가 생긴다), 2가지를 모두 코딩한다. 문제를 어디에 코딩해야 하는지 확실하지 않으면, 연관된 항목 중 하나에 코딩한다. 중복으로 코딩하지 않는 한, 어느 항목에 코딩되든지 점수에 영향을 주지 않을 것이다.

11. 2가지 코드 중 결정이 어렵다면, 더 높은 코드로 코딩한다. 하지만 치료사의 행동이 활동을 하면서 변했기 때문에 코딩이 어려운 것이라면, 아동의 행동이 향상되었다고 해서 치료사의 교수법상 문제를 무시해서는 안 된다. 대신에 아동과 치료사 모두를 살피고 적절하게 점수를 줘야 한다.

12. 코드:

5-최상의 교수행동을 지칭한다. 주어진 상황에서 학습을 최대화하는 최상의 교수법을 사용하는 예로, 숙련자 수준의 수행을 보여 주고 있다.

4-실수가 없고 굉장히 능숙한 수행을 보여 준다. 숙련된 치료사가 더 잘할 수는 있지만, 현재 해당 기술을 사용하는 데 오류나 실수가 없으며, 훌륭하고 능숙하다. 능숙한 수준의 수행을 보여 주고 있다.

3-치료사가 강점과 약점을 모두 보일 때를 말한다. 약점보다는 강점이 더 많지만, 정해진 기준을 벗어나는 실수나 오류를 범하고 있다. 이 수준의 치료사는 기술이 부족

하다. 아동을 계속 치료할 수 있으나, 역량 향상을 위해 감독과 피드백이 필요하다. 불완전한 수준의 수행을 보여 주고 있다.

2-교수행동에 문제가 있음을 뜻한다. 특정 교수 활동에 대한 노력은 보이지만, 강점보다는 약점이 더 많다. 이 단계에 있는 치료사는 능숙하지 않기 때문에, 독립적인 치료를 제공하기 전에 더 많은 수련과 감독을 필요로 한다.

1-특정 교수행동을 효과적으로 실행하지 못함을 뜻한다. 장점이 없고, 수행이 매우 서툴다. 이 단계에 있는 치료사는 독립적인 치료를 제공하기 전에 집중훈련을 받아야 한다.

13. 교수충실도. 본 프로그램에서는 치료사가 3점 미만의 점수가 없고, 2~3명의 아동을 대상으로 연속적으로 3번 80% 이상의 수행률을 보이면 기준을 충족한 것으로 본다.

◑ 조기 덴버 모델

A. 아동의 주의 끌기

주의사항: 이 항목은 타인과 사물에 대한 아동의 시각, 청각 주의 끌기를 목표로 한다. 즉, 치료사가 현재 가르치는 활동에 아동의 주의를 집중시키고, 아동의 시각적 주의집중을 최대로 이끌어, 아동이 치료사에게 집중하게 만드는 능력을 말한다. 주변에 주의를 분산시키는 요소가 있으나, 아동이 이에 영향 받지 않고 목표행동에 집중을 보이면 점수를 깎지 않는다.

1-치료사가 적절하지 않은 활동을 선택했거나, 주의를 분산시키는 방해요소로 인해 아동의 주의를 끌지 못한다(주변 사물에 주의분산 및 불편한 착석 또는 아동과 치료사 간 관계형성). 치료사는 에피소드를 개선하려는 시도를 보이지 않고, 집중하지 않는 아동에게 행동만을 계속해서 촉구하거나, 아동의 회피 또는 미참여를 방치한다.

2-치료사가 처음에는 활동이나 환경을 제시하는 방법 때문에 아동의 주의를 끌지는 못하지만, 문제를 인식하고 있는 듯 보인다. 치료사는 아동의 주의를 끌기 위해 노력하지만 실패하며 그 에피소드에 적절한 교수법을 찾지 못한다. 성공적이지 않은 교수법이 지속되고, 더 효과적인 교수 활동을 찾지 못한다.

3-치료사가 초반에는 아동이 치료사나 도구에 주의를 기울이게 만들지만, 타이밍, 속도 또는 교수법의 문제로 지속적으로 아동의 주의를 끄는 데 실패한다. 또는 치료사가 초반에 아동의 주의를 끄는 데 실패하지만, 문제를 인식하고, 교정하여 아동이 어

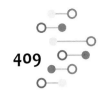

느 정도 배울 수 있게 주의를 끄는 데 성공한다. 또는 아동은 자료에만 관심을 보이며, 치료사의 얼굴이나 제스처에 주의를 기울이지 않는다. 하지만 치료사는 아동에게 습득 기회를 주는 교수 활동을 하고 있다.

4-치료사가 초반부터 아동의 주의를 끌며, 지속적으로 관심을 유지시킨다. 아동이 보다 효과적으로 주의집중할 수 있도록, 주의를 확장시키거나 부수적인 기술을 사용해 더 효과적으로 여러 과제에 주의를 집중하게 만든다.

5-치료사가 초반부터 아동의 주의를 끌 뿐 아니라, 교수 활동과 교수법을 다양하게 변화시키면서 최대로 아동의 주의를 끌고 유지한다. 아동은 치료사의 다양한 교수 활동에 집중한다. 주의집중을 적절하게 잘 관리하고 있다.

B. ABC 포맷-행동치료의 질

이 항목은 활동이 진행되는 동안 교수 상호작용의 정확도와 빈도, 반복의 적절성을 측정한다. 다음 요소를 점수화한다.

- ABC: 치료사는 각 에피소드에 ABC를 정확하게 적용했는가? 능숙한 교수법에는 치료사의 선행사건, 아동의 행동 그리고 적절한 결과 전달(강화 또는 교정)이 분명하게 드러난다. 관찰자는 치료사가 목표로 하는 행동이 무엇인지 명확히 알 수 있다. 주기적이고 즉각적으로 강화물을 준다.
- 최소한 평균 30초마다 학습 기회를 제공한다.
- 반복횟수: 아동의 학습이나 유지에 적절한 시행 반복횟수는? 각 기술의 반복횟수가 아동의 학습과 유지에 적절한가? 치료사는 아동의 필요 및 동기에 따라 얼마나 자주 기술을 반복할지 결정한다. 아동의 동기를 유지하면서 새로운 기술을 숙련된 기술보다 더 많이 반복한다. 보다 더 정확한 수행을 조형하기 위해 수행을 반복한다.

1-아동이 치료사에게 주의를 기울이지 않지만, 1분 안에 몇 번의 상호작용이 발생한다. 치료사가 아동의 반응을 요하지 않는 행동을 하며 아동을 '즐겁게' 해 줄 때 이 코드를 사용한다.

2-치료사가 학습 기회를 제공하면서 가르치기 위해 노력한다. 치료사는 아동의 주의를 끌고 동기를 부여한다. 하지만 대부분의 시행에서 명확한 ABC가 관찰되지 않는다.

3-치료사는 최소한 30초마다 학습 기회를 제공한다. 대부분의 시행은 명확한 ABC를 보이지만, 개선될 필요가 있다. 또는 학습자에게 필요한 만큼 시행이 반복되지 않는다.

4-치료사는 30초에 1회 이상 학습 기회를 제공한다. 대부분의 시행은 명확한 ABC 구

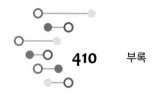

조를 갖는다. 아동의 학습 요구에 맞추어 적절하게 수행을 반복한다. 이 단계는 숙련된 교수 단계다.

5-평균 10~20초마다 학습 기회를 제공한다. A, B, C가 모두 정확하며, 치료사가 아동에게 기대하는 행동이 무엇인지, 강화되고 있는 행동이 무엇인지 명백하게 나타난다. 아동의 학습 요구에 맞게 적절하게 수행을 반복한다. 이 단계는 최적화된 교수 단계다.

C. 지시 기술의 적용

기술의 효율적 적용: 치료사는 행동형성, 용암법, 촉구 그리고/또는 연쇄 기술 등을 적절히 사용했는가? 그리고 새로운 행동을 가르치는 데 적절한 교정법이 사용되었는가?

정의

• 촉구와 용암법: 치료사는 목표 기술에 점차적으로 도달하기 위해 지속적으로 적절한 촉구(보통 최소에서 최대), 용암법 그리고 강화 기술을 사용한다. 아동은 치료사의 목표행동 선택과 촉구가 적절함을 증명하면서, 보다 더 독립적으로 수행할 수 있게 된다. 촉구를 빠르게 없애면서 새로운 학습을 위해 '보이지 않는' 지원을 한다.

• 연쇄: 아동이 교수 순서를 무난하게 따르고 변별자극에 반응한다. 과제 분석의 단계가 적절하고, 촉구와 강화물이 적절하게 제공되며, 아동은 학습 참여 시간이 최대화되었다. 연쇄는 정리하고 준비하는 활동과 다단계 놀이 그리고 언어를 가르칠 때 사용한다.

• 오류 관리: 치료사가 과제를 적절하게 제공하므로, 아동의 오류 수가 매우 적다. 치료사는 보통 '최소에서 최대 촉구 체계'를 사용하고, 두 번의 연속된 실패 후에는 오류를 최소화할 수 있는 교수법을 적용한다. 치료사는 아동이 독립적으로, 빠르고 일관적으로 정반응을 할 수 있게 적절 수준의 목표행동을 정한다.

1-수준 이하의 교수. 위 3가지 영역에서 문제가 여러 차례 반복적으로 관찰된다.

2-교수의 질이 일관적이지 않고, 적어도 2개의 목표 영역에서 문제가 두드러지게 관찰된다.

3-치료사는 한 가지 목표에서 두드러지는 문제를 보이거나 2가지 목표 영역에서 중간 수준의 문제를 보인다. 아동은 학습을 하고 있지만, 교수법의 문제가 아동의 학습을 방해하므로 개선이 필요하다.

4-원리를 적절하게 적용하고 있다. 한두 영역에서 개선이 필요하지만, 아동의 학습

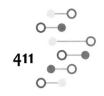

에 부정적인 영향을 미치지는 않는다.

5-최적의 예시를 보여 준다. 치료사는 에피소드 동안 아동이 더 많은 학습 목표를 독립적으로 수행할 수 있도록 능숙하게 용암법, 행동형성, 촉구 그리고 연쇄 기술을 사용한다.

D. 아동의 감정과 흥분을 조절하는 치료사의 능력

이 항목은 아동의 감정 상태 또는 행동 수준(예: 피곤하고 무기력하며 각성이 안 된 아동, 수동적이고 회피적인 아동, 타인이 활동에 참여하고 빠질 때 불평하고 도망치고 좌절하고 스트레스를 느끼며 화를 내는 아동, 좋아하는 장난감을 치우면 화내는 아동 또는 활동에 참여하지 못하는 과잉활동 아동)에 대한 치료사의 관리를 평가한다. 이 항목은 아동의 행동 문제를 코딩하기 위한 항목이 아니라(다른 항목에 코딩됨), 치료사가 아동의 학습 참여를 위해 아동의 기분, 상태 또는 행동 수준을 최적화하는 정도에 대한 코딩이다. 치료사가 활동 선택, 목소리 톤, 활동 수준 및 다른 개입을 통해 아동의 감정과 흥분 상태를 능숙하게 조정했는가? 치료사의 기술로 아동의 최적화된 학습 상태를 유지시킨다고 보기 때문에 아동의 감정 또는 흥분 상태에 아무런 문제가 없다면 5점을 준다.

1-아동이 학습 참여를 방해하는 감정/흥분 문제를 보인다. 아동의 상태 또는 활동 수준은 학습 참여를 방해하고, 치료사는 아동의 상태를 바꾸려고 노력하지 않으며, 아동의 문제를 더 악화시키는 부적절한 선택을 한다.

2-아동이 학습 참여를 방해하는 감정/흥분 문제를 보인다. 치료사는 아동의 상태를 변화시키려고 노력하지만 기술의 부족 또는 기회를 놓쳐 실패한다. 아동의 상태는 지속적으로 학습 기회를 제한한다.

3-아동이 감정과 흥분 문제를 보인다. 치료사는 아동의 상태나 활동 수준을 향상시켜 어느 정도 교수가 가능한 전략을 사용한다. 하지만 치료사의 기술 부족 또는 기회를 놓침으로써 아동의 학습이 최적화되지 못하고 교수 기회가 제한된다.

4-아동은 활동 동안 감정 또는 흥분 문제를 보인다. 치료사가 아동의 감정/흥분 문제를 악화시키지 않으며, 이를 조절하여 아동이 학습에 참여하도록 조정한다. 또는 치료사가 아동의 학습 필요에 민감하며, 아동의 상태를 변화시킬 수 있는 가능한 모든 방법을 시도한다.

5-아동은 아무런 감정 또는 흥분 문제를 보이지 않는다. 또는 아동이 어느 정도 감정/흥분 문제를 보이지만 치료사가 숙련된 기술로 아동의 상태를 빨리 최적화하며, 학습 기회를 충분히 제공하면서 아동이 즐겁게 참여할 수 있는 방법을 찾는다.

E. 부적절한 행동의 관리

문제행동이 발생했을 때, 치료사가 행동의 기능에 대해 정확하게 이해하며 더 적절한 행동을 유도하기 위한 적절한 기술을 사용하는가? 부적절한 행동이란 타인에 대한 공격, 자해, 울음, 소란 또는 비명, 심각한 상동행동, 사물 던지기나 파괴하기 그리고 불순응을 말한다. 비협조, 주의력 산만, 과도한 회피, 칭얼대기와 수동성은 코딩하지 않는다.

1－치료사가 부적절한 행동을 강화하거나 문제행동의 전조증상을 무시하고 더 큰 문제가 될 때까지 기다려 문제를 악화시킨다. 치료사는 행동 개선과 아동의 재참여 기회를 놓친다.

2－치료사는 부적절한 행동을 강화시켜 문제를 복잡하게 만들지 않고, 행동을 바로잡으려고 시도한다. 하지만 행동을 다루는 방법이 효과적이지 않아 부적절한 행동이 개선되지 않는다.

3－치료사는 문제를 복잡하게 만들지 않고 아동이 학습이 가능한 상태로 돌아오도록 만드는 전략을 사용한다. 하지만, 치료사는 1회 이상 기회를 놓치거나, 아동이 활동에 참여하고/적절한 행동을 하게 하는 전략을 잘 사용하지 못한다. 부적절한 행동에 대한 개입이 늦어질 때 이 코드를 사용한다.

4－치료사가 행동을 잘 관리하여 상황이 개선된다. 아동이 학습을 하며, 치료사는 개입 기회 또는 기술을 적절하게 이용한다. 하지만 그 에피소드를 더 빠르게 또는 더 개선시킬 여지가 있다. 또한 치료사로 인해 행동 문제가 나타나지 않고, 행동의 기능을 이해하거나 이해하려고 노력하며, 더 적절한 행동을 유도하기 위해 적절한 전략을 적용하며, 부적절한 행동을 강화시키지 않을 경우, 특정 에피소드 동안 행동 문제가 지속되더라도 이 코드를 사용한다.

5－특정 에피소드 동안 위에 정의된 부적절한 행동이 발생하지 않거나, 발생하더라도 치료사가 적절하게 관리한다. 치료사는 아동의 문제행동을 성공적으로 다루어, 더 적절한 행동을 유도하며, 최대한 빨리 학습에 대한 아동의 참여와 긍정적 감정을 갖도록 능숙하게 행동을 관리하고 긍정적 기술을 사용한다. 이 단계는 최적화된 에피소드 관리를 보여 준다.

F. 양자개입(dyadic engagement)의 질

이것은 치료사와 아동이 협조적으로 사회적인 관계를 맺는 방식을 지칭한다. 아동이 치료사의 활동을 인식하고 치료사는 상호작용의 파트너가 되며 아동이 눈맞춤이나, 직접적

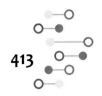

이고 의도적인 의사소통, 미소를 보여 주는 것이 가장 좋다. 치료사와 아동 쌍방이 서로를 이끌고 또 따른다. 더 구조적이고 도구 중심적인 양자 간 교환의 활동보다는 사회적이고 즐거운 상호 간의 활동이 더 많이 발생한다. 이런 효과들은 모든 교수 상황에서 발생되기도 한다.

1-양자 간 개입이 없다. 치료사가 첫 지시를 보여 주는 것 말고는 교환을 시도하지 않는다. 치료사는 에피소드 동안 지시만 할 뿐 활동을 같이 하지 않는다. 사회적 참여 또는 상호 개입이 일어나지 않는다. 아동에게 기술 전환 지시를 하는 것은 이 코드에 포함되지 않는다.

2-양자 간 교환이나 순서 번갈아 하기의 예가 하나 관찰되지만, 치료사는 학습의 기회를 여러 번 놓쳤으며 교수 에피소드는 개선이 필요하다.

3-한 번 이상의 순서 번갈아 하기와 상호적, 양자 간 교환이 관찰되지만, 치료사는 분명한 순서 번갈아 하기의 기회를 놓치며, 방관자 또는 감독의 역할만을 한다. 또는 아동이 치료사의 차례가 되었음을 인식하지 못하여, 치료사에게 도구를 주지 않거나 치료사의 차례를 기다리지 않는다.

4-한 에피소드 동안 순서 번갈아 하기 또는 상호 개입이 여러 번 발생한다(한꺼번에 모든 게 일어날 수 있음). 아동과 치료사는 서로의 순서를 알고, 의도적으로 시선, 미소 그리고 의사소통을 공유한다. 치료사는 순서 번갈아 하기와 상호개입을 만들어 낼 수 있다.

5-한 에피소드 동안 지속해서 순서 번갈아 하기와 상호 개입이 관찰된다. 아동은 장난감을 건네주거나 함께 만들고, 돕거나 치료사의 차례를 알려 주는 등 적극적으로 관여한다. 교수 활동 내내 이어지는 상호 개입과 사회적 참여를 통해, 상호적 양자 간 교환이 결합된 최적의 학습 상황이 된다.

G. 치료사가 아동의 활동 참여에 대한 동기를 최적화한다.

메모: 이 항목은 아동의 각성이나 정서 상태를 관리하는 것에 대한 것이 아니다. 그에 대한 것은 전 항목에서 다루었다. 이 항목은 치료사가 반복 지시를 통해 특정 과제를 제시하는 경우, 이에 대한 아동의 수행 동기를 다룬다. 어떤 에피소드에서 동기의 문제로 인해 부적절한 행동문제가 발생하는 경우, 이에 적합한 항목을 코딩한다. 아동의 선택이 이 항목의 코딩에 매우 중요하다. 자연스러운 학습 에피소드에서는 이 항목이 아동의 도구 및 활동 선택과 관련된다. 노래, 놀이 등과 같은 사물을 사용하지 않는 활동의 경우, 치료사

는 아동에게 활동을 '제시'할 수 있지만, 활동의 지속 여부에 대해서는 아동의 결정권을 따른다. 치료사 중심의 교수 에피소드에서는 강화물에 대한 아동의 선택 또는 상호 교환이 포함된 좋아하는 활동에 대한 아동의 선택이 관련된다. 아동의 선택을 존중하는 것이, 아동이 조금이라도 저항했을 때 새로운 장난감 또는 활동에 대한 모델링 또는 새로운 활동의 소개를 중단하라는 것은 아니다. 하지만 아동의 안전, 위생을 위협하는 것이 아니라면, 아동이 저항하거나 흥미를 보이지 않을 때 활동을 중지해야 한다. 아동에게 지속적으로 새로운 활동을 소개하는 치료사(예: "음식을 갖고 놀지 않을래?")는 아동에게 적절한 선택의 기회를 주는 것이 아니다. 이 행동이 가끔 한 번씩 관찰되는 것은 괜찮지만, 자주 발생한다면, 치료사가 지나치게 지시적이고 아동의 선택과 선호를 존중하지 않는 것이다.

다음과 같은 방법을 통해 아동의 참여에 대한 동기를 최적화할 수 있다.
- 유지 시행과 습득 시행의 적절한 조합
- 시도에 대한 강화, 강화 스케줄, 프리맥 원리 및 내적 강화제 사용과 같은 적절한 강화제 관리
- 아동에게 선택권을 주고 아동의 선호를 따르기
- 적절한 활동을 선택하고, 교수자료로 흥미로운 활동 만들어 내기
- 아동이 지루하거나 피곤해지기 전에 활동을 끝내거나 바꾸기

  1-아동은 이 활동에 적극적으로 참여하지 않으며, 치료사는 동기 유발을 위한 어떤 기술도 사용하지 않는다. 치료사는 활동을 정하고 아동에게 선택의 기회를 주지 않는다. 아동은 활동에 관심을 보이지 않고, 시도하려 하지 않아, 아동의 시행이 전적으로 촉구에 의존한다.

  2-아동은 이 활동에 동기가 없다. 치료사는 활동을 정하고 동기를 유발하기 위해 한 가지 이상의 전략을 사용하지만 효과적이지 않다. 아동은 자발적으로 과제를 수행하지 않거나, 아동은 한 번만 수행하고 지속하지는 않는다. 치료사는 아동에게 1~2개의 선택만 주며, 선택권을 줄 수 있는 기회를 모두 놓친다.

  3-아동은 이 활동에 대해 어느 정도 적극성을 보이며, 몇 가지 반응을 한다. 치료사는 아동의 흥미와 참여를 유발하거나 지속할 수 있게 적어도 3가지 기술을 사용한다. 치료사는 아동의 선택을 위해 2회 이상의 기회를 제공하지만, 아동에게 선택권을 줄 수 있는 기회를 여러 번 놓친다. 하지만 위의 기술을 더 잘 적용하면 아동을 보다 잘 동기화시킬 수 있으므로, 동기화에 문제가 있다고 본다.

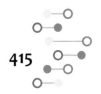

4-치료사가 원리를 성공적으로 적용함에 따라, 아동이 활동을 선택하고 그 과제의 수행에 동기화되어 간다. 치료사는 능숙한 방법으로 앞의 원리를 적용하고 있고, 이는 결과적으로 다양한 교수 기회를 발생시키고 있다. 아동은 특정 에피소드에서 여러 번 선택의 기회를 가진다.

5-이 에피소드에서는 아동이 활동을 선택하고 활동하는 것에 매우 관심이 많으며 굉장히 의욕적이다. 아동은 제시되는 학습 활동에 반복적으로 참여하고, 치료사의 지시에 일관적으로 반응하고, 학습 활동에 필요한 의사소통을 계속해서 시도한다. 치료사는 앞의 4가지 기술을 적정 수준으로 사용하고 있다. 그는 활동 내내 아동의 동기를 최고로 유지하기 위해 활동을 적절하게 변화시켜 가며 아동에게 많은 선택권을 주고 있다.

H. 긍정 정서의 이용

1-치료사는 이 에피소드 동안 얼굴, 목소리 또는 교수방식에서 긍정적 정서를 보이지 않으며, 부적절한 사무적인 태도 또는 부정적 정서를 보인다.

2-치료사는 자연스럽지 않고 조절되지 않아 매우 부적절한 긍정 정서(예: 너무 인위적이거나 강한)를 보여 주며, 결과적으로 아동의 상태와 맞지 않는 부자연스럽고 과도한 정서 상태가 나타난다.

3-치료사는 중립적이고 무감각하거나 혹은 에피소드 내내 정서적으로 비일관적이고, 일반적으로 긍정적 정서가 높은 상태에서나 가능한 활동을 한다. 좀 더 따뜻한 정서를 보이면 사회적 상호작용의 질이 향상될 수 있다.

4-치료사는 에피소드 동안 전체적으로 긍정적이며, 자연스럽고 진정성 있는 긍정 정서를 보여 준다.

5-치료사는 에피소드 동안 아동의 긍정적 정서와 어울리는 진정성 있고, 자연스러우며 풍부한 긍정적 정서를 보여 준다. 에피소드 내내 긍정적 정서가 지속되며, 이는 아동의 필요와 능력에 잘 조화되며, 아동을 너무 각성시키지 않으며, 학습을 돕는다.

I. 아동의 의사소통 신호에 대한 치료사의 민감성 및 반응성

이 항목은 아동의 상태, 동기 그리고 감정에 대한 치료사의 반응 정도를 말한다. 민감한 치료사는 아동의 언어적 또는 제스처를 통한 의사소통 신호를 인지하고, 언어 또는 행동으로 반응하여 아동이 전달한 의사가 '받아들여졌다'고 느끼게 한다. 또는 감정 단서에 대해서, 치료사는 아동의 정서 상태를 똑같이 따라 하고 이에 대한 이해를 표현함으로써 아동의 감정 상태에 공감하며 반응한다. 치료사는 부적절한 행동을 강화하지 않으면서, 아동의 신호를 인지하고 주어진 상황에서 적절하게 반응한다. 치료사는, 아동이 구사한 말을 모델링하거나, 재기술하거나, 확장시키고, 이를 의미 있는 활동 속에 넣는 등 다양한 기술을 사용한다.

1-이 에피소드에서 치료사는 아동이 보내는 모든 신호를 무시하고 반응하지 않는다. 치료사는 자신의 의견을 따를 뿐 아동의 신호는 무시한다. 또는 치료사가 지시적 교수방법을 사용하고 아동의 의사소통에 대한 기회를 전혀 제공하지 않으므로, 이 에피소드에서는 아동의 어떤 신호 또는 의사소통이 발생하지 않는다.

2-치료사가 아동의 단서에 반응하는 예가 2번 관찰되지만, 대다수의 단서는 무시한다. 이는 치료사가 주의집중을 하지 않고 해석을 하지 않으며 지시적인 태도를 보여 아동의 의사소통을 무시하기 때문이다.

3-치료사는 아동의 의사소통 신호에 어느 정도 민감성과 반응을 보이지만, 최적의 교육에서 요구되는 아동 주도의 의사소통에는 민감하게 반응하지 않는다.

4-치료사는 대부분의 아동의 의사소통에 민감하고 일관적으로 반응한다. 1~2회의 기회를 놓치기는 하지만, 이는 민감성이나 반응성의 문제라기보다는 여러 가지 다른 이유 때문이다. 아동 신호의 불명확성, 교수 계획 또는 환경의 다른 측면에 대한 집중이 그것이다.

5-치료사는 아동의 신호에 대해 최적의 민감성과 반응성을 보여 준다. 치료사는 직접 또는 간접적으로 아동의 의사소통을 최대한 조정한다. 아동을 매우 잘 파악하거나 아동을 이해하기 위해 모든 노력을 한다. 재기술, 모델링, 확장 그리고 반복을 통한 확인과 같은 모든 방법을 다 사용한다.

J. 활동 동안 여러 가지 다양한 의사소통 기회 제공

이 항목은 치료사에 의해 이끌어지고 아동의 의사소통에서 나타나는 실용적 기능의 언어의 수를 코딩한다. 요구하기, 언급하기, 사물이름 대기, 반대하기/확인하기, 도움을 요청하기, '끝내기' 인사하기 또는 눈맞춤을 동반하여 치료사의 소리와 제스처 모방하기 등이 그 예이다. 이 항목에서는, 눈맞춤, 발성, 제스처 등을 동반하지 않고 사물을 이용한 치료사의 행동을 모빙하는 것은 의사소통으로 평가하지 않는다.

1-아동 의사소통의 기회가 없다. 사물 중심 활동을 하므로 의사소통이 필요 없다. 감

각 사회적 활동은 아동 의사소통의 기회를 만든다기보다 치료사의 활동으로 이루어진다.

2–의사소통 기회가 요구하기 또는 사물 이름 대기와 같은 한 가지 활동에서만 발생한다. 이 코드는 치료사 주도 훈련과 연습 상황에 사용한다.

3–자연스러운 의사소통 상황에서 의사소통 기회가 주어지고 한 가지 이상의 의사소통 유형을 연습하거나 사용하였다. 하지만 한 가지 실용 언어에 과도하게 의존적이다 (요구하기 또는 반대하기). 또는 최소한 모델링을 통해 단어 확장이 가능한 상황에서, 한 단어만 과도하게 반복한다. 이 활동 속에서 적용 가능한, 이미 학습된 의사소통 방법을 연습할 기회를 놓치고 있다.

4–이 활동에 다양한 의사소통 기회가 있다. 몇 가지 의사소통 목표가 다루어졌거나 여러 다양한 실용언어, 어휘 사용 혹은 통사적 조합에 대한 연습이 관찰된다. 치료사는 1~2회의 기회를 놓치기는 하였지만, 다양한 언어를 가르치고, 모델링하고 아동의 언어를 확장하기 위한 기술을 유능하게 사용하고 있다.

5–요구하기, 반대하기, 논평하기, 도움을 요청하기, 인사하기, 이름 말하기, 확장하기 등으로 구체화 된 아동의 목표를, 에피소드 내에서 다양한 의사소통 기능과 관련된 다양한 의사소통 방법을 사용하는 데 능통하다. 아동의 언어 수준과 잘 맞는 실용적이고 의사소통을 촉진하는 기회를 다양하게 제공한다. 사물 중심 활동에서는 분당 여러 번의 아동의 의사소통이 관찰된다. 감각 사회 활동에서는 아동 의사소통(눈맞춤과 미소 포함)이 대략 10초마다 발생한다. 치료사는 의미 있는 활동 속에서 모델링, 재기술, 언어 확장과 반복과 같은 다양한 기술을 사용한다. 치료사는 아동 의사소통을 위한 기회를 놓치지 않으며 아동의 의사소통 목표가 활동 속에 내재되어 있다.

K. 아동의 언어 수준에 적절한 치료사의 언어

치료사의 언어는 단어, 문법 그리고 실용 언어 측면에서 아동의 언어 수준을 높이는 데 적절한가? 치료사의 아동에 대한 코멘트, 언어 모델, 현재 활동과 주제에 대한 기술의 적절성을 포함한다.

1–치료사의 언어가 아동에게 사용하기에 적절하지 않다. 치료사의 단어와/또는 문법은 너무 복잡하거나 단순하다. 또는 가르치고, 지시하고, 사물의 이름을 말하는 데 사용한 언어가 부적절하다. 언어 사용에 유용한 규칙을 사용하지 않는다.

2–치료사의 언어가 문법적으로 아동에게 적절하지만(유용한 규칙), 실용적으로 적절

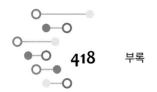

하게 의사소통을 가르치는 데 사용하기보다는, 지시하고, 사물의 이름을 대거나 칭찬할('좋은 대화다') 때에만 사용한다.

3-치료사 의사소통이 문법적으로(유용한 규칙), 의미론적으로 그리고 실용 측면에서 (예: 아동의 목표에 적합) 적절하지만 아동의 행동과 활동에 대한 문제점을 기술할 때 2가지 이상의 측면에서 오류를 범하고 있는 경우가 빈번하다.

4-치료사의 언어가 문법상, 의미상, 실용적 측면에서 적절하다. 가끔 오류가 있을 수 있지만, 치료사는 일반적으로 아동의 이해 수준에 적당한 언어를 사용하며, 모델로서 성숙한 언어를 사용하며 적절하게 이야기하고 한 단어 늘리기 규칙을 일관적으로 사용하고 있다.

5-치료사의 언어는, 발달 측면에서 그리고 실용적으로, 아동의 언어적·비언어적 의사소통 내용과 용량이 적절하다. 치료사는 한 단어 늘리기 규칙을 사용하며, 아동의 의사소통에 적절한 언어로 반응하며, 아동과 치료사의 행동 또는 주제를 적절하게 서술하고, 실용적 기능, 의미적 관계와 통사적 조합의 다양성을 보여 주는 언어를 사용한다.

L. 공동 활동과 정교화

치료사는 다음 네 파트로 구성된 공동 활동을 하는가? ① 아동이 활동을 정하고 치료사가 주제를 개발하게 돕기(시작), ② 아동과 치료사가 함께 주제를 정하고 만들어 가기(주제), ③ 다양한 자료와 도식 및 구조 변형을 통해, 활동과 도구를 융통성 있고 다양하게 사용하도록 고무시키고 정교화하기(정교화), ④ 적절한 타이밍에 활동을 마감하고 아동이 다음 활동으로 전환하게 도움 주기(마감).

메모: 성인 주도의 반복 연습을 필요로 하는 학생의 경우, 아동이 도구를 가져오고, 치우고, 선택하고, 사회적 교환을 하도록 돕게 만드는 활동을 선택한다. 따라서 이 항목은 모든 종류의 교수방법에 적용된다.

1-치료사가 한 가지 목표를 가르치는 데 중점을 두지만 성공하지 못한다. 활동에 시작, 주제 그리고 마감 구조가 없다. 활동이 정교하지 못해서 너무 빨리 끝나거나, 교수 기회를 놓치거나 너무 반복적이다.

2-치료사가 한 가지 목표를 성공적으로 가르친다. 활동에 시작, 주제 그리고 마감 구조가 없다. 치료사는 다양한 목표나 반응을 정교화할 수 있는 학습행동을 이끌어 내려고 하지만 성공하지 못한다. 실패의 원인은 치료사의 기술 부족 때문이다.

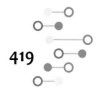

3-치료사는 최소한 3가지 부분(시작, 주제, 마감)을 포함하는 분명한 구조를 제시한다. 치료사는 정교화를 시도하고 한 가지 이상의 목표를 가르치려고 노력하나, 그 활동을 정교화하고 유지하거나 보다 많은 목표를 다룰 수 있는 기회를 많이 놓친다. 활동이 아동에게 과도하게 반복적이거나 잘 개발되지 못한 것처럼 보인다.

4-치료사는 4가지 부분(시작, 주제, 정교화, 마감)을 모두 포함하는 분명한 구조를 제공한다. 치료사는 네 단계 모두에서 활동에 대한 관심을 유지시키고 활동을 정교화하는 데 역량이 있음을 보여 준다. 치료사는 다양한 기회를 만들고, 여러 영역에서의 목표를 성공적으로 가르친다.

5-치료사는 성공적인 마감을 가진 네 단계로 구성된 협동 활동을 보여 준다. 치료사는 다양한 목표를 달성하려는 최적화되고 정교화된 활동을 보여 준다. 치료사는 유연한 교수방법을 사용해 서로 다른 영역에서의 목적 달성에 필요한 모든 기술을 결합함으로써 아동의 학습을 고무시킨다(메모: 아동이 이 기술을 습득하기 위해 반복을 수없이 해야 하지만, 동기화가 되어 있다면, 주제와 변화가 제한되었다고 해서 점수를 낮게 주지 않는다. 하지만 한 활동에서 한 가지 이상의 목표를 다루어야 한다).

M. 다른 활동으로 전환

치료사는 아동의 주의, 동기를 최대화하기 위해 활동이나 장소를 변화시키거나 새로운 활동으로 전환하는 데 능숙한가?(메모: 비디오에서 활동의 처음 또는 끝에서 전환이 관찰되지 않으면, N/O(기회 없음)으로 표기하고, 이 항목을 치료충실도를 평가하는 데 사용하지 않는다)

1-전환이 없다. 이 활동이 아동의 주의, 동기 또는 흥미에 부정적인 영향을 주며 갑작스럽게 끝나고 시작한다. 아동이 활동 중 자리를 뜨거나, 물리적으로 다음 활동으로 옮겨 가면 갑작스러운 전환으로 간주한다. 치료사는 아동의 주의를 돌리거나, 새로운 활동으로 아동의 관심과 주의를 끌려고 노력하지 않는다. 아동을 물리적으로 한 장소에서 다른 장소로 이동시키며, 치료사가 활동을 시작하는 동안 아무것도 하지 않고 기다린다.

2-전환이 있지만, 치료사가 아동의 전환을 리드한다. 독립적으로 전환이 되게 돕기보다는 아동을 한 활동이나 장소에서 다른 곳으로 물리적으로 이동하게 만들거나, 혹은 아동에게 선택을 주지 않고 활동을 정하거나, 아동에게 시도의 기회를 주지 않고 새로운 행동을 시작하도록 지시하는 경우가 이에 속한다.

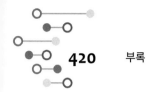

3-아동을 물리적으로 이동시키지 않고 새로운 활동으로 관심을 전환시킨다. 하지만 새로운 활동이 이전 활동에 비해 충분한 변화가 없거나, 아동이 새로운 활동으로 전환할 분명한 요구나 선택(소극적에서 적극적으로, 활발함에서 조용함으로, 장소의 변동, 속도의 변화)이 없기 때문에, 활동 선택이 최적이라 할 수 없다.

4-전환이 자연스럽게 되고 아동이 독립적으로 다른 활동으로 전환하는 것처럼 보인다. 치료사는 아동의 선택이나 자발성에 의해 새로운 활동을 하게 만든다. 새로운 활동은 장소, 활동 수준 또는 교수 범위에서 변화가 있다.

5-전환이 매우 적절하게 이루어진다. 치료사는 적절한 시기에 한 활동을 끝내고 다른 활동으로 이동시켜 두 활동에 대한 아동의 학습 효과를 최대화하며, 최단기 시간 내에 아동의 흥미가 한 활동에서 다른 활동으로 전환될 수 있도록 한다. 아동은 다음 활동을 선택하고 시작한다.

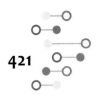

ESDM 교수충실도 코딩 표

치료사: _____   평가자와 날짜: _____

아동 이름과 활동 내용: _____

채점 규칙: 채점하기 전에 모든 활동을 다 살펴본다. 채점을 하기 전에 각 채점 기준에 대한 정의를 읽는다. 정수로 채점한다. 채점 이유를 함께 적는다.

항목	활동 1	활동 2	활동 3	활동 4	활동 5	활동 6
A. 아동의 주의 끌기						
B. ABC 포맷						
C. 지시 기술						
D. 아동의 감정과 흥분을 조절						
E. 부적절한 행동의 관리						
F. 양자개입(dyadic engagement)의 질						

G. 아동의 동기를 최적화					
H. 긍정 정서의 이용					
I. 치료사의 민감성 및 반응성					
J. 다양한 의사소통 기회 제공					
K. 아동의 수준에 맞는 언어 사용					
L. 공동 활동과 정교화					
M. 다른 활동으로 전환					
코멘트 기록란					

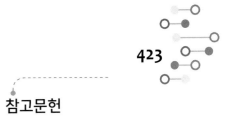

참고문헌

Ainsworth, M. D. S., Blehar, M. C., Waters, E., & Wall, S. (1978). *Patterns of attachment*. Hillsdale, NJ: Erlbaum.

Anderson, J. R. (2000). *Learning and memory: An integrated approach* (2nd ed.). New York: Wiley.

Ansbacher, H., & Ansbacher, R. R. (1956). The style of life. In *The Individual Psychology of Alfred Adler*. New York: Basic Books.

Anzalone, M., & Williamson, G. G. (2000). Sensory processing and motor performance in autism spectrum disorders. In A. M. Wetherby & B. M. Prizant (Eds.), *Autism spectrum disorders: A transactional developmental perspective* (pp. 143−166). Baltimore: Brookes.

Baer, D. M., & Sherman, J. A. (1964). Reinforcement control of generalized imitation in young children. *Journal of Experimental Child Psychology, 1*, 37−49.

Baillargeon, R. (2004). Infants' reasoning about hidden objects: Evidence for event-general and event-specific expectation. *Developmental Science, 7*, 301−424.

Bandura, A., Ross, D., & Ross, S. A. (1963). Vicarious reinforcement and imitative learning. *Journal of Abnormal and Social Psychology, 67*, 601−607.

Baranek, G. T., David, F. J., Poe, M. D., Stone, W. L., & Watson, L. R. (2006). Sensory experiences questionnaire: Discriminating sensory features in young children with autism, developmental delays, and typical development. *Journal of Child Psychology and Psychiatry, 47*(6), 591−601.

Barnes, E. (1997). *Paving the way to kindergarten: Timelines and guidelines for preschool staff working with young children with special needs and their families*. Syracuse, NY: Center on Human Policy, Syracuse University.

Baron-Cohen, S., & Bolton, P. (1994). *Autism: The facts*. Oxford, UK: Oxford Medical

Publications.

Bates, E. (1976). *Language and context: The acquisition of pragmatics*. New York: Academic Press.

Bates, E., Bretherton, I., & Snyder, L. (2001). *From first words to grammar: Individual differences and dissociable mechanisms*. Cambridge, UK: Cambridge University Press.

Bates, E., & Dick, F. (2002). Language, gesture, and the developing brain. *Developmental Psychobiology, 40*, 293−310.

Bates, E., Marchman, V., Tal, D., Fenson, L., Dale, P., Reznick, J., et al. (1994). Developmental and stylistic variation in the composition of early language. *Journal of Child Language, 21*, 85−123.

Bauman, M. L., & Kemper, T. L. (1994). Neuroanatomical observation of the brain in autism. In M. L. Bauman & T. L. Kemper (Eds.), *The neurobiology of autism* (pp. 119−145). Baltimore: Johns Hopkins University Press.

Bauminger, N., Solomon, M., Aviezer, A., Heung, K., Brown, J., & Rogers, S. J. (2008). Friendship in high-functioning children with autism spectrum disorder: Mixed and non-mixed dyads. *Journal of Autism and Developmental Disorders, 38*(7), 1211−1229.

Beecher, H. K. (1955). The powerful placebo. *Journal of the American Medical Association, 159*, 1602−1606.

Blake, J., McConnell, S., Horton, G., & Benson, N. (1992). The gestural repetoire and its evaluation over the 2nd year. *Early Development and Parenting, 1*, 127−136.

Bondy, A. S., & Frost, L. A. (1994). The picture exchange communication system. *Focus on Autistic Behavior, 9*, 1−19.

Bricker, D. D., Pretti-Frontzczak, K., & McComas, N. (1998). *An activity-based approach to early intervention* (2nd ed.). Baltimore: Brookes.

Brown, J. R., & Rogers, S. J. (2003). Cultural issues in autism. In S. Ozonoff, S. J. Rogers, & R. L. Hendren (Eds.), *Autism spectrum disorders: A research review for practitioners* (pp. 209−226). Washington, DC: American Psychiatric Association.

Bruner, J. (1972). Nature and uses of immaturity. *American Psychologist, 27*, 687−708.

Bruner, J. (1975). The ontogenesis of speech acts. *Journal of Child Language, 2*, 1−19.

Bruner, J. (1981a). The pragmatics of acquisition. In W. Deutsch (Ed.), *The child's*

construction of language (pp. 35−56). New York: Academic Press.

Bruner, J. (1981b). The social context of language acquisition. *Language and Communication, 1*, 155−178.

Bruner, J. (1995). From joint attention to the meeting of minds: An introduction. In C. Moore & P. J. Dunham (Eds.), *Joint attention: Its origins and role in development* (pp. 1−14). Hillsdale, NJ: Erlbaum.

Bruner, J. S. (1977). Early social interaction and language acquisition. In H. R. Schaffer (Ed.), *Studies in mother-infant interaction* (pp. 271−289). New York: Academic Press.

Capps, L., Sigman, M., & Mundy, P. (1994). Attachment security in children with autism. *Development and Psychopathology, 6*, 249−261.

Carpenter, M., & Tomasello, M. (2000). Joint attention, cultural learning, and language acquisition: Implications for children with autism. In A. M. Wetherby & B. M. Prizant (Eds.), *Autism spectrum disorders: A transactional developmental perspective* (pp. 31−54). Baltimore: Brookes.

Carr, E. G., Dunlap, G., Horner, R. H., Koegel, R. L., Turnbull, A. P., Sailor, W., et al. (2002). Positive behavior support: Evolution of an applied science. *Journal of Positive Behavior Interventions, 4*, 4−16.

Caselli, C., Casadio, P., & Bates, E. (1999). A comparison of the transition from first words to grammar in English and Italian. *Journal of Child Language, 26*, 69−111.

Cassuam, V. M., Kuefner, D., Weterlund, A., & Nelson, C. A. (2006). A behavioral and ERP investigation of 3−month−olds' face preferences. *Neuropsychologia, 44*, 2113−2125.

Chakrabarti, S., & Fombonne, E. (2005). Pervasive developmental disorders in preschool children: Confirmation of high prevalence. *American Journal of Psychiatry, 162*, 1133−1141.

Charman, T. (1998). Specifying the nature and course of the joint attention impairment in autism in the preschool years: Implications for diagnosis and intervention. *Autism: An International Journal of Research and Practice, 2*(1), 61−79.

Charman, T., Howlin, P., Aldred, C., Baird, G., Degli Espinosa, F., Diggle, T., et al. (2003). *Research into early intervention for children with autism and related disorders: Methodological and design issues.* Report on a workshop funded by the

Wellcome Trust, Institute of Child Health. November 2001. *Autism, 7*(II), 217−225.

Charman, T., Swettenham, J., Baron-Cohen, S., Cox, A., Baird, G., & Drew, A. (1998). An experimental investigation of social-cognitive abilities in infants with autism: Clinical implications. *Infant Mental Health Journal, 19*(2), 260−275.

Chartrand, T. L., & Bargh, J. A. (1999). The chameleon effect: The perception-behavior link and social interaction. *Journal of Personality and Social Psychology, 76*, 893−910.

Cipani, E., & Spooner, F. (1994). *Curricular and instructional approahces for persons with severe disabilities.* Boston: Allyn & Bacon.

Cohen, M. J., & Sloan, D. L. (2007). *Visual supports for people with autism: A guide for parents and professionals* (2nd ed.). Bethesda, MD: Woodbine House.

Cook, R. E., Tessier, M., & Klein, D. (1999). *Adapting early childhood curricula for children in inclusive settings* (5th ed.). Englewood Cliffs, NJ: Prentice-Hall.

Cooper, J. O., Heron, T. E., & Heward, W. L. (2006). *Applied behavior analysis* (2nd ed.). Upper Saddle River, NJ: Prentice-Hall.

Coulter, L., & Gallagher, C. (2001). Evaluation of the early childhood educators programme. *International Journal of Language and Communication Disorders, 36*, 264−269.

Courchesne, E., Pierce, K., Schumann, C. M., Redcay, E., Buckwalter, J. A., Kennedy, D., et al. (2007). Mapping early brain development in autism. *Neuron, 56*, 399−413.

Courchesne, E., Redcay, E., & Kennedy, D. P. (2004). The autistic brain: Birth through adulthood. *Current Opinion in Neurology, 17*(4), 489−496.

Courchesne, E., Townsend, J. P., Akshoomoff, N. A., Yeung-Courchesne, R., Press, G. A., Murakami, J. W., et al. (1993). A new finding: Impairment in shifting attention in autistic and cerebellar patients. In S. H. Broman & J. Grafman (Eds.), *Atypical deficits in developmental disorders: Implications for brain function.* Hillsdale, NJ: Erlbaum.

Crais, E., Douglas, D. D., & Campbell, C. C. (2004). The intersection of the development of gestures and intentionality. *Journal of Speech, Language, and Hearing Research, 47*(3), 678−694.

Csibra, G., & Gergely, G. (2005). Social learning and social cognition: The case for

pedagogy. In M. H. Johnson & Y. Munakata (Eds.), *Processes of change in brain and cognitive development. Attention and performance.* Oxford, UK: Oxford University Press.

Dale, E., Johoda, A., & Knott, F. (2006). Mothers' attributions following their child's diagnosis of autistic spectrum disorder: Exploring links with maternal levels of stress, depression and expectations about their child's future. *Autism, 10*(5), 463–479.

Dawson, G. (2008). Early behavior intervention, brain plasticity, and the prevention of autism spectrum disorder. *Developmental Psychopathology, 20*(III), 775–803.

Dawson, G., & Adams, A. (1984). Imitation and social responsiveness in autistic children. *Journal of Abnormal Child Psychology, 12*, 209–226.

Dawson, G., Carver, L., Meltzoff, A. N., Panagiotides, H., & McPartland, J. (2002a). Neural correlates of face recognition in young children with autism spectrum disorder, developmental delay, and typical development. *Child Development, 73*, 700–717.

Dawson, G., & Galpert, L. (1990). Mothers' use of imitative play for facilitating social responsivenss and toy play in young autistic children. *Development and Psychopathology, 2*, 151–162.

Dawson, G., Rogers, S. J., Munson, J., Smith, M., Winters, J., et al. (2010). Randomized controlled trial of an intervention for toddlers with autism: The Early Start Denver Model. *Pediatrics, 125*, 17–23.

Dawson, G., Toth, K., Abbott, R., Osterling, J., Munson, J., Estes, A., et al. (2004). Defining the early social attention impairments in autism: Social orienting, joint attention, and responses to emotions. *Developmental Psychology, 40*(2), 271–283.

Dawson, G., Webb, S. J., & McPartland, J. (2005a). Understanding the nature of face processing impairment in autism: Insights from behavioral and electrophysiological studies. *Developmental Neuropsychology, 27*, 403–424.

Dawson, G., Webb, S., Schellenberg, G. D., Dager, S., Friedman, S., Aylward, E., et al. (2002). Defining the broader phenotype of autism: Genetic, brain, and behavioral perspectives. *Development and Psychopathology, 14*, 581–611.

Dawson, G., Webb, S. J., Wijsman, E., Schellenberg, G., Estes, A., Munson, J., et al. (2005b). Neurocognitive and electrophysiological evidence of altered face processing in parents of children with autism: Implications for a model of abnormal development of social brain circuitry in autism. *Development and Psychopathology, 17*, 679–697.

Dawson, G., & Zanolli, K. (2003). Early intervention and brain plasticity in autism. *Novartis Foundation Symposium, 251*, 266–274.

Dettmer, S., Simpson, R. L., Myles, B. S., & Ganz, J. B. (2000). The use of visual supports to facilitate transitions of students with autism. *Focus on Autism and Other Developmental Disabilities, 15*, 163–169.

Drew, A., Baird, G., Baron-Cohen, S., Cox, A., Slonims, V., Wheelwright, S., et al. (2002). A pilot randomized control trial of a parent training intervention for pre-school children with autism: Preliminary findings and methodological challenges. *European Child and Adolescent Psychiatry, 11*, 266–272.

Duda, M. A., Dunlap, G., Fox, L., Lentini, R., & Clark, S. (2004). An experimental evaluation of positive behavior support in a community preschool program. *Topics in Early Childhood Special Education, 24*, 143–155.

Elder, L. M., Dawson, G., Toth, K., Fein, D., & Munson, J. (2007). Head circumference as an early predictor of autism symptoms in younger siblings of children with autism spectrum disorder. *Journal of Autism and Developmental Disorders, 38*(6), 1104–1111.

Eldevik, S., & Gardner, J. (2006). *Assessment and Learning*. London: Sage.

Farrar, M. J. (1992). Negative evidence and grammatical morpheme acquisition. *Developmental Psychology, 28*, 90–98.

Ferguson, D. L., & Baumgart, D. L. (1991). Partial participation revisited. *Journal of the Association for the Severely Handicapped, 16*, 218–227.

Fergus, C. A., Menn, L., & Stoel-Gamman, C. (1992). *Phonological development: Models, research, implications*. Baltimore, MD: York Press.

Fewell, R. R., & Sandall, S. R. (1986). Developmental testing of handicapped infants. *Topics in Early Childhood Special Education, 6*(3), 86–100.

Frith, U., & Baron-Cohen, S. (1987). Perception in autistic children. In D. J. Cohen & A. M. Donnellan (Eds.), *Handbook of autism and pervasive developmental disorders*. New York: Wiley.

Fuentes, J., & Martin-Arribas, M. C. (2007). Bioethical issues in neuropsychiatric genetic

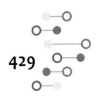

disorders. *Child and Adolescent Psychiatric Clinics of North America, 16*(3), 649–661.

Garber, K. (2007). Neuroscience: Autism's cause may reside in abnormalities at the synapse. *Science, 17*, 190–191.

Gardner, J. (2006). *Assessment and Learning*. London: Sage.

Geschwind, D. H. (2008). Autism: Many genres, common pathways? *Cell, 135*, 391–395.

Geschwind, D. H., & Levitt, P. (2007). Autism spectrum disorders: Development disconnection syndromes. *Current Opinion in Neurobiology, 17*(I), 103–111.

Gilkerson, L., & Stott, F. (2005). Parent-child relationships in early intervention with infants and toddlers with disabilities and their families. In C. H. Zeanah, Jr. (Ed.), *Handbook of infant mental health* (2nd ed.). New York: Guilford Press.

Goldstein, H., Wickstrom, S., Hoyson, M., Jamieson, B., & Odom, S. L. (1988). Effects of sociodramatic play training on social and communicative interaction. *Education and Treatment of Children, 11*, 97–117.

Goodman, R. (1989). Infantile autism: A syndrome of multiple primary deficits. *Journal of Autism and Developmental Disorders, 19*, 409–424.

Gray, C., & Garand, J. (1993). Social stories: Improving responses of students with autism with accurate social information. *Focus on Autistic Behavior, 8*, 1–10.

Gray, D. E. (1998). *Autism and the family: Problems, prospects, and coping with the disorder*. Springfield, IL: Charles C. Thomas.

Greenspan, S. I., Kalmanson, B., Shahmoon-Shanok, R., Wieder, S., Gordon-Williamson, G., & Anzalone, M. (1997). *Assessing and treating infants and young children with severe difficulties in relating and communicating*. Washington, DC: Zero to Three.

Griffith, E. M., Pennington, B. F., Wehner, E. A., & Rogers, S. J. (1999). Executive functions in young children with autism. *Child Development, 70*, 817–832.

Gutstein, S. E. (2005, winter). Relationship development intervention: Developing a treatment program to address the unique social and emotional deficits in autism spectrum disorders. *Autism Spectrum Quarterly*.

Gutstein, S. E., & Sheely, R. K. (2002). *Relationship development intervention with young children: Social and emotional development activities for Asperger syndrome, autism, PDD and NLD*. London: Jessica Kingsley.

Hansen, R., & Hagerman, R. (2003). Contributions of pediatrics. In S. Ozonoff, S. J. Rogers, & R. L. Hendren (Eds.), *Autism spectrum disorders: A research review for practitioners*. Washington, DC: American Psychiatric.

Happe, F., Ronald, A., & Plomin, R. (2006). Time to give up on a single explanation for autism. *Nature Neuroscience, 9*(10), 1218–1220.

Harris, S. L., Wolchik, S. A., & Weitz, S. (1981). The acquisition of language skills by autistic children: Can parents do the job? *Journal of Autism and Developmental Disorders, 11*, 373–384.

Hart, B., & Risley, T. R. (1975). Incidental teaching of language in the preschool. *Journal of Applied Behavior Analysis, 8*, 411–420.

Hart, B., & Risley, T. R. (1995). *Meaningful differences in the everyday experience of young American children*. Baltimore: Brookes.

Hayden, D. (2004). A tactually-grounded treatment approach to speech production disorders. In I. Stockman (Ed.), *Movement and action in learning and development: Clinical implications for pervasive developmental disorders*. San Diego: Elsevier-Academic Press.

Higgins, D. J., Bailey, S. R., & Pearce, J. C. (2005). Factors associated with functioning style and coping strategies of families with a child with an autism spectrum disorder. *Autism, 9*(2), 125–137.

Hodapp, R. M., & Urbano, R. C. (2007). Adult siblings of individuals with down syndrome versus with autism: Findings from a large-scale U.S. survey. *Journal of Intellectual Disability Research, 51*(12), 1018–1029.

Hodgdon, L. A. (1995). *Visual strategies for improving communication*. Troy, MI: Quirk Roberts.

Hughes, C., Russell, J., & Robbins, T. W. (1994). Evidence for executive dysfunction in autism. *Neuropsychologia, 32*, 477–492.

Huttenlocher, J., Vasilyeva, M., Cymerman, E., & Levine, S. (2002). Language input and language syntax. *Cognitive Psychology, 45*, 337–374.

Iacoboni, M. (2005). Neural mechanisms of imitation. *Current Opinion in Neurobiology, 15*, 632–637.

Iacoboni, M. (2006). Understanding others: Imitation, language, empathy. In S. Hurley

& N. Chater (Eds.), *Perspectives on imitation: From mirror neurons to memes: Vol. 1. Mechanisms of imitation and imitation in animals*. Cambridge, MA: MIT Pres.

Iacoboni, M., & Mazziotta, J. C. (2007). Mirror neuron system: Basic findings and clinical implications. *Annals of Neurology, 62*, 213–218.

Individuals with Disabilities Act (IDEA). (1991). Pub. L. No. 101–476 §1400 et seq., 104 stat. 1142.

Ingersoll, B., & Gergans, S. (2007). The effect of a parent-implemented imitation intervention on spontaneous imitation skills in young children with autism. *Research in Developmental Disabilities, 28*(II), 163–175.

Ingersoll, B., & Schreibman, L. (2006). Teaching reciprocal imitation skills to young children with autism using a naturalistic behavioral approach: Effects on language, pretend play, and joint attention. *Journal of Autism and Developmental Disorders, 36*(4), 487–505.

Insel, T. R., O'Brien, D. J., & Leckman, J. F. (1999). Oxytocin, vasopressin, and autism: Is there a connection? *Biological Psychiatry, 45*, 145–157.

Johnson, M., Griffin, R., Cisbra, G., Halit, H., Faroni, T., deHann, J., et al. (2005). The emergence of the social brain network: Evidence from typical and atypical development. *Development and Psychopathology, 17*, 599–619.

Kaiser, A. P., Yoder, P. J., & Keetz, A. (1992). Evaluation milieu teaching. In S. E. Warren & J. Reichle (Eds.), *Communication and language intervention series: Vol. I. Causes and effects in communication and language intervention* (pp. 9–48). Baltimore: Brookes.

Kasari, C. (2002). Assessing change in early interventions programs for children with autism. *Journal of Autism and Developmental Disorders, 32*(5), 447–461.

Kasari, C., Sigman, M., Mundy, P., & Yirmiya, N. (1990). Affective sharing in the context of joint attention interactions of normal, autistic, and mentally retarded children. *Journal of Autism and Developmental Disorders, 20*, 87–100.

Kasari, C., Sigman, M., & Yirmiya, N. (1993). Focused and social attention of autistic children in interactions with familiar and unfamiliar adults: A comparison of autistic, mentally retarded, and normal children. *Development and Psychopathology, 5*, 403–414.

Kasari, C., Sigman, M., Yirmiya, N., & Mundy, P. (1994). Affective development and communication in young children with autism. In A. Kaiser & D. B. Gray (Eds.), *Enhancing children's communication: Research foundations for intervention*. Baltimore: Brookes.

Kennedy, D. P., & Courchesne, E. (2008). The intrinsic functional organization of the brain is altered in autism. *Neuroimage, 39*(IV), 1877–1885.

Kern, L., Marder, T. J., Boyajian, A. E., & Elliot, C. M. (1997). Augmenting the independence of self-management procedures by teaching self-initiation across settings and activities. *School Psychology Quarterly, 12*, 23–32.

Kjelgaard, M., & Tager-Flusberg, H. (2001). An investigation of language impairment in autism: Implications for genetic subgroups. *Language and Cognitive Processes, 16*, 287–308.

Koegel, L. K. (2000). Interventions to facilitate communication in autism. *Journal of Autism and Developmental Disorders, 30*(5), 383–391.

Koegel, L. K., Koegel, R. L., Harrower, J. K., & Carter, C. M. (1999a). Pivotal response intervention 1: Overview of approach. *Journal of the Association for Persons with Severe Handicaps, 24*, 174–185.

Koegel, L. K., Koegel, R. L., Hurley, C., & Frea, W. D. (1992). Improving social skills and disruptive behavior in children with autism through self-management. *Journal of Applied Behavior Analysis, 25*, 341–353.

Koegel, L. K., Koegel, R. L., Shoshan, Y., & McNerney, E. (1999b). Pivotal response intervention II: Preliminary long-term outcome data. *Journal of the Association for Persons with Severe Handicaps, 24*, 186–198.

Koegel, R., & Koegel, L. K. (1988). Generalized responsivity and pivotal behavior. In R. H. Horner, G. Dunlap, & R. L. Koegel (Eds.), *Generalization and maintenance: Lifestyle change in applied settings* (pp. 41–66). Baltimore: Brookes.

Koegel, R. L., Bimbela, A., & Schreibman, L. (1996). Collateral effects of parent training on family interactions. *Journal of Autism and Developmental Disorders, 26*, 347–359.

Koegel, R. L., & Frea, W. D. (1993). Treatment of social behavior in autism through the modification of pivotal social skills. *Journal of Applied Behavior Analysis, 26*, 369–377.

Koegel, R. L., & Koegel, L. K. (1995). *Teaching children with autism: Strategies for initiating positive interactions and improving learning opportunities.* Baltimore: Brookes.

Koegel, R. L., Koegel, L. K., & Surratt, A. (1992). Language intervention and disruptive behavior in preschool children with autism. *Journal of Autism and Developmental Disorders, 22*(2), 141-153.

Koegel, R. L., O'Dell, M., & Dunlap, G. (1988). Producing speech use in nonverbal autistic children by reinforcing attempts. *Journal of Autism and Developmental Disorders, 18*(4), 525-538.

Koegel, R. L., O'Dell, M., & Koegel, L. K. (1987). A natural language teaching paradigm for nonverbal autistic children. *Journal of Autism and Developmental Disorder, 17*, 187-199.

Koegel, R. L., & Williams, J. A. (1980). Direct vs. indirect response?Reinforcer relationships in teaching autistic children. *Journal of Abnormal Child Psychology, 8*(IV), 537-547.

Kreppner, J. M., Rutter, M., Beckett, C., Castle, J., Colvert, E., Grothues, E., et al. (2007). Normality and impairment following profound early institutional deprivation: A longitudinal examination through childhood. *Developmental Psychology, 43*(4), 931-946.

Kuhl, P. K., Tsao, F. M., & Liu, H. M. (2003). Foreign-language experience in infancy: Effects of short-term exposure and social interaction on phonetic learning. *Proceedings of the National Academy of Sciences USA, 100*(15), 9096-9101.

Kylliainen, A., Braeutigam, S., Hietanen, J. K., Swithenby, S. J., & Bailey, A. J. (2006). Face and gaze processing in normally developing children: A magnetocephalographic study. *European Journal of Neuroscience, 23*, 801-810.

Legerstee, M., Markova, G., & Fisher, T. (2007). The role of maternal affect attunement in dyadic and triadic communication. *Infant Behavior and Development, 2*, 296-306.

Leonard, L. B., Newhoff, M., & Mesalam, L. (1980). Individual differences in early child phonology. *Applied Psycholinguistics, 1*, 7-30.

Lifter, K., Sulzer-Azaroff, B., Anderson, S. R., Coyle, J. T., & Cowdery, G. E. (1993). Teaching play activities to preschool children with disabilities: The importance of developmental considerations. *Journal of Early Intervention, 17*(2), 139-159.

Lord, C., Risi, S., & Pickles, A. (2005). Trajectory of language development in autistic spectrum disorders. In M. L. Rice & S. F. Warren (Eds.), *Developmental language disorders: From phenotypes to etiologies* (pp. 7–30). Mahwah, NJ: Erlbaum.

Lord, C., Wagner, A., Rogers, S., Szatmari, P., Aman, M., Charman, T., et al. (2005). Challenges in evaluating psychosocial interventions for autistic spectrum disorders. *Journal of Autism and Developmental Disorders, 35*(6), 695–708.

Losardo, A., & Bricker, D. (1994). Activity-based intervention and direct instruction: A comparison study. *American Journal of Mental Retardation, 98*, 744–765.

Lovaas, O. I. (1987). Behavioral treatment and normal educational and intellectual functioning in young autistic children. *Journal of Consulting and Clinical Psychology, 55*(1), 3–9.

Lovaas, O. I. (2002). *Teaching individuals with developmental delays: Basic intervention techniques.* Austin, TX: PRO-ED.

Lovaas, O. I., Berberich, J. P., Perloff, B. F., & Schaeffer, B. (1966). Acquisition of imitative speech by schizophrenic children. *Science, 151*, 705–707.

Lovaas, O. I., Freitag, G., Gold, V. J., & Kassorla, I. C. (1965). Experimental studies in child schizophrenia: Analysis of self-destructive behavior. *Journal of Experimental Child Psychology, 2*, 67–84.

Lynch, E. W., & Hanson, M. J. (1992). *Developing cross-cultural competence.* Baltimore: Brooks/Cole.

Macks, R. J., & Reeve, R. E. (2007). The adjustment of non-disabled siblings of children with autism. *Journal of Autism and Developmental Disorders, 37*(6), 1060–1067.

Maestro, S., Muratin, F., Cavallaro, M. C., Pei, F., Stern, D., Golse, B., & Palacio-Esposa, F. (2002). Attentional skills during the first 6 months of age in autism spectrum disorders. *Journal of the American Academy of Child and Adolescent Psychiatry, 4*, 1239–1245.

Mahoney, G., & Perales, F. (2003). Using relationship-focused intervention to enhance the social-emotional functioning of young children with autism spectrum disorder. *Topics in Early Childhood Special Education, 23*, 77–89.

Mahoney, G., & Perales, F. (2005). The impact of relationship focused intervention on young children with autism spectrum disorders: A comparative study. *Journal of Developmental and Behavioral Pediatrics, 26*, 77–85.

Mahoney, G., Wheeden, C. A., & Perales, F. (2004). Relationship of preschool special education outcomes to instructional practices and parent-child interaction. *Research in Developmental Disabilities, 25*, 539–558.

Marcus, L. M., Kunce, L. J., & Schopler, E. (2005). In F. R. Volkmar, R. Paul., A. Klin, & D. Cohen (Eds.), *Handbook of autism and developmental disorders* (3rd ed., Vol. 2, pp. 1055–1086). Hoboken, NJ: Wiley.

Mashal, M., Feldman, R. B., & Sigal, J. J. (1989). The unraveling of a treatment paradigm: A followup study of the Milan approach to family therapy. *Family Process, 28*(4), 187–193.

McCann, J., & Peppe, S. (2003). Prosody in autism spectrum disorders: A critical review. *International Journal of Language and Communication Disorders, 38*(4), 325–350.

McCleery, J. P., Tully, L., Slevc, L. R., & Schreibman, L. (2006). Consonant production patterns of young severely language-delayed children with autism. *Journal of Communication Disorders, 39*, 217–231.

McCollum, J. A., & Yates, T. J. (1994). Dyad as focus, triad as means: A family-centered approach to supporting parent-child interactions. *Infants and Young Children, 6*(4), 54–63.

McCune, L. (1995). A normative study of representational play at the transition to language. *Developmental Psychology, 31*, 198–206.

McCune-Nicholich, L. (1977). Beyond sensorimotor intelligence: Assessment of symbolic maturity through analysis of pretend play. *Merrill-Palmer Quarterly, 23*, 89–99.

McGee, G. G., Morrier, M. J., & Daly, T. (1999). An incidental teaching approach to early intervention for toddlers with autism. *Journal of the Association for Persons with Severe Handicaps, 24*, 133–146.

McIntosh, D. N. (1996). Facial feedback hypotheses: Evidence, implications, and directions. *Motivation and Emotion, 20*, 121–147.

Meltzoff, A., & Moore, M. K. (1977). Imitation of facial and manual gestures by human neonates. *Science, 198*, 75–78.

Montes, G., & Halterman, J. S. (2008). Child care problems and employment among families with preschool-aged children with autism in the United States. *Pediatrics,*

122(1), 202–208.

Mundy, P. (2003). Annotation. The neural basis of social impairments in autism: The role of the dorsal medial-frontal cortex and anterior cingulate system. *Journal of Child Psychology and Psychiatry, 44*(VI), 793–809.

Mundy, P., & Neal, R. (2001). Neural plasticity, joint attention and a transactional social-orienting model of autism. In L. Glidden (Ed.), *International review of research in mental retardation: Vol. 23. Autism* (pp. 139–168). New York: Academic Press.

Mundy, P., Sigman, M., & Kasari, C. (1990). A longitudinal study of joint attention and language development in autistic children. *Journal of Autism and Developmental Disorders, 20*, 115–128.

Mundy, P., Sigman, M., Ungerer, J., & Sherman, T. (1986). Defining the social deficits of autism: The contribution of non-verbal communication measures. *Journal of Child Psychology and Psychiatry and Allied Disciplines, 27*, 657–669.

Mundy, P., Sigman, M., Ungerer, J., & Sherman, T. (1987). Nonverbal communication and play correlates of language development in autistic children. *Journal of Autism and Developmental Disorders, 17*, 349–364.

Murias, M., Webb, S. J., Greenson, J., & Dawson, G. (2007). Resting state cortical connectivity reflected in EEG coherence in individuals with autism. *Biological Psychiatry, 62*, 270–273.

Nadel, J., Guerini, C., Peze, A., & Rivet, C. (1999). The evolving nature of imitation as a format for communication. In J. Nadel & G. Butterworth (Eds.), *Imitation in infancy* (pp. 209–234). Cambridge, UK: Cambridge University Press.

Nadel, J., & Pezé, A. (1993). What makes immediate imitation communicative in toddlers and autistic children? In J. Nadel & L. Camaioni (Eds.), *New perspectives in early development* (pp. 139–156). London: Routledge.

Nelson, K. (1973). Structure and strategy in learning to talk. *Monographs for the Society for Research in Child Development, 38*(1–2), 1–135.

Niedenthal, P. M., Barsalou, L. W., Winkielman, P., Krauth-Gruber, S., & Ric, F. (2005). Embodiment in attitudes, social perception, and emotion. *Personality and Social Psychology Review, 9*, 184–211.

O'Neill, R. E., Horner, R. H., Albin, R. W., Sprague, J. K., Storey, K., & Newton, J. S. (1997). *Functional assessment and program development for problem behavior: A*

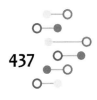

practical handbook (2nd ed.). Pacific Grove, CA: Brookes/Cole.

O'Neill, R. E., Horner, R. H., Albin, R. W., Storey, K., & Sprague, J. K. (1990). *Functional analysis of problem behavior: A practical assessment guide.* Sycamore, IL: Sycamore.

Orsmond, G. I., & Seltzer, M. M. (2007). Siblings of individuals with autism or down syndrome: Effects on adult lives. *Journal of Intellectual Disability Research, 51*(9), 682–696.

Orsmond, G. I., Seltzer, M. M., Greenberg, J. S., & Krauss, M. W. (2006). Mother-child relationship quality among adolescents and adults with autism. *American Journal on Mental Retardation, 3*(2), 121–137.

Osterling, J., & Dawson, G. (1994). Early recognition of autism: A study of first birthday home video tapes. *Journal of Autism and Developmental Disorders, 24,* 247–257.

Owens, R. E. (1996). *Language development: An introduction.* Needham Heights, MA: Allyn & Bacon.

Ozonoff, S., Pennington, B. F., & Rogers, S. J. (1991). Executive function deficits in high-functioning autistic individuals: Relationship to theory of mind. *Journal of Child Psychology and Psychiatry, 32,* 1081–1105.

Palomo, R., Belinchon, M., & Ozonoff, S. (2006). Autism and family home movies: A comprehensive review. *Developmental and Behavioral Pediatrics, 27,* S59–S68.

Pardo, C. A., Vargas, D. L., & Zimmerman, A. W. (2005). Immunity, neuroglia, and neuroinflammation in autism. *International Review of Psychiatry, 17,* 485–495.

Parten, M. B. (1933). Social play among preschool children. *Journal of Abnormal and Social Psychology, 28*(2), 136–147.

Pelphrey, K. A., & Carter, E. J. (2008). Charting the typical and atypical development of the social brain. *Development and Psychopathology, 2,* 1081–1082.

Pennington, B. F., & Ozonoff, S. (1996). Executive functions and developmental psychopathology. *Journal of Child Psychology and Psychiatry, 37,* 51–88.

Piaget, J. (1963). *The origins of intelligence in children.* New York: Norton.

Pierce, W. D., & Cheney, C. D. (2008). *Behavior analysis and learning* (4th ed.). New York: Psychological Press.

Pinkham, A. E., Hopfinger, J. B., Pelphrey, K. A., Piven, J., & Penn, D. L. (2008). Neural bases for impaired social cognition in schizophrenia and autism spectrum disorders. *Schizophrenia Research, 99*, 164–175.

Plaisted, K. C. (2001). Reduced generalization in autism: An alternative to weak central coherence. In J. A. Burack, T. Charman, N. Yirmiya, & P. R. Zelazo (Eds.), *The development of autism: Perspectives from theory and research* (pp. 149–169). Mahwah, NJ: Erlbaum.

Posey, D. J., Erickson, C. A., Stigler, K. A., & McDougle, C. J. (2006). The use of selective serotonin reuptake inhibitors in autism and related disorders. *Journal of Child and Adolescent Psychopharmacology, 16*, 181–186.

Powell, D., Dunlap, G., & Fox, L. (2006). Prevention and intervention for the challenging behaviors of toddlers and preschoolers. *Infants and Young Children, 19*, 25–35.

Premack, D. (1959). Toward empirical behavior laws: I. positive reinforcement. *Psychological Review, 66*, 219–233.

Prizant, B. M., & Duchan, J. F. (1981). The functions of immediate echolalia in autistic children. *Journal of Speech and Hearing Disorders, 46*, 241–249.

Prizant, B. M., & Wetherby, A. M. (1998). Understanding the continuum of discrete-trial traditional behavioral to social-pragmatic developmental approaches in communication enhancement for young children with autism/PDD. *Seminars in Speech and Language, 19*(4), 329–353.

Prizant, B. M., Wetherby, A. M., Rubin, E., Laurent, A. C., & Rydell, P. J. (2006). *The SCERTS Model: A comprehensive educational approach for children with autism spectrum disorders*. Baltimore: Brookes.

Redclay, E., & Courchesne, E. (2005). When is the brain enlarged in autism? A meta-analysis of all brain size reports. *Biological Psychiatry, 58*, 1–9.

Remy, F., Wenderoth, N., Lipkens, K., & Swinnen, S. P. (2008). Acquisition of a new bimanual coordination pattern modulates the cerebral activations elicited by an intrinisic pattern: An fMRI study. *Cortex, 44*(5), 482–493.

Rescorla, L. (1980). Overextension in early language development. *Journal of Child Language, 7*, 321–335.

Rivera-Gaziola, M., Silva-Pereyra, J., & Kuhl, P. K. (2005). Brain potentials to native and non-native contrasts in 7-and 11-month-old American infants. *Developmental Science, 8*, 162–172.

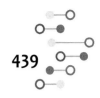

Rogers, S. J. (1977). Characteristics of the cognitive development of profoundly retarded children. *Child Development, 48*, 837−843.

Rogers, S. J. (1998). Neuropsychology of autism in young children and its implications for early intervention. *Mental Retardation and Developmental Disabilities Research Reviews, 4*(2), 104−112.

Rogers, S. J., & DiLalla, D. (1991). A comparative study of the effects of a developmentally based instructional model on young children with autism and young children with other disorders of behavior and development. *Topics in Early Childhood Special Education, 11*, 29−48.

Rogers, S. J., Hall, T., Osaki, D., Reaven, J., & Herbison, J. (2000). A comprehensive, integrated, educational approach to young children with autism and their families. In S. L. Harris & J. S. Handleman (Eds.), *Preschool education programs for children with autism* (2nd ed., pp. 95−134). Austin, TX: Pro-Ed.

Rogers, S. J., Hayden, D., Hepburn, S., Charlifue-Smith, R., Hall, T., & Hayes, A. (2006). Teaching young nonverbal children with autism useful speech: A pilot study of the Denver Model and PROMPT interventions. *Journal of Autism and Developmental Disorders, 36*(8), 1007−1024.

Rogers, S. J., Hepburn, S. L., Stackhouse, T., & Wehner, E. (2003). Imitation performance in toddlers with autism and those with other developmental disorders. *The Journal of Child Psychology and Psychiatry and Allied Disciplines, 44*(5), 763−781.

Rogers, S. J., Herbison, J., Lewis, H., Pantone, J., & Reis, K. (1986). An approach for enhancing the symbolic, communicative, and interpersonal functioning of young children with autism and severe emotional handicaps. *Journal of the Division of Early Childhood, 10*, 135−148.

Rogers, S. J., & Lewis, H. (1989). An effective day treatment model for young children with pervasive developmental disorders. *Journal of the American Academy of Child and Adolescent Psychiatry, 28*, 207−214.

Rogers, S. J., Lewis, H. C., & Reis, K. (1987). An effective procedure for training early special education teams to implement a model program. *Journal of the Division of Early Childhood, 11*(2), 180−188.

Rogers, S. J., Ozonoff, S., & Maslin-Cole, C. (1993). Developmental aspects of attachment behavior in young children with pervasive developmental disorders. *Journal of the American Academy of Child and Adolescent Psychiatry, 32*, 1274–1282.

Rogers, S. J., & Pennington, B. F. (1991). A theoretical approach to the deficits in infantile autism. *Development and Psychopathology, 3*, 137–162.

Rogers, S. J., & Williams, J. H. G. (2006). Imitation in autism: Findings and controversies. In S. J. Rogers & J. H. G. Williams (Eds.), *Imitation and the social mind: Autism and typical development.* (pp. 277–309). New York: Guilford Press.

Russell, J. (1997). How executive disorders can bring about an inadequate "theory of mind." In J. Russell (Ed.), *Autism as an executive disorder.* Oxford, UK: University Press.

Rydell, P., & Mirenda, P. (1994). Effects of high and low constraint utterances on the production of immediate and delayed echolalia in young children with autism. *Journal of Autism and Developmental Disorders, 24*, 719–735.

Saffran, J. R., Aslin, R. N., & Newport, E. K. (1996). Statistical learning by 8–month–old infants. *Science, 13*, 1926–1928.

Sallows, G. O., & Graupner, T. D. (2005). Intensive behavioral treatment for children with autism: Four-year outcome and predictors. *American Journal on Mental Retardation, 110*, 417–438.

Sander, E. K. (1972). When are speech sounds learned? *Journal of Speech and Hearing Disorders, 37*, 55–63.

Schieve, L. A., Blumberg, S. J., Rice, C., Visser, S. N., & Boyle, C. (2007). The relationship between autism and parenting stress. *Pediatrics, 119*, S114–S121.

Schopler, E., Mesibov, G. B., & Hearsey, K. A. (1995). Structured teaching in the TEACCH system. In E. Schopler & G. B. Mesibov (Eds.), *Learning and cognition in autism* (pp. 243–268). New York: Plenum Press.

Schopler, E., Reichler, R., & Rochen, R. B. (1988). *The childhood autism rating scale (CARS).* Los Angeles: Western Psychological Services.

Schreibman, L. (1988). *Autism.* Newbury Park, CA: Sage.

Schreibman, L., & Koegel, R. L. (2005). Training for parents of children with autism: Pivotal responses, generalization, and individualization of interventions. In E. D. Hibbs & P. S. Jensen (Eds.), *Psychosocial treatment for child and adolescent*

disorders: Empirically based strategies for clinical practice (2nd ed., pp. 605−631). Washington, DC: American Psychological Association.

Schreibman, L., & Pierce, K. L. (1993). Achieving greater generalization of treatment effects in children with autism: Pivotal response training and self-management. *Clinical Psychologist, 46*(4), 184−191.

Schumann, C. M., & Amaral, D. G. (2006). Stereological analysis of amygdala neuron number in autism. *Journal of Neuroscience, 26*, 7674−7679.

Seibert, J., Hogan, A., & Mundy, P. (1982). Assessing social interactional competencies: The early social-communication scales. *Infant Mental Health Journal, 3*, 244−258.

Seligman, M., & Darling, R. B. (1997). *Ordinary families, special children: A systems approach to childhood disabilities* (2nd ed.). New York: Guilford Press.

Sendak, M. (1963). *Where the wild things are.* HarperCollins Juvenile Books.

Sherer, M. R., & Schreibman, L. (2005). Individual behavioral profiles and predictors of treatment effectiveness for children with autism. *Journal of Consulting and Clinical Psychology, 73*, 1−14.

Shonkoff, J., & Phillips, D. (2000). *From Neurons to Neighborhoods.* Washington, DC: National Academy Press.

Siegel, L. M. (2007). *The complete IEP guide: How to advocate for your special ed child.* Berkeley, CA: Nolo Press.

Sigman, M., & Mundy, P. (1989). Social attachments in autistic children. *Journal of the American Academy of Child and Adolescent Psychiatry, 28*, 74−81.

Sigman, M., & Ungerer, J. (1984). Cognitive and language skills in autistic, mentally retarded, and normal children. *Developmental Psychology, 20*, 293−302.

Siller, M., & Sigman, M. (2002). The behaviors of parents of children with autism predict the subsequent development of their children's communication. *Journal of Autism and Developmental Disorders, 32*, 77−89.

Sivberg, B. (2002). Family system and coping behaviors: A comparison between parents of children with autistic spectrum disorders and parents with non-autistic children. *Autism, 6*(4), 397−409.

Smith, T., Eikeseth, S., Klevstrand, M., & Lovaas, I. O. (1997). Intensive behavioral treatment for preschoolers with severe mental retardation and pervasive developmental disorder. *American Journal on Mental Retardation, 102*, 238−249.

Smith, T., Groen, A. D., & Wynn, J. W. (2000). Randomized trial of intensive early intervention for children with pervasive developmental disorder. *American Journal on Mental Retardation, 105*(4), 269–285.

Sparks, B. F., Friedman, S. D., Shaw, D. W., Aylward, E. H., Echelard, D., Artru, A. A., et al. (2002). Brain structural abnormalities in young children with autism spectrum disorder. *Neurology, 59*, 184–192.

Stahmer, A., & Schreibman, L. (1992). Teaching children with autism appropriate play in unsupervised environments using a self-management treatment package. *Journal of Applied Behaviour Analysis, 25*, 447–459.

Steele, H., & Steele, M. (1994). Intergenerational patterns of attachment. In K. Bartholomew & D. Perlman (Eds.), *Attachment processes in adulthood: Advances in personal relationships series* (Vol. 5, pp. 93–120). London: Jessica Kingsley.

Stern, D. N. (1985). *The interpersonal world of the infant*. New York: Basic Books.

Stone, W. L., & Caro-Martinez, L. M. (1990). Naturalistic observations of spontaneous communication in autistic children. *Journal of Autism and Developmental Disorders, 20*, 437–453.

Stone, W. L., Lee, E. B., Ashford, L., Brissie, J., Hepburn, S. L., Coonrod, E. E., et al. (1999). Can autism be diagnosed accurately in children under three years? *Journal of Child Psychology and Psychiatry, 40*, 219–226.

Stone, W. L., Ousley, O. Y., Yoder, P. J., Hogan, K. L., & Hepburn, S. L. (1997). Nonverbal communication in two-and three-year-old children with autism. *Journal of Autism and Developmental Disorders, 27*(6), 677–696.

Tager-Flusberg, H. (1993). What language reveals about the understanding of minds in children with autism. In S. Baron-Cohen, H. Tager-Flusberg, & D. J. Cohen (Eds.), *Understanding other minds: Perspectives from autism* (pp. 138–157). Oxford, UK: Oxford University Press.

Tager-Flusberg, H., Calkins, S., Nolin, T., Baumberger, T., Anderson, M., & Chadwick-Dias, A. (1990). A longitudinal study of language acquisition in autistic and Down syndrome children. *Journal of Autism and Developmental Disorders, 20*, 1–21.

Tamis-LeMonda, C. S., Bornstein, M. H., & Baumwell, L. (2001). Maternal responsiveness and children's achievement of language milestones. *Child Development, 72*, 748–767.

Tomasello, M. (1992). The social bases of language acquisition. *Social Development, 1*, 67–87.

Tomasello, M. (1995). Joint attention and social cognition. In C. Moore & P. J. Dunham (Eds.), *Joint attention: Its origins and role in development* (pp. 103–130). Hillsdale, NJ: Erlbaum.

Tomasello, M. (1998). Do apes ape? In B. F. Galef, Jr. & C. M. Heyes (Eds.), *Social learning in animals: The roots of culture*. New York: Academic Press.

Tomasello, M. (2006). Acquiring linguistic constructions. In D. Kuhn & R. S. Siegler (Eds.), *Handbook of child psychology: Vol. 2. Cognition, perception, and language* (6th ed., pp. 255–298). Hoboken, NJ: Wiley.

Tonge, B., Brereton, A., Kiomall, M., Mackinnon, A., King, N., & Rinehart, N. (2006). Effects on parental mental health of an education and skills training program for parents of young children with autism: A randomized controlled trial. *Journal of the American Academy of Child and Adolescent Psychiatry, 45*(5), 561–569.

Ungerer, J., & Sigman, M. (1981). Symbolic play and language comprehension in autistic children. *Journal of the American Academy of Child Psychiatry, 20*, 318–337.

Uzgiris, I. C. (1973). Patterns of vocal and gestural imitation in infants. In L. J. Stone, H. T. Smith, & L. B. Murphy (Eds.), *The competent infant* (pp. 599–604). New York: Basic Books.

van Ijzendoorn, M. H., Rutgers, A. H., Bakermans-Kranenburg, M. J., Van Daalen, E., Dietz, C., & Buitelaar, J. K. (2007). Parental sensitivity and attachment in children with autism spectrum disorders: Comparison with children with mental retardation, with language delays, and with typical development. *Child Development, 78*(2), 597–608.

Vidoni, E. D., & Boyd, L. A. (2008). Motor sequential learning occurs despite disrupted visual and proprioceptive feedback. *Behavioral and Brain Functions, 4*(XXXII).

Vismara, L. A., Colombi, C., & Rogers, S. J. (2009). Can 1 hour per week of therapy lead to lasting changes in young children with autism? *Autism, 13*(I), 93–115.

Vismara, L., & Rogers, S. J. (2008). Treating autism in the first year of life: A case study of the Early Start Denver Model. *Journal of Early Intervention, 31*(I), 91–108.

Vygotsky, L. S. (1978). *Mind in society: Development of higher psychological processes*. Cambridge, MA: Harvard Press.

Warren, S. F., Bredin-Olga, S. L., Fairchild, M., Finestock, L. H., Fey, M. E., & Brady, N. C. (2006). Responsivity education/prelinguistic milieu teaching. In R. J. McCauley & M. Fey (Eds.), *Treatment of language disorders in children* (pp. 45−75). Baltimore: Brookes.

Warren, S. F., & Yoder, P. J. (2003). Early intervention for young children with language impairments. In L. Verhoeven & H. van Balkon (Eds.), *Classification of developmental language disorders: Theoretical issues and clinical implications* (pp. 367−382). Mahwah, NJ: Erlbaum.

Wetherby, A. M., & Prutting, C. A. (1984). Profiles of communicative and cognitive-social abilities in autistic children. *Journal of Speech and Hearing Research, 27*, 364−377.

Whiten, A., & Ham, R. (1992). On the nature and evolution of imitation in the animal kingdom: Reappraisal of a century of research. In P. J. B. Slater, J. S. Rosenblatt, C. Beer, & Milinksi (Eds.), *Advances in the study of behavior* (Vol. 21, pp. 239−283). New York: Academic Press.

Williams, D. L., & Minshew, N. J. (2007). Understanding autism and related disorders: What has imaging taught us? *Neuroimaging Clinics of North America, 17*(IV), 495−509.

Williams, J., Whiten, A., Suddendorf, T., & Perrett, D. (2001). Imitation, mirror neurons, and autism. *Neuroscience and Biobehavioral Reviews, 25*, 287−295.

Yirmiya, N., Kasari, C., Sigman, M., & Mundy, P. (1989). Facial expressions of affect in autistic, mentally retarded and normal children. *Journal of Child Psychology and Psychiatry, 30*, 725−735.

Yoder, P. J., & Layton, T. L. (1988). Speech following sign language training in autistic children with minimal verbal language. *Journal of Autism and Developmental Disorders, 18*, 217−229.

Yoder, P., & Stone, W. L. (2006). Randomized comparison of two communication interventions for preschoolers with autism spectrum disorders. *Journal of Consulting and Clinical Psychology, 74*, 426−435.

Yoder, P. J., & Warren, S. F. (2001). Intentional communication elicits language-facilitating maternal responses in dyads with children who have developmental disabilities. *American Journal on Mental Retardation, 106*(4), 327−335.

Zeanah, C. H., & McDonough, S. (1989). Clinical approaches to families in early intervention. *Seminars in Early Perinatology, 13*(6), 513−522.

Zwaigenbaum, L., Bryson, S., Rogers, T., Roberts, W., Brian, J., & Szatmari, P. (2005). Behavioral manifestations of autism in the first year of life. *International Journal of Developmental Neuroscience, 23*, 143−152.

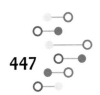

찾아보기

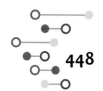

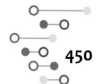

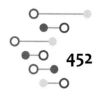

저자 소개

Sally J. Rogers, Ph. D.는 캘리포니아대학교 데이비스 캠퍼스(University of California, Davis)에 있는 신경발달장애 전문 의료기관 M.I.N.D. Institute의 정신건강의학과 교수다. 그녀는 발달심리학자로서 국제적인 규모의 주요 임상 및 연구 활동에 다수 참여하고 있다. 그녀가 참여하는 활동 중에는 국립 보건원(National Institutes of Health)/국립 아동 건강 및 인간 발달 협회(National Institute of Child Health and Human Development)의 후원으로 10개의 자폐증 관련 우수 연구 센터(Centers of Excellence)가 함께 추진하는 프로젝트도 포함되어 있다. 그 프로젝트는 영유아기 자폐증 치료에 대한 무선 통제 실험 연구로, 여러 지역에 걸쳐 진행되고 있다. 또한 그녀는 자폐증 연구자들을 위한 학제 간 박사 후 연구 과정 장학 재단의 단장도 맡고 있으며, 국제 자폐증 연구 학회(International Society for Autism Research)의 이사진이기도 하다. 자폐증 연구 학술지(*Autism Research*)의 편집장이며, DSM-5에서 자폐증 및 전반적 발달장애와 기타 발달장애의 작업그룹(work group) 멤버다. 그녀는 장애를 가진 영유아를 대상으로 인지 및 사회적 의사소통 발달과 개입을 연구하는 데 전 생애를 바쳐 왔다. 아울러 자폐증의 임상적·발달적 측면에 대한 폭넓은 연구 결과들을 출판하고 있는데, 특히 그녀가 관심을 가지고 있는 연구 주제는 자폐증에서 보이는 모방의 어려움에 대한 것이다. 그녀는 현재도 임상가로서 ASD 아동 및 성인과 그들의 가족을 대상으로, 평가·치료·상담을 제공하고 있다.

Geraldine Dawson, Ph. D.는 채플힐에 있는 노스캐롤라이나대학교(University of North Carolina at Chapel Hill)의 정신건강의학과 연구 교수이며, 미국 자폐 연구 재단(Autism Speaks)의 회장직(Chief Science Officer)을 맡고 있다. 또한 워싱턴대학교(University of Washington)의 명예 교수이자, 컬럼비아대학교(Columbia University) 정신건강의학과의 외래교수이기도 하다. 워싱턴대학교 심리학과 및 정신건강의학과 교수로 재직했으며, 동 대학교 내 자폐증 센터(Autism Center)의 창립 이사를 역임했다. 이 센터는 1996년부터 국립 보건원의 자폐증 관련 우수 연구 센터로 지정된 바 있다. 그녀는 워싱턴대학교에 있는 동안 자폐증과 관련하여 유전학, 신경촬영법, 진단 및 치료에 초점을 맞춘 다학제적 연구 프로그램을 진행했다. 또한 1980년부터 2008년 워싱턴대학교를 떠나 Autism Speaks에 참여할 때까지 국립 보건원으로부터 지속적으로 연구 자금을 지원받았다. 그녀는 워싱턴대학교 자폐증 센터의 다학제적 임상 서비스 프로그램을 설립한 이사직을 맡기도 했는데, 그 프로그램은 미국 북서부 지역에 있는 유사 프로그램 가운데 가장 규모가 크다. 아울러 미 의회에서 자폐증이 있는 이들을 대신하여 증언함으로써 워싱턴 주 자폐증 전문 위원회에서 핵심적인 역할을 했다. 그녀의 연구와 출판 논문 및 서적의 주요 주제는 자폐증 조기 발견 및 치료, 뇌 기능 장애의 초기 패턴(전기 생리학) 등이며, 최근에는 자폐증 유전 연구를 위한 내적 표현형(endophenotype)의 개발에도 관심을 두고 있다.

역자 소개

정경미(Kyongmee Chung)
연세대학교 및 동 대학원 심리학과 졸업(임상심리학 석사)
미국 하와이대학교 임상심리학 박사
미국 존스홉킨스대학교 부설 케네디크리거센터 박사후 과정
미국 면허심리학자(뉴욕주) 및 미국 행동분석전문가(BCBA)
임상심리전문가 및 정신보건 임상심리사 1급
ESDM certified trainer
현 연세대학교 심리학과 교수

신나영(Nayoung Shin)
연세대학교 및 동 대학원 심리학과 졸업(임상심리학 석사)
서울특별시어린이병원 행동치료실 행동치료사
미국 행동분석전문가(BCBA)
현 한국ABA행동발달연구소 책임연구원

김민희(Minhee Kim)
연세대학교 및 동 대학원 심리학과 졸업(임상심리학 석사)
임상심리전문가 및 정신보건 임상심리사 1급
미국 행동분석전문가(BCBA)

김주희(Juhee Kim)
연세대학교 및 동 대학원 심리학과 졸업(임상심리학 석사)
임상심리전문가 및 정신보건 임상심리사 1급
현 마음사랑연구소 선임연구원

어린 자폐증 아동을 위한 ESDM
언어, 학습, 사회성 증진시키기
Early Start Denver Model for Young Children with Autism:
Promoting Language, Learning, and Engagement

2018년 2월 20일 1판 1쇄 발행
2024년 8월 20일 1판 7쇄 발행

지은이 • Sally J. Rogers · Geraldine Dawson
옮긴이 • 정경미 · 신나영 · 김민희 · 김주희
펴낸이 • 김 진 환
펴낸곳 • (주) **학지사**

04031 서울특별시 마포구 양화로 15길 20 마인드월드빌딩 5층
대표전화 • 02) 330-5114   팩스 • 02) 324-2345
등록번호 • 제313-2006-000265호
홈페이지 • http://www.hakjisa.co.kr
인스타그램 • https://www.instagram.com/hakjisabook

ISBN 978-89-997-1478-8 93370

정가 23,000원

역자와의 협약으로 인지는 생략합니다.
파본은 구입처에서 교환하여 드립니다.

출판미디어기업 **학지사**

간호보건의학출판 **학지사메디컬** www.hakjisamd.co.kr
심리검사연구소 **인싸이트** www.inpsyt.co.kr
학술논문서비스 **뉴논문** www.newnonmun.com
원격교육연수원 **카운피아** www.counpia.com
대학교재전자책플랫폼 **캠퍼스북** www.campusbook.co.kr